中华传世藏书

【图文珍藏版】

墨子

[战国] 墨翟 ⊙ 原著

刘凯 ⊙ 主编

诠解

第六册

线装书局

自信是成功的秘诀

生活中，人们总难免会遇到荆棘与坎坷。当这些不幸笼罩在我们身上时，有人会沮丧、失望、逃避、认输……当生活不如自己所愿，许许多多的人以"命"作为逃避的挡箭牌，这种习惯自古依然。墨子所处的时代就有许多人相信："命里富裕就富裕，命里贫穷就贫穷；命里长寿就长寿，命里短命就短命。即使自己力量强大，又有什么用呢？"

针对这种观点，墨子从"本原的、推究的、实践的"三个方面进行了有力的辨析，认为人应自信、自立和自强，尤其是在面对困难的环境时，更要相信自己，努力改变不利局面，在困境中自立、自强。

我们常说"金无足赤，人无完人"，即每个人无论是在生理上还是心理上，都有着或多或少的缺陷和不足，没有人是十全十美的。但是人与人之间存在着强和弱的对比，而强者和弱者的区别正在于能否正视自己的缺陷和不足，而且不被它削弱自信。强者敢于正视自己的不足和缺陷，不为此自卑，并相信自己一定能成功，而弱者恰恰相反。

我们都知道美国总统富兰克林·罗斯福身体残疾，但是他是一个强者还是弱者呢？1962年，美国历史学会组织美国历史学家投票，选出了美国历史上五位最伟大的总统，富兰克林·罗斯福排名第三，仅居于亚伯拉罕·林肯和乔治·华盛顿之后，而且他是美国历史上唯一一位连任四届、入主白宫时间最长的总统。

罗斯福被公认为是世界历史上能够扭转乾坤的巨人之一。无论是他在国内做出的政绩，还是他在世界历史上曾经发挥的作用都是巨大的。关于他，另一位伟人温斯顿·丘吉尔说："罗斯福是对世界历史影响最大的一位美国人。"

罗斯福非常自信，他在39岁时患上了脊髓灰质炎，也就是俗称的小儿麻痹症，对于这场突如其来的噩耗，他并没有灰心沮丧，而是凭着顽强的毅力积极配合治疗，终得幸免于全身瘫痪；后来，他或拄着双拐或坐着轮椅出现在1932

年总统竞选的讲坛上，并成为美国历史上唯一一位身罹残疾的总统。

这一切都来自罗斯福的自信，自信对罗斯福一生的成长和事业起到了重要作用。在他第一次就职演说中，针对当时美国社会的经济"大萧条"情景，他说："首先让我们表明自己的坚定信念：唯一值得恐惧的东西就是不可名状的、未经思考、毫无根据的恐惧，使得转退为进所需的努力陷于瘫痪的恐惧。"

纵观罗斯福一生，我们可以肯定地说，他虽然身罹残疾，但在迄今为止所有的美国总统中，很少有人能像他那样具有一颗如此健康的心灵。

其实，无论你从事何种职业，做何种事情，都要做到"进不败其志"和"内究其情"。当身处顺境时，仍然要坚定信念、勇于开拓、积极进取；而身陷逆境之时，则要躬身自省，探究失败之由。此外，更重要的是，无论何时都要对自己充满自信心。因为只有相信自己，你才能成功。

从某个角度而言，自信是比学识、能力、机遇等更有分量的成功因素。一个人如果缺乏自信，纵然他满腹经纶，也会因为怀疑自己的能力而畏首畏尾，以致不能淋漓尽致地发挥自己的才能；一个人如果缺乏自信，纵然时机完全成熟，也会因为担心失败而不敢去尝试新的事物；一个人如果缺乏自信，纵然机会女神把绝好的机会推到他面前，也会因为担心自己驾驭不了而甘愿放弃大好时机。所以，不要一直埋怨命运对自己不公平，其实，命运掌握在自己的手里。请牢牢抓住自己的命运，相信你自己，一个人自信、自立和自强地屹立于天地之间。

说到做到方可信

墨子曾在自己的文章中写道：古代的学者，听到有益的话，一定身体力行；而现在有的学者，听到有益的话，自己不行动，却用它来教训别人。其实，这种"好为人师"的行为相当普遍，我们经常会看到一些人以一副高高在上的姿态教训别人，自己对别人的要求，自己却并没有做到。这种情况应引起我们的重视，因为这种缺乏说服力的空话会导致人与人之间的隔阂和矛盾，进而会引起冲突。试问，一个连自己都做不到的事情，又何谈让别人做到呢？因此，一个人想要别人做得更好，首先自己应做到，只有如此，才能获得别人的尊重。

从小到大，家长就教育我们要做一个讲信用的人，但是很多时候，家长并没有做到。很多时候，家长答应要陪孩子去玩，但到时间了，他们却因各种事情而食言。这使得孩子失去对家长的信任，渐渐地，家长的话就失去了应有的效力。既然家长都做不到，又何谈让孩子做一个讲信用的人呢？

因此，对于家长而言，曾子的故事很值得学习。

曾子是孔子七十二名弟子之一，他深受孔子的教导和影响，学问很高。

一天，曾子的妻子要去赶集，孩子也想和自己的母亲一块儿去，便哭闹个不停。于是，母亲骗他说：“乖孩子，待在家里等娘，等娘赶集回来，给你杀猪吃。”孩子信以为真，便欢天喜地地跑回家，高兴地喊着：“有肉吃了，有肉吃了。”

于是，孩子一边晒太阳，一边想象着猪肉美味的味道，心里甭提有多高兴了。为了早点见到妈妈，他一整天都待在家里等妈妈回来，甚至小伙伴来找他玩耍，他都拒绝了。

傍晚时分，孩子远远地看见了妈妈回来了。于是，他便飞快地跑上前去迎接，还一个劲地喊着：“娘，快杀猪，快杀猪啊！我都快要馋死了。”

曾子的妻子说：“一头猪顶咱家两三个月的口粮呢，怎么能随随便便就杀猪呢？”听完娘的话，孩子“哇”的一声就哭了。

曾子从外面授课回来，听到孩子的哭声。得知事情的真相以后，他二话没说，便转身回到了屋子里。过一会儿，他举着菜刀出来了，曾子的妻子一看这情景吓坏了，因为曾子一向对孩子非常严厉，她以为曾子要来教训孩子，便连忙把孩子搂在怀里，哪知曾子径直奔向了自家的猪圈。

妻子不解地问：“你举着菜刀，跑到猪圈里干什么？”

曾子不假思索地回答：“杀猪。”

妻子听了扑哧一声笑了：“不过年、不过节的，你杀什么猪呢？”

曾子严肃地说："你不是答应过孩子要杀猪给他吃吗？既然已经答应了，就应该做到。"

妻子说："我只不过是骗骗孩子罢了，和小孩子说话，又何必当真呢？"

曾子说："对孩子就更应该说到做到，不然，这不是明摆着让孩子学着家长撒谎吗？大人都说话不算话，以后有什么资格教育孩子呢？"

妻子听后，惭愧地低下了头。

然后，夫妻俩真的杀了一头猪给孩子吃，并且，还宴请了乡亲们，此外，还告诉乡亲们，教育孩子要以身作则。

关于信用，不仅墨子相当看重，而且在很多人那里也有重要阐述。如孔子说："其身正，不令而行；其身不正，虽令不从。"由此可见，一个人想要雄霸天下，必须树立言出必行的威信，只有如此，才能拥有感召天下的力量源泉！

说到做到适用于我们每一个人，只有身体力行，才能具有说服力，一个人如果连自己都不能说服，又何谈说服别人呢？请记得，说服力需要靠行动来证明。

自信才能成功

君子仕进顺利、有所成就时不会改变他平素进取的志向，不得志的时候也是一样，在逆境中能反思失败的原因。即使落魄地降为平民，终日与普通的平庸民众杂处在一起，终究也不会有任何抱怨的心理，也不会自暴自弃，这是因为他有自信心的缘故。

信心是一种最坚强的内在力量，它能够帮助你度过最艰难困苦的时期，直到曙光最终出现。信心从未令人失望，它会使人发现自身的价值和潜能，取得成功。卡耐基说："自信才能成功。"

我们可以通过各种方式得到这样的结论。一个有魅力的人，都是绝对自信的，而那些碌碌无为的人，只要偶尔遇到一点挫折，他们就会心灰意冷，一蹶不振。失败的人之所以失败，就是因为他们自己不相信自己。

没有自信的人是很难成功的，就像没有脊梁骨的人很难挺直腰杆。

美国总统罗斯福是个残疾人，那他是个强者还是弱者呢？

1962 年，美国历史学会组织美历史学家投票，选出了五位最伟大的总统，富兰克林·德拉诺·罗斯福排名第三，仅居于亚伯拉罕·林肯和乔治·华盛顿之后，成为美国历史上唯一一位连任四届、主持白宫时间最长的总统。

罗斯福被公认为世界历史上能够扭转乾坤的巨人之一。关于他的国内政绩，关于他在世界历史上曾经发挥的作用。另一位伟人温斯顿·丘吉尔说："罗斯福是对世界历史影响最大的一位美国人。"

最近几十年间，由于美国国力的强盛和在国际事务中扮演的重要角色，数任美国总统或多或少地要以"世界总统"自居，可以说，如果没有罗斯福，他们就不可能获得这样的自信。而罗斯福的这种自信却具有不同寻常的意义。

如果没有这种自信，很难想象他会在 39 岁患上脊髓灰质炎（俗称小儿麻痹症）之后，凭着顽强的毅力积极配合治疗，终得幸免于全身瘫痪；更难想象他后来敢于挂着双拐或坐着轮椅出现在 1932 年总统竞选的讲坛上，并成为美国历史上唯一一位身雁残疾的总统。

自信在罗斯福一生的成长和事业中起到了重要作用，在他第一次就职演说中，针对当时美国社会的经济"大萧条"情景说："首先让我们表明自己的坚定信念：唯一值得恐惧的东西就是不可名状的、未经思考、毫无根据的恐惧，使得转退为进所需的努力陷于瘫痪的恐惧。"

纵观罗斯福一生，我们可以肯定地说，他虽然身雁残疾，但在迄今为止所有的美国总统中，不是每一位都像他那样具有一颗如此健康的心灵。

任何人的人生都不可能一帆风顺，有许多事情并不是人所能控制的。如公司经营不景气，你也许就成了被裁减的对象；或许你家人生病，另一半舍你而去、政府削减了跟你有关的福利，还有难以预料到的天灾人祸，比如地震、水灾、火灾等等，这些事情都可能使你多年的努力付之东流。也许会由于这些原因，你将陷入困境，整天被烦恼困扰。

或许你所经历的只是你人生的第一次不幸的遭遇，你会用积极的心态将之一一化解。从哪里跌倒，就从哪里爬起。另找一份工作，使家人康复；再结识一位伴侣，让快乐的时光重现。经过稍稍的整理，又一身轻松地奔向成功。

言信行果：立身处世之道

说话一定要讲信用，做事一定要果断，要使讲话和做事一致，就如同使符节相合一样毫无间隙，不要只说不做。

墨子针对当时社会纷乱、国家之间互相攻伐的局面提出了"兼相爱、交相利"的主张，反对"交相恶"，并一再强调应"以兼易别"，兼，是相爱，别，就是相恶。墨子倡导人们以相爱来取代相恶，认为厌恶别人的人，别人也会厌恶他，给别人带来伤害的人，别人也会反过来伤害他。

守信，是中华民族的优秀文化传统之一，自古以来，中国人都十分注重讲信用，守信义。清代顾炎武曾赋诗言志："生来一诺比黄金，哪肯风尘负此心。"表达了自己坚守信用的处世态度和内在品格。因此，中国人历来把守信作为为人处世，齐家治国的基本品质，言必行，行必果。中国古人有言："君子以诚信为本，小人以趋利为务。"可见，为人处世之本，在于诚信。为人处世决不能见利忘义，不讲信用。

做人最根本的一条是诚信。一个人如果时时、处处、事事讲信用，那么他的事业将会走向成功，人生将会亮丽多姿。

诚信乃做人之本，这是多少成功人士恪守的人生准则。人生向上的基础是诚、敬、信、行。诚是构成中国人文精神的特质，也是中国伦理哲学的标志。诚是率真心、真情感，诚是择善固执，诚是用理智抉择真理、以达到不疑之地。不疑才能断惑，所谓"不诚无物"就是这个道理。而"信"则是指智信，不是迷信、轻信，这种信依赖智慧的抉择，到达不疑，并且坚定地践行。

为人处事，信守诺言是非常重要的。那些受欢迎的人，常用各种不同的方式把他们的特点展现在人们面前，其中最显著的特点便是任何时候都有守信、遵约的美德。

在社会生活中有多少人信任你，你就拥有多少次成功的机会，因为只有取得别人的信任，才能取得别人同你共事的机会。

说出去的话泼出去的水，覆水难收，做人言而有信，那么做事就有了一种人格力量来担保。

"人无信不立"，所以做人就要讲诚信，这也是做人的一个基本原则。

在现实生活中讲信用，守信义，是立身处世之道，是一种高尚的品质和情操，它既体现了对人的尊敬，也表现了对己的尊重。但是，我们反对那种"言过其实"的许诺，也反对使人容易"寡信"的"轻诺"；我们更反对"言而无信""背信弃义"的丑行！

在社会交往中，如果真能主动帮助朋友办点事，这种精神当然是可贵的。但是，办事要量力而行，说话要注意掌握分寸。因为，诺言的能否兑现不仅有个自己努力程度问题，还有一个客观条件的因素。有些在正常情况下是可以办到的事，后来由于客观条件起了

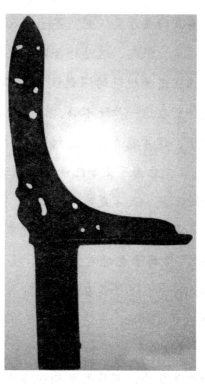

透雕龙纹雕像匕首（春秋）

变化，一时办不到，这种情况是有的，这就要求我们在朋友面前，不要轻率地许诺。有的事，明知办不到，就应向朋友说清楚，要相信朋友是通情达理的，是会原谅的，千万不要打肿脸充胖子，在朋友面前逞能，轻率许诺。这样，不但得不到友谊和信任，而且反而会失去朋友。

行义天下，从我做起

墨子从鲁国至齐国，造访老朋友。老友对墨子说："现天下无人行义，先生

何必苦苦独自求义，不如就此作罢。"墨子说："现在好比有个人在这里，他有十个儿子，其中只有一个儿子在耕作，其他九个儿子都在吃闲饭，耕种的这个儿子不能不感到压力沉重。为什么？因为吃的人多而耕作的人少。现在天下也是如此，既然无人行义，你更应鼓励我行义，为何要我别干了呢？"

既然"万事莫贵于义"，义应该成为人们做人的最高行为准则，那怎样才能真正行义于天下呢？墨子给人们提出的具体方略是：从我做起。

从我做起，这是符合各家思想流派有关修身要求的共同途径。修身，一是对内在道德规范的深刻认同，二是对外在礼仪规范的自觉遵守。在墨子看来，光停留在这一步还不够，还必须身体力行，付诸实践，多多从实际行动上行义天下，这才能算得上达到修身的要求。有一次，墨子的老乡、儒学之士巫马子说："先生为了义如此辛苦，但这么多人见也没见着，甚至都不知道，您还照样乐此不疲，是不是有神经病？"墨子却极为坦然地回答："假如你有两个家臣，一个是当你面干活，不当面就不干；另一个却是你在不在都同样干，你看重谁呢？"巫马子也说看重后者，墨子一笑："这就是了，看来你也看重神经病。"由此可见，墨子是在以一种常人视之为"傻子""有病"的思想境界，一点一滴地自我积累，来达到行义天下的效果和目的的。

"从我做起"如何去做呢？墨子认为就从身边事做起，各司其事，有多少力出多少力，有多大本领使多大本领，这就是行义。他说：好比筑墙，能筑墙板的筑墙板，能往墙板中填土的填土，能挖土的挖土，墙就筑成了。行义也是这样，善辩的多宣传，善讲道理的多讲课，能实践的多实践，这样行义的事就能成功。

墨子为什么能这么做？因为，他想通过自己的实践来实现自己提出的天下"兼爱"的理想。要是人人都有点爱心，人人都能从我开始行义，天下还愁不会改变吗？这是一种令人肃然起敬的崇高精神。正是靠了这样一批社会的栋梁，中国古代的精神文明才得以一代又一代地传下来。

唐代宗时的转运使刘晏，是个善于把百姓疾苦和国家利益结合考虑的人。

他认为，凡能统一天下称王称帝的人，真正爱护百姓的办法，不在于赏赐给百姓钱粮，而是应当使他们能够安心地从事农耕纺织。

当时，国家正值安史之乱之后，藩镇林立，正常的赋税有许多都收不上来，国库开支庞大，财政十分困难。按照通常办法，就是向藩镇以外其他地区的百姓加征赋税，以维持正常开支。但这样做，百姓负担沉重，社会矛盾容易激化。刘晏走的不是这条路，他主张在财政领域中通过理财的方式来增加朝廷收入，其中一个重要方面是国家从宏观上平抑物价。

刘晏用高价招募了一批快马手，让他们在各地驿站之间观望，及时把各地的物价上报到朝廷来。这样做，即使是较远地区的物价，用不了几天也能传到刘晏耳中。掌握了大量的信息，刘晏就掌握了宏观调控的主动权。他的办法基本上还是李悝"平籴法"的思路：政府在丰收地区粮价偏低时，用较高的价格买进粮食；在歉收地区粮价偏高时，用较低的价格卖出粮食。这样做，既可调节物价，国家也从中多少得到一些赢利。

在税收政策方面，刘晏也采取具体情况具体对待的不同办法。遇到正常年景，公平合理地向百姓收税，遇到灾年就免除他们的租税徭役，以援救他们。刘晏特在全国各道设置知院官，每隔十天半个月让他们向中央报告一次当地雨、雪、丰收歉收等情况。哪里要是灾荒已经露头，知院官就立即申报，主管财物钱粮的官员就根据国家余缺，先行下令免除当地免税的品种、方式、户数。当百姓还没有因灾害而达到穷困十分严重的境地时，刘晏已预先采取了措施，并已报皇帝同意实施了。

当时有人攻击刘晏不用钱粮救济灾民，而是用贱价卖出来接济百姓的办法不是救灾。刘晏不同意这种说法，他认为善于治病的人，不让病人到危急时才救治；善于救灾的人，不使百姓沦落到不靠救济活不下去的地步才帮助。事实上，国家提供的钱粮要是少了，就不够救灾；要想救更多的灾民，只有多调拨钱粮，这样又会使国家财政匮乏；财政匮乏就会向百姓收取重税。这样就会形成恶性循环。发放救济粮的做法还有个弊端，那就是各地官吏们往往会在这件

事上相互勾结，以权谋私，中饱私囊，这样朝廷发下去的救济粮实际上的效益会打折扣。这种弊病要根治很难，用刘晏的话说，就是用斧子砍、用刀来锯都不顶用。

刘晏的做法除了以贱价卖出救济粮的基本做法外，还有些灵活的辅助措施，比如有的可用粮食换取灾民手中的杂货，这些杂货由政府收购后又拿到丰收地区去卖，或者由官府留作自用，这样国家财政也不受影响。

刘晏的理财德政，还有个重要方面便是改革转运制度。在此之前，把江淮一带粮食运送到长安，因为逆水行舟，河流湍急难行，加上运输不得法，经常是10斗粮食运到关中能剩8斗就算立了功了。刘晏认为，黄河、渭水、长江、汴河这4条江河情况不一样，各段河流要根据实际情况相机行事。一方面，他抓了运输船的改造，使之更加坚固；另一方面，他主张分段运送，长江上的船先到扬州，汴水上的船先到河阴，黄河上的船先到渭水入河口，渭水上的船再到太仓。这中间每一段都设立粮仓，一段段地接力转运。这个办法非常好，自从这样实行后，每年运送的粮食达100多万斛，没有一斗一升沉入河中。另外，过去各州县都是选当地富人督运，称之为船头，他们趁机向老百姓横征暴敛，许多百姓逃亡沦为盗贼。刘晏改革后，把这些人换下来，让正式官员来主管转运，让小吏主管驿站事务，免除了过去那些没有正当名目的赋税，百姓的境遇有了较大改善。

刘晏的理财是把养民的目标放在第一位，这样做实际上是以义当先，效果也极为显著。

北宋时期，富弼在青州当知州时，河朔一带发大水，百姓四处流亡，只能靠乞讨为生。富弼听到这个消息后，在没有任何人指令的情况下，主动行动起来，动员他所管辖地区内的殷实百姓拿出些粮食来，以增加官府府库中的粮食储备，又找到公房、私房10多处，让这些流民暂居其中，以便他们能生活下去。

为鼓励他手下的官员关怀那些流民。他决定，凡是亲自前往资助流民衣食的官吏，从优向他们发薪俸。凡是到流民住地给年迈体弱多病的人发救济粮的，富弼就把他们的功劳记下来，日后一并找机会为他们上奏朝廷赏赐。他自己更是带头这样做，每 5 天要派人去慰问办理流民事务的官员一次，每次都要带上酒肉饮食，以鼓励官吏们人人为这件事尽心尽力。

此外，富弼还在他管辖的区域内放宽政策：凡是山林川泽的出产，只要能有助于人们生活的，听任流民们捕获，在当地死了的流民，官府为他们安葬。到第二年麦子丰收时节，流民们可按路途远近领受粮食，再回到自己的家乡去。愿意被招募当兵的也可以。

当朝皇帝听到这些举措后，十分赞赏，连忙派来使者褒奖慰问富弼。

富弼的做法和以前传统的救灾做法有很大不同。过去都是把灾民汇集在城市里，派人煮粥给他们吃。在汇集的点上人一多就容易流行瘟疫（传染病），就是这样还有不少饥民嗷嗷待哺，有的几天得不到粥以至饿死在路上。这种办法只是形式上救灾，实际效果并不明显。富弼的办法既简便收效又显著，天下都传以为楷模。

南宋孝宗乾道年间，百姓缺粮。当时正任地方官的朱熹向州府请求借粮，得到了州府用来调节粮价的常平米 600 石，朱熹决定把这些粮食作赈济灾民之用，但具体办法却是把它借给百姓。

朱熹制定的这种借粮的办法是：当年春夏缺粮时向官府粮仓借粮食，待秋粮收完归仓后加上利息还给官府的常平仓。要是遇到歉收，利息减收一半。要是遇到灾害，将免收全部利息。

朱熹就这样，以这 600 石粮食为本钱，有借贷，有收回，经过前后 14 年经营，连本带利收回后，不仅归还了州府官仓中借来的 600 石粮食，还盈余 3100 石。以后，他就用这批粮食建立义仓，百姓再来借粮不必再加利息。

从此，凡遇到歉收年头，当地百姓不会为吃饭而发愁了。这个办法解决了不少问题，皇帝知道后下令各地都采取朱熹的办法，设立义仓。

相互尊重，相互包容

"生活是一团麻，总有那解不开的小疙瘩"，这是电视剧《渴望》中的歌词。是的，生活就是由各种各样鸡毛蒜皮般的琐事组合在一起的多面体。在与人交往的时候，人们难免会因意见不合而发生分歧，与他人产生摩擦，这个时候就要相互理解、相互尊重，尽量避免争论。因为琐事而发生口角，怒目相向，只能加深彼此之间的矛盾，致使小事变大事，甚至造成难以收场的局面。所以，不要因意见不合而相互攻击，引起彼此之间的争论，而导致不必要的麻烦和困扰。当双方因意见不合而发生矛盾或误会时，要怀有一颗宽容博大的心，相互尊重、相互包容。唯有如此，才能有效化解矛盾，避免争执。

国王亚瑟被邻国的士兵俘虏，本应被判处死刑。但邻国国王见他年轻乐观，对他十分欣赏，于是，就要求亚瑟回答一个十分难的问题，如果亚瑟能够限期答出来，就可以得到自由。

这个问题是："女人真正想要的是什么？"

于是，亚瑟向身边的每个人征求答案，结果没有人能给出满意的回答。

有人告诉亚瑟，郊外有一座阴森的城堡，里面住着一个老女巫，据说她无所不知，但收费高昂，并且会提出离奇的要求。

邻国国王规定的期限马上就到了，亚瑟仍没有找到满意的答案。于是，他别无选择，只好去找女巫，女巫答应回答他的问题，但条件是，要和亚瑟最高贵的圆桌武士之一，他最亲近的朋友加温结婚。

亚瑟没有想到女巫竟然提出这样的要求，感到非常惊骇。女巫又老又丑，并且驼背，她只有一颗牙齿，身上散发着难闻的气味……而加温诚实善良、高大英俊，是最勇敢的武士。

亚瑟坚定地摇头说："不，我不能为了自由而强迫我的朋友娶你这样的女人！否则我一辈子都不会原谅自己。"

加温知道这个消息后，对亚瑟说："我愿意娶她，为了你和我们的国家。"

不久，加温和女巫将要举行婚礼的消息公之于世。

女巫回答了这个问题，"女人真正想要的是，主宰自己的命运。"

女巫说出了一条伟大的真理。于是，亚瑟自由了。

在加温和女巫的婚礼上，只见女巫大声说着脏话，用手不停地抓东西吃，形象极为不堪，令所有的人都感到恶心。亚瑟坐在她的旁边，痛苦地哭泣，加温却一如既往地谦和。

新婚之夜，加温不顾众人的劝阻，坚持走进新房，准备面对一切，然而，他发现一个从没见过面的绝世美女正躺在他的床上，对他说："我在一天的时间里，一半是丑陋的女巫，一半是倾城的美女，加温，你想我白天或是夜晚是哪一面呢？"

加温回答道："既然你说女人真正想要的是主宰自己的命运，那么就由你自己决定吧！"

女巫感动得热泪盈眶，说："我选择白天夜晚都是美丽的女人，因为我爱你！"

对于一个问题，每个人都有自己的看法。这正如女巫有白天和黑夜两个不同的面目，不论有多么不同，它们都统一于一个问题。因此，当产生分歧时，人们应该相互尊重、相互理解。我们可以坚持自己的观点，但不可以以此来批判他人的观点。否则，矛盾冲突会越来越严重，直至产生不堪设想的后果，这样的话，于人于己都无好处。如果，我们能够做到彼此尊重，就会在不同观点的激烈碰撞中，收获更多的知识和想法。

力行务实，才能有所成就

墨子不仅是一个伟大的理论家，更是一个实干家，很多人虽然对墨家的学说持批判的态度，但对于墨子一生为扶危济困的正义事业奔走的实干精神一致表示认同，并大加赞扬。

在墨家看来，一个真正的君子首先是一个力行之士，修身的主要目的是为了有助于行动，努力为天下人办实事才是墨家的本色。墨子不仅身体力行，并且把这种务实的精神推行到自己的政治主张上。教导弟子时，墨子要求他们贯彻兼爱、勤、俭的墨家品质，并身体力行地去实践，而他的弟子的确常常帮助弱小国家守城以抵御外侵，甚至为此牺牲了自己的生命。

对于施政者来说，墨家这种力行实干的精神是自己必须具备的一种修养，为政者应不务虚名、不尚空谈，埋头苦干、兢兢业业，身体力行地为人民谋福祉、为百姓做实事。

古往今来，对于任何人来说，想要取得成就，有所建树，这种实干精神都是必须具备的。

李冰是战国时期著名的水利专家，他为政注重实干。他以自己主持建造的伟大工程都江堰而名垂青史，他为民兴利、造福一方的政绩得到了历代人民的称颂。

李冰初任蜀郡守时，川西平原水旱灾害就没停止过，涝时农田、房舍被淹没；旱时庄稼绝收。面对严重的水旱灾害，李冰认识到治蜀必先治水，人们只有不再受到水旱灾害的威胁，才能过上富足安定的生活。

上任不久，李冰便带领治水经验丰富的人沿岷江察看实地情况。发现岷江因水流湍急而携带大量泥沙，但在流经灌县平坦开阔的平原时，水速减缓致使泥沙淤积、河床增高；又因河水被灌县城外的玉垒山所阻隔。因此每到涨水季节，岷江两岸的大片良田就会被洪水淹没，而干旱时岷江东岸田地又得不到灌溉。了解到旱涝发生的原因，李冰决定开凿玉垒山，把一部分水引到东岸，这样既可分洪减灾，又可引水灌田。

经过一年多的艰苦劳作，玉垒山终于被凿开一个20米宽的豁口，岷江的水由这一豁口流入新开的河道。原来的岷江称作"外江"，新开的河道称作"内江"，也叫"都江"，被凿开的缺口叫作"宝瓶口"。可是，宝瓶口的实际分洪效果并没有预期的那么理想。

工作上的失利并没有使李冰灰心气馁，他重新对玉垒山附近和岷江进行了仔细地观察，发现宝瓶口因地势太高，流入的水量不大，要解决这一问题，需在玉垒山前面的江心筑起一道分洪堰，在那里就将水分为两股。这样，江水在流到分洪堰前，会分别注入外江和内江，这样不仅可增大流进宝瓶口的水量，而且还可减少外江的水量，不致出现江水漫出堤岸，演变成灾。

解决问题的办法找到了，李冰就开始组织当地百姓进行这项伟大的工程，经历过数次失败的李冰，付出了常人难以想象的艰辛和努力，终于带领蜀郡百姓在湍急的江水中成功地筑起了一道分洪大堤。江心筑堰的成功使岷江水患得到控制。从此，蜀郡旱涝保收，百姓安居乐业，蜀郡成为"天府"。

直到今天，都江堰仍发挥着重要作用，为四川平原提供着巨大的水利效益，使之成为物产富饶的地区。李冰因为治水的功绩为后世所敬仰。

悉数中国历史，像李冰这样勤政爱民、力行实干的为政者数不胜数。为了百姓和国家，他们发挥自己的才干，兢兢业业地工作。正是这些"脊梁"式的人物使得我们的国家逐步强盛，也使我们的民族更加伟大。

他们的身上都体现着一种可贵的为百姓实实在在地做具体工作的实干精神。一些看似简单的事情，真正做起来并不容易，它需要有为国解难、为民分忧的强烈责任感，有鞠躬尽瘁、踏实肯干的具体行动，有不图安逸、肯于吃苦的坚韧毅力，为政者只有做到了这些，才能真正为国为民做出贡献。

善待双亲，为子之道

"孝"是我国传统文化中的核心观念之一，"善事父母"是孝的基本含义。在中国古代，孝不仅被看作是一种家庭美德，而且还被泛化为一种个体、政治、社会的基本道德规范，是人们立身、事君、处世应遵循的基本道德原则。

墨子主张子女在父母都健在的时候，要竭尽全力为他们做事，做对他们有利的事。等他们去世之后，对他们的孝不一定非要通过厚葬久丧的形式来表现，"孝"要真正体现在日常生活中，就是为父母做事尽心尽力。

媒体曾报道过这样一则新闻。

一名男子自称为尽孝心，向朋友借款 20 万元，带着 88 岁的父亲和 91 岁的母亲以及亲属一行 6 人，选择北京双飞 6 日游。以普通人的旅游开销来计算，每人基本上花了 1 万元。由于他们来自经济贫穷的乡村。节俭观念比普通人更为强烈。尽管有人对 20 万元的举债与花销存在怀疑，甚至疑心这是一则假新闻，但并不妨碍很多人对"举债孝游"的支持——让生活在闭塞地方的父母出去，看看外面的世界，做儿女的需要趁早创造条件。即使是适当地负点债，也是可以的。

同事的双亲是地道的农民，一辈子从没出过远门。前年国庆长假期间，他专门赶回家去，要带父母到黄山旅游，欣赏一下外面的世界，丰富父母的晚年生活，圆一回他们出远门的梦。儿孝女顺，孙辈绕膝，经济尚宽，父母很开心，于是，跟随他出门了。他给父母买了登山杖，背上必备的行囊出发了。

开始时，他陪着父母并肩而行，一起欣赏山上的美景，一路上父母赞叹不止。渐渐地，父母落在了他的后面，于是，他便走走停停地等着他们。到了山腰时，他的游兴正浓，父母却坐在一边不停地喘气，不肯再往上爬，让他一个人上去……

看到父母这副情状，他感到既心痛又内疚：出门看看外面精彩的世界，是每个人都有的"原生态"期望。过去，父母因为贫困，为了儿女，把自己的旅游梦深埋心底，在闭塞的乡村里履行着自己的责任，直到儿女们长大成人。但儿女们将主要的精力和财力用在了自己的事业上，用在了下一代的身上，用在了换房添车等生活改善上，却独独冷落了二老双亲，将他们的出游梦忘却。一岁一寸心，等到自己终于想到要敬老陪老，想要腾出精力、时间、财力为父母"孝游"时，父母已没有力气，迈动那双老腿了——父母容易老，"孝游"要趁早。

当然，孝敬父母的方式各种各样，只要是儿女的一片心，父母都会感到欣慰。因为只要是儿女做的，他们都感到满足。然而，现在社会上，"树欲静而风不止，子欲养而亲不待"的事情屡屡发生。很多人在父母健在时，忙于奔波，没有机会好好孝敬父母，等到父母离他们而去时，才感到后悔不已。还有一种人，根本不知道去感恩父母，认为父母为他们所做的一切都是理所当然。

有位哲人曾说：尊敬父母的孝行很容易做到，但热爱父母的孝行却很难做到。父母给了我们生命，这是对我们最大的恩情。他们养育我们长大成人，直至我们独立地承担起一个家。父母为我们付出了自己的一生。所以，当我们的父母还健在的时候，好好地孝敬他们，不管采用哪一种方式，在孝的天平上，它们都是等价的。当他们离我们而去时，无论做什么，都是徒然，因为父母已经感受不到了。

多行不义，必受惩罚

公孟对墨子说："人有义与不义的区别，却没有因此而得福得祸的区别。"墨子说："古时候圣王都以为鬼神是神明的，能带来福祸，的确主张按人分为义与不义而得福与祸，由此政治清明，国家安定。自夏桀、商纣以来，都以为人的不义得不了祸，因而政局乱而国家危。所以，先王的书你也有，那上面写着'傲慢无礼，对你不祥。'这句话就是对不善者的惩罚，也是对为善者的褒赏。"

墨子针对公孟子的观点警告说，不要以为道德只是一种说教，不要以为人的义与不义与祸福无关，像夏桀、殷纣那样的不义之君，不就受到了惩罚吗？如果多行不义而得不到惩罚，那这个世界上谁还愿意行义呢？墨子是懂得辩证法的。他知道事物发展到极点就会向反面转化，不可能一直按原有轨迹走下去。所以，他敢于大胆预测：多行不义者，必定会受到惩罚；多行仁义者，必定会受到褒赏。墨子看待事物的变化的睿智来自他对辩证法思想的掌握。没有这一点，是不可能有这种眼光的。

春秋时，郑国诸侯郑武公从申国娶了位女子做妻子，这个女子名叫武姜。她为武公生下两个儿子，大儿子庄公是按从头到脚的顺序产下的，把她吓了一跳，以后她看到大儿子就很讨厌；小儿子共叔段没有这样，所以武姜比较喜欢。两个儿子长大后，武姜希望共叔段被立为太子，便多次向郑武公请求，但都遭到了拒绝。结果，还是长子庄公继位。庄公即位后，武姜就为共叔段请求把制地作为封邑，庄公不同意。他说："制地地势险要，去那儿可能有危险，其他地方则哪儿都行。"于是，武姜改求把共叔段封于京地。庄公同意。

庄公手下有位大夫叫祭仲，他对把京地封给共叔段有不同的看法。他说："按祖宗定下的规矩，城墙不能超过 300 丈。不然，它将造成国家的灾难。过去，先王有制：大都，不超过国都的三分之一；中都，不超过五分之一；小都，不超过九分之一。如今，京地的城墙规模已超过这个规定，当君王的一定不会容忍。"

庄公面有难色："母亲她一定要这样做，即使是祸害，也无法躲避呀！"祭仲却一针见血地指出："她怎么会满足呢？她巴不得你弟弟继诸侯位才好呢。这事得早做安排，不然将来不好收拾。您看，地里的草一旦蔓延开去都难以锄尽，更何况是您那得宠的兄弟了。"可是，庄公却十分沉着。他只说一句："多行不义必自毙，你就等着瞧吧！"

没多久，共叔段就越权自作主张起来。他公然以君王的姿态，命令西部、北部边境，必须听从他的命令，发生什么情况必须向他报告。公子吕看到这种情况，气不过，便跑来对庄公说："一个国家怎么可能有两个君主呢？一个诸侯国也同样如此。我实在无法忍受两面受命的局面，我想问一句：君王您打算怎么办？您如果想把君位让给他，我们就去侍奉他。要是不让，那就除掉他，不要让下面大臣、百姓无所适从。"

庄公仍然是那么平静，他回答说："用不着，他会咎由自取。"

共叔段见前两次举动一出，庄公竟毫无反应，便放大胆子得寸进尺。他干脆把西部、北部地区收过来，作为自己的领地。接着，还把领地又扩展到廪延。公子吕义愤填膺，他敦促庄公："可以动手了。大权在握，势力犹在，百姓拥护您，您就放手下命令吧！等他羽翼丰满就晚了。"

庄公还是显得那么沉着，他说："失去正义就会失去民心，羽翼丰满，将加速他的灭亡。"

果然，共叔段以为庄公软弱可欺。他公然整治城郭，积聚粮草，装备武力，下一步准备攻打都城了。居住在都城内的武姜则充当共叔段的内应，准备里外夹击推翻庄公。这时，庄公发话："可以了。"于是，公子吕立即率战车200辆攻打京地。本来，就是在京地一带，共叔段也不得人心。他们听说官军打来了，个个都奔走相告。共叔段虽然作了长时间的准备，但没人支持他。他发现自己不是官军的对手，于是立即落荒逃跑了。

东周时，赵国紧急搜捕李欬。刚巧，这时续经和李言二人打算跟着李欬去卫国，一起去投奔公孙与。按事先的约定，他们二人和李欬一道到了卫国，公孙与也接纳了他们。

没想到，续经是个无义之徒。他为了向赵国官府邀功请赏，以满足自己的私欲，竟不惜告密，向卫国官府告发李欬。结果，卫国为讨好赵国，逮捕了李欬和李言。续经以出卖朋友为代价，获得了五大夫的上等爵位。

别看续经好不得意，从此以后，再也没人愿意与他共为一朝之官。甚至于他的子孙，也没有人愿意与他们交朋友。

自古以来，许多事情都告诉人们：道义本身就蕴涵着巨大的力量，它能够用以惩罚罪恶，因为它代表着民心。奉劝人们不要玩火自焚。

身外物不奢恶

墨子说："除去无用的费用，是圣王之道，天下的大利呀！"

墨子在《节用》中一再强调要强本节用，有用就可以，不要不知足。

你应该明白：即使你拥有整个世界，但你一天也只能吃三餐，这是人生思悟后的一种清醒，谁真正懂得它的含义，谁就能活得轻松，过得自在，白天知足常乐，夜里睡得安宁，走路感觉踏实，蓦然回首时没有遗憾。

其实，在现实生活中物质上永不知足是一种病态，其病因多是权力、地位、金钱之类引发的。这种病态如果发展下去，就是贪得无厌，其结局是自我爆炸，自我毁灭。

托尔斯泰说："欲望越小，人生就越幸福。"这话，蕴含着深邃的人生哲理。人越贪婪，人生越易致祸。古往今来，被难填的欲壑所葬送的贪婪者，多得不可计数。

其实，我们每一个人所拥有的财物，无论是房子、车子……无论是有形的，还是无形的，没有一样是属于你自己的。那些东西不过是暂时寄托于你，有的让你暂时使用，有的让你暂时保管而已，到了最后，物归何主，都未可知。所以智者把这些财富统统视为身外之物。因此，好好珍惜自己的一切，你的身体，你的精神，你的心灵，你的一切美好的东西，好好去品位，好好去感悟，你是世界上的主宰，你是世界上最幸福的人，你没有苦恼，你没有忧伤，狂风暴雨都是你人生中的风景，艰难险阻也只是调味品，一切都会过去，只有幸福，你要牢牢把握，你决不可以松手。

同时且让我们记住，即使我们拥有整个世界，我们一天也只能吃三餐，一次也只能睡一张床，即使是一个挖水沟的工人也可如此享受，而且他们可能比洛克菲勒吃得更津津有味，睡得更安稳，

"身外物，不奢恋"，是思悟后的清醒。它不但是超越世俗的大智大勇，也是放眼未来的豁达胸怀。谁能做到这一点，谁就会活得轻松，过得自在，遇事想得开，放得下。

懂得放弃洒脱生活

古时前代的暴君，不能忍住耳目的贪婪，心里的邪僻，不听从他的双亲，以至于国家灭亡，社稷绝灭。

墨子指出，贪婪是心里的邪僻，是国家灭亡的原因。在现实社会有太多太多的诱惑，有太多太多的欲望，而许多人却无从选择，为名利蒙住双眼，不懂得放弃。

有只狐狸被猎人用套套住了一只爪子，它毫不迟疑地咬断了那只小腿，然后逃命。放弃一只腿而保全一条生命，这是好死不如贱活式的哲学。人生亦应

如此，在生活强迫我们必须付出惨痛的代价以前，主动放弃局部利益而保全整体利益是最明智的选择。智者曰："两弊相权取其轻，两利相权取其重。"趋利避害，这也正是放弃的实质。

施瓦辛格是美国家喻户晓的人物，他在每一个行业取得成功后，都会自动退位让贤。别人问为什么？他说，花无百日红，更重要一点他懂得"放弃"的奥妙。

在当选州长后一段时间内，人们普遍怀疑施瓦辛格的能力，认为他充其量是一个头脑简单，四肢发达的会演戏的家伙。在一个酒会上，有人故意问："州长先生，我们想知道，你怎么能当选为州长，是不是靠您的健硕身材和票房神话呢？"

施瓦辛格一脸平静地说："先生们，你们以为我是在利用之前取得的名声，是吗？那你们错了！我想问一个问题——"施瓦辛格看着众人期待的眼神说。

"就您吧！先生，我想问您，您爬过山没有？"他随手指身边的一个很有名的富翁。

"爬过，我想这里每个人都爬过，这个问题太简单了！州长先生！"富翁不屑地说。

"那好，当您爬上一个山峰后，再想爬到另外一个山峰，您会怎么做呢？"

"州长先生，这个问题我想连孩子也会回答，当然是从这个山峰往那个山峰上去了，当然，能给我一个直升机会更快！"富翁话中带刺地说。大厅内一阵大笑。

"那好，先生，如果没有直升机怎么办？怎么样才是捷径呢？"

"那也简单，没有直升机，我又不能飞上去，只能从这个山峰上下来，然后往那个山峰上爬了！"

"先生，您的意思是只要先放弃之前的山峰，才能拥有之后的山峰，是吗？"

"我想是的，一个人不可能拥有两个山峰！"

"太好了，我想您已经给出我的答案了！"

大厅内沉寂了数秒钟，随即一阵雷鸣般的掌声。

施瓦辛格取得全美健美先生称号后投身于好莱坞，他开始认为以之前的声望不难取得成功，可是事实上影迷们不在乎你是什么，只在乎你的演技怎么样。明白这个道理后，他开始磨炼自己的演技，甚至从跑龙套开始，并回到家中将自己以前取得的荣誉全部放到储藏室。同时还告诉媒体：请以后不要说我是健美先生，那对我来说是过去，那些冠军奖杯就在我家储藏室，如果谁想要，我愿意放弃！

媒体爆炸式惊呼：施瓦辛格放弃健美先生称号在跑龙套！接着，施瓦辛格在好莱坞取得了空前成功。然后，他又想从政，在面对人们纷纷质疑其能力"找一个会演戏的州长对市民来说绝对是个坏消息"的时候，他同时告诉人们，以前的"魔鬼终结者"已经是过去了，现在他是一个州长候选人。就这样，他又成功了。

其实生活中就是这样，当你取得一个辉煌后，再想拥有另一个辉煌，你必须把以前的辉煌放弃，从头开始。因为，你过多想着以前的辉煌，那无形中也许已经成了你前进的绊脚石，只有忘掉它，并从零开始，那就已经成功了一半。

在现实生活中，常有不好的境遇会不期而至，搞得我们猝不及防，这时我们更要学会放弃。放弃焦躁性急的心理，安然地等待生活的转机，让自己对生活对人生有一种超然的关照，即使我们达不到这种境界，我们也要在学会放弃中，争取活得洒脱一些。

在人生的旅途中，需要我们放弃的东西很多，古人云，鱼和熊掌不可兼得。如果不是我们应该拥有的，我们就要学会放弃。几十年的人生旅途，会有山山水水，风风雨雨，有所得也必然有所失，只有我们学会了放弃，我们才拥有一份成熟，才会活得更加充实，坦然和轻松。

其实放弃也是一种明智。

生命原本是简单的，很多东西我们要学会放弃，包括死亡。能够放弃就是一种跨越，当你能够放弃一切做到简单从容地活着的时候，你生命里的低谷就过去了。

修身就是人格培养

位卑而不自贱，位高而不自负。

何为人格魅力

在 IT 企业工作多年，有一句常被销售人员挂在嘴边的话：人脉就是钱脉。在企业里做销售，若没有人帮你，那就会寸步难行，很难成单；若你人缘好，朋友多，签单一个接一个，销售起来自然就容易上业绩。

一个公司或一个机关单位里，有的人待人热心快肠，走到哪里都可以形成一个以他为中心的小圈子，大家遇事乐意与他聊聊，出去郊游由他先拿主意，平时的聚会也主要是由他在张罗。大家都知道他在外面关系广、路子大、信息灵。可以说他生活得游刃有余，怡然自得。

另一种人就不行了。平日里，总显得不大爱合群，喜欢独往独来，我行我素。说的话没人听，想办点事难上难。你要说他为人不好，心眼坏吧！也不见得。他心眼不坏，为人也正直，不说三道四，不坑害好人，不违法乱纪，就是做人没有磁性，吸不住人。

为什么有的人总是人缘好、人脉广，而有的人虽心向往之，很羡慕神通广大的人，但却总是打不开局面呢？这除了天生的性格因素外，后天的自我修炼，也就是人格意识起着相当大的作用。

无论高尚还是卑下，凡人都有人格。我以为人格就是做人的资格。说一个人人格怎么样，就是说他有没有做人的格调。说一个人丧失了人格，就等于说他不配做人。

有的人为人喜爱，受人尊重，那是因为他有人格魅力；有的人令人讨厌，

被人瞧不起，那他就毫无魅力可言。

魅力与权势无缘，权势可以使人畏惧，但不能使人敬仰。魅力与金钱无关，金钱可以使人富有，但不能使人高尚。

在一个公司或者团体中，有人格魅力的人做领导，属下都乐意与他接触，有利于开展工作。无魅力的人做领导，要么以势压人，搞个人集权，使得人人自危；要么束手无策，穷于应付，自己忙得焦头烂额，员工却消极怠工。一个企业的董事长若只能靠手中拥有的金钱和权力来让人佩服，而不能得到公司员工对其人格的景仰和喜爱，那是很令人悲哀的。

那么，人格魅力是什么呢？

甘做"草根英雄"

《贵义》编里记载：墨子名声还不是很响时，曾南游到楚国，想见楚惠王，惠王借口年老推辞不见，让大臣穆贺召见墨子。墨子向穆贺游说了一番治国理政的道理，穆贺听了大为高兴，对墨子说："你的学说主张确实很好，不过，我们君王是天下的大王，恐怕会觉得你是一个贱人，不好采纳你的主张吧！"

穆贺所言不虚，穆贺的想法在当时非常流行，也就是儒家极力倡导推崇的血亲宗法门第等级思想。尤其是在帝王将相、国君大臣这个层面，等级十分森严，要让一个君王去听取一个毫无名分的下等人的意见，确乎是勉为其难的。尽管墨子已是当时的饱学之士，但却丝毫不能改变其被人看不起的"贱人"身份。

但墨子没有因为穆贺带有蔑视的直言相告而放弃，更没有因为自己出身卑微而自怨自艾，他理直气壮地回应道："唯其可行，譬若药然，草之本，天子食之，以顺其疾，岂曰一草之本而不食哉？今农夫人其税于大人，大人为酒醴粢盛，以祭上帝鬼神，岂曰贱人之所为而不享哉？"也就是说："只要主张是可行的就该采纳。就好比良药，虽然只是一把草根，天子服用了它能治愈疾病，难道会说这只是一把草根而不吃吗？农民缴纳租税给贵族大人，大人酿美酒、做祭品，用来祭祀上帝鬼神，贵族大人难道会因为是贱人种的而不享用吗？"

墨子把自己比喻成"草根"，倒也恰如其分。我不知道现今网络上流行的"草根"一词出自何处，我们现在是否找到了"草根"一词的真正渊源？至少肯定地说墨子就是一个典型的"草根英雄"。

墨子放弃了许多成为君王幕僚的机会，所以他没当过什么大官，无法证明他位高而不自负，但从他推崇的商代开国之君汤的故事，便可知他的想法了。

从前商汤广求天下贤士，打算主动去拜访伊尹。伊尹是谁？墨子在《尚贤》里介绍说："伊尹原是有莘氏女陪嫁的家奴，还曾经做过厨子。"地位之低可想而知。

商汤让姓彭的小伙子为他驾车，小彭在半路上问道："大王你要到哪里去？"

商汤回答说："我要去见伊。"

小彭说："伊是一个贱民，如果你想要见他，就派人召他来问问，他也算是受到恩赐啦！"

商汤说："此言不对。如果这里有一种药，吃了它耳朵加倍灵敏，眼睛加倍明亮，那么我必定高兴地尽力吃药。现在伊对于我们国家，好比是良医善药。而你不想让我见到伊，这是你不想让我好呀！"

后来商汤破除门第之见，提拔伊做了宰相，后世称为"伊尹"。

商汤以大王的身份，能屈驾去拜访一个下等的"贱人"，这种做法，恰与墨子心灵相通。

墨子虽不是大官，却是名流。他出身"草根"而不自卑，成名后却不自负自满，墨子的所作所为，正是其人格魅力的表现。

怀"摩顶放踵"之志

一个人是否受到尊敬，有没有人愿意追随，其内在的驱动力就是意志和思想，这是人格魅力的内在表现。

在战国那个乱世之秋，各种学说四起。在人们思想意识混乱的时候，墨子能提出迥异于其他诸家的"兼爱"学说，并进行系统的阐述，本身就是一个传奇。有人认为这种思想与西方资本主义所倡导的"平等博爱"思想很相近，孙中山先生甚至说"兼爱"就等于西方的"博爱"，但却早了一千多年。

"兼爱"提出来后，孟子一方面对兼爱深恶痛绝；另一方面，他又不得不承认墨子钢铁般的意志，说"墨子兼爱，摩顶放踵利天下，为之"。（《孟子·尽心上》）

墨子意志贵在坚守。有一个常到墨子那里走动的人对墨子说，不是我不想学你的主张，是"我一族之中没有求学的人"，意思是说，大家都不学我也就随大流了。

墨子告诉他说："爱美的人，难道能说'我一族之中没有爱美的'，自己也不爱美了吗？希望富贵的人，难道能说'我一族之中没有希望富贵的'，自己也就不追求富贵了吗？真要爱美，真要希望富贵，就不要管他人的行事如何，自己仍要努力追求它。义是天下最伟大的东西，何必要去看他人的脸色行事呢？自己应努力坚持追求它。"

墨子在这里说的就是一个人有没有独立意志的问题。意志看似最虚，其实最实。有时一个人的成功并不是靠他的聪明伶俐，一个人之所以受人敬重也不是靠他的声威显赫，而是靠过人的意志力。在面临重大挫折时，在经受死亡威胁时，意志力就是生命本身。有则活，无则死。同样的事情，同样的条件，别人做得到你却做不到，那就是你的意志不如别人。

在此必须提到一个近代史上的著名人物谭嗣同，这位"戊戌六君子"之一，这个将生命献给维新变法的革命者，他在《仁学·自序》中说："由是益轻其生命，以为块然躯壳，除利人之外，复何足惜！深念高望，私怀墨子摩顶放踵之志矣。"

从他的自述中我们方知，墨子意志坚如铁的人格力量对他产生的影响之巨，超出我们的想象。谭嗣同能为天下大义慷慨赴死，是墨子人格力量的光辉闪耀。

像"人精"一样敏慧

墨子是一个博学多才的人。连一向骄傲自满、放荡不羁的庄子，竟称赞墨子"好学而博"，可见墨子的博学多才应是风靡于时的。但在现今人们对他少有的印象中，他主要是一个自苦自律、废寝忘食的工作狂，黑衣黑面，满脸憔悴，生活一定没有什么情趣。梳理极其有限的史料，我发现墨子不仅是个博学之人，也是一个敏慧之人。

《韩非子·外储说左上》记载：

墨子为木鸢三年而成，蜚一日而败。弟子曰："先生之巧，至能使木鸢飞！"墨子曰："不如为车輗者巧也。用咫尺之木，不费一朝之事，而引三十石之任，致远力多，久于岁数。今我为鸢三年而成，蜚一日而败。"

两千多年前，墨子制作的木鸢竟然在天空飞翔了一天才落下来，其制作工艺之巧足令人瞠目结舌。他可不可以称为现代航空器的鼻祖之一呀？其聪慧自不待言。

木鸢飞起来后，他的弟子们是多么高兴，由衷地赞叹道："先生真巧呀！竟然能使木鸢飞上天！"这时墨子虽然没说什么，但从弟子们的高兴劲里可以看出，墨子应和弟子们在共同分享着木鸢研制成功的喜悦，他或许也和他们一样兴奋得又蹦又跳。墨子接着说他的巧不如造车輗者的巧，说明尽管他有研制的才能，但他并不看重这些没有实际用处的玩意。

什么是慧敏呢？慧敏就是善于触类旁通、发现生活，善于从生活的点滴之处悟出机巧。别人感受不到的细腻他感受得到，别人想不出的主意他想得出。这样的人就是我们所说的"人精"。

慧敏与情趣往往是相连的，聪明智慧自然懂得生活的情趣。有一种人天生古板、单调，也许他自己觉得没什么，他喜欢这种生活方式，但却很难激起旁人对他的兴趣，因为在这种人身上看不到人的丰富多彩，感受不到情趣给人带来的愉悦和享受，更谈不上有什么人格魅力。

情趣实是享受生命的方式，是人格魅力的体现。人的情趣千差万别，但都是一种生命的神采，没有情趣的人生将是一大缺憾。

修身的四种境界

在意志坚强的人面前，疾病也只得甘拜下风。从某种意义上说，疾病是训练人的意志力的好学校。

境界一：以苦为乐

庄子说墨家过得太苦了，旁人受不了。墨家为何却乐意为之，以苦为乐呢？这首先在于什么是苦，什么是乐，各自的看法不一样。

中国历史上流传下来不少与"苦"有关的故事，每则故事都透着修身的奥秘。

战国时，越国被吴国打败，越王勾践立志复国。在蓄积力量、策划反攻的岁月里，他卧薪尝胆，激励自己不忘国耻，发愤图强。经过十多年苦心准备，终于利用吴王夫差的失误战胜了吴国。

为了复仇，勾践甚至不惜为吴王尝粪便，让越国人都无法接受，如此以苦自励，世所罕见。但勾践吃苦只是手段，最终打败吴国才是目的。胜利后他就不再睡柴草、尝苦胆了。在勾践眼里，苦就是苦，乐就是乐，人必须吃苦，但目的则是换回享乐。

古时候有一类诗人对写作精益求精，每一字、每一词的运用非千锤百炼不罢休。有所谓"两句三年得，一吟双泪流"的形象，可见诗人在写作时用心用功之深。这类诗人就被称作"苦吟"诗人。

唐朝诗人贾岛，有一次骑着驴作诗，得到"鸟宿池边树，僧敲月下门"两句。第二句的"敲"字又想改用"推"字，犹豫不决，就用手做推、敲的样子。正巧碰到了大文豪韩愈，贾岛向韩愈说明了原委。韩愈想了一会儿说，还是用"敲"字好。

在旁人看来，为一个字的变更而绞尽脑汁，是自寻烦恼，自找苦吃，其投入与产出完全不成比例。但在诗人眼里，一字之差，诗意两殊。这一个字，就像人的灵魂一样，它是诗的灵魂。有了它，整首诗就活起来了，诗意就出来了。当诗人沉浸在这种创作的高潮状态时，他感受的是一种生命的冲动和燃烧，是将淤积于内心的情绪大释放，是无比的兴奋和甜蜜，全然不会有苦不堪言的感觉。

此刻，苦只是世俗之见，庸人之论；快乐才是事实，幸福才是根本，快乐幸福才是诗人自身真实的感受。

能够从苦中品出甜味，你便懂得了生活。

境界二：以病为友

《公孟》中有一则关于墨子生病的记载，颇耐人寻味：

一次，墨子生病了，这本是一件平常小事，可这让学艺不精的弟子跌鼻颇有些不解。跌鼻问墨子："先生说过鬼神能降祝赐福，如果是行善的人，就会奖赏他；如果是不善的人，就会惩罚他。先生您不是圣人吗，为什么还会生病呢？或许您也有不对之处吧？"

墨子认为生病本是平常事，用不着小题大做的。他回答说："我生病与鬼神是否明察有什么关系呢？一个人生病原因很多，或是寒暑不调，或是劳累过度。就像一百扇门只关闭了一扇，盗贼何以就无处可入了呢？"

也就是说，生病就是生病，它是人的一种自然状态，与是否行善积德没有关系，跌鼻想得太多太远了。

当今的流行语说：有什么别有病，没什么别没钱。可见人们对疾病的恐惧心理不仅由来已久，且愈演愈烈。

我们无法改变的现实是：疾病几乎是每个人必须面对的人生的内容。无论是富裕还是贫穷，只要吃五谷杂粮，没有不生病的。现代科技的迅猛发展，一方面大大改善了我们的生活条件，另一方面我们得病的几率却有增无减，疾病对社会的破坏程度大大提高，对疾病的重视程度乃至恐惧心理随之加深。

对待疾病，大凡有三种态度。

一是以病为忧。忧而生惧，惧而生仇，久而久之，患上疾病恐惧症，小病大养，大病早亡。

二是以病为敌。整天与病魔作拼死的抗争，战略上藐视疾病，战术上重视疾病，直打得疾病土崩瓦解，或者两败俱伤。

三是以病为友。病既然来了，赶也赶不走，驱也驱不散，怎么办？不如干脆把它当朋友看，对久病之人来说，这似乎是一种必不可少的心境。

患病并不可怕，关键是以何种态度对待它。乐观者，以病为友；悲观者，以病为忧。很少生病的人，偶尔得了一种病，便天塌了似的，吓得魂飞魄散；真到了大病临头，早没气儿了。久病的人对此见多识广，得了支气管炎胆结石，就像见到亲戚朋友一样熟悉，吃喝拉撒睡全不误，没有一丁点精神负担。他们明白，生病原本是人生极正常的事，全然不必大惊小怪。该吃药时吃药，该打针时打针，一切以平常心待之，既不讳疾忌医，也不小病大养。

人们有许多训练意志力的办法，疾病也是一种。有人做刮骨截肢的外科手术，不用麻药，依然谈笑风生，视同游戏；有人身患不治之症，临近死亡，却能奇迹般地活过来，仍旧乐观畅达地生活。

在意志坚强的人面前，疾病也只得甘拜下风。从某种意义上说，疾病是训练人的意志力的好学校。

我有个朋友，患肺癌两次开刀，生命垂危，医生也认为活不久了，可十多年过去了，最近复查身体，竟奇迹般地发现癌细胞没有了。他被当作抗癌明星请到北京来做报告。他说，治疗癌症有方法，就只四味药，吃到了就能好。即工作是药、生活是药、快乐是药、药是药。

以病为友，奥妙在于能从疾病中感悟人生。

长期患病，仿佛与健康人的世界隔了一层什么，仿佛从另外的视界打量尘世，疾病便不知不觉地成了病人的伙伴。独处时，它伴你同坐；孤寂时，它听你诉说。如果有一天病好了，长期与自己相伴的那一份思虑一去不回，兴许还会有空荡荡的感觉，就像失去了一个心心相印的好朋友。这不是说人一定要留个病恙在身上，或必须长年卧榻，而是说生命的流转，时光的流失，世态的炎凉，都将在疾病中获得最真切的感受。

以病为友，不仅是特定时期多了一个不请自来的"朋友"，而且是多了一种生活的内容和生命的体验。

境界三：与自己作对

墨子有个叫骆滑厘的弟子，此人以勇武著称。他为了显示自己的勇武过人，夸耀地对墨子说："我要是听说哪个乡有勇士，就一定要去杀掉他。"

墨子大不以为然，认为他完全是与自己过不去，便告诫他说："你听到哪个乡有勇士就要去杀掉他，这不是喜好勇武，而是憎恶勇武呀！"

与自己作对，也许本不情愿，或者未曾意识到，但客观效果却是与主观意愿相反。若过分强化这种自我意识，到了不可收拾的地步，后悔就来不及了。

《周易·睽》有一则卦象：有个汉子，赶着一辆牛车，经过岔路口，老牛只顾低着头朝前走，汉子连忙跳下车，想要叫牛车朝后退几步。本来他只要一手牵住牛鼻子上的缰绳，一手晃动鞭子，老牛就会乖乖地向后退。可是他不，他很生老牛的气，就只管用双手扳住车子向后拖。而牛呢，却拼命朝前走。于是，人向后拖，牛朝前走，就在大路上顶起牛来。汉子愈使力，牛便愈用劲。这个汉子如此蛮干，结果不免要闯祸。

这个汉子不懂因势利导，一味蛮干，本来轻而易举的事结果弄得难以招架。这位汉子太不聪明，简直是存心跟自己过不去。

《周易》中的一种卦象也颇有意味：村子里有一眼井，井水又清又甜。全村男女老少来来往往到井上汲水。淘米、洗衣、饮用都靠这口井的水。可是大家只管汲水，却不知爱护。渐渐地，井水干枯了，被泥沙堵塞了。村里人汲不着水，围在井边吵吵嚷嚷，却不想法去淘清这眼井，反而气急败坏地把汲水用的瓶子砸个稀烂。

青瓷双耳罐（春秋）

本来是很小的一件事，发动大家把井淘清就是了。可这些人只会怨这怨那，甚至迁怒到汲水的瓶子，结果大家都用不成水，使自己为难。

生活中的许多事情，若处理得好，自己就会轻松愉快，事事顺心；若处理得不好，就会事事麻烦，就像一团乱麻，理也理不顺。

不会处理问题，使简单的事情复杂化，使有利于自己的事情变得于自己不利，这就叫与自己作对。

人为什么会与自己作对呢？

因为每个人心中都有两个自我：一个是明智的、理性的自我；一个是放纵的、迷惘的自我；一个是顺应时代潮流的、开放的自我，一个是脱离时代的、封闭僵化的自我；一个是关怀友爱的自我，一个是自私自利的自我。当两个自我发生矛盾和冲突时，与自己作对便不可避免。因而，从与自己作对的困境中走出来，丰富提高自己的人生，便显得格外可贵。

在安逸与劳累面前，我们能放弃安逸的生活，而不以劳累为苦吗？

在清贫和奢侈面前，我们能直面清贫，不追求奢侈吗？

在荒淫和自律面前，我们能力戒荒淫而洁身自好吗？

安逸、奢侈、荒淫等是最能迷惑人的东西，让人沉湎于眼前的享受而放弃人生的大目标。劳累、清贫、自律等表面看来是吃苦受累，但人的意志力因此得到锻炼，人的才学和品行因此得到培养，人因此变得聪明起来，善于处理各种复杂的问题，化不利因素为有利因素，这对人生来说，真是善莫大焉。

境界四：与恶人共处

有一则广为流传的农夫和蛇的故事：

一个农夫看到了一条冻僵的蛇，见它可怜，便把它揣在怀里捂着。一会儿蛇苏醒过来，一口咬伤了农夫，农夫中了蛇毒，临死前告诫旁人说：不要怜惜像蛇一样的恶人。

不与恶人共处，躲得远远的，或是到一个清静、友爱的地方去，行吗？

恐怕不行。

善与恶没有天然的界限。一辈子行善的人也可能干出一两件恶毒的事；恶贯满盈的罪犯也曾有过良心发现的时候。有的杀人犯也许并没有想到要去杀人，有的伤人者也许是替弱者打抱不平。

作恶分有意和无意，善恶因立场观点的不同而看法各异。用一种简单的、机械的眼光看待恶，就像小孩子从相貌区别好人坏人一样，只能让人感到幼稚可笑。

每个人的生命中都会有恶人恶事出现，因而，如何与恶人相处，是一门了不得的艺术。

与恶人共处，让人变得机警老练，让人明白世界原本是如此复杂多变，太阳底下有阴影，碧波里也会起浊浪。敢于且善于与恶人打交道的人，都是一些大智大勇的人。

与恶人共处，上上策是在恶人想干坏事还未干之前，就将其阴谋扼杀在摇篮中。能智取则智取，不能智取则强攻。

墨子先后以软硬兼施的手法止楚攻宋、止楚攻郑、止齐伐鲁，他制服的那些想穷兵黩武的人，想使生灵涂炭的人，都是不折不扣的恶人。墨子以胆略和智慧，将这些恶人的恶念扼杀在了摇篮之中。有人说，一个人一生只要能做成其中的一件事，就很了不起了，就立了大功了，而墨子却是屡屡成功！

凡夫俗子的智慧有限，不可能事事都料事如神，将恶人治得服服帖帖。坏人当道，好人遭殃之事比比皆是，怎么办？常言道，大道朝天，各走半边。你走你的阳关道，我过我的独木桥。不能促使恶人改邪归正，也不能被恶人牵着鼻子走。跟在恶人屁股后面爬，或许能够官运亨通，至少也能清静平安颐养天年；与恶人保持距离，不愿同流合污，要么灾祸临头，要么被排挤到一边遭受冷遇。这时候，就需要一点甘愿受苦、甘愿清贫自守的精神了。

与恶人共处，需要勇气，需要谋略，需要耐心。倘若能将一个恶人变成善人，那就更是对社会的贡献了。

追求完美人生

只要没有过分的贪心和贪欲，只求生命丰富、人生充实，有为社会；只求心定神宁，与亲朋、与同事和谐相处。那么，完美并不遥远，并不神秘，我们每个人都将是完美人生的创造者。

有取舍就有完美

追求完美是人的一种天性。年少单纯的人常常把完美想象成十全十美。谈恋爱时，希望恋人什么都好；找工作时，要求是自己最理想的职业。一旦发现恋人身上还有缺点，工作也不尽如人意，生活原来不像自己想象的那么简单，十全十美的事很难有，便很容易陷入悲观绝望：啊！我做了一场梦呀！生活是残缺不全的呀！世界上哪有完美可言呀！

其实，完美是有的。完美与十全十美并不是一码事。

在功利世俗的人看来，先哲墨子一介匠人，本来有许多机会轻易得到大笔钱财，他却不知道获取，整天穿粗衣、着草鞋、少饮食，以吃苦为乐，实在是不完美。

但墨子自己却不这样看。他倡导"兼相爱，交相利"，平等互爱，倡导"尚贤""节用"，反对以强凌弱，以大欺小；他周游各地，宣传、实施和平主张，为人民做了许多好事。

他不以"贱人"为耻，乐意与下层劳苦百姓混在一起，荀子说他"与百姓均事业，齐功劳"，（《荀子·富国》）丝毫没有未混上达官显贵的失落感。他以为，做官未必就一定高贵，平民百姓未必就一定下贱。人生而平等，并无天生的贵贱。

他潜心于科学研究和技术发明，他和他的学生们完成的《墨经》，其科学思想和实际科学发明，达到了他所处时代全人类的高峰。所以，后世有学者称他为中国的科学之父。

对一个做大事、成大业的人来说，墨子的一生该是多么完美！不仅在春秋战国，即使在数千年中国历史上，有多少人可与之相提并论？

完美，应该有所取舍。一座园林，太规整，景观太拥挤，什么都有，其实并不好看。去掉一些景物，建几道曲廊小径，就别致了，也就完美了。

太阳有起有落，朝霞满天，晚霞遍地；月亮有圆有缺，月圆相逢，月缺相思。这才是完美的实现方式。若老是一个圆盘挂在天空中，没有任何变化，那该多么单调，多么无趣，那就不完美了。

人生的道理也是这样。要想获得完美的人生，就要明白取得什么舍弃什么。

一辈子享尽荣华富贵，衣来伸手，饭来张口，完美吗？一点也不完美。现在在先富起来的人群中，尤其是其下一代，得"富贵病"的不少，表现特征就是人生没有了进取的动力，完全没有面对苦难艰辛的体验，生活优越而奢侈，结果是空虚、烦恼、寂寞等等成为挥之不去的梦魇。

真正有大智者不是这样。尽管香港商人李嘉诚富可敌国，但他的两个儿子却没有纨绔子弟的习气，从小刻苦学习，努力上进，留学归来后，在父亲事业的基础上再创新业，成为各自领域的佼佼者。

对我们普通人来说，只要舍弃过分的贪心和贪欲，只求生命丰富、人生充实，有为社会；只求心定神宁，与亲朋、与同事和谐相处，那么，完美并不遥远，并不神秘，我们每个人都将是完美人生的创造者。

立身处世的支柱

哲人说，给我一个支点，我将推动整个地球。

人心与社会之间也有一个支点。支点一端指向人的心灵深处，另一端指向社会内部。当两端相等时，心态便趋于平衡；说话办事就会脚踏实地、堂堂正正、心明眼亮。可见，立身处世非要有这个支点不可。

有的人总觉得社会对自己不公平，一副怀才不遇、郁郁寡欢的样子，整天唉声叹气，怨天尤人。这是没有摆正个人与社会的位置。

有的人总是这山看着那山高，别人经商发了财，自己也恨不得一夜暴富；别人闭门苦读成了大学问家，马上又羡慕得不得了；别人不求功名富贵安贫乐道，又对他的清闲自在嫉妒起来。这种人到头来两手空空，不知道自己究竟该干啥。

社会发展了，自己却没有多大的进步，那么，责任究竟是在社会还是在自身？

个人受到某些委屈、冤枉，感到怀才不遇，那么，自己想了多少办法来改变这种处境？

有些人财源滚滚，成了"大款"，那么，自己是否具备那些人的才干、机遇和坚忍不拔的意志力？自己究竟适合在哪个方面发展？如何为之奋斗不息？

古人说，与其临渊羡鱼，不如退而结网。

我想说，与其埋怨社会不公，不如沉下心从现在做起。

成事在人

墨子说："如今的贤达良士，他们尊重人才并致力于实在的功业道义，因此，上得王公大人奖赏，下得百姓赞誉，进而扬名于天下，这能说是因为'天命'给他们带来的吗？这全靠他们自己的努力呀！"

"天命"是儒家思想中有代表性的观点之一，孔子在《论语·颜渊》篇中就提出过著名的"死生有命，富贵在天"的观点。墨子的"非命"论完全是和儒家"天命"论针锋相对的。墨子认为，"天命"论是起消磨人的意志的消极观点，作为统治者如果相信"天命"，则不必治国，作为百姓如果相信"天命"，则无所作为，这样，人的内在力量将无从得到发挥，所以是"非仁者之言"。按照墨子提出的衡量言论是非的"三表"法，就可以看到"天命"论的荒谬。首先用"古者圣王之事"衡量，国家安危治乱全是人事所为，绝非命中注定；然后用"百姓耳目"衡量，自古未见"命"的存在；再用"观其中国家百姓人民之利"衡量，"天命"的实践效果是不好的。墨子从"三表"法来论证，除了第二点有些缺陷（把"命"当成某种可以看得见的形象）外，总的说论证是有力的。

在墨子心目中，既然"天命"论是荒谬的，那么应该用什么去代替它呢？这里，墨子作了响亮的回答：全靠自己努力。墨子不相信儒家宣扬的"谋事在人，成事在天"的思想，他用自己的理论和实践告诉世人：谋事在人，成事也在人！他对那些沉醉在"天命"幻想中的人提出了一种看问题的方法：丢掉幻想，一切靠自己努力奋斗。

约瑟夫·贺希哈出生于 1899 年，他的家在拉特维亚的一个普通村落，他是他 13 个兄弟姐妹中的第 12 个，当他还在襁褓中时，父亲就死了。他是犹太移民，过着最贫苦的城市贫民窟的那种生活，他经常饱受饥寒。后来，他回忆自己孩提时代的往事时说；"我好像是从地狱里出来的。"

可是，屋漏偏又遇到连阴雨。1908 年 5 月，他们一家移居来纽约的第 4 年，一把无情的大火吞噬了他们居住的汉保特街大杂院，不少房客不是烧死，就是被跌落的竹篱尖端戳死。贺希哈本人虽然没事，但母亲住进了医院。那段辛酸的经历使他饱尝了贫穷的滋味，他说："我靠的是剩饭残羹生活。贫穷的味道真不好受，我宁死也不愿再过这种生活。"

1911 年的一天，贺希哈经过纽约证券交易所外面时，顿时被那喧闹的场面吸引住了。3 年以后，尽管他已找到了一家周薪为 20 美元的珠宝店工作，可是股票市场的喧嚣一直在他脑海中沉静不下来，以至于他不惜辞去这份工作而回到了百老汇和华尔街。为这件事，他母亲还气得打了他一记耳光。然而，现实告诉他，1914 年正逢第一次世界大战，股票市场几乎都快要倒闭了，市场的萧条使得一些职业炒手都不得不去另谋职业。无奈，他只好在爱默生留声机公司以办公室勤杂工的工作聊以糊口。

贺希哈看来天生就是一个不信命的人。他不想就这样了此一生。有一天，他壮着胆子走进公司总经理魏克夫的办公室，一开口就向他提议说："我不想当办公室勤杂工，我要当股票经纪人。"魏克夫是个通情达理的人，他给了贺希哈一个带转折性的机会：以每周 12 美元的薪水为魏克夫绘制股票行情图。这样的工作他干了 3 年，这 3 年中，他每天只花 1 角钱当车费、9 分钱当午餐、6 分钱零用。还在聚力联合公司兼一份周薪 12 美元的传达工作。他累得脚上都起了泡，疼得连两个星期薪水都没去领。

然而，他并没有被压趴下，相反，他从 17 岁那年开始，走上了自己的创业生涯，他的兴趣在股票，他瞄准的当然也是股票。他第一次干的时候，手里只有 255 美元。但是，他当起了场外经纪人，一年下来，他发了第一笔财：16.8 万美元。平生第一次有了钱，他给自己买了衣服，给母亲买了房子。不安分的贺希哈又涉及了实业，顽固地买下了雷卡瓦那钢铁公司。可是，他不熟悉实业，最后输得只剩下 4000 美元。

看样子，自己不熟悉的行当不那么好干，他又回到了股票上来。这回，他干的是未上市公司的股票买卖。先和别人合伙，后又自己开了证券公司。到 1928 年，他已经能做到每个月可赚到 20 万美元的利润了。这时，他懂得了见好就收。1929 年春天，正当他想花 50 万美元买下纽约证券交易所一个席位时，他发现连牙医都停止看病而去做股票投机了，他这下果断地抛出手上的全部股票，结果避免了一场大股灾。

美国经济进入了大萧条，贺希哈却又在加拿大开起了证券公司。正当他在新的证券市场上如鱼得水时，他抓到了一个极好的机会。他事先得到消息，安大略有家普莱斯顿金矿公司因为遇到大火，造成资金短缺，股价跌到每股不值 5 分钱。贺希哈便出资 2.5 万元搞试采，结果获得成功，这时，他又趁低价大量买进该股股票。当他已控制了大部分股票时，该股股价已超过了每股 2 美元。

当股价继续上涨时，他便把股票大量卖出。这是他有史以来最赚钱的一年。40年代，他又买下了美国的梅沙毕钢铁公司。他知道，这家公司搞的是含氧化铁微粒的打火石，大多数人还不懂这是什么东西。几年后，这家公司大赚了一票，他又以高价卖出。自己并没有去直接经营，却赚了1550万美元。

格兰·透纳出身贫寒，他做过推销员，但没有成功。于是，透纳借了5000美元，用来开了一家化妆品公司，然后又在佛罗里达州的奥兰多市租了间办公室，取名为柯西柯星际公司。这家公司是干什么的呢？它的宗旨是推销一种观念，把人的智力资源开发出来。

透纳推出了一门自我激励的课程，叫作"做个伟大的人"，他的目标是要使这门课成为"各国商人都要学的国际学问"。这门课包括20盘音带，1本课文、1台录音机。请看课文的前言：

"恭喜！你已决心改变你的一生了。你已经在变成一个新人的过程中了。美国的哲学之父威廉·詹姆斯说：'我这一代人最伟大的发现是，我们可以用改变心灵的方式改变我们的生命。'"

"一次又一次地播放这些录音带吧！重复的力量是无限的。举例说，一再地对一个人说'好像有点道理'。到第四次，你会说：'我也要试试看，第五次——'好棒，我今天试过了！'"

书中和音带中到处是名人——诸如德莱塞、歌德、契斯特福、西尼卡、爱默生的语录，并鼓励受教育者说："记住每一个人的名字！马上就动手去做！不要拖延到明天！如果你有自己系鞋带的能力，你就有上天摘星的机会！"

他自己更是以旋风式的姿态到处发表演说，常常是早晨在旧金山，中午在内华达州的利诺，晚上在阿里桑纳州的凤凰城，夜间又到了得克萨斯州的厄尔巴索城。甚至还出国到新加坡、伦敦、悉尼，到处推销"做个伟大的人"。他的演说，既推销他的产品，也推销他的哲学。他说："我把钱当作一种工具，大家都崇拜金钱和权力，所以你必须先得到它们。我所推销给大家的是一种致富的方法，而不是财富本身。假如有人愿意听我的，照我所说的去做，那么他的态度就会转变，他的生活也就会随着改变。他就可能会奋发起来，也去买一部卡迪拉克，也许会写出一篇了不起的诗章。"

透纳这种致富方式不是一般寻常的方式，所以引来了不少检察官调查他，即便如此，他还是建立了一个覆盖全美的商业王国，他的力量横跨 4 大洲、9 个国家，至少包括 37 个分公司，雇用了 20 万名员工，他的产品从直升机到唱片、假发等，无所不包。

这些成功人士的经历向世人展示：只有靠自己的艰苦奋斗，善于抓住各种机遇，没有不成功的。在这些人心目中，根本就没有什么"命"的意识。

以身立世，名声为上

墨子说："当今士大夫以身立世，不如商人用一钱慎重。商人用一钱购货，不敢随意去买，一定要选好了才买。而今的士大夫用自己的身、名却并非如此，而是随心所欲而为之，后果严重的身陷刑罚，轻微的名声受到损毁。士大夫如此以身立世，真不如商人使用一钱那么谨慎。"

春秋时期是我国商品货币经济第一次得以较大发展的时期，这时出现了一批较有影响的独立大商人，从而有力地摆脱了三代历史上"工商食官"的传统。商品货币经济发展后必定会影响到各个方面，某些士大夫在对待自己的名声方面也不如以前那么严肃了。在《耕柱》篇中，墨子提到的胜绰"背义而向禄"的事就是个典型。胜绰是墨子的弟子，他在当齐国将领项子牛的随从时，为贪图利禄，竟放弃道义，支持项子牛侵犯鲁国，为此墨子愤然与之解除师生关系。这段话墨子的用意也很明白。他指出，即使是商人，他们对待钱的问题上都相当谨慎，士大夫对待名声难道能比商人还随便吗？为了眼前的蝇头小利却放弃甚至败坏自己的名声，这实在是非常令人惋惜的事。墨子告诫某些士大夫，如果一个人名声坏了，那这个人在世上就难以立足，这对士大夫就更是如此。名声坏了，谁还愿与之结交呢？可见，这里墨子为人们提出了十分值得重视的为人处世谋略：在钱和名声面前，应该以名声为上。

宋国有个人得到一块玉，他把玉献给司城子罕，司城子罕不肯接受。那个献玉的人说："我这块玉曾经给加工玉器的工匠看过，工匠认为这是一块宝玉，所以我才敢献给您。"司城子罕却说："我把不贪财的品格作为宝，你把玉作为宝。你如果献给我，那就丧失了作为宝的玉石；我如果接受了玉，也就失去了我的宝——品德。与其这样，不如让认为玉是宝的人拥有它吧！"这件事流传开后，宋国的有识之士都说："司城子罕不是没有宝，只是他的宝和别人不同罢了。"

东汉光武帝建武年间，皇太子和山阳王刘荆通过虎贲中郎将梁松，以缣、帛等各种名贵丝绸行贿内廷太监郑众，想请他通融方便，以便随时可引见入殿见皇帝，以加强与皇帝的联系。

郑众并不为贿赂所动，他对梁松说："按汉廷礼制，身为太子王储，不能私自外交。过去朝廷中有过教训，藩王不能私通宾客。"坚决不接受这些贿赂。梁松又再次在郑众面前说好话，尊他为"长者"，郑众却不为所动。

郑众说："真要是违法乱纪，犯禁触犯刑律，不如守正而死。"太子和山阳王听说此事后，从中了解了郑众的为人，便不再勉强他了。

东汉安帝时，杨震前往东莱郡任郡守。途中经过昌邑县时，县令王密来看望他。

王密怀揣着10斤黄金，悄悄地送到杨震面前。杨震立即问："这是干什么？"王密当然要说一番知恩图报之类的话，他一定要把黄金送给杨震。原来，王密原是荆州秀才，他是经杨震推荐才当上昌邑县令的。

杨震不为所动。当初，杨震是看在老友面子上才举荐王密的，他绝不是为了图别人报答。这时，他看到王密如此庸俗，便带着讥讽的口气说："啊呀！我这个老朋友很了解你，而你却不了解我呀！你这是为了什么呢？"

王密没听出话中有话，竟说："黑夜里没人会知道的。"杨震一听，怒不可遏。他像是受到莫大的侮辱一样正色道："天知，神知，你知，我知，怎么说没人知道？"

王密这才知道杨震是个清廉的人，他那一身正气，疾恶如仇，怎会被蝇头小利所击倒？他只好羞愧地退了出去。

以后，杨震又改任涿郡太守，但他仍坚持初衷，不接受私人的拜会请托。他的儿孙也和他一样，平时以步当车，经常吃素，十分俭朴。

东汉官僚中，不少人都利用职务之便为子孙置田产，置家业。杨震却不愿这样做，别人问他为了什么，他说："我让后人称他们是清官的后代，把为政清廉的品德送给他们，这个'财产'不也很厚重吗？"

魏晋之际，有个戴逵，这人从小博学多才，尤其对操鼓弹琴十分在行。平时，他要是碰到不顺心的事，便经常以弹琴、写字自娱，以排遣心中的愁和闷。

久而久之，戴逵的鼓琴艺术名声渐渐响起来，远近不少人都慕名而来，一些权贵也想与他结交。这天，朝廷中的太宰和武陵王听说他操鼓弹琴技艺甚佳，便派人召他入府演奏。

戴逵虽然贫寒，却不甘为权贵演奏。他当着太宰使者的面，竟把琴给砸破了，并正色道："戴某不是你们家的倡优！"

以上这几位士大夫之所以能身居贫寒而不失节，就是因为他们重视为人品格，重视自己的名声。

勤俭节约则昌

节俭的就昌盛，淫逸的就灭亡。

这一点宋儒司马光有过很精彩的论述。他认为当时"众人皆以奢靡为荣，吾心独以俭素为美。人皆嗤吾固随，吾不以为病，……古人以俭为美德，今人乃以俭相诟病。嘻，异哉！"

当时就有人讥笑司马光糊涂，不开化，但他坚持自己的看法，认为有道德的人都是由节俭而来的。人生活上俭，需求上就少，欲望少，就可直道而行；而多欲，则必贪富贵，想富贵，但钱不够用，这样在官则必贪，在民则必盗。

司马光的要义在崇俭鄙奢，以为俭乃古往今来中华民族的美德，弃俭而尚奢，无异于本末倒置，对于年轻人来说是十分有害的。

从老年人的角度视之，年青一代不知世事艰难，且年轻人正在长知识、求进取之时，在物质享受上耽搁太多的精力，过于追求美食、鲜服，就会徒耗许多宝贵时间。其实这不仅仅是家庭和个人经济条件如何的问题，而是一个关于风气和修养的问题。司马光反对当时风俗侈靡，请客送礼，大肆铺张，坚持淳厚风俗、以俭为美。这使我们很自然地就联想起今天的情况来。商品经济日益发展，人们随着改革开放的不断深入，生活水平也逐渐提高了。年轻人讲享受，谈消费，与他们的父辈和祖辈在观念上完全不同了。司马光若能看到今天的情况，真不知该发何议论！或有人会说，时代不同了观念自然要变，对物质享受的要求也是会随之变化的，有何可非议的呢？其实，这里边有个作风的问题。过于吝啬自然可笑，肆意铺张浪费则更属可恶。穿往于细事之中，礼尚往来之际，确有个修养问题。将物质文明孤立起来，抽掉了精神文明，无论如何总是一种缺憾。司马光"会数而礼勤，物薄而情厚"的说法就非常可取，无论朋友亲戚，常聚常会，年节假日纪念性或象征性的礼品相酬，彼此其乐融融。情厚不在礼重，反之，情薄而处利害中倒可能要以厚礼维系。那种以厚礼相交的友情不是很悲哀、很尴尬的事吗？

其实在现实生活中，无论是有钱人还是穷人，都要从史实中悟出这样的道理："贫困时不羡慕富贵，富贵得志时不骄傲。"这才是对待财富的正确观念。财富并不是衡量人生价值的唯一标准，财富并不代表着幸福。而骄奢淫逸、纸醉金迷确实舒服，它犹如有毒的罂粟，尽管花朵炫人眼目，吃起来上瘾，但后患无穷。孔子有句名言："奢则不逊，俭则固。"唐代李商隐更是一语道尽奢侈之害："历览前贤国与家，成由勤俭败由奢。"骄奢淫逸会使人堕落，富了也会变穷。一个人是这样，一个国家也莫不是如此。

自爱与他爱

能够领悟到自爱与他爱的奥秘，便有了打开幸福之门的钥匙。

幸福的钥匙

人生的意义是什么？不就是追求幸福吗？问题是，不同的人，对幸福的感知是不一样的。

墨子说："爱人不是为了名誉，就像旅舍一样，是为了利人。"旅舍不是用来好看的，它是供旅人休息的地方。

墨子关于"爱人"就是"利人"的观点很值得我们思索。人的幸福是从"利人"中得来的，爱人与利人的关系也就是自爱与他爱的关系。一个人能够领悟到自爱与他爱的奥秘，便有了打开幸福之门的钥匙。其实最简单的道理往往隐含着最玄妙的人生哲理，最清楚明了的事实常常最易使人混淆。

人生而有一种自我保护的本能，渴了就想喝水，饿了就要充饥。在社会生活中，一事当前，知道如何替自己打算，如何左右逢源使自己免受伤害，这也似乎是人人都会的处世技巧。当然，有的人没把握住界限，为保全自己而出卖旁人，甚或出卖国家和集体利益，这种行为不是自爱，而是自私，是犯罪。

把自己看得比一切都重要，除了自己之外什么都不爱，表面上是爱自己，实质上是害自己。

自爱，应是树立自己美好的形象，让社会确认你可亲可爱，促使自己的身心得到健康、丰富、完美的发展，使自己的人生过得绚丽辉煌。所以，自爱不是自个儿的事，自爱完全不等于获取私人利益。真正的自爱者，有时会舍弃个人利益，甚至不惜牺牲自己的生命。

一个大富豪，家财无以数计，但精神空虚无聊，厌世弃世却不知自救，这样的人能说是一个自爱者吗？一个物质上的清贫者，但却为社会做出了突出的贡献，以奉献为己任，或是提出了著名的思想学说，或是有了不起的科学发明，他心里充实，精神振奋，这样的人能说他不是一个自爱者吗？

要掌握自爱的艺术，就得明白他爱的道理。

他爱，是对自爱的补充、延伸、观照和提升。没有他爱，自爱便是不完整的，有缺陷的。自爱与他爱，统一于人的爱心之中。

官威赫赫的人，富甲一方的人，名气很大的人，容易因自以为不可一世而失去爱心。他们中的某些人听惯了奉承话，看惯了笑脸，受尽了追捧，以为只需众人爱他，而他无须回报。这种人其实很可怜，他不明白做官有期限，财富易耗尽，虚名多浪取；这种人最终必定为众人所弃，成为无人所爱的孤家寡人。

贫困可以导致高尚，也可以走向堕落，使爱心扭曲。自己贫穷，不是发愤努力，创造财富，而是指望别人也穷，想方设法占别人的便宜，甚至对社会持仇恨、敌视的态度。这种人不明事理，稀里糊涂，人生也将因失去爱的滋润而变得黯淡无光。

他爱的层次

懂得他爱的道理，人就活出了一定的境界。

他爱有不同层次的表现：

层次一：对自己生活周围的人富有爱心。亲戚朋友，邻居乡亲，单位同事，他们与自己都有着千丝万缕的联系，有着共同的生活经历，或是一起相伴度过漫长时光，对他们怀有同情和关切之心，能够使自己的生活环境融洽、祥和、温馨。就像墨子《兼爱上》所说："看待父亲、兄弟和君主像看待自己一样，怎么会做出不孝的事呢？"这是他爱的第一个层次。

层次二：能够对与自己不相关的人和事产生关注的热情，怀有社会公平正义之心。在古代社会，很推崇路遇不平拔刀相助的英雄好汉，就反映出他爱的道德取向。所谓侠肝义胆，行侠仗义，尽管摆不上封建文化"仁"与"礼"的正席，但却是中国古代文化中最有生命力、最具生命底蕴的部分之一，一直在民间有巨大的影响力和感召力。

当代学者研究认为，墨子的人格精神是中国侠义文化的主要精神来源，"墨侠精神主要表现为舍己利人与舍己为公的侠义品格。""墨家人格精神的根本特性——赖力仗义，在汉以后则主要体现在民间侠士身上"。（《平民理想——

〈墨子〉与中国文化》）墨子的一些行为，如止楚攻宋、止鲁伐郑等，体现了后世侠士的一切特征：有关怀他人之心，有主持正义之志，有以弱胜强之勇，有战而胜之之力。

这一层次的他爱，在古代就是行侠仗义；在当今就是见义勇为。

我们凡夫俗子平素生活中所遇到的每一件小事，都能见出一个人有没有他爱的意识。有人落水了，赶紧呼救；有房子失火了，赶快给消防队打电话；遇到小流氓闹事，敢于仗义执言，打抱不平，等等。在这里，他爱是一种体现社会正义的公德之心。

层次三：更有境界的人，对自己的民族、国家，对共生于这个地球的各个种族、人类大家庭满怀着热情，关心国际国内发生的大事，就像关心邻居发生的事一样。就像墨子说的"普遍地爱所有的人"。刘翔成了中国在奥运会田径赛场上第一个短程直道的冠军，每一个中国人都兴高采烈，中国女排在 20 年后实现绝地大反击，重新夺回奥运金牌，中国人无不欢欣鼓舞；中国足球老是输球，中国球迷无不痛心疾首。印度洋大海啸，东南亚多个国家损失惨重，虽与中国老百姓无直接关联，但各地纷纷组织捐款捐物，许多老百姓慷慨解囊，等等。这是他爱的第三个层次。

层次四：大智大慧之人，不仅具有上述三个层次，而且能够超越对具体事物的爱心而上升到对人类命运的终极关怀，能够对漫漫历史之河给予沉静的思索和持久的注视。尽管人的生命有限，但这种大爱者将其爱心融入了绵绵不断的生命长河，因而使有限的生命获得了永恒的辉煌。思想家如老子、庄子、墨子，科学家如张衡、李时珍，文学家如屈原、李白、曹雪芹，他们都是这样的人。

这是真正的生命之爱。大爱者无时无刻不体验到一种难以言喻的热流涌遍全身，体验到自己与自然、与历史、与人类的互亲和互爱。

在人类大家庭里，每个人都是其中一分子，爱与被爱、自爱与他爱都是互相的，没有天生的高低贵贱之分。聪明人懂得，爱心是自己的事，是自己生命充实而有光彩的需要。无论是显贵一时还是默默无闻，无论是穷人还是富人，对爱心来说，那又有什么差异呢？

爱心使人善良、宽厚、明智、聪慧。富有爱心，是人生最大的幸福。

感恩陌生人

当我们置身于闹市人流当中，上下班挤在地铁里时，我们常会为素不相识的人在自己身边拥来挤去而气恼，甚至会讨厌那些陌生人。

倘若换了地方，在荒无人烟的森林或是戈壁，一个独行的旅行者在水尽粮绝、危在旦夕时，他会为偶然发现的一点人的迹象而欣喜若狂，会有一种温情突然间流满全身，会重新燃起生命的希望。

兄弟朋友和熟悉的人对自己的重要，大家很容易意识到，而陌生人对自己的重要，却常常被遗忘了。

陌生人是相对熟人而言的，有熟悉的人就必然会有陌生的人，他们共同形成一个适宜人类社会生存的环境和气候。每个人的人生只有在这样的环境和气候中才能够生活得方便、自如、充实。

对一个亲人和朋友，亲热也罢，宽容也罢，讨好也罢，迎合也罢，都容易做到恰到好处。付出可以得到回报，付出的是一，得到的回报兴许是二。在这时候，人最容易掩藏起自己的本性，掩盖起自己的缺点，拣对方喜欢的话说，将最有光彩的一面表演给对方看。

对陌生人就完全不一样了，一切功利的考虑都成了多余，装扮出来的自谦或自傲也没有必要，没有责任也没有负担，想怎样就怎样。这时，最能看透一个人的内心，最能检验一个人的修养、品格。

一个外地人向你问路时，你能够热情引导他而不置之不理吗？

一个残疾人向你行乞，你能够掏出身上最后一毛钱而不装作没看见吗？

一个人挤车时不慎踩了你的脚，你能够体谅地一笑而不破口大骂吗？

一位老人被绊倒在路边，你能够弯腰扶他起来而不扬长而去吗？

有人反对墨子兼爱天下的主张，认为天下有多少人是无法知晓的，那么兼爱天下之人就是一句空话，是不能实现的，所以也就不能尽爱陌生人了。

墨子《经说下》回答说："不知道天下的人数，却能够尽爱天下之人，是因为明达兼爱的道理。"

墨子以他整个的生命向我们讲述着这样的道理：爱陌生人吧！就像爱你的亲人一样。

可以这样理解，墨子这句话的意思就是感恩。当父母兄弟、亲戚朋友有恩于你，给你衣食，给你关爱，你再去回报，这是报恩，不是感恩。感恩主要是针对并未给你直接帮助的人群，一个更广大的群体，如故乡、祖国，它体现的是做人的胸襟与情怀。

要做到这一点是很困难的。在《耕柱》里，儒生巫马子坦率地说：

"我爱邹国人比越国人深，爱鲁国人比邹国人深，爱我家乡人比鲁国人深，爱我家里人比乡人深，爱我父母比爱家里其他人深，爱我自己比爱我父母深，因为这是更贴近自身的缘故。打我，我就会感到疼痛；打别人，我就不感到疼痛。我为什么不去还击打我的人，而去还击不打我的人呢？所以，我只会杀他人以利于我，而不会杀我自己以利他人。"

巫马子有这种想法并不奇怪，这正是儒家"爱有差等""爱有亲疏"思想的体现。在现实生活中，或许这是一种自然的情感流露，但它不应该与对陌生人的感恩对立起来。

针对巫马子的话，墨子指出："既然这样，那么有一个人喜欢你的主张，这个人就想要杀掉你以利于他自己；十个人喜欢你的主张，这十个人就想要杀掉你以利于他自己；天下的人都喜欢你的主张，天下的人就都想要杀掉你以利于他自己。"

全天下的人都想要杀掉提出这个主张的人，你还能保全自己吗？

对怀有感恩之心的人来说，他不会斤斤计较人与人的远近亲疏，利害得失。感恩，是他内心充实、人生幸福的体现。

人生极致的幸福

辉煌是最重要的，它是人生极致的幸福。保全永远不能与辉煌相比。

在人生的紧要处，看准了，该锋芒毕露时就一定得锋芒毕露，该大干一场时就一定要大干一场。

着迷是一种福分

在先秦思想巨子中，墨子异于孔孟老庄等一代大哲的地方，在于他几乎是唯一着迷于工程学、机械学、几何学等自然科学的人。墨子当过造车的匠人，手艺相当高明；他还曾着迷于研制一种名叫木鸢的滑翔机，整整花了三年时间，结果实验成功，木鸢飞向了天空，他的学生赞美道："先生多巧啊！竟能使木鸢飞起来。"

能对某样事物着迷是人的福分。《世说新语》里记载：晋朝时，有个穷书生名叫车胤，嗜书如命，家贫买不起灯油，夜里读书，就捉萤火虫装在纱袋里照明。还有一个人名叫孙康，冬天常常站在雪地里，利用白雪的反光读书。于是，这两个人苦学的名声被人们四处传颂。

有的人把他们当作学习的楷模，而有的人则笑他们为书呆子。试想，车胤、孙康读书正到精彩处，正感到兴味盎然，食鱼肉不香，饮茶水无味，天却突然黑下来看不见了，这对他们如同是挖了心肝般的难受，他们唯一能做的事就是想办法继续读下去。着迷，于他们是生命的专注和兴奋，更是精神的畅快和愉悦。

着迷之乐，确实是常人难以享受到的。如足球迷，胜一场欣喜若狂，败一场肝胆欲裂；如影视迷，对自己崇拜的明星的一点蛛丝马迹都四处打听，视如珍宝；如科研迷，沉醉于科学思考中，能拿手表当鸡蛋煮，拿墨水当啤酒喝。这在常人看来，简直就是从精神病院逃出来的，但在他们自己，则是一种巨大的幸福和无比的快乐。

着迷是生命潜力的大释放，许多杰出的思想、伟大的创造都是从着迷中产生出来的。一个人若对任何事情都不着迷，或者说世界上没有一样东西让他感到特别的兴趣，那么这人一定活得乏味无聊。

中国人处世重实用，你好我好他好大家都好，保持一团和气。着迷对纯粹的实用是一种突破。着迷于某一事物，并不一定要从这一事物里获得什么好处，在大多数情况下，着迷是一种超功利的精神活动。有许多人特迷下棋，但能靠它吃饭的人微乎其微，百分之九十九点九的都是一种爱好，一种兴趣，一种高雅的享受。

真正超功利非实用的着迷实质上是一种大爱的精神。这种爱不同于男女的世俗情爱，也不同于友情和尊重，而是一种绵绵永恒的生命之爱，如张衡之爱地动仪，曹雪芹之爱《红楼梦》。这种爱只求付出，不求索取，只求燃烧，永不止息。

着迷者若能进入此种境界，便是一种无以言说的幸福。

辉煌第一

魏晋时有一个人叫王戎。七岁那年，王戎有一次与小朋友们一起玩耍，看见路边李树上硕果累累，把树枝都压弯了。小朋友们争着去摘李子吃，只有王戎不动。有人问他为何不动，他说："李树长在路边却有这么多果子，这一定是苦李子。"旁人摘下李子来尝，果然如王戎所言。

王戎的聪明在于，他明白甜李长在道边，必然为人摘取，故树上不会硕果累累。李子因其甜而受其害，因其苦而享尽天年。

类似的例子生活中比比皆是，事物因有某种特长而伤，一无所长反而无恙。

墨子曾设喻说：现在有五把锥子，其中一把是锐利的，锐利的这把必定先变钝；有五把刀，其中一把是刚磨过的，磨过的这把必定先磨损。这好比甘甜的井水先干涸，高大的乔木先被砍伐，灵龟的甲先被烧灼，神蛇先被曝晒用来祈雨。

这样的事例与我们常听说的"枪打出头鸟""出头的椽子先烂"有异曲同工之妙。消极的人会就此得出结论：做人锋芒不可太露，言行不要太招人耳目，否则易遭人忌恨或陷害，给自己招来麻烦。

但墨子不会这样想。对他这样创意无限的人来说，锐利的锥子毕竟是锐利的锥子，它与那些锈迹斑斑的、无尖无光的锥子永远不可同日而语；锋利的钢刀就是锋利的钢刀，岂是那些从未磨过的、没有刃口的刀子能够相比？甜李不会因担心被人摘取而不愿做甜李，甘甜的井水不会因担心提前干涸而不愿做甘甜的井水，高大的乔木不会因担心被砍伐而不愿做高大的乔木；同样，灵龟不会因担心被烧灼而不愿做灵龟，神蛇不会因担心被曝晒而不愿做神蛇——这就是杰出与平庸的差别。

《公孟》里，儒生公孟子与墨子谈论如何做君子，说君子应该"问焉则言，不问焉则止。譬如钟然，扣则鸣，不扣则不鸣。"就是说做人要像钟一样，敲它就响，不敲就不响；不能太冒头，不能太激进，不能太主动。这似乎是很符合儒家的中庸之道的。

墨子断然否认公孟子的说法，他认为王公大人主持政务使国家面临患难，君子必须加以规劝，不能明哲保身。即使是钟，不敲，也要发出响亮的声音，"虽不能扣，必鸣者也"。

对一个人来说，有某种智慧，有某种才干，那是上天所赐的一种福分。暂时的掩藏有时是必要的，但切莫过分，切莫因此而使智慧和才干受到损害，切莫因担心受压制而错失大展宏图的良机，切莫因此而变得谨小慎微，瞻前顾后，优柔寡断。

每个人的生命只有一次，在人生的紧要处，看准了，该锋芒毕露时就一定得锋芒毕露，该大干一场时就一定大干一场。即使因此而冒了风险，因此而遭到打击、压制、迫害，身心受损，都是值得的。

若如此，即使失败了，却是虽败犹荣，不失英雄本色，无愧于自己的才干和魄力，更无愧于心。如果不是这样，碌碌无为地度过一生，生命中从没有辉煌耀眼的时刻，天赋的聪明才干都白白流失，该是多么遗憾啊！

辉煌是最重要的，它是人生极致的幸福。保全永远不能与辉煌相比，努力使自己的生命燃烧得更加辉煌，这是我们明智的选择。

损己而益人任，士损己而益所为也

《墨经》说："所谓任，就是士大夫损害自身利益而尽力为他人得益。"又说："所谓任，就是做自己所不愿干的事，以解救他人的急难。"

墨家强调的"任"就是任侠精神，从墨家团体的实践来看，他们中间损己益人的精神风貌非常突出。侠士精神在中国古代民间社会有较大的影响，虽说它也有时代和阶层地位的局限性，但其社会形象和声望都是很高的。

说到任侠精神，不可避免地会提到中国古代的游侠。从统治者的角度看，游侠是受到当时道德规范禁止的，因为他们往往不拘成法，对现实的法律、礼制构成一定的危险。但是，在春秋战国的社会转型期，不少游侠都是从原先的下层贵族"士"这一阶层分化而来的。在他们身上，智、勇、辨、力这4个特征非常明显，他们可以给社会带来不少有益的作用，但也可以给社会带来一些消极甚至破坏的作用。墨家团体的任侠精神，一定程度上正是来源于游侠的重义气之举。因为，这种精神和墨家倡导的"贵义"精神是相通的。至于其消极的一面，墨家是通过自身团体的严格纪律约束来予以抵消的。在当时的社会背景下，墨子及墨家团体能倡导吸取游侠身上乐于助人，见义勇为的精神，这是难能可贵的。而对他们身上的弱点、缺点，又在尽力加以克服。墨家不顾儒家、法家对游侠的偏见，敢于倡导他们身上的优良品质，这是需要勇气的。当时墨家团体之所以如此壮大，在社会上的影响和各种能力如此之强，原因之一恐怕与游侠的加入不无关系吧！

北郭骚家里很穷，他只能靠结罘网、捆蒲苇、织草鞋挣很少的钱来奉养老母。有一天，家里实在揭不开锅了，他只好去求见当时担任齐国相国的晏婴。

晏婴家有位仆人很会看相。他一见北郭骚，便知他是个不媚上、不巴结权贵、不为小利而失人格的贤士，便一个劲地在晏婴面前讲他的好话，要晏婴满足他的要求。晏婴觉得，难得这么一位清高之士来向自己借贷，心里还颇为自得。于是，便命下人拿出钱、粮相赠。

北郭骚并不因为穷而贪财，他把钱留在那儿，动也没动，独独拿起粮食，连一声谢也没说就走了。

不久，晏婴遇到了麻烦，遭到了齐王无端的猜疑。为此，不得不离开齐国流亡国外。行前，他特意来到北郭骚家里，向他辞行。这时，北郭骚刚洗完澡，一听晏婴来了，便急忙出来接待，显得衣冠不整的样子。他听晏婴说起要离开齐国的情况，只是淡淡地说了一句："先生请好自为之。"

晏婴很失望。他上车后长叹一声："唉！我这么不会识人，今天流亡国外，不是活该吗？"

谁知，晏婴刚走，北郭骚就叫来了自己的患难朋友。他说："我听说，受人滴水之恩当涌泉相报，我受人养育之恩，应该为他去抗难。如今晏婴受到无端怀疑，我将以死来洗刷他一个清白的名声。"然后穿戴整齐，让朋友提剑割下自己的首级，装在一个盒子里；委托他拿去入见齐王，并请他转告齐王："晏婴先生是当世的大贤。如果任其离开，齐国必定要遭列强的侵凌，自己不忍心看到齐国生灵涂炭，所以先走一步，来此特将自己的首级为晏婴先生请回清白。"

那位朋友完成了北郭骚对他的嘱托后，对周围一些围观者说："北郭骚是为国而死，我身为他的患难之交，也理当为他而死。"回到家里，果然自刎而死。

齐王听到这件事，感到十分震惊。他想到这事完全是由自己多疑所致，感到自己应当去把受众人爱戴的晏婴追回来，便亲自驱车前往追晏婴的车。

这时，晏婴才走到齐国都城郊外，在齐王追赶下终于回来了，当他听说北郭骚的壮烈之举后，十分感动，喟然叹道："晏婴我不识人竟到如此地步，被迫流亡，不也是活该吗？"

春秋晋景公3年，大夫屠岸贾谋害了大臣赵盾，赵氏家族全部遭难，只有身怀遗腹子的赵朔夫人得以侥幸脱险。过去在赵朔家当过门客的公孙杵臼找来主人的故交程婴，问他为何不和亡友一道去死。古人颇讲刚烈节义，为友同死的侠义之事在春秋时是很多的。可是，程婴却说："赵朔夫人有遗腹子，假如生下是个男婴，那我一定要抚养他长大。假如是个女婴，那我再去死也来得及。"古人讲究存亡继绝，对死难者留根继香火非常重视。

不久，赵朔夫人果然生下一个男孩。于是，公孙杵臼和程婴二人便设法将其母子二人藏匿了起来。俗话说，没有不透风的墙。没过多久，消息就传到了屠岸贾耳中。他为了斩草除根，还派人大肆搜查，结果啥也没找到。

程婴想，这样下去不是办法，得使屠岸贾转移视线。他问公孙杵臼："这次总算躲过去了，下次可怎么办呢？"这个问题公孙杵臼也想到了。他早就有了主意，便问程婴："依您看，抚养孤儿和死，哪一件事更难做到呢？"程婴脱口而出："要说死，真是太容易了，而要抚养孤儿却有一定难度。"公孙杵臼这才把话说出来："行了，赵家待你不薄，你要好好抚养孤儿，不要怕难。我吗，取容易的事做而先走一步了。"说完，他交代程婴：自己找来一个男婴，藏在山中，你一定要去向屠岸贾"告发"。

屠岸贾不知这是他们商量好的计，便派人进山，找到公孙杵臼和那个婴儿，便把他们杀了。从此，他以为后患已除。而赵朔夫人和赵氏孤儿赵武，则由程婴带着逃离了险境。

15年后，晋公谋立赵氏孤儿。程婴听说这件事后，便带着赵武返回晋宫，并杀了屠岸贾一族。又过了5年，赵武已长成20岁的小伙子。程婴当着朝中各位大夫的面，对赵武说："当初你父亲蒙难，族中其他人都死了，只有我活了下来，目的是想把赵家的香火接下去。现在你既已定为诸侯，复了爵位，我的使命已完成，我要去地下见故友和公孙杵白了。"

赵武一听就哭了起来，他再三顿首请求，程婴却不为所动。程婴说："公孙先生看我能完成救孤这件大事，所以先我一步慷慨赴死，如今我不以死相报，不是君子所为。"说完，便自杀了。

这件充满侠义色彩的悲壮故事，一代又一代地传了下来。

五、化解的智慧

一 "化"解千愁

有提前预警的嗅觉，有相爱相利的道理，有高超的谋略和斗争艺术，有足够的实力作后盾，许多矛盾、争斗就可以迎刃而解了。

化解，是墨子在战乱中制胜的心法。墨子深深懂得，要实现兼爱天下的理想，实现化干戈为玉帛的"非攻"思想，就必须化解各种矛盾与冲突，消除对立各方的怨气，打消强权者的侵略企图。他一生在繁忙的生产劳动之余。游走于诸侯国之间，成功地化解了诸侯国之间的一些纷争，使无数黎民百姓免遭战乱之苦。

在现代社会繁杂的人际关系中，化解仍是解决同事之间、朋友之间、亲人之间矛盾冲突的最佳方法，我们从墨子那里能感悟出许多东西。

《公输》中"止楚攻宋"的故事，是关于墨子事迹最为完整的记录。墨子事迹几近失传，以至于后人在考据他的生平时，困难重重，但"止楚攻宋"的故事却传奇般地完整流传了下来，成为我们今天感性认知墨子的最翔实材料，也说明这个故事在当时及后世都产生了巨大的影响。

故事第一阶段：墨子赶路

战国时，楚惠王想恢复楚国的霸权。他扩充军队，准备攻打宋国。楚惠王重用当时最有本领的工匠公输盘（也就是后来人们称为鲁班的），为他制造攻城的工具云梯。

墨子听说楚国要利用云梯攻打宋国，决定去制止这场一触即发的战争。他立即率领禽滑厘等弟子从齐国出发，兵分两路：禽滑厘与弟子赶往宋国，墨子只身赶往楚国。他忘记了疲劳，顾不得休息，两脚的旧茧磨破后又长出了新茧，克服了平常人所不能忍受的苦难，经过十天十夜的急行，终于赶到了楚国的都城——郢都，并见到了公输盘。

故事第二阶段：说服公输

公输盘看到墨子来了，就问："先生这么远来有什么见教？"

"北方有人侮辱我，"墨子说："我想托你去杀掉他……"

麻布纹陶罐（春秋）

公输盘不知是计，没想到墨子会说出这样的话，听了很不高兴。

"我付你二百两黄金作酬劳，你愿意吗？"墨子又接着说。

"我奉行道义，绝不杀人。"公输盘说。

墨子听了很感动，拜了两拜，说道："我有几句话想说。我在北方听说你造了云梯，要去攻打宋国。宋国有什么罪呢？楚国有多余的地，缺少的是百姓。杀缺少的来争有余的，不能说是智；宋国没有罪，却要无故攻打它，不能说是仁；你明明知道宋国无罪，却不向楚王力争，不能说是忠；你即使向楚王争辩过，争了而没有达到目的，不能说是强；假如你奉行的道义是不杀一人，却要杀害众多百姓，就不能说你是明白事理了。"

公输盘听后无话可说，表示折服。

"那么，你是不是可以打住不干了呢？"墨子说。

"这可不成，"公输盘说，"我已经答应楚王了。"

墨子就要求公输盘带他去见楚王。

故事第三阶段：舌战楚王

在楚王面前，墨子很诚恳地说："现有一个人，舍弃自己饰彩的车乘，却想偷邻家的破车子；舍弃自己的锦绣丝衣，却想偷邻家的粗布短褂；舍弃自己的米饭肥肉，却想偷邻家的糠糟饭，这是怎样的人呢？"

"那是得了偷摸病了。"楚王说。

墨子接着说："楚国土地很大，方圆五千里；宋国土地不过五百里。这就像彩车与破车相比；楚国有云梦泽，泽中到处是犀、兕、麋、鹿，长江、汉水的鱼、鳖、龟、鼋，是天下最丰富的，宋国却连野鸡、兔子、小鲫鱼都没有，这犹如米饭大肉同糟糠相比；楚国有长松、文梓、楠木、豫章等名贵材质，宋国却没有成材的大树，这犹如锦绣丝衣与粗布短褂相比；所以在我看来，大王派兵攻打宋国，和这是同类的问题。我看大王如果发动战争，道理上既说不过去，而事实上也达不到目的。"

"言之有理，"楚王说，"不过，公输盘已为我制造了云梯，总得用一用。"也就是说楚王虽然觉得墨子说得有道理，但贪婪之心和霸权的欲望使他不肯放弃攻宋念头。而公输盘也认为用云梯攻城很有把握。

故事第四阶段：兵棋推演

墨子知道仅靠讲道理是不能打消侵略者的野心的，必须以实力让侵略者意识到他的侵略行为不会有好的结果。于是，他和公输盘在楚王面前试演攻城和防御的方法。墨子解下了身上系着的腰带，在地下围着当作城墙，再拿几块小木板当工具。公输盘采用一种方法攻城，墨子就用一种方法守城。一个用云梯攻城，一个就用火箭烧云梯；一个用撞车撞城门，一个就用滚木礌石砸撞车；一个用地道，一个用烟熏。公输盘用了九套方法，把攻城的方法都使完了，可是墨子还有好些守城的高招没有使出来。

公输盘呆住了，知道他的韬略在墨子之下，靠技能是没法取胜的。但是他心里还不服，说："我想出了办法来对付你，不过现在我不会告诉你。"

墨子也说："我知道你想用什么招来对付我，不过我也不会说。"

故事第五阶段：楚王罢兵

楚王见两人说话像打哑谜一样，弄得莫名其妙，问墨子说："你们究竟在说什么？"

墨子说："公输盘的意思很清楚，不过是想把我杀掉，以为杀了我，宋国就没有人帮助他们守城了。可是在我来到楚国之前，早已派了禽滑厘等三百个弟子拿着我设计的守城器械，在宋国等候楚军了。即使把我杀了，楚国也是攻不下宋国的。"

楚王听了墨子一番话，又亲自看到墨子守城的本领，知道只要墨子和他的弟子在，要战胜宋国没有希望，只好打消自己的侵略野心，对墨子说："先生的话说得对，我决定不进攻宋国了。"

就这样，一场箭在弦上的血腥大战被墨子化为无形。正是从这里，我们感受到了墨子高超的化解艺术。

化在事先

也就是行动迅疾，将阴谋扼杀在摇篮中。任何矛盾的化解，都必须赶在矛盾未发生到不可收拾的程度之前，这是最重要的一条。墨子星夜兼程，狂奔十日，脚上起了泡，用布裹起来继续赶路，就是要抢在楚国进兵之前说服楚王，放弃入侵的念头。

当代社会推行预警机制，就是要尽早发现矛盾、分析矛盾，找到解决矛盾的方法，尽早采取行为，让矛盾得到彻底化解。

市场经济环境下，企业经营管理非常需要强化一种意识——"危机意识"。在企业顺风顺水、赢利颇丰的时候，能够预见到潜在的风险，能够分析出市场未来的走向，并提前做好防范措施，该转型就转型，该收缩就收缩，该投入就投入，该裁员就裁员，这是一个企业是否具有抗风险能力，是否能长期健康发展的重要条件。华为公司总裁任正非在 IT 业形势大好、许多公司迅速介入此行业、准备大捞一把时，写了《华为的冬天》一文，说现在虽然是华为的春天，但冬天即将到来，我们要提前准备好过冬的棉袄。此文一出，不仅让热潮中的华为员工为之一震，也引起 IT 界广泛关注。事实证明，任正非的预见是正确的，当 IT 界的冬天突然降临时，许多公司在寒风里冻得发抖，华为人却已穿上了厚厚的冬装。

化在说理

也就是通过充分说理，向对方晓以利害。

道理有千条万条，最重要的一条就是兼爱、非攻的道理。相互友爱相互得利。互相伤害谁都得不到好处，即使一时得到一点眼前利益，最终也是得不偿失。

强势集团在推行霸权时，很不能理解墨子的"非攻"，认为自己能打遍天下无敌手，为什么不打？他们不明白的是，你入侵他国，你的行为就是在种植仇恨，对手越是无还手之力，仇恨的种子植得也就越深。恨别人，别人就会恨你；害别人，别人就会害你。道理其实就这么简单。

当今国际政治关系中，类似墨子所反对的侵略行为，仍时有发生。我们看到强权国家正毫无根由地侵占另一个主权国家，弱势国家虽兵败如山倒，但战争远未结束，动辄上百人死伤的爆炸此起彼伏，让人分明感到仇恨的种子正在滋长。所以，我们的时代仍然需要倾听墨子兼爱非攻，也就是反对战争、提倡和平的声音。

墨子的思想与现在商业竞争中合作共赢的思想非常相似。在市场竞争中，许多人为眼前利益所动，做出损人利己的事情；若眼光长远一点，就能看得很明白，损人最终是不能利己的。多站在竞争对手的立场上考虑问题，反而能得到更大的回报。

化在有备

也就是事先做好充分准备，向对方展示自身强大的实力。

单靠说理不能算掌握了化解之法，还必须设法为对方接受你的主张创造条件，因势利导顺水推舟。若对方炫耀武力，我方要有相应的实力与之抗衡；若对方有意妥协，则找一个台阶让别人下。用现在的话说：硬的要硬，软的要软，

才能做到软硬兼施，最终化解矛盾。一味忍让退却，只能让对手觉得你软弱可欺，是不能起到化解的作用的。

国际政治中出现过所谓"绥靖政策"：牺牲他国利益，不做好积极主动的战争准备，以示弱服软来求自保。其结果是战争突然来临时措手不及，自身不仅未能保全，反而遭受灭顶之灾。这都是不懂得化解真谛的缘故。

有提前预警的嗅觉，有兼爱相利的道理，有高超的谋略和斗争艺术，有足够的实力作后盾，许多矛盾、争斗就可以迎刃而解了。

由此联系到我们的处世窍门，化解之道无疑是最高超的法门之一。

会化解的人，能将敌人变成朋友，不会化解的人，却将朋友推到敌对的一方。

两个人有了点小隔阂，化解了就如同什么都没发生过一样，相亲相爱如初。若不会化解，势必怨恨加深，以致反目为仇，闹到不可收拾的地步。

公司与公司之间在市场竞争中有了矛盾，要么相互谅解增强信任。以求互利双赢，共同将市场做大；要么相互攻击，互相拆台，以致冲突加剧，到头来两败俱伤。

俗话说：大事化小，小事化了。要想消除分歧，平息矛盾，使团体与团体平等相待，人与人和睦相处，关键就在一个"化"字。

一"让"值千金

让是一种智谋，更是一种美德。掌握了让的方法和要诀，知道何时该让何时不该让，就称得上是智者。

墨子三让千古美谈

"止楚攻宋"的过程中，墨子一让二让连三让，足可称为千古美谈。

在楚王、公输盘与墨子的斗智斗勇中，墨子的智谋、实力明显高于前者，但墨子没有任何的洋洋自得，没有让楚王难堪，真正是点到为止，给了楚王下台的阶梯。所以说，墨子是一让楚王。

墨子救了宋国一命，为宋国立下丰功，宋国国君表示点心意完全是应该的；若宋国不主动，墨子只要稍微暗示一下，提点条件什么的，至少是付点跑路费，那也绝不为过。可墨子办完事二话没说，扭头就走，没有让宋国人知道他为他们做了一件多么大的好事，他是他们的救命恩人。而且墨子办完事后回来，在路过宋国时，遭到大雨，墨子就到一个闾门内避雨，不料守门的人不认识他，将他挡在门外，没让他入内。墨子毫无怨言，默默地离开了宋国。由此可见，墨子是二让宋国。

墨子做出如此经天纬地的大事，如果他想借机扩大影响，在诸侯国之间提升人气，获得更多的追随者，也是可以做到的。但墨子仍然没有这样做。可以说，墨子是三让天下。

让是一种智谋，更是一种美德。掌握了让的方法和要诀，知道何时该让何时不该让，就称得上是一个智者了。

古人说，进一步山穷水尽，退一步海阔天空。说的就是让的艺术。

下棋时让对方两子，是高手之举；打球时不计较偶尔一分的得失，是大家风范。让，意味着一种实力、一种信心、一种大将风度。真可谓一让值千金。

走路时让同伴先行，吃饭时让客人上坐，分礼品时让同事先得，乘车时给老人小孩让个座。让给社会带来一种温情和谐的氛围，给人与人之间增添了一份宽厚和期待。

生活中的许多矛盾、纷争、殴斗，常与未掌握让的艺术相关。有时因一句话不慎。为逞一时之能，便打得头破血流，结下恩怨，甚至丢了性命，这的确不够明智。生活中缺少让，便只剩下鲁莽和野蛮。

有理的人才有资格言让。常言道：有理不在言高。得理且饶人。真理在握，就大可不必气势汹汹；心平气静，更能以理服人。

无理取闹，闹不过自认倒霉，那不叫让，而是本该受罚。

有理的畏畏缩缩，无理的反而振振有词，以至善恶不分，黑白颠倒，坏人得志，好人遭殃，这不叫让，而是软弱可欺。

让是一种策略。对方错了，不要一棍子打死，给对方一个认识错误的机会，所谓"浪子回头金不换"，这就是技巧。军事上讲"打得赢就打，打不赢就走"，"敌进我退，敌驻我扰，敌退我追"；讲"迂回包抄"；讲"故意留下一个破绽、拍马便走"。这就是让的辩证法。

让的实质即为退一步，进两步。

无形化有形

化解之道的精髓，就是无形化有形。《鲁问》里的一则故事最能体现墨子化解之道的最高境界。

从前楚国人跟越国人在长江展开大战，楚国人顺流而进，逆流而退。见有利就进攻，见不利想要退却，就比较犯难了。越国人逆流而进，顺流而退。见有利就进攻，见不利就能很快退却。越国人凭借这种水势，屡次打败楚国人。

怎么办？在正危急关头，楚王又想到了公输盘，将他请到了楚国，帮助研制船战的兵器。公输盘不负众望，制造了"钩""镶"两种兵器，敌船后退就用钩钩住它，敌船前进就用镶来推拒它，这种兵器只适用于楚国的战船，不适用越国的战船。楚国人凭借这种兵器的优势，反败为胜，一举打败越军。

墨子此时也南游到了楚国，公输盘很高兴，特意对墨子夸耀道："我船战时有钩镶，不知你也有钩镶吗？"

墨子的回答非常经典："我的钩用爱心制成，镶用恭敬制成。不用爱心做钩，就不会亲和无间；不用恭敬做镶，就会轻慢不敬；轻慢而不亲和，就会离心离德。因此，彼此相爱，彼此恭敬，也就彼此得利。现在你用钩来止住敌手，敌手也会用钩来止住你；你用镶来推拒敌手，敌手也会用镶来推拒你。彼此相钩，彼此相拒，也就彼此相害。所以，我道义的钩镶，胜过你船战的钩镶。"

钩、镶之器固然可以拒敌，但若无兼爱之心，其结果只能是互相加害。兼爱之心是无形的，但却可使相互仇恨之心化解。

器物之钩镶是有形的，"义之钩镶"是无形的。但无形却能将有形化解掉。

推而论之，在社会生活的许多方面都是相通的道理：

武器是有形的，可以杀伤敌方；精神是无形的，可以使敌人投降。

农具是有形的，可以用来耕田种地；生产经验是无形的，可以适时安排农活。

药物是有形的，可以医治一个人肉体的伤痛；感情是无形的，可以使人心理康复。

有形的是器，无形的是魂。有形的靠学习，无形的靠领悟。能工巧匠展示出可以学习掌握的技艺，先哲圣人传达出的则是需要全身心领悟的人生哲理。

以无形化有形，这才是化解之道的最高境界。

维护和谐，反对战争

对于战争，墨子深恶痛绝。在《非攻》篇中，墨子用大量的篇幅写战争给国家与人民带来的严重危害。每个人都讨厌战争，然而世界上仍有战争。

墨子进一步指出，大国在名与利这种"不正"思想的驱使下而发动了战争。因此，任何一个国家都应该树立起正义之感，维护和平，反对战争，这不仅利人，而且利己。墨子于两千年前就已经提出的反战尚和思想，迄今仍然符合世界"和平"与"发展"的时代主旋律。

自人类出现以来，战争从未停止。在人类历史长河中，战争与文明始终交错，它既对人类文明的发展和进步起着催化和促进作用，又时刻威胁着人类自身的生存。而战争也构成了人类历史的一个独特的篇章。

据统计，从地球上出现文明以来的5000多年中，人类社会先后发生了1.5万多次战争，有几十亿人在战争中丧生。在这5000多年中，人类生活在和平环境中的仅有500年。也就是说，每100年中，人类最少有90年是生活在战争状态中。

随着社会的发展，战争中所使用的武器越来越先进，随之而来的是，战争带来的后果一次比一次严重。

战争不仅会对人类生命造成极大的摧残和伤害，还会造成巨大的财产损失，严重影响经济发展。正义战争是为了人民的利益而战，它能对社会的发展起着巨大的推动作用，是带动历史发展的火车头；与此相反，非正义战争违背了人民的根本利益和社会的发展方向，把人民推向了动乱和灾难之中，造成大量人民死于战乱、幸存者流离失所。

如日本发动的侵华战争，从"九一八事变"到日本投降，在长达14年的时间里，给中国人民造成了巨大的灾难。据统计，在这场战争中，中国军民伤亡总数3500万人以上，中国官方财产损失和战争消耗1000多亿美元，间接经济损失5000亿美元。而在整个第二次世界大战中，总计人员死亡约1.03亿人，其中平民死亡约7589万人。

战争是残酷的，战争的代价是惨痛的。争取和维护世界和平仍需要全世界人民的共同努力。因此，我们要坚决反对非正义战争，并将其作为我们对待战争的根本态度。

在维护和平、拒绝战争的同时，我们不得不深思一个问题：怎样才能避免战争？我们常说"落后就要挨打"。可以看出，一个国家遭受战争，归根结底是由于综合国力不够强。战争与和平的关系，墨子早已悟透，并得以发现兼爱人生的道理。墨子提出："食者国之宝也，兵者国之爪牙也，城者所以自守也，此三者国之具也。"意思是说，粮食是国家宝贵的财富，兵器是国家的爪牙，城池是国家用来自我防守的屏障，这三者是维持国家存在的工具。墨子指出的国家存在的三个条件，对于我们今人仍具有极为重要的启发意义。所以，要想使我们国家在竞争激烈的国际环境中生存和发展并占有一席之地，就应该大力发展生产力，在创造社会财富的同时，加强国防建设，防患于未然。

墨子是一个大爱者。当时的社会，战乱纷仍，以强凌弱随处可见，老百姓流离失所、苦不堪言，于是，他举起了"兼爱""非攻"和反侵略战争两面大旗。经过战争的洗礼，墨子深刻地懂得和谐友爱的价值，因此他不惜用一生为"兼爱"奔走、呼号。两千多年前，墨子已经有了如此的远见，对于今天的我们来说，维护和平、拒绝战争仍然是我们必须要做的。

生命因奉献而美丽

生命是一个过程，它的价值不在于长短，在于这个过程中，我们对生命的态度和认识。爱因斯坦说："只有为别人而活的生命才是值得的。"雷锋说："人的生命是有限的。可是，为人民服务是无限的，我要把有限的生命投入到无限的为人民服务之中去。"虽说人性本自私，但人生的价值要通过对他人的奉献来估量，这种本源的悖论构成了人与人之间的复杂关系。墨子在《大取》这篇文章中，发表了这样一个观点：如果一个人的死亡，能够保全天下人，那么他的死有利于天下人。这就是所谓的奉献。

古往今来，有无数的人奉献着自己，他们收获了快乐，他们的精神也得到升华。吴斌就是这群奉献者中的一位。

吴斌，被称为"最美司机"，之所以这么称呼他，要从 2012 年 5 月 29 日这一天说起。这天，吴斌和平时一样，驾驶着大客车行驶在沪宜高速路上时，突然，迎面飞来一块长方形铁块（后被证实是刹车片），还没等吴斌反应过来，铁块已穿过前窗玻璃，直接刺入吴斌的腹部，砸中他的手臂，致使他肝脏破裂。在这种时刻，他以一名职业驾驶员的高度敬业精神，忍着巨大的疼痛，慢慢地将大客车停稳，拉好手刹，开启双闪灯，完成了一系列完整的安全停车措施。这之后，他从驾驶座上艰难地站起来，安慰车上惊慌的旅客不要乱跑，要注意安全，然后打开车门，将旅客安全疏散。做完这些以后，耗尽了最后一丝力气的他瘫坐在座位上。在最宝贵的时间里，吴斌，他没有马上拨打 120 来挽救自己的生命，而是将其留给了车上的 24 名旅客。车上的摄像头记录下了这惊心动魄的一分钟，它瞬间震撼了所有人。

2012 年 6 月 1 日凌晨 3 点 45 分，吴斌因伤势过重，抢救无效死亡，年仅 48

岁。人们送给他"最美司机"的称号。

吴斌，一个普通的司机，但在生命最为宝贵的时刻，将希望留给了他人，默默地奉献了自己的生命。他就像社会这个大海中被激起的一朵浪花，在阳光的照射下，闪出耀眼的光芒。其实，我们和他一样，能够带给别人温暖，关键在于你愿不愿意伸出奉献之手。

李春燕，贵州省一名乡村医生，在她生活的村寨有 2500 多名村民，但只有她的一个乡村卫生院。当地经济落后，医疗设备不完善，且工资待遇很低，当很多年轻人选择外出打工时，她仍坚守在这里，为乡亲们看病。有人没钱付医药费，便记账赊欠。最终，一直赔本经营的李春燕无奈之下，决定关掉卫生室，和丈夫一起外出打工。当他们正准备出门时，听到消息的乡亲们纷纷赶到她家，掏出一张张皱巴巴的钱递给李春燕。最终，李春燕留了下来，从此以后，无论多么艰苦，她都没有再起放弃的念头。她沧桑的脸上写满岁月的痕迹，但依然荡漾着坚持的笑容。

生命的价值在于奉献，杜甫一生坎坷，但他的"安得广厦千万间，大庇天下寒士俱欢颜"为后人所传颂；范仲淹远离朝堂，仍不忘"先天下之忧而忧，后天下之乐而乐"，始有文正公的美名。奉献是一种幸福，不仅温暖他人，还使自己收获快乐。无私奉献吧！让生命更加饱满、美好！

无争方无害

每个人都有欲望，有了欲望不能满足，就会拼命地去争取、追求，如果只是一味地追求而缺乏一定的限度和界限，那么势必会发生争执。有了争执必然会造成混乱，而混乱就会造成穷困。其实，这些产生纷争的财利和地位都是身外之物，得到了不一定是福，失去了未必是祸，我们应用辩证的思想来对待名利和地位。

在"非攻"的主题下，墨子坚决反对大国对小国的侵略，谴责这种恃强凌弱、以大欺小的暴行。并且指出，这种侵略他人的暴行最终会将灾祸反及于己。

因为大国在攻打小国时，不仅耗尽了本国的资财，民众也因不停地征战而身心疲惫，怨声载道，这样将失去民心，即使占有了大量的土地，也不能确保主权的稳定；其次，不停地攻伐他国，必将引起天下诸侯的恐惧与愤恨。所以当天下诸侯群起而攻之时，国破身亡的结局将不可避免。

虽说如此，在名与利的诱惑下，很多人为此铤而走险，最终身败名裂。历史上，著名的"二桃杀三士"就说明了这个道理。

春秋战国时期，齐国有三位著名的勇士：公孙接、田开疆、古冶子。他们人人武艺高强，勇气盖世，为国家立下了赫赫功劳，俨然是齐国武将里的明星。这三人意气相投，结为异姓兄弟，彼此互壮声势。由于自恃武艺高，功劳大，他们非常骄横，不把别的官员放在眼里，甚至对相国晏子也不够尊敬。

晏子看在眼里，忧在心里。这些莽夫如果势力越来越大，可不是好事啊！他们不讲究礼仪伦法，将来惹出什么祸患就不好了。晏子拜见齐景公，把心里想法一说，齐景公虽然觉得除去三位勇将未免可惜，可是晏子的话有道理，于是就答应晏子的行动计划。

一天，鲁昭公来齐国访问。齐景公设宴招待鲁昭公一行。鲁国是叔孙大夫执行礼仪，而齐国则是晏子执行礼仪。君臣四人坐在堂上，"三杰"佩剑立于堂下，态度十分傲慢。

正当两位国君喝得半醉的时候，晏子说："园中的金桃已经熟了，不如摘几个来，请二位国君尝尝鲜吧！"齐景公便传令派人去摘。晏子说："金桃很难得，我应当亲自去摘。"不一会儿，晏子领着园吏，端着玉盘献上6个又大又红的桃子。景公问："就结这几个吗？"晏子说："还有几个，只是还没熟，只摘了这6个。"说完，晏子恭恭敬敬地献给鲁昭公、齐景公每人一个金桃。鲁昭公边吃边夸金桃味道甘美，齐景公说："这金桃得之不易，叔孙大夫天下闻名，应该吃一个。"叔孙大夫说："我哪里赶得上晏相国呢！这个桃应当请相国吃。"齐景公说："既然叔孙大夫推让相国，就请你们二位每人吃一个金桃吧！"两位大臣谢过景公。晏子说："盘中还剩下两个金桃，不如君王传令各位臣子，让他们说一说自己的功劳，谁的功劳大，就赏给谁吃。"齐景公说："这样很好。"便传下令去。

公孙接是个急性子，抢先发言了："想当年我曾在密林捕杀野猪，也曾在山中搏杀猛虎，密林的树木和山间的风声都铭记着我的勇猛，我还不应当得不到一个桃子吗？"说完他上前大大方方取了一个桃子。

田开疆也不甘示弱，第二个表白："真的勇士，能够击溃来犯的强敌。我老田曾两次领兵作战，在纷飞的战火中击败敌军，捍卫齐国的尊严，守护齐国的人民，这样的功劳还不配享受一个桃子吗？"他自信地上前取过第二个桃子。

古冶子因为不好意思太争先，客气了一下，不料一眨眼桃子就没了，怒火顿时布满他的脸庞，"你们杀过虎，杀过人，够勇猛了。可是要知道我当年守护国君渡黄河，途中河水里突然冒出一只大鳖，一口咬住国君的马车，拖入河水中，别人都吓蒙了，唯独我为了让国君安心，跃入水中，与这个庞大的鳖怪缠斗。为了追杀它，我游出九里之遥，一番激战要了它的命。最后我浮出水面，一手握着割下来的鳖头，一手拉着国君的坐骑，当时大船上的人都吓呆了，以为河神显圣，那其实是我。没人以为我会活着回来。像我这样，是勇敢不如你们，还是功劳不如你们呢？可是桃子却没了！""哐啷"一声，他拔出自己的宝剑，剑锋闪着凛凛的寒光。前两人听后，不由得满脸羞愧，"论勇猛，古冶子在水中搏杀半日之久，我们赶不上；论功劳，古冶子护卫国君的安全，我们也不如。可是我们把桃子先抢夺下来，让真正大功的人一无所有，这是品行的问题啊！暴露了我们的贪婪、无耻。"两个自视甚高的人物，看重自己的荣誉，比生命还重要。此时自觉做了无耻的事，羞愧难当，于是立刻拔出宝剑自刎。两股鲜血，瞬间便染红了齐国的宫殿。

古冶子看到地上的两具尸体，大惊之余，也开始痛悔："我们本是朋友，可是为了一个桃子，他们死了，我还活着，这就是无仁；我用话语来吹捧自己，羞辱朋友，这是无义；觉得自己做了错事，感到悔恨，却又不敢去死，这是无勇。我这样一个三无的人，还有脸面成为齐国的大将吗？"于是他也自刎而死。

鲁昭公看到这个场面，无限惋惜地说："我听说三位将军都有万夫不当之勇，可惜为了一个桃子，竟然都白白丢掉了性命。"

三人为了一个桃子，而丢掉性命，这便是纷争的结果。老子在《道德经》中说："夫唯不争，而天下莫能与之争。"意思是：只要不与别人相争，天下就没有人能与你争。纷争有害而无益，因此我们必须远离纷争。

人生是一个名利场，时时处处都充斥着各种诱惑。很多人在争名逐利的过程中失去了人生最宝贵的东西。做人不应"享一时之寂寞，取万古之凄凉"，追名逐利时，诸君应少些贪欲，多些知足，莫为名利遮望眼。

人因欲望而争夺，但争到最后，只剩下无尽的怨、气、恨。无争方能无害，无争才能无祸，无争才不会出现墨子所说的"大国之攻小国也，是交相贼也，过必反于国"。

祸害是天下人的公敌

墨子提倡"兼爱""非攻"，在墨子看来，天下无所谓大小国，它们都是天子的城邑。这反映出墨子的民主思想，它是墨子"非攻"思想的基础，但"非攻"并不是不攻。墨子认为强国攻弱国、大国攻小国的战争是非正义的，他对此强烈反对。同时，墨子还赞同民众共同讨伐暴虐害民的专制君主。在墨子看来，对于非正义的战争，我们应举天下之力共同反对，将这个危害天下的祸害除掉。延伸到生活中，面对那些奸邪小人，我们一定要"攻"，而不是"兼爱"。

常言道：子系中山狼，得志便猖狂。恶人一旦得志，将会祸患无穷。因此，为了根除后患，最好在他尚未得势时，便讨之诛之，绝不手软。一位伟人曾说：对敌人心慈手软，就等于对人民犯罪。

晋国大夫赵简子率领众随从到中山去打猎，途中遇见一只像人一样直立的狼。这只狼狂叫个不停，并且挡住了赵简子的去路。于是，赵简子立即拉弓搭箭，只听得弦响狼嚎，箭射穿了狼的前腿，那狼慌忙逃走。赵简子非常恼怒，

便驾着猎车，在后面穷追不舍。

这时，东郭先生站在驮着一大袋书简的毛驴旁四处张望。原来，他想要前往中山国求官，没想到竟然在这里迷了路。正当他站在岔路犹豫不决的时候，突然蹿出一只狼。那狼哀怜地对他说："现在我遇难了，你可怜可怜我吧！请赶快把我藏进你的口袋吧！如果我能够活命，一定会报答你的恩情。"

东郭先生看着远处尘烟卷起，并且离自己越来越近，惶恐地说："我如果把你藏起来，这岂不是要触怒权贵？然而墨家兼爱的宗旨不容我见死不救，那么你就躲在口袋里吧！"说着，他将书简拿出，腾空口袋，想要把狼装进去。但他既怕狼的脚爪踩着它颔下的垂肉，又怕狼的身子压住了它的尾巴，因此，装了三次都没有成功。危急之下，狼把头低弯到尾巴上，蜷曲起身躯，并恳求东郭先生先将自己的四只脚绑好再装入袋中，这一次成功了。东郭先生把装狼的袋子扛到驴背上，然后退避到路旁。不一会儿，赵简子来到了东郭先生跟前，向他打听狼的去向，东郭先生说自己并没有看到狼，赵简子愤怒地斩断了车辕，威胁说："谁敢知情不报，下场就跟这车辕一样！"东郭先生吓得匍匐在地上，说："虽说我是个蠢人，但还认得狼。人常说，岔道多了，连驯服的羊也会走失，没想到，这山中的岔道让我都迷了路，更何况一只不驯的狼呢？"听了这话，赵简子调转车头就走了。

当人喊马嘶的声音远去之后，东郭先生将狼放了出来。没想到，狼一出袋子，竟然说："刚才幸亏是你救我，不然我一定死掉了。现在我饿得要死，不如好人做到底，让我把你吃了吧！"说着，它张牙舞爪地向东郭先生扑去。东郭先生慌忙躲闪，围着毛驴兜圈子，与狼周旋起来。

正在他们僵持不下的时候，走来一位挂着藜杖的老人。东郭先生急忙请老人主持公道。听了事情的经过，老人叹息地用藜杖敲着狼说："他救了你的命，为什么要吃掉你的恩人？"狼狡辩道："他用绳子捆了我的手脚，用诗书压住我的身躯，分明是想把我闷死，我为什么不吃掉这种人？"老人说："你们说的都有理，这让我很难裁决。俗话说'眼见为实'，如果按照你说的方式，东郭先生真的能把你装进口袋，我就可以依据他想要谋害你这个事实来为你作证，这样你岂不有了吃他的充分理由？"狼高兴地听从了老人的劝说，却没有想到，在束手就缚、落入袋中之后，等待它的是老人的藜杖和东郭先生的利剑。

东郭先生把"兼爱"施于恶狼身上，反而险遭厄运。这则寓言告诉我们，一个人应该真心实意地爱他人，但丝毫不应该怜惜狼一样的恶人。

虽然我们推崇墨子的"兼爱"，但决不能像东郭先生一样对狼一样的人讲兼爱。面对奸邪之人，我们决不能手下留情，以免助狼为患。对狼一样的恶人，我们千万不要奢望心与心之间可以沟通，更不要心慈手软，不然将酿成大错。

非攻不等于不攻

墨子的"兼爱""非攻"学说充满了对民众的人道主义关怀，但在那个群雄角逐，兵器决定权力的时代，统治者并不接受这种和平思想，他们需要的是能够帮助自己强兵壮马、扩土封疆的扩张学说。因此，在这种情况下，墨家的学说想要有立足之地，实现自己济世救民的愿望，就必须吸收其他学说的思想来充实自己，让自己的主张在当时的社会具有可行性。

于是，他们吸收了兵家的"攻心为上""以战止战"等思想，并由此引申出一套完整的军事理论和实战防御系统。墨子主张热爱和平、体恤百姓，统治者不要随意发动战争。为了宣扬自己的学说，墨子采取了"以战止战"的方法，即用战争来证明发动战争是不明智的，进而指出战争不是万能的，天下归心要靠实施德治来实现。

墨家讲究的"非攻"并不是不攻，而是在非攻与守礼之间，寻求一个平衡点来实现自己的目的。这正如现代社会中，我们倡导要宽厚待人，但为人也不可拘泥于教条，一味地忍让，有时候忍让退缩反而使自己受到更大的伤害。因此，对于一些人，我们不能用忍让来助长他们的嚣张气焰，该反击的时候就要毫不客气地反击。为人处世应该兼有软硬两手，该自卫时，有兵来将挡的智谋，该宽容时，有海纳百川的气度，这样才能在现实生活中自保，并争取主动。

以其人之道还治其人之身，是最高明的反攻。

刘道真是晋朝的读书人，他学识广博，但嘴上却不积德，喜欢嘲笑别人。有一天，刘道真正在草屋里和别人共用一只盘子吃饭，见到一个年长的妇人领着两个小孩从草屋前走过，三个人都穿着青衣，刘道真忍不住过一过嘴瘾，嘲笑她们说："青羊引双羔。"那妇人抬眼望了他一下，说："两猪共一槽。"刘道真顿时张口结舌，无言以对，从此收敛了许多。

据说日内瓦会议期间，一个外国记者主动与周恩来握手，出于礼节，周恩来没有拒绝。不料，这个记者刚握完手，忽然大声说："我怎么能跟中国的好战者握手呢？真不该！真不该！"一边说，一边拿出手帕，不停地擦刚和周恩来握过的那只手，然后把手帕塞进裤兜。这时，很多人前来围观，他们很想看看这位中国总理如何处理。只见，周恩来略微皱了一下眉头，从自己的口袋里也拿出手帕，随意地在手上扫了几下，然后走到拐角处，把这个手帕扔进了痰盂。他说："这个手帕再也洗不干净了！"

面对别人的无理取闹，最好的反击式保持自己平和的心境，这样在对方咄咄逼人的攻势下，能够保持镇静，不至于落入别人的圈套而不能进行有效地反击。

生活中，多一些谅解和抚慰是减少纷争最有效的润滑剂。在人际交往中，人们总会有意无意地伤害到别人，也不可避免地要受到伤害，在这时，就需要我们彼此体谅，相互宽容，而不是使纷争无限地扩大，造成更严重的伤害。

蜜蜂的刺在伤害到别人的同时，也会使自己失去生命，当自己的生命面临着威胁，无论如何都会刺伤别人，既然如此，倒不如给敌人一些苦头和教训。当我们面临类似的处境时，不妨学学蜜蜂的精神，因为非攻不等于不攻，这是墨子"非攻"思想给我们的启示。

居安思危，不预则废

俗话说"凡事预则立，不预则废"，在做任何事情之前，都要提前做好准备，未雨绸缪，才能做到防患于未然，才能在各种突发状况发生之后沉着应对。这不仅适用于个人，同样适用于国家。墨子在《七患》篇中就曾指出如果粮仓里没有粮食，当出现饥荒时，很容易引起国家动荡；如果没有足够的兵器，即使正义在手，也无法出兵讨伐不义的军队。任何事情如果事先没有考虑周全，面对突发状况，就会措手不及。因此，在安定的时代，也应心存忧患意识，唯有如此，才能有备无患。

忧患意识在中国的传统文化中沉淀已久且深沉，已成为一笔宝贵的思想财富。历史上，有许多居安思危的皇帝。明成祖朱棣就是其中一位。

朱棣坐上皇位后，事无大小，统统过问。他由于事情管得过多，有时会应接不暇。之所以这样，是因为在他看来，皇位得来不易，自己应居安思危、防微杜渐，唯恐有任何失误。

一天，朱棣在右顺门看四方奏牍，由于精神过度集中，御案上一个镇纸金狮被碰到案边，险些掉到地上，站在一旁的给事中耿通连忙上前将镇纸金狮往里边移了移。朱棣这才发觉，立刻将这件事与刚阅读的奏折上的国家大事联系起来：一个很小的东西，放在稳妥的地方就安全，放在不稳定的地方就危险。他指着那尊镇纸金狮感慨道："天下是最重要的大器，更应放在安全的地方。即使天下太平，也不可忘了危险。所以在小事上也必须谨慎。否则，长此以往，就可能招致大的祸患。"

为了天下安定，朱棣不敢有丝毫的懈怠，他严格要求自己，以求天下之治，并把大臣送上的《大学正心章讲义》反复研读。在朝堂上，朱棣一直忙于政事，来不及静思，因此，退朝后很容易放松下来。但每次他想要放纵自己的欲心时，一想到天下大事，他顿时警觉起来，克己之心便占了上风。

一日，朱棣派宦官去山西采办某物，但认真想过之后，随即就后悔了，于是立即下令停办。一次，外国使臣朝贡玉碗，他拒而不受，让礼部赐钞遣还。对于这类使用次数不多且府库中又已有的东西，他尽量限制，免得人们察其所好而争相进献，这对于理智处理国事没有一点好处。

朱棣的生活很勤俭，有时候上朝穿的内服都破旧了，甚至有的还补过。朱棣之所以这样做，一是为了给大臣们做榜样，让他们养成节俭的习惯，更为重要的是为了避免百姓生怨而导致天下不稳。

对于政事，朱棣兢兢业业，每年只有正月十一至正月二十这短短10天的休息日，其他时间几乎没有假日。

朱棣很好地展现了古代君主居安患危、以身作则的治国方针。但这条方针不仅适用于人，还适用于动物。

一只野狼卧在地上认真地磨牙，狐狸看到了，对它说："天气这么好，大家都在悠闲地娱乐、休息，你也加入我们的队伍中吧！"野狼没有说话，继续磨牙，把它的牙齿磨得又利又尖。狐狸感到非常诧异，便问道："森林这么静，老虎已经不在这边活动了，猎人和猎狗也已经回家了，这里没有任何的危险，你何必那么费劲磨牙呢？"野狼停下来回答说："我磨牙并不是为了娱乐，你想想，如果有一天我被老虎或猎人追逐，到那时，再想磨牙也来不及了。而平时我就把牙磨好，无论何时出现危险，我都可以保护自己。"

"洪水未来先筑堤，豺狼未来先磨刀"。人生路上不可能总是一帆风顺，面对未来可能出现的风险，每个人都应该认真思考，提前做好规划，而后才能披荆斩棘，顺利前进。在想问题、办事情时，我们应立足于可能存在的风险以及所面对复杂的环境，从最坏处着眼，向最好处努力，提高防范意识，使自己能够笑到最后。因此，要居安思危，未雨绸缪。

固本才能有所成

农业是国民经济的基础，它为经济的发展提供重要的物质基础。现代社会中，农业最关键的在于粮食，因为每个人都需要吃饭，缺乏了粮食，那么天下将大乱，所以说粮食是实现一切发展的根本，在古代也同样如此。所以历代的统治者都非常关注农业这个经济发展的根本。

秦汉时期，正值商品经济发达的时候，不少人从事买贱卖贵的贩运贸易。

一时之间，向外跑生意的热潮一浪高过一浪。

宣曲任氏，他却只干自己的老本行，不为这股外出贩运的热潮所动。任氏本来是个看管粮仓的小官吏，在他手中，每天都有许多的粮食进进出出。长期的储粮经历，使他懂得了粮食的重要性。不久，陈胜、吴广揭竿起义，顿时天下大乱。为避灾荒，那些豪富们争先恐后地收藏金玉，想要以此度过灾荒。任氏却初衷不改，依然只收藏粮食。他把自己的粮仓修好，收藏了许多粟。

从秦末农民战争又打到楚汉相争，经过这么多年的战争，老百姓无法安心耕种，市场上粮食奇缺。

这时，任氏收藏的大量粮食发挥了大作用。这些粮食使得任氏一家人免遭饥荒，而且趁此机会把粮食卖出去。于是，那些豪富所收藏的金玉都到了任氏手里。任氏从此发家，成为远近闻名的大富豪。

任氏懂得粮食来之不易。尤其是在看到了战争中各种缺粮的惨状后，他发誓要节俭一辈子，即便家财万贯也要自己耕种。

战争结束后，生产得以恢复，经济逐步地发展起来，不少人好像忘了当年缺粮带来的不幸。但任氏并不这样，他在家规中明确规定，不是田里长的东西不吃，不干完公事不喝酒，不吃肉。这种节俭的家风，使他成为远近数十里的楷模。虽然富商在汉初政治地位不高，但任氏家族却为皇上所推崇。

唐朝末年，农民起义的叛将朱温和沙陀贵族李克用之间展开了一场争权夺利的斗争。从两人的实力与对立的程度分析，这将是一场旷日持久的恶战。传说东院居住着一位先知先觉者，凭着他的直觉，他预感到一场战争将不可避免。于是，他开始了应付战争带来的饥荒准备。每天清晨，他就开始工作。首先，把小米、豆子磨成粉，然后将它们打成砖坯，放在太阳下晒干。等积累了相当多"粟砖""豆砖"后，他就把这些"砖"垒成"墙"，外面抹上黏土，看上去和真的墙一模一样。此外，他还买了许多木材来加固自己的房屋。

俗话说，没有不透风的墙。很快，他的行为在左邻右舍之间疯传。邻居们议论纷纷，嘲笑他没事找事。

可是，没过多久，战乱真的来临了，而且规模巨大，延续的时日相当长。一段时间后，粮食吃完了，柴火也烧光了。邻居们渐渐撑不住了，有的背井离乡，投亲逃难，有的沦为流民，到处要饭，还有不少人因冻饿而死。这时，这位东院的主人却不慌不忙地把砖打散来熬米粥，取下当年修房子用的木材做柴火。就这样，成功地度过了一场粮荒。

粮食是人们赖以生存和发展的基础，这同样适用于国家。对于一个国家来说，粮食是根本，粮食的充足至关重要。想要寻求发展，首先要有牢固的根本。无论是个人，还是国家，只有在衣食充足的前提下，才能去展望美好的明天，创造更加和谐的社会。

"义"字心中长存

墨子高举"义"的大旗，认为天下万事没有比义更贵重的了，为了义，即使背负恶名，也毫不在意。墨子所说的义，是正义的利，它既利于自己，也利于他人。之所以如此，是因为对他人"义"，即可以帮助他人，也可以使自己获利，这与墨子提倡的"兼爱"相关联。

历史上，有许多重义的故事，焚券市义就是其中一则。

孟尝君是战国四公子之一，门下有许多门客。一日，他发出布告，征求一位谋士帮他去封邑薛城收债。

冯谖自愿前往。孟尝君十分高兴，命人帮他整理好行装，套好马车，装上讨债用的券契。临行前，冯谖向孟尝君问道："债收完后，要买点什么东西回来吗？"孟尝君随便答道："你看我家缺少什么，就买什么吧！"

于是，冯谖到了薛地，与当地欠孟尝君债的老百姓对契据。正当这些百姓战战兢兢地为还债而发愁时，没想到，冯谖竟假托孟尝君的名义，说这次他奉了孟尝君之命，准备把这些债款都赐给百姓，说完，当场一把火把一车券契给烧了。欠债的百姓，激动得热泪盈眶，连呼万岁。

很快，冯谖回来了。看到冯谖这么早就回来了，孟尝君感到十分惊讶，问道："债款都收完了吗？""收完了。"冯谖答道。"那你买了些什么回来？"冯谖说："按照您的吩咐，看家里缺什么就买什么，我琢磨着，您家中堆满了珍宝，马厩里有许多肥马，美女也比比皆是，我看您家里所缺的，就是一个'义'。所以，我就为您买回了'义'。"

孟尝君大惑不解，问道："什么是买'义'？"

冯谖说："您的封地只有小小的薛地，您却不知道照顾当地的百姓，还加以高利，人们苦不堪言。于是，我替您改变一下，便假托您的命令，把债款全部烧了。老百姓都感动得连呼万岁，那场面，您要是看到了，肯定会非常激动，这就是买'义'。"

孟尝君虽然没说什么，但心里十分不高兴。

过了一年，齐王撤除了孟尝君的职位，让他离开国都回到薛地去。当他的车马行到离薛地还有百里的地方时，就看到老百姓争相赶来迎接孟尝君。正处于落魄之中的孟尝君见到这个情景，激动万分。他深有感触地对冯谖说："先生为我买回的'义'，我今天总算看到了。"

冯谖为孟尝君买"义"，值得我们深思。生活中，有一些人，他们拥有很多，但是却非常吝啬，不愿意让利于他人，结果非常不受他人欢迎。其实，我们应该学习冯谖，为自己买下"义"，这不仅有利于他人，同时也会让我们收获更多。

相亲相爱，尊老爱幼

先秦时代，无论是孔孟代表的儒家，还是墨子代表的墨家，都相当推崇人与人之间的仁爱、奉献。他们都提倡尊老爱幼，在广泛的传扬中，尊老爱幼成为中华民族传承千年的美德。即使在今天，依旧被高度推崇。

2006年"感动中国"年度人物之一的林秀贞是现代社会中传承在"尊老爱幼"传统美德的重要人物之一。

林秀贞，河北省枣强县南臣赞村的农民，一个60岁的农村妇女，一个普通的共产党员。但是，在她普通的身份下，她用30年如一日的坚持，感动了整个中国。在30年中，她先后赡养了6位孤寡老人。不知多少次的寻医问药，病榻前的端屎端尿，日复一日地洗衣做饭，老人临终前74个日日夜夜、寸步不离的陪伴，下葬时为老人打幡摔瓦。她用亲生儿女一般的真情给予6位老人晚年的幸福。

她曾因担心一位老人吃不上中午饭而赶着去做饭，没料到竟耽误了见自己病重母亲的最后一面。因为林秀贞忙于照顾这些老人，她已许久见不到自己的儿子了，以至于当时儿子最大的愿望就是"妈妈，你抱抱我"。

林秀贞不仅无私地赡养老人，还默默地资助了14位上不起大学的孩子，这些情况她从未公开过。曾有记者想要采访这些孩子，林秀贞拦住了记者，说"孩子都长大了，就别采访他们了"。她的真诚让记者打消了采访的念头。

1998年1月，林秀贞到合肥洽谈业务时，在火车站候车时遇到一名因患有先天性心脏病和小儿痴呆症而被遗弃的婴儿。她将婴儿抱回家，出钱为其治病。她把这个孩子看得跟亲生儿子一样亲，最终正式办理了领养手续，给了孩子一个温暖的家。

这些只是林秀贞无私奉献中的一小部分，她还在家自主创业，帮助当地的残疾农民就业，帮助他们靠自己的双手撑起自己的生活。她热心公益事业，曾多次为乡、村的公益事业积极捐款，并捐款5万元为村里安装自来水，使村民吃水更加方便。

林秀贞的行为不仅深深地影响了当地的村民，还感动了整个中国。人们高度赞扬她无私奉献、以身作则的精神，更多人加入到了这个行列。

孩子是我们的开始，老人是我们将要面对的未来，处于中间的我们应勇于挑起属于自己的责任——尊老爱幼，这不仅是对他人的关爱，也是直面我们自己。如何对待他人，决定着他人如何对待我们。伸出爱的手，向他人献出我们的爱，帮助更多的人，共同汇聚爱的力量。

国富民强才是真正的和谐

在古代，对于一个国家来说，防御工事是最重要的事情，粮食是国家的宝物，武器是国家的武器。有了粮食，才能维护国内的安定、统一，有了武器和军事防御，才能抵御他国的侵略。墨子提出"非攻"，但"非攻"并不意味着不攻，对于不义的侵略，大家应团结起来，共同抵抗，这是墨子"非攻"学说其中一个方面。还有一个方面是，要提高自己的实力，这样就可以不战而拒敌于千里之外。即是，一个国家不断发展，有了能够威慑别人的东西，才可以保持国家的安定。

墨子就曾用此学说打消了楚王伐宋的念头。

公输般为楚国制造了能攻城的新式武器——云梯，楚国国君非常高兴，想用它来攻打宋国。墨子听到这个消息后，走了十天十夜，赶到楚国国都，拜见了公输般，希望能够阻止这场战争。

墨子见到公输般后说："北方有一个人欺侮我，我希望借你的力量杀死他。"公输般不知是计，听了很不高兴，也没有任何表示。墨子接着说："我可以给你很多钱，作为你杀人的报酬。"公输般回答说："我讲道义，不会因为报酬去杀人。"墨子说："楚国是大国，人口不多而土地辽阔，可是楚王却准备攻打弱小的宋国，这是非正义战争，你口头上说不杀人，可是一旦发生战争，有多少无辜的平民会因为你的新式武器而死去，这跟你亲手杀人有什么区别呢？"

公输般被问得哑口无言，推诿说攻打宋国的计划是楚王的决定，于是墨子和公输般去见楚国国王。

墨子见到楚王后，先讲了一个故事："现在，这里有个人，自己有不少华丽的丝绸却不要，看到邻居有件粗布衣衫，却想要去偷。自己家里有美味佳肴也不要，看到邻居家有糟糠，却也想去偷。这种人，算个什么样的人呢？"

楚王脱口而出："这人一定是得了偷窃病，想必是个偷窃狂吧！"

墨子随即切入正题。他说："楚国有方圆5000里的土地，而宋国的土地不过方圆 500 里。如果把这两个国家放在一起，就好像一辆彩车和一辆破车相比；楚国有云梦大泽，那里有象、兕、犀、麋鹿这类珍奇动物。且楚国地处长江、汉水的交汇处，鱼、鼋、鼍、鳖的产量可以说是天下第一。宋国呢？连兔子、野鸡、狐狸这类平常的猎物都没有。两国的美味放在一起，真如同佳肴和糟糠之比呀！楚国生产梓、松、樟、楠等名贵木材，宋国连棵大树都看不到。这些东西比较一下，不就和名贵丝绸与粗布衣衫相比一样吗？从这几方面一比，我看楚国要去进攻宋国，就像那个有偷窃病的人一样，是个偷窃狂。我想，大王您这样做一定会损害了道义，影响了楚国的形象，到头来却不一定能真正占据宋国。"

楚王仍然蛮横地说："你说得好，但是公输般已经为我造好了云梯，我是一定要攻打宋国的。"墨子不慌不忙地说："云梯并没有想象的那么厉害，不信我可以与公输般模拟作战。"楚王随即同意他与公输般斗法。

墨子解下腰带，用它围成一座城的样子，又取来一些小木块做守备器械。公输般 9 次用各种机巧多变的器械攻城，墨子 9 次都把他的进攻打退。最后，公输般的招数都用尽了，墨子仍然游刃有余地击败他的进攻。

面对自己的惨败，公输般气得咬牙切齿，说："我知道该用什么办法对付你。不过，我不说。"楚王忙问究竟，墨子却不慌不忙地代他做了回答："公输般的意思，把我杀了。但我要告诉他，我的弟子禽滑厘等 200 多人，已经手握我发明的守御器械，在宋国都城上等待着楚国！杀了我又怎样，守御的人是杀不完的。"

楚王见情况发展到现在，再攻打宋国势必占不到便宜，迫不得已地说："我决定不攻打宋国了。"

有了能够抵御别人的武器，别人就不敢侵犯。因此，一个国家要想不受他国侵略，就应该努力地增强自己国家的实力，使得别国不敢小觑，为国家的发展创造稳定的环境，从而走向更加美好、和谐的未来。

分享是一种共赢

墨子在《尚同》篇中，提出了三种人：有余力却不帮人的人；有余财却不愿分给他人的人；有好的启发，却不肯教给别人的人。这三种人的行径如同禽兽一般，他们的做法会造成天下混乱。因此，墨子呼吁：要学会于他人分享。分享是一种可贵的品质，是一种利人利己的品德。学会分享，不但能够让人们以一种宽容的姿态来待人处世，而且还能够让人们获得极大的便利，在分享的平台上实现自己更大的发展。

美国成功学家安东尼·罗宾在谈到李嘉诚时说："他有很多哲理性的语言，我都非常喜欢。有一次，有人问李泽楷，他父亲教给他成功赚钱的秘诀是什么。李泽楷说父亲没有教他赚钱的方法，只教了他做人处世的道理。李嘉诚这样跟李泽楷说，假如他和别人合作，假如他拿7分合理，8分也可以，那他拿6分就可以了。也就是说：他让别人多赚2分。所以每个人都知道，和李嘉诚合作会赚到更多，因此更多的人愿意和他合作。想想看，虽然他只拿6分，但现在多了100个人，他现在多拿多少分？假如拿8分的话，100个会变成5个，结果是亏是赚，可想而知。"

安东尼·罗宾对李嘉诚的"让利理论"十分赞赏，并立即应用于实践中，正是通过这个手段，他的合作伙伴越来越多。

"塑胶大王"王永庆也是一个让利专家，他认为，助人等于助自己。台塑集团公司的管理水平很高，让它的下游客户羡慕不已。于是，有人建议台塑集团将自己的管理精华传授给客户，使客户能迅速提高经营管理水平。这项建议反馈到台塑集团后，王永庆欣然应允，决定开办企管研讨会。参加研讨会的学员来自众多行业，甚至一些著名企业的老板也报名参加。

台塑企业本着为客户提供管理资讯服务的精神，对学员一律提供免费培训。台塑企业除提供教材外，同时免费供应午餐与晚餐。上、下午各安排一次"咖啡时间"，供应各式餐点。这在一般人眼中，台塑企业的这种做法非常傻，竟然花钱请别人来学自己的"绝活"。但王永庆并不这样认为，他一直都坚持于人有利，自己有利的理念，而这正是他的出类拔萃之处。

王永庆深知，台塑集团与下游企业乃是唇齿相依的关系，一荣俱荣，一损俱损。因此，他从不利用"龙头老大"的地位为自己争利。相反，他宁可自己少赚点，也要保障下游企业的利益。有一年，由于世界石油危机，国际经济环境恶化，全球塑胶原料价格普遍上扬。按市场常规，台塑集团此时提价是名正言顺的。但王永庆考虑到下游企业的承受能力，决定降低公司的目标利润，维持原供应价，自行消化涨价成本。有人问他为什么如此大度，他说："如果赚一块钱就有利润，为什么要赚两块钱呢？何不把这一块钱留给客户，让他去扩大设备，如此一来客户的原料需求量将会更大，订单不就更多了吗？"

与他人分享是一种智慧，它不仅不会造成自己的损失，反而会带来巨大的收获，它能让自己在分享交流的过程中，及时汲取新的养分，获得更大的发展，实现彼此的共赢。所以，学会与他人分享是非常重要的，在与他人分享的同时，自己也在不知不觉中获得了极大的成长。

攻守转换之机

在人生道路的选择上，是进攻还是防守，是坚持还是放弃，往往会在一念之间决定一个人的命运。

人生攻与守

在人类的历史进程中，一个民族、一个国家的发展，有强力扩张与和平合作两种不同的发展道路。强力扩张必然走向霸权，和平发展就会走向和谐。墨子一直坚定地主张和平发展，全力反对国与国之间推行霸权主义和强权政治。墨子的思想放到当代的国际政治经济军事环境来看，依然十分有借鉴意义。墨子在政治与军事上的许多真知灼见，他的"兼爱""非攻"等思想，至今都能帮助我们领悟生命中许多攻守转换的道理。

军事上的搏杀无一例外都是在攻守的转换中完成的。在我们的现实生活中，常说商场如战场，讲的也就是攻守博弈的道理。体育比赛是我们天天能见的攻守快速转换的表演，我们看姚明在 NBA 中的表演，看中国女排在国际赛场上的拼搏，可以说体育比赛就是攻守互换的游戏，每一次攻防转换，瞬间即可完成，得失也在毫厘之间。

一个人一生中面临的每一个问题，无论大小，无论何时何地，都可以归结到"攻"还是"守"的选择问题上。

有的事情很简单，不需要太多思量就知道该如何做；有的事情却让人颇费踌躇，甚至绞尽脑汁还难以决断。在人生道路的选择上，是进攻还是防守，是坚持还是放弃，往往会在一念之间决定一个人的命运。

兽面纹爵（春秋）

《备城门》里记载，一次，墨子的高足禽滑厘向墨子询问道："根据圣人的说法，吉祥的凤凰鸟没有出现，诸侯背叛国王，天下战争四起，大国攻打小国，强国控制弱国。我想为小国防守，应该怎么办呢？"

禽滑厘点出了防守的要义，就是要尽力保护弱小的一方，替他们伸张正义。

墨子问他："防御哪种进攻？"

禽滑厘说："当今世上常用的进攻方法是：积土成山，居高临下；用钩梯爬城；用冲梯攻城；用云梯攻城；填塞城壕；决水淹城；挖隧道；突然袭击；在城墙上打洞；像蚂蚁一样密集爬城；使用蒙上牛皮的辒辒；使用高耸的轩车。这十二种攻城方法，请问应如何防守？"

在冷兵器时代，这十二种方法可谓锐不可当，是大多数侵略性国家攻城略地的利器。墨子作为中国古代历史上首屈一指的军事战略防御家，不仅对这些进攻方法有针对性的解决之道，对战争中的防御问题有系统的研究，而且还以其大智大勇阻止了好几次重大的军事冒险行为。对弟子提出的这一系列防守难题，墨子的回答显示了卓绝的战略眼光。他说：

我方应把城墙、壕沟修好，把守城器械备足，粮食、柴草充足，上下相亲，又能得到四邻诸侯的援助，这是长久备战防守的根本条件。而且负担防守任务的人很重要。他虽然善于防守，但是君主不信任他，那么还是不能够防守。君主所任命担负防守任务的人，一定是能够防守的人；如果他没有能力而君主任用他，也是不能防守的。由此看来，担负防守的人，既要善于防守，又要君主尊重和信任他，这样才能防守得住。

墨子在这里总结了弱小的一方要取得胜利的基本策略。所谓守，显然不是被动地防守，而是在与攻的转换中完成的，进攻中有防守，防守中也有进攻。悟透其中的要义，对我们今天面临的许多人生攻防转换问题非常有意义。

上下相亲

在天时、地利、人和三大因素中，人和是墨子最为看重的。

墨子认为，"人和"就是要做到"上下相亲"，此所谓"上下同欲者胜"，尤其在大敌来犯，存亡危机的时刻，能不能做到"上下相亲"，同仇敌忾，是能否取胜的关键因素。现在我们还常说：人心齐，泰山移；军民团结如一人，试看天下谁能敌。

办企业的制胜之道与之如出一辙。在现代残酷的市场竞争中，企业每天都面临许多诱惑与陷阱，需要做出明智的选择。无论是开辟新的市场疆域（攻），还是在技术的精深上深耕细作（守），都要能做到"上下相亲"，从企业的高层到每一个员工相互理解，相互依存。否则，即使是盛极一时的企业，也摆不脱失败的命运。

"人和"在外交上表现为"四邻相援"。用我们熟悉的话说，叫作多个朋友多条路。现在我们说，人脉就是钱脉，办企业，广布人脉才能迅速打开市场。由此我们方能理解，墨子为什么一直倡导"兼爱"，你施爱于人，在面临困难的时候，才会有人出面救援。

统领三军

这就像一盘象棋，车马炮相士卒齐备，在将帅的统领下，相互协调配合，其防线就如铜墙铁壁，坚不可摧。常说三军易得，一将难求，人才战略中最关键最紧要也是最稀缺的人才就是帅才。

我在企业多年，常有老总朋友们说起他的企业在扩张中的困难，却很少有把缺少帅才、寻找帅才放到第一位的，绝大多数是强调缺少资金。有些老总们认为，有了钱，什么高人我请不到啊！其实这是极其片面甚或危险的想法。在这种思想的指导下，有了钱，花大价钱请来的人，未必就能做到尽其才，未必就能让人才安心地工作。

墨子已经指出："担负防守的人，既要善于防守，又要君主尊重和信任他，这样才能防守得住。"认为钱能买来一切的想法，本身就是对人才的不尊重。即使有帅才在你身边，你未必就发现得了，发现了也未必能真正理解他的抱负，发挥他的才能，驾驭他的行为。

由上可知，只要做到了以上二者，方能以守为攻，最终立于不败之地。

邪恶与正义

无论是国家大略、企业经营，还是一个人的为人处世，都要明白做事做人的限度，不要贪心不足。

攻伐即邪恶

为什么人类社会总是有那么多矛盾与纷争呢？总是要以强凌弱，以大欺小，

以富傲贫呢？有一个不可忽视的原因就是人的贪心不足。强大的希望更强大，富裕的渴望更富裕，当这种欲念超过了一定的限度，到了靠牺牲人与人的和谐相处才能满足时，只有在侵占、剥削别人的基础上才能实现时，就走向了美好人性的反面，变成了一种罪恶。侵略者往往只看到通过战争扩张自己的领土，掠夺他人的财富，没有考虑到战争使民众付出的巨大牺牲，没有意识到战争最终会对自己造成巨大的伤害！

历史上总有一些君王自恃强大，以坚固的铠甲和锐利的兵器攻击无罪的弱国，割刈其庄稼，砍伐其树木，毁坏其城廓，填塞其沟池，夺杀其牲畜，刺杀其群众，覆亡其老弱，烧毁其祖庙，迁走其宝器，等等。以强凌弱，使生灵涂炭，受害的不单是弱小的一方。攻伐的士兵迫于君王的意志，不敢违抗，他们其实也是受害者。

然而，好战分子辩解说，士兵不力是因为未能笼络住军心，只要民众士卒心服口服，顺从君王旨意，就能攻战天下，谁敢不投降不归附啊！

这是战争贩子的谬论。墨子在《非攻》中，通过一些历史故事来证明攻伐对己方也是一种巨大的伤害。他先讲了我们都熟知的吴越之争的故事：

古时吴王阖闾教战七年，士卒着甲执着兵器，奔走三百里才停下歇息。他率军进驻泜林，从曲窄的小路出兵，在柏举大战一场，攻入楚国都城郢，并迫使宋国和鲁国来朝见。

及至到了夫差即位，更是肆无忌惮，疯狂扩张侵略。向北攻打齐国，驻屯在汶上，大战于艾陵，把齐国人打得一败涂地，退保泰山；向东攻打越国，渡过三江五湖，迫使越人退守会稽。东方各个小部落没有谁敢不投降不归附的。吴王大获全胜，开始自我膨胀起来。战争结束后不犒赏阵亡将士遗孤，不施舍给众百姓食物，自恃武力，夸大自己的功劳，称扬自己的才志，对士卒的训练也懈怠了。而且还耗巨资修建姑苏台，历时七年未成，以求享乐。

到了这个时候，吴国人便有了离异疲敝之心。越王勾践看到吴国上下不相融洽，就发奋图强，收集他的士卒起兵复仇，从吴都北郭攻入，夺取吴王乘坐的大船，围困吴王王宫，吴国于是土崩瓦解。

墨子还通过晋国大将军智伯盛极而衰的故事来提醒后人：

从前晋国有六位率军的将军，数智伯最为勇猛强大。他企图凭借自己土地的广大，人口的众多，想要跟诸侯抗衡，以取得"英名"和攻战的"功勋"。他指使他的文武心腹，排列好战车船只士卒，攻打中行氏，并占有中行氏的城廓。他认为自己谋略超群、实力超众，又去攻打范氏，结果也是大获全胜。智伯占领三家后仍贪心不足，又在晋阳围攻赵襄子。到了这个地步，终于激起了公愤。

韩、魏二氏虽一再退让，但自知再无路可退，便商议道："古时说，唇亡而齿寒。赵氏若是早晨败亡，我们将在黄昏时走他的老路；赵氏若在黄昏时败亡，我们在第二天清晨也会跟着他灭亡。古诗也写道：'鱼在水中不快快跑掉，到了陆地怎么能逃得及呢？'"

于是韩、魏、赵三家合谋，决心起事反击智伯。他们同心协力，韩魏两家军队从外面攻，赵氏军队在城内相应，里外合击，曾靠攻伐得势的智伯反被彻底打败了。

攻伐之罪，罪在贪心不足，贪心过度就变成了无道、无义，必然会像吴王夫差、智伯一样先失民心，后失天下。

因此，无论是国家大略、企业经营，还是一个人的为人处世，都要明白做事做人的限度，不要贪心不足，盲目扩张。得势时一味逞强，强大时一味逞能，欲念过于贪婪，行为过于张扬，思想行为不知道适可而止，最终必然会走向主观意志的反面，不会有好的结局。

诛讨即正义

墨子大张旗鼓地反对武力入侵，反对以强凌弱，但他并不抽象地反对战争，这正是墨子的高明之处，他是中国历史上较早对战争作正义与非正义划分的战略家。他认为，面对敌人的侵略进攻而进行的防御战，不仅要全力应战，还要

战而胜之；对不义的暴君，更应起而诛之。

诛讨，是抵制攻伐的最直接方式。攻伐即邪恶，诛讨即正义。尽管在形式上相仿，都是诉诸武力，但性质上却截然不同。

《非攻下》里，墨子具体解说了攻伐与诛讨的本质差别：

古时候大禹征战有苗族，商汤征伐夏桀，武王征伐纣王，他们都被尊立为圣王，这是为什么呢？

墨子回答说：你们没有弄清楚我说的是哪一类战争，没有弄明白其中的缘故。那不应该叫"攻"，而应该叫"诛"。

攻伐是颠倒黑白，强词夺理；诛讨是伸张正义，还历史本来面目。诛讨虽也要付出代价，但换来的是和平，铲除的是罪恶的根源。墨子还举例说明了诛讨有功：

古时候三苗大乱，民不聊生。古帝高阳于是给在玄宫的禹下达命令，大禹亲自握着天帝的令符，去征讨有苗。雷电震撼，有一尊神人面鸟身，用手捧着圭玉侍立，挟箭急射有苗头领。有苗军大乱，一败涂地。大禹战胜三苗后，便划分山川，分别物类，节制四方，于是黎民百姓安居乐业。

商汤驱逐夏桀，亦同此理。桀王无道，导致寒暑杂至紊乱，五谷枯焦死去。汤于是奉上天之命，率领他的部队诛讨夏桀，夏桀的民众也起而响应，归附商汤。

到了商纣王，天帝不能享受其德，祭祀鬼神不按时，于是又天下大乱。妖妇夜间出现，鬼怪夜间悲吟，有女子化为男子，天下了一场肉雨，荆棘生长在国都大道上，纣王更加骄横放纵了。有只赤鸟口中衔圭，降落在周的岐山社神庙上，说道："上天命令周文王讨伐殷邦。"贤臣泰颠来投奔协助，黄河中浮出图篆，地下冒出乘黄马。

周武王即位后，梦见三位神人对他说："我既已使荒淫的殷纣王沉湎于酒色之中，你前去攻打他，我必定助你成功。"武王于是决定替天行道，消灭纣王这个疯子，反商为周。政教通达四方，天下太平。

依墨子之见，诛讨之功，功在上天、鬼神和民众。上符合上天的旨意，中符合鬼神的利益，下符合人民的心愿。倘若当代人不拘泥于上天、鬼神之类代指的说法，那么就不难明白，为民众的长远利益而战，就是诛讨者最大的功劳。

同时，商王、周王的故事还说明，诛讨要想成功，除了顺应民意之外，必须要有实力，靠消极防御，靠服软求情，那只能是类似于二战中某些西方国家推行的"绥靖政策"一样，到头来搬起石头砸自己的脚。

战争与和平的遐思

战争，是实现和平的手段；和平，是战争的目的。

和平意味着友爱，战争意味着仇恨。然而，和平时，人们往往会淡忘了友爱的珍贵；战争时，有时连仇恨也不再令人激动。

温暖和煦的阳光下，血亲骨肉之间会相互残杀，平时里的算计、倾轧、钩心斗角，更是如家常便饭。在两军对垒的阵地前沿，交战双方却商定为一场足球赛而停战一天，士兵们似乎忘记了明天等待他们的将是血雨腥风。

和平，是战争的友好使者；战争，是和平的肇事者。

和平时的战争令人惊心动魄；战争时的和平让人留连忘返。

就像人的一生充满着攻守转换一样，人的一生也会不断地交替出现战争与和平的场面。

和平时的友爱到处都是，让人动情，但友爱真不真，则要到你死我活的关键时刻经受考验。

经受战争洗礼的友爱是至真至纯的，经受战争考验的人最懂得友爱的价值。

墨子深懂攻守之道，故他也深懂友爱的珍贵。悟透了战争与和平的关系，所以墨子能以平等待人之心，发现"兼爱利民"的道理。

六、修心的智慧

心愿是一种原则

本真自然就是做人处世不违背自己的心愿。

墨子拒绝当富翁

现代社会给人的诱惑真是太多太多了，稍不留神就会被各种思潮各种时尚各种信息裹挟着奔来涌去，使自己无所适从。

倘若有人说，月球上有一个神一夜之间发了大财，把整个月球都买下来了，你也许只是一笑置之，知道那只不过是一个笑话。若有人告诉说比尔·盖茨这次又排财富榜第一了，你也会不以为然，那对绝大多数人来说毕竟只是一个谈资，离我们的实际生活仍是十分遥远的。但倘若是你的一个老同学、老邻居、老朋友——你们前天还在一起喝酒打牌，昨天早上还相互问安——却突然发达起来了，成了人人羡慕的亿万富翁，或是买了私人小飞机，或是当上了某跨国公司的老板，你就不得不大为惊诧了，且会生出一些愤愤不平：他有什么了不起，凭什么就"发"起来了。此刻，要保持心态的平衡，不为眼前的巨变所动，几乎是不可能的。

人的追赶浪潮、随波逐流，乃至心理失衡，干出一些蠢事，多半就是在这种情况下发生的。

时代总要推动着人向前走，一会儿被抛到浪尖，一会儿又被送到谷底；社会总会根据它的需要来塑造人的命运，总要牺牲一部分人的利益，又给另一部分人带来许多好处。因此，对现实社会洞若观火的人，从不去赶什么浪潮，以获得片刻的荣耀：从不违背自己的心愿去迎合讨好种种的名利诱惑，因而能够在纷繁扰攘的现世生活中牢牢地把握住自己，心静神宁，不为外物所伤。

做人处世不违背自己的心愿。愿干而会干的事，就大胆去干，不愿干不会干的事，就坚决不干，不管它是否时髦，是否流行，是否名利双收。碰巧自己的所愿恰恰为社会所推崇，那就叫运气好；或者自己的所愿为社会所冷落，也属正常。

《鲁问》里说，墨子曾遇到过巨大的引诱，且看他是如何应对的：

墨子让弟子公尚过前往越国游说，宣传墨家主张。公尚过向越王详细介绍墨家的思想观点和政治主张，越王听了十分高兴，认为墨子是当世了不得的贤人，于是对公尚过说："先生如果能说服墨子来越国赐教于我，我愿拿出从吴国手里夺取来的五百里地，作为给墨子的封赏。"

五百里土地，可以值多少钱啊！在当时够得上一个小诸侯国的面积了，说明墨子当时的影响之大。他要想脱离日夜不休的辛劳生活，是件轻而易举的事情。只要他愿意，他可以和王公贵族一样，过锦衣玉食般的奢华生活，且可以荫庇子孙，世代衣食无虞。放到现在来看，墨子完全可以一跃而上全球富豪榜，成为人人追捧的财富偶像。我想，对多数人来说，有人愿出如此大的价钱来邀请，定会欣然前往，其他的事情也就顾不得多想了。

公尚过也认为墨子定会答应这件事，他知道墨家的处境，墨子何曾有过这么大的一笔财富啊！这不仅是墨子个人之喜，也是墨家弟子之喜啊！于是，公尚过决定替越王走一趟，促成这件美事。

越王准备好五十辆马车，由公尚过带队，浩浩荡荡前往鲁国迎接墨子。

大队人马到了后，公尚过拜见墨子，禀报说："我用师傅您的学说去游说越王，越王大喜，说要给您五百里地，请您去越国指教他。"

墨子却全然没有公尚过的欢喜，他冷静地问道："你观察越王的志向怎么样呢？他会采纳我们墨家的学说吗？"

墨子的潜台词是，先要考察清楚越王是不是一个有远大志向的君主，能不能在越国推行他兼爱非攻、尚贤尚同的政治主张，为黎民百姓带来幸福安宁的生活。

公尚过一时不好作答。

墨子接着说："如果越王听我的话，采用墨家的主张，那么我前往越国，也只需吃饱穿暖即可，这和一般大臣没啥区别，怎么能接受封地这么大的报酬呢！如果越王不听我的话，不采用墨家的学说，那我前往越国，只是向他兜售我们的道义而已，那还有什么意义？"

墨子分析前往越国的两种可能，全是以越王是否接受墨家思想为前提的。若接受，那就是做了该做的事情，使墨家思想得到了传播，自然不能要这个封赏；若不接受，墨子在中原的事情一时还没完结，至少暂时考虑不会亲自前往越国，赏地的事就更不用提了。

将唾手可得的五百里地视如无物，将自己的心愿、理想和目标看得高于一切，这是真正的大胸怀大气魄。

心愿是处世的一种原则。有些事情与自己的原则相背，那就坚决不能接受，坚决不能去做，即使为此失去万贯家财，即使为此失去锦绣前程也在所不惜。

这些年我们见过不少违背人的善良愿望，违背社会普遍遵循的处世原则的事情，想来令人愤懑不已。有的人为升官编造假学历假政绩，有的人只图自己牟利不惜造假药害人，有的人甚至以婴幼儿作人质来与社会对抗，等等。这都是一些没有原则的人，最终为世人所不齿。

多一点平常心

一个人在人生的起伏变化中未能保持住本真自然的心境，做出一些有违自己心愿的事，并不能全怪自身，多半是外力使然。

一个年轻人考上一所理想中的大学，他自己并没觉得有什么了不起，只不过是对自己努力学习的回报，加上天遂人愿，运气也还不错。可他的家人、乡亲却不这样看，觉得是光宗耀祖的大事，非要召集三乡四里的亲朋，大摆宴席，热热闹闹庆贺一番，又是登报又是点歌，弄得路人皆知。

中国足球就多次出现过类似情况，本来打平即可出线，可球迷在比赛前就失去了平常心，觉得不进几个球就不解心中之恨，不进几个球就不能显示我们的水平和能耐。球员也背上患得患失的心理包袱，眼看胜利就在眼前，心里已开始激动，结果球迷失衡球员失常。刚开场时自信满满，一旦对方先进球立马方寸大乱，惊慌无措，结果本该赢的球反而输了，让煮熟的鸭子活活地飞走了。多年来，中国足球想赢怕输的心理已发展到瘟疫般的程度，足以说明心态失常对一个人、对一项事业的摧残有多大。

要保持平常心、自然态，就要既计较输赢，又不过分计较输赢，就要有对胜负之外的人生意味有领略和欣赏的能力。还是说足球比赛，输赢固然重要，但球迷在知晓其比赛结果后为何还要看比赛录像呢？那就是对比赛中体现出来的球员精湛的球技、变幻莫测的战术运用、勇猛顽强的拼搏精神的欣赏，就是对这项运动方式的热爱。我们为巴西球队赏心悦目的艺术足球而叫好，为超级巨星贝利和马拉多纳的天才表演而迷醉，若没有这些内容，仅仅了解一个简单的1：0或是1：1的数字，那还有什么意味呢？

多一点平常心，少一点胜负心，也许对生活的感觉就会大不一样。

宁静方能致远

宁静，并非没有悲喜。悲在应悲之处，喜在该喜之时。不因悲痛而绝望，不因欢喜而忘形。

宁静，安宁平静，从从容容，自自然然。始终对个人，对人生，对社会保持清醒的认识，遇事不乱，处变不惊。

宁静，并非没有悲喜。悲在应悲之处，喜在该喜之时。不因悲痛而绝望，不因欢喜而忘形。宁静，并非无所作为。致远，就是高境界，大目标。

独处深山，也可能为欲望所伤；身居闹市，也可享受宁静祥和之美。

在平凡安稳的日常生活中，保持宁静的心境，这一点很多人能够做到，但要在获得巨大成功和遭受重大挫折时保持宁静的心境，则不是一般人能够做成功是生命的辉煌，经过长期艰苦的努力，终于在某一天巨大的成功突然降临，荣誉和地位接踵而至，欢呼声、喝彩声震耳欲聋时，此刻要把持住自己，不为胜利冲昏头脑，确乎是很难的。

历史上有许多气吞山河的英雄，他们能够战胜一切艰难险阻，有非凡的胆略和百折不回的意志，但却未能在生命的巅峰时刻把持住自己，白白断送大好前程，留下多少英雄末路的遗憾！

秦王嬴政，废诸侯，灭六国，横扫天下，成为中国历史上第一位皇帝，何其威风。然而统一天下后，他却忘记了创业的艰辛，骄奢淫逸，劳民伤财，贫苦百姓怨声载道，皇权刚传到儿子一辈，就亡了大秦帝国。前人在总结秦朝覆灭的教训时说：族秦者，秦也，非天下也。也就是说，秦朝的覆灭，主要是秦始皇自身的原因。脑子发热，得意忘形，自取灭亡。

唐玄宗李隆基，威加海内，创造过令中国人自豪的"开元盛世"。然而就在这国泰民安的盛世之中，唐玄宗喜昏了头，乱了方寸，沉醉于声色享乐之中，置国家社稷安危于不顾，以至酿成了"安史之乱"，使唐朝从此一蹶不振。

保持宁静的心态，对一个成功者是至关重要的。失去宁静，灾祸必至。

在当代经济转型中涌现出的一些杰出的企业人，也为我们上演过心态决定一切的精彩好戏。史玉柱便是其中的一个代表人物。

史玉柱20世纪80年代在珠海创建巨人集团，因抓住了时机，获得巨大成功，受到各方赞誉，一时如日中天。过早过快的成功使他心态发生了改变，创业之初的谨慎小心没有了，取而代之的是头脑发热，在修建巨人大厦时，一再违背规划，背离实际需要，按想象往上加楼层，直加到资金链断裂，公司倾覆。巨大的失败让史玉柱彻底冷静下来，他反思了自己的过失，又从零开始，一步一个脚印，扎扎实实开始新的创业。他在保健品市场上再次掀起狂潮，再次获得巨大成功，义无反顾地还掉了原先欠下的亿元债务。重出江湖的史玉柱与过去已大不同，虽依然充满激情，智谋过人，但头脑不再膨胀，行事不再张扬，有了看透一切风云的沉静与稳健，自在与安详。

墨子说："以水为镜，只能够照见人的面容；以人为镜，却能够预知吉凶。"从那些或成功或失败的人身上，让我们再一次领悟到生命中宁静的奥妙。

在安宁平静的心境里，我们就能认识到：无论成功多么巨大，都不是单靠个人的力量所能实现的。从大的方面讲，是历史发展的规律，所谓时势造英雄；从小的方面讲，也是机遇很好，天遂人愿。若没有外力的作用，个人是不可能改天换地的。想到这一层，无论是何等了不起的人，都没有什么值得沾沾自喜的了。

为何要感谢失败？

人的一生，失败是不可避免的，有谁能保证自己件件事情都顺心如意呢？也许有的人经历的是重大的打击，有的人遇到的只是小小的挫折。没有评上职称啦，没有当上某某长啦，没有做成一单赚钱的项目啦，没有买到打折商品啦，买东西被别人坑了，等等，但难免都会有一种失败的感觉。

一时的失败、小小的挫折比较好办，过一阵，散散心，就释然了，心境恢复到往日平静安宁的状态，该干什么干什么。但一个志向高远的人，其毕生奋斗的事业遭到毁灭性的打击，他还能够保持从容镇定的姿态，安宁祥和的心境吗？

一个成功的舞蹈家不慎下肢瘫痪，该怎么办？

一个正走红的歌唱家却得了喉癌，该怎么办？

一个指挥千军万马的将军，在战场上全军覆没，该怎么办？

一个老科学家苦苦探索几十年，实验室和全部资料文稿却毁于一旦，该怎么办？

此刻，要保持一种宁静，不仅需要超人的智慧，更需要非凡的勇气和毅力，需要对人生有一种坚定的信念和达观的态度。

能否经受失败是对人的综合素质的最严峻的考验。

古人说"泰山崩于前而色不变",换成现在的话说就叫泰山在前面倒塌连眼睛都不眨一下。这说的就是一种心态。即使万贯家产付诸东流,即使明日就是死期,照样傍晚到林间散步,欣赏落日的辉煌;照样晚上数天上的星星,分辨星光闪耀的亮度。

西楚霸王项羽在中国历史上也算得上是超一流的人物,不曾想败在了市井间巷出身的刘邦手里。项羽在垓下被围,四面楚歌,只身逃到乌江边,江东就是他的老家,家乡的亲人也会谅解、接纳这位失败的英雄。然而项羽放不下霸王的架子,不愿以失败者的形象出现在家乡父老面前,在乌江边刎颈自杀了。

以平常、自然之心观之,项羽愧对江东父老的心态实属多余。倘若他不是一个失败者,而是以独霸天下的身份来到江边,他会不过江吗?显然不会。胜利了,就显耀乡梓,衣锦还乡;失败了,就愧对父老,无颜面对。这都是缺乏安宁平静之心的缘故,缺乏对生命中荣辱兴衰的冷静认识。

以色列中东战争中有一则故事:一位将军在一次激烈的战斗中身先士卒,被打断了一条腿,当他血淋淋地被从战场上抬下来时,他的勤务兵哭了。将军对勤务兵笑道:哭什么,以后给我擦皮鞋时可以少擦一只。

以平常、自然之心观之,失败本不足为奇。一个人倘若没有经历过失败,就难以尝到人生的辛酸和苦涩,难以认识到生命的底蕴,也就不可能进入真正的宁静祥和的境界。

失败是人生的课堂,每个人在这里面都可以学到许许多多的东西。感谢失败,就是感谢自己拥有了宠辱不惊的心态。

知足就是富有

制造这些东西,无一不是有益于实用才去做的。所以财物不浪费,民众不劳乏,兴起的利益就多了。去掉王公大人所爱好搜集的珠玉、鸟兽、狗马,用来增加衣服、房屋、兵器、车船的数量,使之增加一倍,这也是不难的。

能用就可以,知足才是富有。这一切都是源于不知足的心态,如果有知足的心态，节位就自然行之，知道满足就是富有。

远古时期，物资贫乏，强本节用便成为利民兴国的重要手段。因而，古时候贤明的君主，为倡导节约，常制订出一些具体的规定。

（1）技艺。凡天下百工，如制车轮的、造车子的、制皮革的、烧陶器的冶炼金属的、当木匠的等，使各人从事自己擅长的技艺，以满足民众的需要就可以了。

（2）饮食。足以充饥增气，强壮手脚身体，耳聪目明，就可以了。不极尽五味的调匀和香气的调和，不招致远方珍贵奇异的食物。

（3）衣服。冬天穿天青色的衣服，又轻又暖和；夏天穿细葛布或粗麻布，又轻又清凉，就可以了。

房屋：房屋四旁可以抵御风寒，上面可以防御雪霜雨露，房屋里面光明洁净，可以祭祀，墙壁足以使男女分别居住，就可以了。

（4）丧葬。衣三件，足以使死者肉体朽烂在里面；棺木三寸厚，足以使死者骨头朽烂在里面；掘墓穴，要深但不通泉水，尸体的气味不发泄出来，死者既已埋葬，生者就不要长久因丧致哀。（《墨子·节用中》）

请不要在这些近乎苛刻的规范面前闭上眼睛。正因为有这种尚勤节俭精神的传扬，人们才不至于被铺张浪费、花天酒地的腐朽意识所淹没，才一点一滴地积累起为我们生存所需的物质文明。

正如墨子所说的："衣食是人活着时利益之所在，然而犹且崇尚节制；葬埋是人死后的利益之所在，为何独不对此加以节制呢？"

节用就是反对铺张浪费，反对穷奢极欲，崇尚节俭。凡事以够用即可，而不要追逐奢侈。节葬就是提倡安葬从简。众所周知，儒家提倡的葬礼也是有很多讲究的。父母妻子逝世，均要服丧礼三年，并且在服丧期间要简居少食，人饿的脸发青眼发黑身子不能走路才算孝道。墨子认为这完全没有必要，因为这三年不仅浪费时间，荒废耕作，而且因此妨碍人丁增长，造成生产落后，国力削弱。他认为，人死后往土里一埋就可以了，恢复正常的生产劳作，这样才有利于人民本身和国家。儒家是讲究厚葬的，对于各个等级的人制定了不同的厚葬标准。墨子反对厚葬，认为人死后有三件衣服三寸棺木埋在土里不让尸臭飘出来就可以了，所有的陪葬殉葬奢侈陵墓都是浪费人民的财产。毫无疑问，墨子的这些观点即使放到现在也是正确的。两千多年过去了，繁文缛节，铺张浪费，还在像蛀虫一样危害着我们。

因为知足就不觉得还缺什么，而什么也不觉得缺少就是富裕。俗语有云："知足者常乐"。老子也云："知足不辱，知止不殆，可以长久"。大意是说，一个人如果知道满足就会感到永远快乐。

一位古人说过："善行乐者必先知足"，即："穷人行乐之方，无他秘巧，亦只有退一步法。我以为贫，更有贫于我者；我以为贱，更有贱于我者；我以妻子为累，尚有鳏寡孤独之民，求为妻子之累而不能者；我以胼胝为劳，尚有身系狱廷，荒芜田地，求安耕凿之生而不可得者。以此居心，则苦海尽成乐地。"换成现在的话说，那就是"比上不足比下有余"，该知足了。从物质享受角度考虑，我们每个人确实应当有个知足的心态，因为"人心难满，欲壑难填"，人的欲望是永无止境的。

知足者常乐，知足便不做非分之想；知足便不好高骛远；知足便安若止水、气静心平；知足便不贪婪、不奢求、不豪夺巧取。知足者温饱不虑便是幸事；知足者无病无灾便是福泽。所谓养性修身，参禅悟道，在常人理解，无非就是个散淡随缘，乐天知命。"知份心自足，委顺常自安"，这其中的玄机，就靠自己去参悟了。过分的贪取、无理的要求，只是徒然带给自己烦恼而已，在日日夜夜的焦虑企盼中，还没有尝到快乐之前，已饱受痛苦煎熬了。因此古人说："养心莫善于寡欲"。我们如果能够把握住自己的心，驾驭好自己的欲望，不贪得、不觊觎，做到寡欲无求，役物而不为物役，生活上自然能够知足常乐，随遇而安了。

人，在不知足中绝对地追求，在自得其乐中相对地满足。知足，使得人在自我释放和自我克制之间，砌筑了一个生命安顿的心理平台。在"见好就收"

的意义上，提前规避了未知的风险。知足常乐，在相对满足和绝对追求之间，重建了一种平衡。一方面，知足常乐少了些焦躁、少了些由色而空的虚无。比起"无欲"的禁锢，知足多了一层人情味；比起"一无所有"的自得与佯狂，"知足常乐"返回了世俗理性。"人心不足蛇吞象"用作欲望无限膨胀的喻象符号，是"知足常乐"的反向修辞设计。

团结是一种力量

生活中，每个人都会面临困境，这时，他人及时的帮助对于我们来说，无疑是雪中送炭。一根火柴的光很微弱，但是如果将所有的火柴聚集在一起，就可以燃起熊熊大火。一个人的帮助可能无济于事，但是将所有人的爱汇集起来，也能燃起爱的火焰。墨子认为大国经常攻打小国，但如果小国们团结起来，共同对抗大国的侵略，也可以保护自己。所以说，团结就是力量。

人与人之间难免产生矛盾，但如果能以宽容的心相互包容，将所有的力量团结起来，就能战胜一切困难。

在一个小村庄里，由于过去发生过的几件不愉快的事，导致村民之间相处得很不融洽，常常是家家户户"自扫门前雪"，甚至见了面，连声招呼都不打，而且还时常为一些小事争得面红耳赤，闹得整个村鸡犬不宁。

面对目前的窘境，村主任很想改善现状，将这股相敬如"冰"的风气消除。左思右想之下，他找来了一个外地人帮忙。

这个外地人自称是一位技艺精湛的魔术师，他告诉村民们，自己有一颗神奇的魔法石，用这颗石头炒出来的菜，是天底下最美味的一道菜！为了证明自己不是说空话，他决定当场做试验给村民们看。

听到这件神奇的事，村里的人开始议论纷纷。为了帮助魔术师做菜，有人搬来了家里的大炉子，有人搬来了家里的大锅子，还有人自愿提供木材，也有人自发地去生火，全村的人围坐在村子中央的空地上，静心地等待着魔术师的精彩表演。

魔术师煞有介事地在锅里放了油，把青菜放入锅中，和魔法石一同翻炒了一会儿，然后颇感遗憾地对大家说："就这么一点点菜，哪里够这么多人吃？如果可以多炒一点菜，那么大家就都可以吃得到了。"

于是，有人飞快地跑回家，从家里拿来了青菜。魔术师把青菜放入锅中翻炒，试吃了一口，然后兴奋地说："真是太美味了！如果可以再加一点盐，或是一点肉丝，那就更好吃了。"

大伙儿听了直咽口水，于是，肉丝、盐和其他的调味料很快地送到了魔术师的手上。

一会儿工夫，锅子里已经盛满了佳肴。

这盘菜才刚端上桌，大家你一口、我一口，很快吃得盘底朝天，村民们发现，这果真是天底下最好吃的一道菜！

你是否已经看穿了魔术师的秘密？

其实，真正发挥作用的，不是这颗魔法石，而是村民们不计前嫌，互相帮助的态度。你家出一点菜，我家出一点肉，他家出一点调味料，在大家的团结合作下，一道美味的菜肴很快就出锅了，这道汇聚了村民们友爱的菜当然是天底下最美味的了。

俗话说，一根筷子易折断，十根筷子抱成团。团结是一种爱，它意味着人与人之间的隔阂得以消除；团结是一种力量，它能够令人产生令人生畏的力量。你帮我，我助你，相互关心，相互友爱，共同谱写出和谐友爱的篇章。

顺从天意，天佑之

墨子赋予了天志或天意一种明确的意向性，即天希望人在一种安定有序的社会环境下，能够好好地生活，过上富裕幸福的日子，也希望统治者能够爱护人民，做有利于百姓的事。事实上，天之所欲也就是人们所希望的，而天之所恶也就是人们所憎恶的。因此，墨子所谓的天志、天意说到底代表了一种人类自身对社会生活的美好愿景的追求和向往。

曹操讨伐汉中时，任命郑浑当京兆尹。作为京城一带的主管官员，郑浑认为经过多年战乱，百姓刚从颠沛流离中走出来，官府应该先恢复社会秩序和经济活动，稳定民心。于是，他首先安置移民，通过颁布移民法令，把那些带东西多、衣服厚的人与那些带东西少、衣服薄的人编在一起，把那些比较善良随和的人与孤儿老人编在一起，又对那些习钻邪恶之徒予以制裁。由于措施得当，百姓们很快安定了下来，安心从事生产，盗贼也不再做坏事。待曹操率大军进入汉中时，京城一带运送到前线的粮食最多。接着，郑浑又把一些百姓送入汉中开垦土地，扩大耕种面积。曹操赏识郑浑的才能，调他到朝廷任丞相掾。

魏文帝曹丕时，郑浑出任阳平、沛郡两地的太守。这一带地势低洼潮湿，经常遭受水旱灾害，百姓生活贫困。郑浑决定组织力量在肖、相两县相交处筑堤坝，种上水稻。当地的百姓都觉得这样较难实行，但郑浑认为这是因地制宜，可以行得通。于是，他亲自率领官吏和百姓，实施开垦计划，一个冬天就完成了低洼地改稻田的工程，第二年便获得了大丰收。垦田面积大增，收成比往年增加一倍。老百姓为此刻碑称颂他，称郑浑主持修的水利工程为"郑陂"。

郑浑本着为官一任、造福一方的思想，为百姓干实事、做好事。魏文帝听说后，专门下诏称述其功绩，后又提升他为将作大匠。

其实，墨子教导我们顺从天志，不外乎要我们拥有要有一颗仁义之心。对于统治者来说，是顺应民意，做有利于人民的事情；对于普通人来说，是与人友善，互帮互助。只有这样，世界才会更和谐。

义利统一，利人利己

墨子的这句话简洁而精辟地阐述了"义""利"之辩以及如何来判断"义"与"利"的问题。墨子认为"义""利"是统一的，只要按"义"行事，就可以利人利己，这就是最大的"利"，否则就是最大的害。

墨家的这种"义利统一"的思想，修正了儒家"重义轻利"观，它既能够满足人们的利益需求，又对人们的求利行为进行规范，使之合乎道义。当人们真正做到了诚实守信、合法营利，既有利于维护市场经济的健康发展，又能够促进整个社会财富的增加，使私利和公义得到统一。

在日益激烈的市场竞争中，坚持"义"是获得"利"的根本。唐·弗尔塞克正是因为做到了"义利统一"，坚守信誉，才使自己的多米诺皮公司闻名于世。

唐·弗尔塞克是美国多米诺皮公司的总裁，他非常注重商业信誉。多米诺皮公司的经营方式别具一格，那就是向所有人承诺，他们能在相对最短的时间内，将客户所订的货物送到任何其指定的地点。自唐·弗尔塞克做出这个承诺以后，始终坚持维护自己良好的信誉，也正因为有了这个独特之处，使得"多米诺皮"在众多的竞争对手中，一直立于不败之地。

为了履行这一极富挑战性的承诺，唐·弗尔塞克首先要保证的就是自己公司的供应部门，在任何时候都不能中断公司分散在各地的商店与代销点的货物供应，一旦这些分店与代销点，因商品供应不及时而影响客户的利益，那么，多米诺皮公司的损失将是无法弥补的。

这个承诺，多米诺皮公司一直完成得很好，但这一天，却发生了意外。

事情是这样的，在运输货物的过程中，多米诺皮公司的长途送货汽车出现了临时故障。而车中所运的货物，正是一家老主顾急需的生面团，眼看时间就要耽误了，所有人都乱了阵脚，不知道该如何是好，有人出主意，说要不先给这位老主顾打电话说明情况，以取得客户的谅解。但唐·弗尔塞克得知这一情况后，做出了一个令所有人意想不到的决定，他当即包一架飞机，以便能够将那些生面团送往供销店。最终，生面团及时地被送到了那个老主顾的商店里。

"真是小题大做，就几百公斤的生面团，值得用一架飞机去运送吗，这不是严重浪费吗？"一时间，公司很多员工都对总裁的这一做法怨声载道。出于对公司的关心，唐·弗尔塞克能明白员工对自己提出的疑问。于是他对大家说："我知道，你们一定会感到奇怪，也许，就表面来看，我们是亏了很多费用，但是，我们宁愿赔这些钱给客户，也绝不能使供销店的供货中断，飞机送去的不仅仅是几百公斤生面团，更重要的是它送去了我们多米诺皮公司始终不变的信誉!"

古往今来，有很多商人坚持信义，讲究信誉，赢得了顾客的信赖。但有一小部分人抱着不劳而获的思想，贪图小利，不讲信誉，背离正道，最终落得人人唾弃的下场。

追求钱财没有错。但君子爱财，应取之有道。违背正道，非法牟取不义之财的行为，人们，尤其是商人应引以为戒的。其实，无论是经商，还是为人处世，都要把握好义与利的关系。要切记：君子爱财，取之有道。做到义利统一，不仅利于自己，同时也是一种爱人的表现。

知足方能常乐

人生是多彩的旅途，在路上我们会遇到多样的风景，有人为了满足自己的欲望而不停地追逐，最后失去心中的安定，有人为了满足对钱财的渴求，而失去身边的温情。俗话说"知足常乐"，但真正做到的却屈指可数。早在两千多年前，老子、墨子等许多先贤早已告诉我们应该知足常乐。但在我们身边，因为无休止的欲望而葬送自己一生的不乏其例。

有一个人，偶然在地上捡到一张百元大钞。因为这笔意外之财，于是，他便总是低着头走路，希望还能有这样的运气。

久而久之，低头走路成了他的一种生活习惯。若干年后，他捡到了近四万颗纽扣，以及四万多根针，而钱仅有几百块。为此，他付出了惨痛的代价，由于长期低头走路，他严重驼背人，而且在过去的几年中，由于经常低头观察地上，他从没好好地去欣赏落日的绮丽、大地的鸟语花香和幼童的欢颜。

贪心、不知足的可怕之处，不仅在于它能摧毁有形的东西，而且它还能搅乱人的内心世界。在贪心面前，许多人抛掉自尊，任做人的原则垮掉。人的不知足，往往来自与他人的比较。同样，人要知足，也可以通过比较获得。人的欲望如同黑洞，永远无法填满，如果任由其膨胀，则会为此生出许多烦恼。要想打开这个心结，不妨抱着一种"比下有余"的人生态度，多与不如自己的人比一下，而不是一味地和比自己强的人比较，那么一切不平之心也许就会安宁。

有个青年人常为自己的贫穷而牢骚满腹。

一位智者问他："你拥有如此丰厚的财富，为什么还发牢骚？"

青年人听了很吃惊，急切地问："真的吗？它到底在哪里？我怎么没有发现呢"

智者说："如果你愿意把你的一双眼睛给我，我就可以给你一切你想得到的东西。"

"不，我不能失去眼睛，我还要用它来学习！"青年人回答。

"好，那么，请把你的双手给我吧！对此，我将用一袋黄金作为补偿。"智者又说。

"不，我也不能失去双手，我还要用它来劳动。"

"看吧！我用这么多财物，来换取你的眼睛和双手，你都不愿意。拥有眼睛可以看世界，拥有双手可以劳作，看到了吧！你有多么丰厚的财富啊！"智者微笑着说道。

懂得知足，珍视自己所拥有的一切，用宽广的胸怀和气度来品味自己的人生，那么你的人生将充满美丽、幸福。每个人都有欲望，在得到之后还想要拥有更多，这是人之常情。但真正的智者能够控制自己的欲望，不让自己被其所左右，从而真正获得心灵的满足。唯有内心获得满足，才能得到真正的充实和淡定。所以，要学会知足，真正地享受生活。

简单生活，逍遥自在

节俭的人，过着简单朴素的生活，于己无愧，于人无求，不为物欲所羁绊，就可以把整个身心投入到所追求的事业中去。有位作家这样说："让你的生命之舟，只承载你所需要的东西，例如，你只要一个朴素的家和一种单纯的喜悦；一个或两个值得交的朋友；一些你爱的人或是爱你的人；一只狗、一支笛子；刚好足够的食物和衣服；还有稍微多一点的水分，因为口渴是件危险的事。"外在的东西只要满足生活需要就可以了，重要的是将心境拓宽。其实，生活就这么简单。

现在，正风行一种被称为"简单生活"的生活方式，它主张尽可能简化你的生活，控制物质欲望，充分地享受生活和自然，这是一种复杂之后的简约、华贵之后的淡雅。

对于"简单生活"，其倡导者、被誉为"21世纪新生活的导师"的珍妮特·吕尔斯认为，它并不意味着清苦与贫困，"它是人们深思熟虑后做出的选择，它既丰富又平凡，既健康又和谐，能够表现真实的自我，让身心沐浴在自然氛围之中，从而在静与动之间寻求平衡。"

简单生活的最主要特征是悠闲。在现实生活中，我们被太多的物欲所驱使，在随波逐流的追逐中筋疲力尽，因为追求太多，反而失去了心灵的自由。

爱琳·詹姆斯，美国倡导简单生活的专家。作为一个投资人、一个地产投资顾问和一个作家，在努力奋斗了十几年后，有一天，她坐在写字桌旁，呆呆地望着写满密密麻麻事宜的日程安排表。突然，她意识到自己再也无法忍受这张令人发疯的日程表，自己的生活已经被太多乱七八糟的东西塞满自己，是时候应该清醒了。

就在这一刻，她做出了决定：她要开始简单的生活。她列出一个清单，把需要从生活中删除的事情全部列出来。然后，她采取了一系列"大胆的"行动。首先，她取消了所有预约电话；接着，她停止了预订的杂志，并将堆积在桌子上的所有没有读过的杂志清除掉。她注销了一些信用卡，以便减少每个月收到的账单函件。在做出了这些改变之后，她的房间和草坪变得更加整洁，生活也变得更加愉悦。

托马斯·帕尔生于1783年，是英国历史上最有名的寿星之一。他88岁时第一次结婚，120岁时第二次结婚，145岁时还能跑步，给谷子脱粒，几乎能完成所有的体力劳动。他的传记作者对他的死感到非常遗憾，"如果按原来的方式生活下去，那么一切都将不一样。"传记作者写道，"他死亡的原因主要归于食物和空气状况的改变。他从空气清新的乡下搬到了那时空气相当污浊的伦敦。吃惯了粗茶淡饭的他被带进了一个生活奢华的家庭，人们鼓励他吃好的饭菜，喝美酒，以为这样能改善他的健康状况，延长他的寿命。结果，他的身体自然机能严重超载，而且身体的本来习惯被打乱，这些改变加速了他的死亡。假如没有发生上述改变，按照他自己的身体系统本来还能生活许多年。他死于1936年，享年152岁。"

其实，生活非常简单，只是很多简单的事情让我们复杂化了。过简单的生活，正是健康的秘诀之一。简单不仅是一种实在的生活，也是一种雅致的心境。生活简单并不排斥欲望，而是对物欲不过分苛求。享受简单生活，感受生活乐趣，让心情在简单中得到休养，体力在简单中得以恢复。简单生活，活出自在自我。

在世俗的社会里，只有自己的生活简单了，你才会成为自己的主人。将生活简化你，增加自己的个性情趣，你会发现，原来那被挡住的风景才是最适宜的人生。在充满物欲的现代世界里，让我们永远记住一个真理：简简单单，天高云淡；简单生活，逍遥自在。

分享是一种快乐

墨子说，力量有余，就帮助别人一把，得到了好的方法，就把它教给别人，这样，人们才会相互关爱，远离争斗。在与别人分享的过程中，不仅帮助了他人，自己有了更多收获。孟子说"独乐乐，不如众乐乐"，可见，我们的人生需要有人分享，无论是悲伤还是快乐，在与别人分享的过程中，将快乐加倍，将悲伤减半，从而收获更多的幸福和快乐！

有这么一位长老，他因无法与他人分享而备受折磨。

有一位酷爱打高尔夫球的长老，在一个安息日里，手痒痒了，非常想去挥一杆，然而，犹太的教义明确规定：信徒在安息日内必须休息，什么事都不能做。无奈之下，这位长老只能忍着自己的球瘾，但到了下午，他还是偷偷地来到了球场。

由于是安息日，犹太教徒都不会出门，所以宽大的球场上，一个人影也没有，这让长老倍感踏实，这样就不会有人知道自己违反了规定。然而，没有人在，却并不代表没有神在。

于是，当长老在打第二个洞时，被一位路过的天使发现了，天使生气地来到上帝的面前去告状，说某某长老不守教义，居然在安息日出门打高尔夫球。

上帝听了也非常气愤，便对天使说："我会好好惩罚这个长老的。"

第三个洞开始了，长老打出了超完美的成绩，可以说是一杆进洞。长老兴奋不已，决定再接再厉，再打一杆就回去。然而，令长老惊诧的是，第四个洞竟然也是一杆进洞，这让长老产生一种莫名的兴奋。于是，他对自己说，再打最后一杆，一定回去。奇迹竟然再次出现了，这一杆仍是一杆进洞，这可把长老给乐坏了，便拿起球杆继续打了下去，一直打到第七个洞时，都是一杆进洞，这让长老颇为得意。

看着得意扬扬的长老，天使气冲冲地跑去找上帝，不满地问道："上帝呀！你不是要惩罚长老吗？为什么还没有看见你的惩罚呢？"

上帝意味深长地回答道："我已经在惩罚他了。"

直到打完第9个洞，这位长老都是一杆进洞，由于自己打得神乎其神，长老决定再打9个洞。

天使再次询问上帝："到底惩罚在哪里？"

然而，上帝笑而不答。

打完了18个洞以后，这位长老的成绩，比任何一位世界级的高尔夫球手都优秀，这让他非常高兴，笑得合不拢嘴。

看见这种情景，天使很生气地质问道："这就是你对长老的惩罚吗？"

上帝说："正是，你想想，他打出了这么惊人的成绩，心情如此兴奋，但却不能跟任何人说，这不是对他最好的惩罚吗？"

听了上帝的这番话，天使满意地笑了。

从这个诙谐小故事中，我们可以明白：与人分享是一种快乐，当这份快乐无法与他人分享时，快乐就会变成一种惩罚。

在分享中，我们会收获更多。分享快乐，收获快乐；分享经验，收获知识，一切在分享中加倍。如果我们将自己所拥有的紧紧抓住不放，不仅会因此而丢掉它，还可能会引来别人的嫉妒，无形中在自己的人生道路上设下了障碍。与人分享，是一种快乐，所以，智者从不吝啬自己的一切！

内外一统，方为正道

墨子提倡"兼爱""非攻"，认为只有自己强盛了，才能拒敌于千里之外。在增强国力方面，墨子还提出一个人即使拥有了守城之术，但如果他对内不亲附百姓，对外不与四邻交好，那么自己终将身死国亡。因此，在墨子看来，一个人国家真正的强盛在于内外一统，如此才能长治久安。

李渊太原起兵后，打着"废昏立明"的旗号，挥师南下，沿汾水进军关中。隋朝大将宋老生率两万精兵驻扎在霍邑，以抵抗李渊的部队。

此时，天公不作美，连日阴雨，道阻粮乏，军中盛传突厥和刘武周要袭取晋阳，李渊心中惊恐，他在与裴寂商议后，打算暂时退回太原，再作打算。李世民听到这个消息后，立即来找李渊。他说："我们起兵太原，就是为了高举义旗，救百姓于苦难之中，所以我们不仅不能后退，更应该抢先攻入咸阳城，进而一举夺取江山，这才是上策。现在，仅仅听到有小股敌人，就想退回太原。要是这样，恐怕跟着我们干的人都会一个个地跑光。再说，退守太原那么一座小城，那是流寇们干的勾当，不会有出路的，这哪里是保全自己呢？"

但是，李渊并没有听进李世民的意见，催着部队退兵。这时，李世民坐在李渊的大帐外大哭起来，哭声传到了军帐里。李渊把李世民召来，问他为何要哭。李世民回答："我们的部队是靠正义的力量来行动的，得人心的部队前进就一定能取胜，要是向后退却就一定会溃散。我们得到民心，却向后退却，那么部队溃散在前，敌军追击在后，我等的死期就到来了。我怎能不伤心。"

李渊这才幡然醒悟，他当即下令，停止退兵，从而避免了一次错误的决策将造成的损失。

得到民心，就应该好好把握，做有利于人民和人民支持的事情，万不可做伤害民心的事情。同时，为了求得生存，有时不得不实行暂时的对外妥协，这在军事上、政治上同样是高超的谋略。

1917 年俄历 10 月 25 日，列宁领导的十月革命获得成功，诞生了世界上第一个社会主义国家和无产阶级新生政权。为了争取一个有利的国际环境，苏维埃俄国向各交战国呼吁停止世界战争，就缔结公正的合约进行谈判，实现不割地不赔款的和平。在多数协约国不合作的前提下，德国同意单独谈判。于是，双方展开谈判，并签订"停战协定"。在就合约问题展开谈判时，德方的条件极为苛刻，他们要以苏维埃俄国承认被德国已经占领的俄国领土为签订合约的先决条件，否则就要继续发动战争。列宁从新生的苏维埃共和国的现实和长远利益出发，主张割地签约。但大多数人无法接受这一主张，最终导致和谈中断。之后，德军向苏俄发动全线进攻。

情况非常紧急，苏俄不得不同意恢复谈判，但德方又提出了更加苛刻的条件，并限令苏俄要在 48 小时内接受全部条款才能恢复和谈。经过激烈的讨论，最终双方正式签署苏德合约，这使新生的苏维埃政权得到了"喘息"的时机。

历史证明，列宁这一主张是正确的。

国家的长治久安需要内外一统，对内关爱百姓，促进生产，使国富兵强，对外建立与其他国家的友好合作，根据自身的实际情况，采取不同的处事方式，如此才能和谐统一。

天道酬勤，空谈无益

墨子强调勤劳的重要性，他认为人们生活的贫或富并不是由命运来决定的，人们只要勤奋劳动、尽力从事生产，就能过上富足的生活，否则就会陷于贫困当中。墨子极力反对和批评儒家所讲的"死生由命，富贵在天"，他要人们完全彻底地摒弃宿命论的念头，认为人们只有通过劳动，辛勤耕耘，才能创造出真正属于自己的美好生活和未来。

宋濂是明初年学士，主修《元史》，并参与了制定明初典章制度的工作，深得明太祖朱元璋的赏识，被认为是明朝开国大臣中的佼佼者。

宋濂年幼时，家境贫苦，但他从不忘了学习。他在《送东阳马生序》中写道："我小的时候非常好学，由于家里很穷，没钱买书，只能向有丰富藏书的人家去借来看。借来以后，就赶快抄录下来，每天拼命地赶时间，就是希望能够在规定的时间内还给人家。"就是通过这种途径，他学到了丰富的知识。

宋濂

一日，天气寒冷彻骨，以至于砚台里的墨都冻成了冰。家里没有火取暖，宋濂手指冻得都伸不开，但他仍然刻苦学习，不敢有所松懈，坚持把借来的书抄好送回去。抄完书后，天已经黑了，他冒着严寒，一路跑着，把书还给人家，一点也不敢拖延还书日期。因为诚实守信，所以许多人都愿意把书借给他看。他也因此能够广览群书，拓宽知识面，为他以后的成功奠定了基础。

20岁时，宋濂学有成就，此时他更加渴慕圣贤之道，但是自己所在的穷乡僻壤没有名士大师，于是他常常不顾疲劳，跑到几百里以外的地方，找自己同乡中那些已有成就的前辈虚心学习。这样终究不是长久之计，他决定到学校里拜师学习。于是，一个人背着书箱出了家门。因为天气寒冷，路上几乎没有人。他一个人冒着寒风，踏着数尺深的大雪，慢慢地向学校走去。他脚上的皮肤都冻裂了，鲜血直流，他丝毫没有察觉。等到了学馆，人几乎被冻死，他的四肢僵硬得不能动弹，好在学馆中的人用热水把他全身慢慢地擦热，用被子盖好，如此暖了几个时辰，他才有了知觉。

为了省钱，宋濂住在旅馆，一天只吃两顿饭，生活十分艰辛。虽然和他一起学习的同学个个锦衣玉食，但是宋濂丝毫不羡慕他们，在他看来，那不是快乐。宋濂每天刻苦学习，因为学习中有许多足以让他快乐的东西。正是因为宋濂的勤奋好学，他最终成就一番事业。

杰克·韦尔奇说："勤奋就是财富。谁能珍惜点滴时间，就像一颗颗种子不断地从大地母亲那儿吸取营养那样，惜分惜秒，点滴积累，谁就能成就大业，创造辉煌。"人生的许多财富，都是人们通过自己不断地努力而取得的。生活中，我们总会为一些困难、挫折所累，但正是它们使人们获得了最美好的人生经验。

其实，人生就像一个果园，每个人都是管理果园的员工，最终能收获累累硕果的人，永远是勤奋的人。因为他们知道任何的成功都源于自始至终的勤奋和努力。天道酬勤，好好努力吧！将生命的风帆扬起，在经历了风雨的洗礼之后，你会看到那迷人的彩虹。

善恶天自知

俗话说，举头三尺有青天。人可欺，天不可欺。在墨子的观念里，我们每个人的头顶上都有一个神明——天，它可以照见人间的一切丑恶，即使是最幽僻的地方。它无时无刻地注视着我们的言行举止。对于善恶，天都看在眼里，终有一天这些会化作因果报应，降落在每个人身上。我们所做的一切都无法瞒天过海，如果作恶，总会受到心灵一遍一遍地拷问。因此，我们应时刻检讨自己的行为，做到问心无愧。

清朝末年，一个举子进京赶考时，因遇上风雪而迷失了道路，无法前行。于是，他只好到一家客栈住宿。

这家客栈的老板娘是一位年轻的寡妇，丈夫刚去世不久。

这位举子原本打算只在这家客栈住宿一晚，第二天就继续赶路，没想到大雪下个不停，积雪掩埋了道路，根本无法行走，于是，举子只好继续在客栈住下去。

然而，孤男寡女，天天相见，自然日久生情。某一个夜晚，举子起身走向老板娘的房门，就在他举手敲门时，他突然想到："我是要去考状元的，不可以这样。这一敲门，便犯了淫戒，朝廷会除名的，回去吧！"于是他打消了念头，回到了自己的房间。第二天晚上，老板娘来到了举子的房门前，当她要举手敲门时，她听到了举子正在念圣贤书，随即将手停在了半空中，心里想："这样做不好，我是个寡妇，应该为丈夫守住贞节，怎么能忘了妇德？"于是，她也回去了。

后来，举子果然中了状元，之后，迎娶客栈老板娘为妻。

其实，这个所谓的"天"，不仅是所谓的上天，还是隐藏在我们内心深处对是非曲直的判断。"举头三尺有神明"，我们应该在自己的内心设立一个神明，作为我们为人处世的原则，并将其应用在整个做人的原则上。

今天，科技的高速发展早已证明了鬼神的虚妄，很多人都会对所谓的神明产生置疑。其实真正的神明应存在于我们自己的心中，它其实就是自己心中的那股浩然正气。

古语说："平日不做亏心事，半夜不怕鬼敲门。"其实，半夜敲响我们心灵之门的，不是鬼神，而是心中的道德感。所谓三尺之上的神明，也并不是真正的鬼神，而是我们内心的评判标准，是潜意识里最纯粹的人性。如果我们的所作所为、所思所想放置在阳光底下时，自己可以坦然微笑，毫无愧意；那么在夜深人静、扪心自问时，我们头顶上的"神明"也一定在欣慰地微笑。

生活需要不断追梦

很多人会将世间的一切，无论是失败或是成功，无论是贫困饥寒还是荣华富贵，都归因于"命中注定"，并将其作为不思进取、安于现状的借口。墨子非常反对这种思想，他主张"非命"，希望能够将民众唤醒，使他们重新找回自我，让他们知道命运是掌握在自己手中的。

威尔逊先生刚开始是一个普通事务所的小职员，但经过多年的辛勤奋斗，他拥有了自己的公司，成了一位成功的企业家。

这天，威尔逊先生刚走出办公楼，就听见身后传来"嗒嗒嗒"的声音，那是盲人用竹竿敲打地面发出的声响。威尔逊先生愣了一下，停住脚步，缓缓地转过身。

盲人感觉到前面有人，连忙摸索着上前，说道："尊敬的先生，您一定发现我是一个可怜的盲人，能不能占用您一点点时间呢？"

威尔逊先生说："我现在要去会见一个重要的客户，有什么要说的，就尽快说吧！"

盲人在一个包里摸索了半天，掏出一个打火机，说："先生，这可是最好的打火机啊！只卖两美元！"

威尔逊先生叹了口气，把手伸进口袋，掏出一张钞票递给盲人："我不抽烟，但我愿意帮助你。这个打火机，也许我可以送给开电梯的小伙子。"

盲人用手摸了一下那张钞票，竟然是100美元！他颤抖的手反复抚摸这钱，连连感激："您是我遇见过的最慷慨的先生！仁慈的富人啊！我为您祈祷！上帝保佑您！"

威尔逊先生笑了笑，转过身去，正准备离开，盲人却一把拉住他，喋喋不休地说："您不知道，我并不是一生下来就瞎的。都是23年前布尔顿的那次可怕的事故造成的！"

威尔逊先生一震，转过身来，问道："你是在那次化工厂爆炸中失明的吗？"

盲人仿佛遇见了知音，兴奋得连连点头："是啊是啊！您也知道？这也难怪，那次伤亡很是惨重，炸死的人就有90多个，受伤的有好几百人，这件事非常轰动，在当时可是头条新闻哪！"

盲人企图用自己的遭遇打动对方，争取多得到一些钱，他可怜巴巴地说：

"我真可怜啊！在那次事故中，我的眼睛瞎了，从此以后，只能到处流浪，经常是吃了上顿没下顿，说不定，死了都没人知道！"他越说越激动，"当时的情况非常紧急，火一下子冒了出来。人们争相逃命，挤在了门口，当时我好不容易冲到了门口，不料一个大个子在我身后大声喊道，'让我先出去！我还年轻，我不想死！'于是，他将我推倒在地，踩着我的身体跑了出去。这之后，我失去了知觉，等我醒来，就成了瞎子，命运真不公平呀！"

威尔逊先生冷冷地说："你把事实说反了吧！"

盲人一惊，空洞的眼睛直直地盯着前方。

威尔逊先生一字一句地说："我当时也在布尔顿化工厂当工人。是你从我的身上踏过去的！你长得比我高大，你说的那句话，我永远都忘不了！"

盲人怔怔地站了好长时间，突然走向前去，一把抓住威尔逊先生，发出一阵狂笑："这就是命运啊！不公平的命运！你在里面，现在出人头地了；而我跑了出去，却成了一个没有用的瞎子！"

威尔逊先生用力推开盲人的手，举起了手中握着的精致的棕榈手杖，平静地说："你知道吗？我也是一个瞎子。你相信命运，可是我不信。"

残疾并不意味着失去一切，只要努力奋斗，也一样能够获得成功，赢得尊敬。同样是盲人，有的人以乞讨为生，有的人却能出人头地，这绝非命运的安排，关键在于一个人是否奋斗。盲人尚能如此，我们一切正常的人又有什么理由怨天尤人、不思进取呢？

安于现状会让人失去激情。其实，墨子的"非命论"也是在教导我们，在日常的生活中多一些努力奋斗，少一些安于现状。生命赋予了我们正视这个世界的勇气和机会，我们完全有能力去创造和追求自己想要的生活，将生命牢牢掌握在自己的手中，从而能够很好地实现自己的人生价值。

所以，无论外界的条件如何适宜，都不要安于现状，不思进取。要知道，成功要由我们自己去创造。

死者与生者

死者既葬，生者不要久久因丧而哀。

死是生命的一部分，是必然经历的一个过程。人都难免一死。

对每一个生命来说生是短暂的，死才是永恒的。

死者死了，活着的人该怎么办？

一种是更加健康、积极地生活，以绚烂多彩和丰富的人生来祭奠死者的亡灵。这样，死者的生命便在生者身上得到了延续，代代相承，所谓历史和民族就是这样形成的。

祭奠死者，不仅是缅怀，而且是使生者更有生的勇气。

前面的战士倒下了，只会激起后面的战士更勇猛地冲上前去。所以说，死不仅仅是肉体的消亡，它是为生者铺平前进的道路。

即使是非正常的死亡，如意外灾祸、自杀等，也能够带给生者以提醒和反思。知道什么是该做的，什么是要防患和警惕的。

另一种是不管情不情愿，乐不乐意，整日为死者哭哭啼啼、悲悲切切，人生道路便从此蒙上阴影，从此失去许多选择的自由。死者死了，生者也因此而进入半死不活的状态。为失去亲人、朋友而悲痛，这是人之常情，但因此而成为对人的一种要求和规范，并由此而制订出一整套礼节和仪式，则是一种罪恶。

古时，最极端的就是王公贵族的葬礼，用活生生的生命去殉葬，这是为公开杀人找了一个最无耻的借口。

丈夫死了，要号召女人守寡，最好是跟着去死，这样就被称为烈女，树碑立传以留后世。杀人不用自己动手，其手段更为卑劣狡猾。

再次是久丧，国君或长辈死了，三年五载，大臣不理政务，农人不事农活，学子不读书修业，生命就在不知不觉中被死人夺去了一大部分。

儒家在中国盛行几千年，有利有弊，鼓吹礼教则为弊端之首。

就当前我国的殡葬改革而言，这是我们党和政府一贯倡导的一项社会改革，通过广泛深入地进行宣传，不仅有利于建立科学、文明、健康的生活方式，促进社会的发展和进步，也有利于促进社会风气的好转。同时，是保护中华民族生存环境和生存条件的迫切需要。

当前要积极推行以节约土地、保护环境、移风易俗、减轻群众负担为宗旨的殡葬改革，符合我国人多地少、资源紧缺的基本国情，符合全面建成小康社会、构建社会主义和谐社会的基本要求。实践证明，殡葬改革代表了人民群众根本利益，顺应了时代发展潮流，促进了经济社会发展。进一步深化殡葬改革，是建设资源节约型、环境友好型社会，实现人与自然和谐相处的客观需要；是坚持以人为本，着力保障和改善民生，建设服务型政府的应有之义；是树立文明节俭新风尚，构建社会主义核心价值体系的重要标志；是提升社会文明程度，推动社会主义新农村建设的重要保障。因此，各级民政部门要根据新形势，深刻理解殡葬改革的长期性、艰巨性、复杂性，充分认识殡葬改革对于促进我国经济、社会、文化、生态建设的重要性，进一步统一思想，坚定信心，锐意进取。要积极争取各级党委政府、相关部门、社会各界的支援，加大协调、宣传力度，始终坚持以实现群众殡葬改革愿望、满足群众丧葬需求、维护群众殡葬权益为出发点和落脚点，不断深化殡葬改革，提升为民服务能力，促进殡葬事业科学发展，实现殡葬改革上水准，人民群众得实惠。

墨子与现代人的修身

好的名声不能轻而易举地得到，荣誉不能以巧诈的方法树立，君子必须具有君子的品行，必须用身体力行来得到美誉。

墨子认为那些平素简单而草率地做事、为人惯于以巧诈方法投机取巧的人，是不会赢得名望、树立美誉的。他强调有高尚德行的人要"以身戴行"，要行得端，做得正，言行合一。墨子说："思利寻焉，忘名忽焉，可以为士于天下者，未尝有也。"声称那种总是思考着如何谋求好处、忽视树立好的名声、苟且行事、却可以成为天下贤士的人，是从来不曾有过的。

墨子在《修身》篇中主张君子要言行合一，要重视好的名誉，并一再强调名誉的得来要靠自身不断努力修养，"言不信者，行不果"，"名不徒生，而誉不自长。功成名遂，名誉不可虚假"。墨子及墨家学派的其他成员大都是来自社会下层的手工业者，他们有着丰富的劳动经历，十分注重实践的价值和作用，因而墨家自始至终都竭力宣称要躬身实践，不崇尚空谈。在他们看来，名誉由实践行动而来。

公元前496年，长江下游的吴国和越国因小怨而爆发了一场战争！年轻的越王勾践以范蠡为军师，使吴军大败，年老的吴王也因伤重而亡！

年轻的夫差登上了王位。他发誓消灭越国。3年后，夫差率领雄兵攻伐越国。双方交战后，越败吴胜，吴国大军攻至越都会稽。文种买通离间吴国大臣伯嚭与夫差极力周旋，终于让夫差动了怀仁之心，不灭越国，越国得以保存。

勾践率王后与范蠡入吴为奴。为奴三年后，夫差生病。范蠡抓住良机，让勾践为夫差尝粪而寻找病源，此举彻底感化了夫差，从而释放了勾践。

回到越国的勾践，睡在柴草上，在房梁吊下一根绳子，绳子一端拴着一只奇苦无比的猪苦胆，每天醒来，勾践第一件事就是先尝一口奇苦无比的苦胆！20年，他雷打不动，天天如此。

公元前473年，勾践秘起藏于民间的3万雄兵，一举将姑苏城团团围困。此时，夫差还有5万兵马，却因粮草难济而不敢出城一战。

勾践创下了人类君王史的奇迹！他苦心励志，发愤强国，创下了以小打大，以弱胜强，以卵击石的人间神话！卧薪尝胆的典故被称为中国几千年文明史中经典中的经典，勾践的身体力行和超人意志或许更具有意义。

在今天，人们要获得好的名声，赢得别人的称誉和赞美，也要通过自身的身体力行才能达到，不能靠苟且行事，投机取巧来实现。人们应该重视自身道德品质的修养，不可一味追名逐利，沽名钓誉，而应该踏踏实实地做好每一件事。不说则已，一旦说了，就一定要说到做到，要以"言必行，行必果"的原则要求自己，真正做到言行合一，"以身戴行"，只有这样，才能真正赢得好的名誉，树立起好的声望。

其实，在现实生活中，尝尝有这样的现象，就是有些人在有求于人之时往往在兴头上轻易地就给他人许诺，可事后却总很难兑现诺言。

现实中人人都有思维，作为相互共事的同时或朋友来说，谁都不是小孩子，他们对于信口开出的空头支票，嘴上虽然不说什么；可是在心里会产生积怨，时间长了，就会失去了对你的信任。一旦没有了信任，可想而知，今后的共事与合作将很难顺利进行。

所以说，在与人相处或者有求于他人时，切莫随意开出空头支票，要许诺，就要兑现，否则还不如不许诺。其实大部分时候朋友同事伸出援助之手并不是希望你能够期许什么。因此，做人首先要检点自己的行为，而且要做到"言必行，行必果"，才能产生好的效果。得到人们的信任，这也是同事朋友们相互合作帮衬的基础，失去了这个基础，你将会成为孤家寡人一个。

七、教育的智慧

墨子是我国古代伟大的教育改革家。《淮南子·要略训》记载："墨子学儒者之业，受孔子之术，以为其礼烦扰而不悦，厚葬靡财而贫民，久服伤生而害义。故背周道而用夏政"，这说明墨子善于独立思考，长于发现问题，敢于革弊立新，创立了代表"农与工肆之人"利益的墨家学派。并在教育目的与方针、教学方法与内容等方面进行了一系列卓有成效的改革。在这些教育改革中，最重要的是培养什么人和如何提高人的素质，这一点最富有现实意义，于我们当代的教育改革也大有益处。

教育树人

墨子和孔子一样，都非常重视教育在社会和个人发展中的作用，肯定教育必须为社会政治服务的目的。中国古代的教育家论述教育的作用时都离不开人性，墨子的贡献在于提出染丝说。他以素丝和染丝为喻，来说明人性以及人性在教育下的改变和完善。有一次，墨子看见染丝的过程颇有感慨，他说："染于苍则苍，染于黄则黄，所入者变，其色亦变，五入必（毕）而已则为五色矣。故染不可不慎也。非独染丝然也，国亦有染……非独国有染也，士亦有染。"（《墨子·所染》）在墨子看来，首先，人性不是先天所成，一个人在生下来时，其性不过如同待染的素丝，没有善恶的分别；其次，下入什么色的染缸，就成什么样颜色的丝，也就是说，什么样的环境与教育造就什么样的人。因此，必须慎其所染，慎择所染。

由此引申，墨子认为，一个人在交友时必须慎重，正所谓近朱者赤，近墨者黑。墨子指出，如果一个人所交的朋友都是好仁义而遵守法令的人，那么他也会成为这样的人。如果所交的朋友都是好大喜功，不守法度，甚至是相互作恶的人，那么他也会沾染上这种恶习。因此，墨子主张必须审慎交友，选择良好的环境。这种人性浸染论，从人性平等的立场出发去认识和阐述环境的作用，否定人性有善恶之分，具有朴素唯物主义成分。墨子的这一思想较之孔子的人性论在社会意义方面显得更进步。

墨子不仅重视环境的作用，同时也肯定了教育的重大作用，把教育看作是救世治世的最重要工具。墨子"兴天下之利，除天下之害"社会政治思想的一项重要内容就是推行教育，他明确指出，劳者不得食、寒者不得衣、人民受不到教育是社会不安定的原因。因此，他主张通过"有力者疾以助人，有财者勉力以分人，有道者劝以教人，"（《墨子·尚贤下》），使"饥者得食，寒者得衣，乱者得治"，从而建设一个民众平等、互助的"兼爱"社会。正因为如此，墨子主张人人必须受教育，提出以"国家百姓人民之利"作为教育的最高目标。

爱的教育

《墨子》一书将"兼爱"视为仁德，认为倡导"兼爱"可以消灭战乱与社会的混乱，可以为天下百姓创造一个安居乐业的生活环境。《墨子》的"兼爱"观有三个特点：其一是"爱无差等"。墨家要求"视人之国，若视其国；视人之家，若视其家；视人之身，若视其身"。即使在爱他人和自己的父母之间，也不应有先后与亲疏的差别。这与儒家"爱有差等"的思想截然对立，是对孔子倡导的宗法道德教育的一大突破。其二是"兼以易别"。墨家认为彼此相"别"和对立是造成社会混乱的原因，只有"兼以易别"，才能消除强劫弱、众暴寡、富侮贫、贵作践的不良社会现象。这种以"别"为非的思想，含有反对等级歧视的意义，与墨家"官无常贵，民无终贱"的尚贤思想是一致的。同时，也是墨家反对侵略战争的理论依据。其三，反对"杀彼以利我"。"杀彼以利我"是巫马子根据儒家"亲亲有术（衰），尊贤有等"提出的个人利己主义道德观。《墨子·耕柱》以兼爱观为依据，对此进行了批驳，指出必须爱别人，自己才能得到别人的爱护，"杀彼"者，是不能"利我"的。墨家对个人利己主义的批驳，在道德教育史上是颇有价值的。

墨子的"天下兼相爱则治，交相恶则乱"（《墨子·兼爱上》）的社会理论决定了墨家的教育目的是培养实现这一理想的人，这就是"兼士"或"贤士"，又通过他们去实现贤人政治或仁政德治。关于"兼士"或"贤士"，墨子曾提出过三条具体标准："原乎德行""辨乎言谈""博乎道术"，即道德的要求、思维论辩的要求和知识技能的要求。道德的要求最为重要，这使"兼士"懂得以"兴天下之利，除天下之害"为己任，不分彼此、亲疏、贵贱、贫富都能做到"饥则食之，寒则衣之，疾病待养之，死丧葬埋之"。（《墨子·兼爱下》）当需要的时候，"兼士"还应毫不犹豫地损己利人，"为身之所恶以成之所急"。（《墨子·经说上》）墨家的"兼士"与儒家"亲亲而仁民""爱有差等"的君子在外表与内质上都有很大不同，表现了完全不同的人格追求，反映了小生产者的平等理想。

《墨子》贵义，它所讲的义，摆脱了儒家"义以礼出"的窠臼，包含有以下两方面的含义：一是以不侵犯别人的利益和劳动果实为义。它认为偷窃、掠夺和侵略战争都是不义的行为，因为这些行为都是"不与劳而获其食，以非其所有而取之"。这种以尊重他人劳动成果、反对不劳而获为基础的道德观念，体现了劳动人民的优良品德。二是以帮助他人为义。《墨子·尚贤下》指出："为贤之道，将奈何？曰有力者疾以助人，有财者勉以分人，有道者劝以教人。"这是说从人力、财力、道德上帮助和教育他人，都是行义。这种道德观来源于古代劳动群众困难相助的"义气"思想。《墨子》"贵义"，将"义"视为最高的道德规范，认为"天下有义则生，无义则死；有义则富，无义则贫；有义则治，无义则乱"，借以教育人们"鼓而进于义"，"率天下之百姓以从事于义"。

《墨子》主张义利合一与志功合一。《墨子·耕柱》篇称"义可以利人"，义中有利，又以利人、利民、利国来判定义，故义和利是合一的。墨家要求弟子遵德行义，必须从百姓的实际利益出发，比儒家"重义轻利"的原则更富人性。"志功合一"是说道德修养必须将动机与效果统一起来。这就必须做到言行一致，即"言必信，行必果，使言行之合，犹合符节也，无言而不行也"。墨家注重实践，认为"士虽有学，而行为本焉"，主张强力而行，反对怠惰，倡导"惜阴"，将人生之短促，"譬之犹驷驰而过隙"，鼓励学生积极有为，建功立业。墨家所说的"行"，不限于道德践履，它包括科学实验、生产劳动以及激烈的政治斗争等多方面的内容，比儒家"身体力行"的"行"，要广阔得多。墨家重行，但不以行废志。相反，墨家主张积极强化意志，告诫学生"志不强者智不达"，鼓励他们为理想而献身，致使墨门弟子多有"摩顶放踵，利天下为之"者。义利合一与志功合一，属于功利主义的伦理观，反映了小生产者的阶级利益，与董仲舒"正其谊（义）不谋其利，明其道不计其功"的原则相对立，在理论上更为科学。

有道相教

墨子把教育作为"兴天下之利，除天下之害"，实现"兼相爱，交相利"，培养"为义的兼士"的理想武器。他把实行这种理想的教育主张，作为自己对他人进行上说下教，勉励他们"为义"的责任，坚决主张"有道相教"。并且，他把"隐匿良道而不相教诲"视为大恶，把"有道者劝以教人"视为大善。

与孔子一样，墨家主张因材施教，他们以工匠制器须顺物性为喻，认为教师育人也应各因其性。顺性施教的目的是为了"各尽其材"，所以，墨家注重发展学生的特长，使"能谈辩者谈辩，能说书者说书，能从事者从事"，为社会培养了各类人才。墨子主张积极主动地施教，先秦儒墨两家都反对老师越俎代庖，他们都曾以叩钟为喻倡导启发教学。儒家主张"叩则鸣，不叩则不鸣"，墨家则不同，认为教师负有传义布道的重任。

墨子在其一生"上说下教"的活动中，一贯坚持"有道相教"，主张在教学中积极主动地去解决问题。他说："不强说人，人莫为之也。"（《公孟》）他还以撞钟与国家的政事为例，对公孟子说明主动施教的重要道理，坚决反对教师"弗问不言""待问而后对"（《非儒下》）的被动施教，驳斥了儒家"击之则鸣，弗击不鸣"的施教原则。墨子不仅把不积极主动施教看作是施教者的过失，而且还认为是危害社会的祸乱之一，所以他一再强调"叩则鸣，不叩亦鸣"。这对于教学来说，有利于教师主导作用和主观能动作用的发挥，也有利于教学质量的提高，具有极其重要的现实意义。《庄子·天下》篇盛赞墨家"周行天下，上说下教，虽无下不取，强聒而不舍者也。故曰上下见厌而强见也。"

量力施教

在中国教育史上，墨子首先明确提出了"量力"这一教育方法。他十分注意在施教时考虑学生的接受能力，墨子的量力要求具有两方面含义：其一，就学生的精力而言，人不能同时进行几方面的学习。《墨子·公孟》告诫为学者：
"夫知者，必量亓（其）力所能至而从事焉。"墨子反对贪多务得，并指出智者
成功的秘诀往往是"无务为多"。墨家反对施教多而杂，提倡务本约末。他们
鼓励学生在务本时发扬集腋成裘的精神，诚如《墨子·亲士》所言："圣人者，
事无辞也，物无违也，故能为天下器。是故江河之水，非一源之水也；千镒之
裘，非一狐之白也。"即期望学生锱铢积累以成"天下器"；其二，就学生的知
识水平而言，应当量其力而教。墨子要求对学生"深其深，浅其浅，益其益，
尊其尊"，（《墨子·大取》）即深者深求，浅者浅求，该增者增，该减者减。
量力方法的提出，表现了墨子对教学规律的把握。

知识就是资本

行义而不能胜任之时，一定不可归罪于学说、主张本身。好像木匠劈木材
不能劈好，不可归罪于墨线一样。

墨子在这里指出，做事首先要反省自己，不要怪知识什么的。什么是知识？
墨子认为，知识由七个方面组成，即：

（1）闻知。由传授得来的知识。如学生上学获得的书本知识。

（2）说知。不受时空阻碍而推论出来的知识。如八月十五月儿圆，因以前
每个八月十五是这样，推知今后也是如此。

（3）亲知。由亲身经验和观察得来的知识。如从实践中总结出来的战争
经验。

以上三者为知识的来源。

（1）知名。用来表示事物的名称。

（2）知实。用来表达某一事物的实质。

（3）知合。名和实的相互符合。

（4）知为。把握了事物并立志去实行。

以上四者为知识的体系及其实践意义。以"知为"作结，说明知识离不开

实践，离不开人们的生产劳动等社会活动，这是极其宝贵的思想。

知此七者，便可以成为一个有知识的人。

知识是成功的资本，也是赢得别人喜欢的前提，一个学问渊博的人很容易受到人们的欢迎。在当今社会，知识如同古代帝王一般，代表着一种至高无上的权利。而前人也已经给我们积聚了无数的宝贵知识，通过学习我们可以轻松掌握。俗话说得好，人情冷暖，世态炎凉，人若没有知识，便不能一展抱负，一飞冲天。不说是别人，连自己的亲人都可能讨厌你，鄙视你。

每个人都有想要做一番大事业的理想，但是做大事必须要有一定的资本，那么你的资本在哪里呢？其实它就在你自己身上——要求你以努力的态度、负责的精神、持续不断地去学习、去读书。

自古以来，历史上这样的例子不胜枚举：年轻时打好根基的人，后来才能做成大事业。一般获得成功的伟大人物之所以在晚年能够收获一生的美满果实，大体是因为他们在年轻时就酷爱读书，尊重知识并形成了智慧——播下了成功的种子。

有人说，知识与智慧比宝石的价值还高；也有的人说，知识与智慧的价值胜于世上已开采的全部黄金。知识就是资本，智慧就是力量，只要能好好地学习和利用就能够成就大事。知识与智商的发挥对于分析纷繁复杂的事实，起到了很关键的作用。

知识和智慧是一笔无形的财富，它是创造一切的基础。

但是现代的一些青年人养成了急功近利的心态，这是非常不利的。他们不想读书，也认为读书是在浪费时间。其实，我们对任何事都不应该急于求成，不应该心存奢望，应该先在自己的大脑中一点点地储备知识与经验，作为将来成功的根本。要知道，今天社会上所需要的是受过良好教育、品质可靠、训练有素的人。

一个人应时时注重充实自己的生活，提高自己的知识，不应该浪费自己的空闲时间。不仅如此，还经常注意与事业相关的东西，并且总能保持一种乐观积极的心态，做起事情来非常敏捷，善始善终，那么这样一个人，可以断定他将来的前途一定很光明。

在当今社会，知识信息和中古时代帝王的权杖一样，成为一种标志和可能——拥有知识的人，可以成为最有权力，也最具有创造财富资源的人。但是，也并不是任何形态的知识都可以"兑现"为成功，使你成为有权者。拥有知识是成功的必要条件，你必须拥有"专业知识"，有专业、特殊的才能，方可成功致富，使你成为耀眼的明星。

学习永远都是有益的

学习是有益的。因为诽谤者反对学习的言论与他们教育他人学习的行为是自相矛盾的。

春秋战国时期，大小诸侯之间相互兼并，战争频繁，"礼崩乐坏"，"天下无道"。在此情况下，老庄学派就提出了"学无益"的观点，主张"绝学无忧"，认为无知无欲才是社会安定、保全性命的良方。但墨家坚决否定这种"学无益"的思想，极为重视教育和学习的作用，指出"谤学者"以为别人不知道学习是无益的，所以告诉别人。这种使别人知道学习是无益的行为本身就是在教导他人。既然认为"学习是无益"的，又去教导人家，这就是自相矛盾，不足以服人。在此，墨家运用了逻辑的武器，批驳了"学无益"的论调，指出学习可以使人知"大"、知"义"、知"利"，也就是能使人看清事物的本质，懂得做人的道理，取得一定的成就。墨子本人是十分重视学习的，在出使各国时，仍随身携带许多书籍，不敢荒废读书学习之事。除了重视自身的刻苦学习之外，墨子也很注意帮助他人，每当看到不思学习之人，便主动引导他们，并力求使他们懂得为什么学习的道理。同时，墨子也很讲求学习的方法，认为学习需要师生之间的相互唱和，老师不唱或是学生不和，都不会取得太大的功效。此外，墨子对于教育的环境也多有论述。《墨子》一书中虽无一篇完整的、系统的以"劝学"为名目的文章，但其重视学习、强调"学有益"的思想是显而易见的。

在科技如此发达、知识更新如此之快的今天，学习的作用更是无须多讲，稍有松懈，就会跟不上时代的步伐。

在这个日新月异、网络信息技术日益升温的今天，我们如果不每天学习、不充充电，那么很快就会落伍，就会被这个时代抛弃。因此，无论在何时何地，每一个人都不要忘记给自己充充电。尤其是在竞争激烈的商业界，每个人必须随时充实自己，奠定雄厚的实力，否则便难以生存下去，一个有干劲的人，时不时地充充电，就不会被社会所淘汰。

现代生活的变化迅速，节奏加快，要求我们必须抱定这样的信念：活到老，学到老。你也应该记住：一个喜欢读书的人不一定是一个成大事的人，而一个成大事的人必定是一个喜欢读书的人。

假如你想成功就从现在开始请多读书吧！如果因为目前的工作进行得很顺利就感到很放心，每天优哉游哉地过安逸日子，那么目前的情形就不一定能维持很久了。失败的日子一定不远了。

与此相反，能将这份工作当作一生的工作而埋头苦干，不断进修，不断创造新的东西，始终能"活到老学到老"，你的进步一定是无止境的。这种人就能日日以清新愉快的心情，有效地做自己的工作。这样自然就有希望，不至于失去理想，当然也不觉得疲倦了。

在人类进化进程当中，我们大家所需要做的，就是去学习我们需要学习和应当学习的东西，并且把它学好。通过这样的不断地学习来提升自己，以适应社会的发展。

生活发生变化，对于每一个人的影响都是非常巨大的。这就要求每个人都不能在自己的安乐窝里坐享其成，不要以为现在有一份好工作，有足够的积蓄，就可以享清福。你必须顾及社会发展的需要，不断地武装自己，不断地学习，不断地适应社会发展变化。

社会发展得越快，对人的素质要求就会越高，适应社会发展，不断调节自己的思想认识，这样才能保证我们不被淘汰，与时俱进。

节俭为美

墨翟是我国教育史上第一个提倡以节俭为美德的教育家。《墨子》的《节用》《节葬》和《非乐》等篇，集中阐述了这一理论。儒家也主张节用，但是又说"节用以礼"，这就为维持奢华的贵族生活方式提供了依据。《墨子》倡导节俭则是从珍惜劳动成果、减轻劳动者的经济负担出发的。

《墨子》倡导节用，反对浪费，主张节省财政。《墨子》认为，人的衣食住行都应有度。例如，穿衣之道在于御寒，其他诸项也是如此。至于财政开支，"足以奉给民用则止"，同样反对统治者只顾个人享受、加重百姓的经济负担。《墨子·辞过》郑重指出："俭节则昌，淫佚则亡"，将节俭的美德提高到治国安邦的高度，开"俭以养廉"的政风，至今仍有一定的现实意义。

《墨子》对儒家厚葬久丧等礼乐制度进行了猛烈的抨击，指出"厚葬"是浪费财富，"久丧"是破坏生产和生育，其结果是"国家必贫，人民必穷"，忠孝皆无以奉行，天下不得安宁。因此，墨子认为厚葬久丧乃是非仁、非义的非礼行为。

墨子主张"非乐"。《墨子·非乐上》揭露贵族阶级弦歌鼓舞，使"饥者不得食，寒者不得衣、劳者不得息"，耗费了"民衣食之财"。墨翟非乐是反对挥霍无度的贵族生活，并非像道家那样否定人类的艺术生活，即"子墨子所以非乐者，非以大钟、鸣鼓、琴瑟、竽笙之声以为不乐也"，而是因为贵族所行之乐，"上考之不中圣王之事，下度之不中万民之利，是故子墨子曰为乐非也。"在墨翟看来，"美"应从属于"善"，凡是损害百姓利益的文娱活动，都应禁止。这种非乐观有其合理性，也有片面和偏激之处。

重视劳技

培养"士"，须对其进行劳动教育。《墨子·非乐上》指出，人与禽兽的区别在于：禽兽只能利用自然条件而生存，而人类却靠生产劳动维持生命，"赖其力者生，不赖其力者不生"。由于墨子以"农与工肆之人"为教育对象，而教育的目的是教给他们实用的知识和技能，把他们造就为"各从事其所能"的"兼士"，所以墨子很重视自然科学技术的教育。墨家的自然科学教育有很高造诣，涉及数学、光学、声学、力学以及心理学等许多方面。墨家的实用科学技术教育的出色成就，主要表现为器械制造。首先是战争攻防器械，其次是生产器械如制车、制木鸢等。

墨子所说的劳动，既有"耕稼树艺"的物质生产活动，又有"听狱治事"的精神活动。他将教人耕种誉为"圣人作诲"，还把教人百工之技，"使各从事其所能"，也认为是有功有德的行为，从而阐释了劳动教育的意义。学习劳动人民艰苦奋斗的献身精神，又是墨家劳动教育的重要方面。墨子常以治洪水建有殊功的大禹为榜样，教诲学生懂得与自然做斗争，并要具有吃大苦耐大劳的精神。学生初入墨门，都要经受"服役"的劳动锻炼，借以养成他们"勤生薄死，以赴天下之急"的精神。《墨子》中记载了墨家传授劳动技术的内容，它不同于师傅带徒弟的艺徒制。其中，劳动技艺大多上升为经验科技的形态，从而为古代科技教育谱写了光辉的一页。

《墨子》反映了墨家实施的科技教育，内容全面，有较高的系统性和专业性，有学者称它为"百科全书"。《墨子》一书关于光学的论述，"可称两千多年前世界上伟大的光学著作"，科技史界认为它与《考工记》的问世，"是我国古代经验科学出现的标志"。

墨家创立了科学实验的重要方法。《墨子》记载了"世界上第一个小孔成像的实验"，保存了墨家所进行的各种面镜成像的实验记录。《墨经》有八条，是墨家传授的光学知识，介绍了光、物、影三者的复杂关系，以及平面镜、凹面镜、凸面镜中物与像的关系。这两部分囊括了几何光学的基本内容，而且，还是由"影论"到"像论"的框架，系统而概括，堪称少而精的典范。墨家正是通过科学实验总结了大量的生产实践经验，并形成了科技教育与生产实践、科学实验紧密结合的特点。通过科学实验来揭示科学原理的方法在欧洲大约产生于文艺复兴时期，在中国却创始于公元前四五世纪的墨家。《墨子》还记载了墨家运用观察、描绘等形象直观的方法传授科学知识，并注重培养学生实际操作的艺能。

《墨子》还记载了墨家传授力学知识的内容。首先，它阐明了力的定义：所谓"力，形之所以奋也"。指出力是物体所具有的、使运动发生转移和变化的手段。其次，它讲述了杠杆与衡器的利用问题，从力与力矩的关系上，揭示了杠杆平衡的道理。再次，它还介绍了许多重要的力学现象，其中涉及浮力、惯性等问题。

《墨子》中的"形学"包括丰富的几何学内容，反映了墨家曾经讲授过几何图形的基本概念，例如点、线、面、方、圆、厚的科学定义。传授这些定义，标志着理论数学传授活动的萌芽。

《墨子》传授的自然观，内容也很精彩，包括时间、空间、物质运动和物质变化等项。所说的时间，具有长、短、久、暂的变化，是可计算的；所说的空间，多属于几何学领域的问题；所说的运动，偏重机械运动，不是老子所谓"反者，道之动"这种纯哲学的运动；所说的物质变化，既有一物到他物的转移，也有物质之间的相互作用。其中关于物质变化的"损益观"，体现了朴素的物质不灭的科学认识，而物体运动的内容又蕴含了牛顿力学第一、第三定律的胚胎。墨家传授的自然观，是自然科学与自然哲学的统一，包纳了丰富的科学知识。

墨家的科技教育具有以德驭艺的特点，以是否"兼利天下"作为科学技术的评价标准。《墨子·鲁问》明确指出"利于人谓之巧，不利于人谓之拙"，强调应以科学技术作为造福黎民的工具。《墨子·公输》体现了科学技术应为反侵略战争服务的观点。

《墨子》结合中国科技发展的史实，批判了"述而不作"的保守思想，倡导科技人才要树立创造精神，主张"以作为述"。墨家施教还注重引导学生

"明故"，遇事总要问一个"为什么"，激励他们广搜博采，积极探索，从而为社会培养了一批德才兼备的人才。墨家在科技教育上取得了卓越的成就，这与他们多数成员出身低微、直接从事物质生产劳动有关，也是墨家"兼利天下"的政治理想在教育上的反映。

谦虚是学习的重要法门

帮助他思索考虑的人众多，那他所谋划的计划很快就能实现；帮助他行动的人众多，那他所要成就的事业很快就能成功。

此语出自《墨子·尚同中》篇，尚同，即上同，就是强调居在下位的人，其思想、认识、言论以及行为要向上统一于居于上位的人。里统一于里长，乡统一于乡长，国统一于国君，天下统一于天子。小到一里，大到天下，人们的意见都要统一于他们的长官，直到天子上统一于"天"，从而统一全体的思想和行为。墨子认为只有尚同，才能使国家避免产生混乱，达到治理的目的。墨子同时还提出，上级长官必须是经过选拔的"仁人""贤君"，上同于他们也并不意味着他们可以独断专行，他们必须要听取人们的反映，做到详细了解下情。当上级长官自己有过错时，一定要听取下面人的劝谏，也就是说，上下双方的作用是相互的，而不是单方面的。最终，天子就必须向上服从于"天"，必须上同于天的意志，即"为万民兴利除害，富贫众寡，安危治乱"，这样就使各级长官乃至天子受有一定的约束，这表明墨子所主张的"尚同说"有十分积极进步的社会意义。

谦虚谨慎永远是一个人建功立业的前提和基础。

不论你从事何种职业，担任什么职务，只有谦虚谨慎，才能保持不断进取的精神，才能增长更多的知识和才干。因为谦虚谨慎的品格能够帮助你看到自己的差距。永不自满，不断前进可以使人能冷静地倾听他人的意见和批评，谨慎从事。否则，骄傲自大，满足现状，停步不前，主观武断，轻者使工作受到损失，重者会使事业半途而废。

谦虚谨慎的品格，还能使一个人面对成功、荣誉时不骄傲，把它视为一种激励自己继续前进的力量，而不会陷在荣誉和成功的喜悦中不能自拔，把荣誉当成包袱背起来，沾沾自喜于一得之功，不再进取。

学以致用：将知识运用于实践

他们制造衣裳是为了什么？冬天用以御寒，夏天用以防暑。凡是缝制衣服的原则，冬天能增加温暖，夏天能增加凉爽，就增益它，反之，就去掉。

墨子在《节用》篇指出，做任何东西都要能实用，对于没有用的东西都可以去掉，虽然观点有点偏颇，但对于我们仍有很大启示。在学习当中，我们应当学以致用，学而不懂，等于不学，白白浪费了宝贵时间。这种人或因智力低下，或不肯用功，或基础知识太差，或思想不专一。经过分析，找准存在问题，即阻碍学习的原因，而后有针对性地加以改进，或改变学习方法，或发扬"笨鸟先飞"的精神，或扫除学习的思想障碍，或发挥集体的力量帮助解决、克服影响学习的困难问题，终会学有所知，学有所获，学有所成。

能够学好理论并掌握其方法的人，关键在于应用。不能运用所学知识解决实际问题，那也等于白学。此种人需积极参加社会实践，向一切有实践经验的人学习，虚心地拜他们为老师，尽快地把自己的理论转化为实际运用中的能力，方能成为理论与实践相结合的"行家里手"。

能够使用学得的知识，又能够坚持既定的道德标准，规范自己行为的人，可以成为某项事业的核心力量。这种人具有娴熟的技能，又朝着自己认定的目标，执着于事业上的追求，其前途必然光明。

这一种人，如果在取得一定成就的时候便保守起来；在获得一官半职或某种荣誉之后，便躺在"功劳簿"上睡起大觉来；或者身居要位，改变初衷，干起违法乱纪的勾当，那就走上了一条危险的道路。反之，他们始终遵循选定的方向，既孜孜以求地在事业上做出成绩，又根据时代的发展、社会的进步、科学技术日新月异的变化，而不断更新观念，革新技术，学习和掌握现代化的科学理论、管理方法、操作技能和经营手段等，紧紧把握时代的脉搏，坚持的正确原则，与广大群众同甘苦，共担风险，就是社会的中坚，国家的栋梁，事业的中流砥柱。

思考的威力

沉默之时能思索，出言能教导人，行动能从事义。使这三者交替进行，一定能成为圣人。

墨子认为要成为圣人，必须从三方面修养，其一，要能思考；其二，出言能教导人；其三，有行动并是符合义。在这三方面，墨子将思考放在了第一位，足见墨子对思考的重要性非常看重。所谓"行成于思，毁于随"，人的行动都是受到思维的支配。思维尽管无形、无味、无色，但它却能救你于危难之中。

对于身陷险境的人，懒惰的人除了彷徨无措，静待死之外，而别无他法。相反，那些成大事者都养成了勤于思考的习惯，善于发现问题、解决问题，不让问题成为人生难题，而且思考得越深刻，收益就会越大。一个不善于思考难题的人，会遇到许多取舍不定的问题；相反，正确的思考之所以能发生巨大作用，可以决定一个人应该采取什么样的行动。

任何一个有意义的构想和计划都是出自思考，而且思考得越痛苦，收益就会越大。有成就的人都养成了勤于思考的习惯，善于发现问题、解决问题，不让问题成为人生的拦路虎。

其实，每个人都有一个神奇的智慧宝藏，那就是人的大脑。但是，很多人并没有真正打开智慧的宝库。生理学、心理学研究表明：人一生中仅仅用去大脑能量的20%左右，其余的智力潜能都处于沉睡之中。谁能将自己的潜能唤醒，充分发挥出来，谁就能成为生活、学习上的成功者。

在我们日常的语言中，有智慧与聪明的区别：聪明属于高智商，而智慧则属于思维的技能。人们常常这样评价孩子，说有的聪明，反应快，而有的反应迟钝；有的说话、讲故事都井井有条，有的语言表达不清，东一句，西一句，没有条理等。这些其实都是对孩子思维水平高低的评价。

其实每个孩子都有独立思考的天性，都希望做自己行动上的主人，不被别人支配。许多父母认为做自己处世经验丰富就剥夺了孩子思考与做决定的权利，这是错误的做法。没有完全相同的两个孩子，每个孩子都有自己与众不同的地方。一个孩子可以在很多方面与别人不一样，如体质、家庭条件、受教育程度等，但这些都不是决定性的。

最终决定孩子发展的只有一个因素，那就是这个孩子的思考能力。只有拥有较强的思考能力才能灵活应对今后的社会竞争。而不会思考的孩子是没有竞争力的弱势群体，必然不能立足于社会。

提倡军训

《墨子》中有一部分专讲战争攻守的机械制造，反映了墨家传授"兵技巧"的情况。其中包括防御守备的城池建设、守备设施的安排、物质装备等方面，还列有武器制造的精密尺寸，武器使用的方法，破除云梯与防备地道的要领，土埋水淹积石发矢的技术等等，俨然一部精良的军事科技教材，为墨家反战非攻创造了基本条件。"墨家所以被当时各国诸侯重视，与他们这一套专门技术是很有关系的。"

墨家不仅重视机械制造，其本身就是一个有严密组织的集团，注重纪律教育。墨徒对钜子须绝对服从，钜子又须绝对服从于团体规定的纪律，这种纪律被称为"墨者之法"。出仕的弟子，如果背禄向义，则受表扬；如果违背墨门道义，轻则须自行辞职（如高石子），重则使之被斥退（如胜绰），这比儒家"开除学籍"更重。弟子有了俸禄，须交一部分供墨家团体使用。墨者以执行墨家之义为当然的义务，虽死无悔，钜子也是这样。腹䵍为钜子，独子犯法杀人，虽有君王的特赦，他仍用"墨者之法"处以死刑，成为守纪执法的典范。

墨家严肃的纪律是建立在道义基础上的，例如"墨者之法"规定"杀人者死，伤人者刑"，符合"天下之大义"，执行纪律，意味着"去私""向义"，故

有"不可不行"的道德力量。钜子以身示范，又使纪律教育富有人格感化的作用。《淮南子·泰族训》认为墨者之所以"可使赴火蹈刃，死不旋踵"，是由于"化（感化）之所致也"。平时进行严格的要求和训练，也是墨家纪律教育的重要经验。例如禽滑厘初入墨门"受训"的三年，"手足胼胝，面目黧黑，役身给使，不敢问欲"。这种严格的训练，锻炼了学生的意志，为执行纪律创造了条件。《墨子》揭示：墨家培养了一大批"以绳墨自矫，而备世之急"的"为义的兼士"，他们救宋可有三百之众岿然城上，他们坚守阳城，可有一百八十五人英勇死难，体现了严遵墨家纪律的高度自觉性以及不屈的献身精神。

墨子本人"通六世之论"并读过"百国春秋"，可见他博学而并不完全弃置儒家那种以六艺为主体的文史知识教育。如果不是他对六艺教育的精通，也就不会有"背固道而用夏政"的创举了。他认为儒家的六艺之教具有腐朽、寄生的特点，最为典型的是他的"非乐"。他认为乐教不仅靡费人力财力，而且消磨人的意志，使人懈怠于所从事的职业，于社会实利无补。因此，墨子认为只需学好对实现"兼爱"有用的主张和本领，并多实践即可。

思维教育

《墨辩》中把人们的思维活动当作科学研究的对象。首先，墨子认为人的认识和言谈（理论和观点）是否正确需要有衡量的标准，即所谓"言必立仪"，因此是非可明。其次，墨子强调必须掌握思维论辩的法则，即形式逻辑。墨子在历史上首先提出了"类""故"的概念，并提出"察类明故"的命题，要求学生懂得运用类推和求故的方法。墨子不仅本人擅长于辩，而且以此教育学生。他的辩学具有代表性的就是三表或三法：一曰立论要有本；二曰立论要有证明；三曰立论是否正确要看应用效果。这些作为逻辑方法是可取的。

思维科学认为人的思维活动有三种基本形式：抽象思维、形象思维和灵感思维。《墨子》对三种思维训练都有所论述，尤以抽象思维，即逻辑思维训练见称。《墨子》中的"辩"学即逻辑学。墨家创立了逻辑学的体系，称为"墨辩"，这是他们训练学生思维的重要内容。

《墨子·小取》阐述了墨家辩学的总纲："夫辩者，将以明是非之分，审治乱之纪，明同异之处，察名实之理，处利益，诀嫌疑。"由此揭示了"辩学"的目的和作用。"焉摹略万物之然，论求群言之比"，这指出了"辩学"的基本原则，即遵从客观万物的规律进行分析比较，从而体现了"墨辩"的唯物主义精神。"以名举实，以辞抒意，以说出故，以类取，以类予。"这句话概括了"墨辩"的基本内容与方法，表述了墨家关于概念、判断、推理的规定，

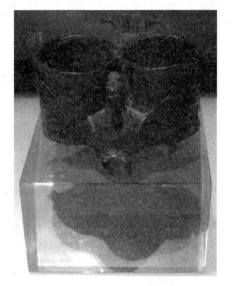

彩绘凤鸟双连杯（春秋）

以及演绎与推理的含义。"有诸己不非诸人，无诸己不求诸人"，指出了论辩争鸣的道德准则。形式逻辑教育的目的在于锻炼和形成逻辑思维能力，善于与人论辩，以雄辩的逻辑力量去说服人，推行自己的政治主张。事实证明，形式逻辑的训练不仅提高了墨门弟子在政治、学术斗争中的能力和水平，而且还为他们掌握自然科学知识提供了重要的方法。

《墨子》汲取了当时的哲学成就，其辩证逻辑也很发达。墨家教育学生认识物质变化的复杂性，告诉他们相同的原因可以引起不同的结果，不同的原因又可以引起相同的结果。还指出物体属性的变化（即质变）与其量变存在辩证关系，量变达到一定的程度，能使无法比较的物质产生可比性。《经说下》所说"异类不仳（比），说在量"，讲的就是这个道理。例如曲和直，一般来说不能比长短，但是，当曲线极小的一段近乎直时，就有了比较的条件。《墨子》中有不少精彩的辩证观，使得人才培养上更富创造性。

《经说上》告诫人们，获取知识应注意"身观焉，亲也"。即用五官亲历来获得知识，这种求知的方式就涉及感性的形象思维。《经下》曾提出"知而不

以五路，说在久"的命题，梁启超在《墨经校释》中对此提出过重要的见解，认为墨家此处所说的知识，不是知识的简单再现，而是自我领悟的创发性的知识，产生这种创新的基础是"久"。灵感（也称顿悟）思维有一规律："长期积累，偶然得之。"《墨子》上述记述已暗合这条规律。总之，墨家育人，提倡亲知、闻知、说知，并鼓励自悟，兼及多种形式的思维训练，堪与"欧洲逻辑之父"亚里士多德媲美，也远胜古印度的因明学派。

《墨子》反映墨家曾实施过心理学的教育，传授过有关梦的定义、感情与感觉的区别、心与物的关系、思维的作用等知识，做到了系统朴实，没有神秘色彩和荒诞不经的语言。

学必强为之

有个人来到墨子门下，墨子对他说："为何不学习呢？"那人说："我家族中没有人学习的。"墨子却说："怕不是这样吧！如果你是爱美的人，岂会说我家族中的人没人爱美，那我也不爱美吗？如果你是打算致富的人，岂会说我家族中的人没想致富，那我也不想致富了吗？爱美的人、想致富的人都不用看别人如何而去努力为之，更何况义是天下最宝贵的东西，为什么要看别人如何呢？还是决心努力学吧！"

墨子是春秋时期著名的大学者，他那博大精深的学识，赢得了千千万万求学者的推崇，以致他创立的学派成为当时和儒学具有同样影响力的"显学"。然而，他对那些平民百姓仍是那么循循善诱。你看，在这位不爱学习的百姓走到他面前并表示不愿学习时，他既未摆出大学者的架子加以贬斥，也没有对那人的无知加以嘲笑。相反，他以长者的慈祥和师长的风度，给那人讲学习的好处，鼓励他好好学习，将来成为有用的大器。

春秋以前，学校教育是受统治者垄断的，一般的平民很少有受教育的机会，即使可以受教育，也严格按当时的等级规定，限制在很小的范围。春秋以后，这套"学在五官"的制度被打破，学校教育走向了社会。墨子办学，一面是为了扩大自己学派的影响力、号召力；另一面则是通过办学培养各类人才，为他的既定政治目标服务。所以，墨子劝人接受教育，多多学习，将来以成大器，从谋略意义上说有两重意思：其一，知书才能达理，学习的人越多，能理解、传播他学说的人越多；其二，学习的人越多，能发现的人才也越多，这对建立贤人政治也是很有必要的。可见，劝学从来不是单纯的劝学，而是与一定的政治谋略分不开的。

三国东吴时，义兴一带流传着一首民谣："江中蛟，南山虎，'三害'最盛是周处。"这是怎么回事呢？原来，传说这一带的丛林中，有只猛虎经常出没伤人，乡民不敢进山打柴狩猎，附近一条江中，又隐藏着一条巨蛟，日夜兴风作浪，或掀翻渔船，或卷食生灵。然而，人们最感到害怕的，却是阳羡城里的恶少周处，他力大无比，横行乡里，鱼肉百姓。因此，猛虎、巨蛟、周处成了当地人头疼的"三害。"

周处的父亲是东吴大将，当过鄱阳太守，因去世早，母亲带着年幼的周处度日。因为管束不严，从小养成了周处任性妄为的性格。他终日不读书，却爱出没于江湖，舞刀弄棍，骑马射箭。他母亲见他不愿读书，只喜武功，便请了个师傅教他。几年下来，他的功夫已超过老师，老师告辞后便没人再敢教他。有了武功，又没武德保证，周处便到处闯祸，经常因射猎而蹂躏庄稼，因贪杯而横行于酒肆，从县城到乡里，百姓被他折腾得苦不堪言。半夜啼哭的孩童，只要听大人说一声"周处来了"，便会吓得不敢再哭。

周处20岁时，看到人们对他躲避不及，听到人们背后对他咒骂不绝于耳，知道自己作恶太多，一度有所收敛，无聊地打发日子。就在这时，他遇到一位好老师。这位老师人称葛老，是周处父亲生前至交好友。因为从小就经常讲故事给周处听，周处对葛老还是敬重的。学识渊博的葛老经常给周处讲各种见闻，讲各种掌故。他见周处听得很入迷，便把周处父亲生前的事讲给他听，讲他父亲如何为东吴立功，当官后如何受人爱戴，死后又受到百姓十里送葬的动人情景。葛老说："你父亲生前英名盖世，死后流芳百代，这家风难道要毁在你手里不成?"周处由感触进而悔恨。

在葛老教诲下,周处为当地乡民干了两件好事,一是斩虎,一是降蛟。起先,他独自闯南山,冒着生命危险射杀了那只猛虎。接着,手执宝剑入江降蛟。那天,老百姓都来到了江边,那惊心动魄的场面激动着每个人的心。周处冒着生命危险,拼力搏杀,恶蛟终于降伏。百姓为之拍手称快,庆幸三害除二。

葛老又开导他说,只要你潜心修养,彻底改变恶习,人们会改变对你的看法的。并鼓励他到首都建业,拜吴国最负盛名的才子陆机、陆云为师学习。从此,周处一切从零开始,不分昼夜,不分寒暑,苦读苦思。他不仅力求弄懂弄通,而且以书中的圣贤为楷模,一点一滴地加强自身的修养。很快,他就成了个文武俱备的全才。以后,周处又当了官,从地方干到朝廷,他处处都为政清明。

公元280年,吴国被灭于西晋。有一次,他遇到西晋大将王浑时,王浑当众侮辱吴臣:"亡国之余,你们是否有羞愧之感?"周处当场反驳:"三国鼎立后,先被灭的是魏,后被灭的才是吴,该羞辱的不应该是你们吗?"

周处调任广汉太守后,把多年积累下来的许多陈年积案迅速清理完毕,赢得了当地百姓称颂。他一面处理地方政务,一面勤于调查著录,先是编纂了《吴书》,又写出《默语》一书,成了一名学者型的官吏。

由于政绩突出,周处晋升为御史中丞,负责朝中监察,史书上说他"凡所纠劾,不避宠戚",铁面无私,恪尽职守,对权贵犯法照样检举弹劾。为政清廉的周处,引来了不少权贵的憎恨。

公元296年,氏族人齐万年起兵。那些权贵们一个劲地鼓动朝廷派周处前往镇压。周处明知这是陷阱,但为国家社稷利益,果敢赴任。由于双方力量差别较大,寡不敌众,最终粮尽矢绝,战死沙场。

周处从一个乡里恶少转变为一个对百姓有用的人才、一个受人称颂的清官,这全靠教育的巨大威力。

西晋的左思出身于官宦家庭,家里从小就给他创造了良好的学习环境,让他学习书法、琴鼓，至于正当学业就更加重视了。可是几年学下来，没有什么成就。他父亲左雍有些失望地对别人说："看来，这孩子的理解力不如我小时候。"

左思听了这些话后，思想上很受刺激。他下决心发愤苦读，用了 10 年工夫，构思出《三都赋》一文，可谓十年磨一剑。这 10 年中，他家的庭院里到处是他写了字的纸，只要偶然悟得一个佳句，他就立即写在纸上。

日积月累，他的赋经过多年的锤炼，终于写成。然而，他不过是个晚辈后生，他写的《三都赋》并没有被时人所看中，是否就此打退堂鼓了呢？左思不这样想，他自信自己的《三都赋》，其文学水准绝不会在东汉辞赋名家张衡的《二京赋》之下，只不过他左思是个小人物，得不到别人注意罢了。想到此，他决心请当时负有盛名的大文豪皇甫谧看看，听听他的见解如何，怎想到，皇甫谧在读了《三都赋》后，大加赞赏，并亲自为它作序。

因为皇甫谧奖励后学的原因，左思一下子就出了名。豪贵之家争相传抄《三都赋》，洛阳为之纸贵，而且注家蜂起，连当时负有盛名的中书著作郎张载、中书郎刘逵等学问渊博、文章著名的学者也对《三都赋》很感兴趣。张载特意为《魏都赋》作注，刘逵也为吴蜀《二都赋》作注，并作序。其他当代贤达和饱学之士，比如卫权也为《三都赋》作略解，张华赞誉左思是班固、张衡一类的才士。陆机本来也曾经想过要做《洛阳赋》，看到了左思的《三都赋》后认为绝不可能超过它，便放弃了创作的念头。

宋代大儒欧阳修，4 岁丧父，母亲守寡在家，亲自教他读书。家里实在太穷，买不起学习用具，他只能用麦秆在地上写字，以顽强的意志求学读书。

欧阳修幼年聪慧，悟性极好，聪明过人，对儒、道、佛经典均有深刻领会，许多艰深的典籍在他读来，就像家乡陡峻的山间回音那样抑扬铿锵。当时，唐宋八大家之首、大儒韩愈在学者中有相当大的影响，欧阳修好不容易从别人那里觅得韩愈遗稿，苦苦潜心钻研，为之废寝忘食，其理解达到了精深的程度，并从对韩愈的钦佩进而立志要和他并驾齐驱。

梅花香自苦寒来，欧阳修多年潜心研读，终于取得了丰硕的成果。在中了进士后，又求试于国子监，在礼部主持的考试中，他名列第一。以后，欧阳修的文章影响日益巨大，天下学者无不知晓。朝廷见其学识广博，便命他奉诏专修正史《唐书》，其中的"纪""志""表"这些最见功力的部分，均出自欧阳修之手。此外，他还自己撰修了《五代史记》，虽属私家修史，章法却甚为严谨，文辞亦朴实简练，指导思想多取《春秋》笔法。当代大学问家苏东坡对欧阳修的文章评价极高，称之为"论大道似韩愈，记事似陆贽，记事似司马迁，诗赋似李白"，这一评价得到了同时期不少大学问家的赞同。

明朝王守仁发童蒙是很晚的。他母亲怀孕14个月才生下他。直到5岁，他还不能说话。家里人怀疑他是哑巴，找了不少医生治疗都没见效。有一天有个和尚来到他家门口，说是能为小公子治病。他伸手在小脑袋上拍了三下，王守仁突然开口叫了声"师傅"。就此，他开口说话了。真是不鸣则已，一鸣惊人。他一开口就讲了许多大人都说不出、听不懂的东西。这下家人才明白，原来他只是不说话而已，心里却十分明白。于是给他取了个名字叫"守仁"，意思是守着心中的仁义之道理。

先天既然这么聪明，是否后天就不必再学习了呢？王守仁自幼就极为好学，他对当时社会上推崇的程朱理学尤其下功夫苦学。在他17岁那年，他曾经到上饶拜访名儒娄琼，与他一起讨论朱熹的理学。回家以后，他多年在斗室中潜心治学问，终日不会客，不言笑。可是，几年过去了，他感到收获无几。

不久，王守仁在官场中得罪大宦官刘瑾，被贬官至贵州龙场。这些年中，他无法与他人探究讨论，只好独自静坐冥思默想。有一天，他突然恍然大悟，终于明白：要探寻真理不能求助于外物，而应该向内心主观世界去寻求。他高兴极了。他找到了问题的症结：原来，当时官方钦定的统治思想——程朱理学的思维出发点有问题。朱熹等人主张的"理在天地""天理赋人"的学说以及"存天理，灭人欲"的观点，都是把人间世界的意识当成了思维的出发点。王守仁针锋相对，毅然提出以心为本，"求理于吾心"的新说。

这一学说，今天人们称之为主观唯心主义，但这在当时来说则是如同在思想界、哲学界、文化界、学术界产生了极大地震那样强烈的震动。由于王守仁创立的"心学"重视人的内心世界的作用，尊重人的主观能动性的发挥，不仅具有哲学上的价值，而且打破了程朱理学为代表的宋儒轻视个人意识的传统观念，它与南宋以来的功利思想一道，引发了明末思想文化界个性解放意识的觉醒。

明末清初三大思想家之一的顾炎武，平生精力过人，从他少年求学直至老弱辞官，无一刻离开过书，所到之地，专门有两匹马为他运书。甚至到西北边陲，过边塞亭障，无不与书为伴。他如果遇到什么不能理解的人世间事物，即向经典请教，并潜心思考。有时看到一些别的版本，与他所读有所不合，便立即着手校勘。平时无论在哪里，在平原野地也好，在鞍上行进中也好，都会默诵各经书的注疏。

如果碰到像国家典章制度、地方上的掌故、天文历数的奇异现象，或者与国计民生息息相关的水利、漕运、农学等方面问题，他无不穷究原委，考证得失，就这样，日积月累 30 多年，他终于写成《日知录》30 卷这一博大精深的巨著。清代学者中，凡是提到学有根基的大学者，无不以顾炎武为最，人们都尊称他为亭林先生。

知：闻、说、亲、名、实、合、为

《墨经》说："所认知识，由闻、说、亲、名、实、合、为 7 种方式组成。"并进一步指出："知识的构成是：传播所得的知识，叫闻知。不受时空影响推论可得知识，叫说知。亲身实践或观察所得的知识，叫亲知。已得知识又用一定名称表示，叫知名。了解某事物的实质，叫知实。使名与实相符，叫知合。了解了事物的道理并加以实践，叫知为。"

墨家关于知识由来的认识，实际上属于广义的知识范围。广义的知识，已经可说是智慧了。对智慧作如此准确的内涵揭示，这在诸子中是极为少见的。人们都知道知识有用，但对通过何种途径才能获取知识则往往缺乏研究。墨家学派的总结还是非常科学的，其中既有书本或其他通过传播获得的知识，也有通过实践自己总结的知识，比较全面。人们从主观愿望来说，大多数都希望能获取更多的知识，但对如何获得知识却知之甚少，墨家学派这一总结，可说起到了指点迷津的作用。

西汉初，陆贾经常在汉高祖刘邦面前称赞《诗经》《尚书》这类儒学经典如何重要，刘邦却不以为然地说："江山是我从战马上获得的，为什么要注意《诗经》《尚书》呢？它能取得江山吗？"

陆贾却慢悠悠地回答："江山虽然是在战马上得到的，但是也能在战马上治理吗？从前商汤王和周武王虽然也是从马背上取得江山，但是却能够以文治守成。文武并用，才是长久之计呀！想当初，吴王夫差、晋国卿大夫智伯，还有秦始皇等人，都是因为只会用武力才导致国家灭亡的。如果前朝的秦始皇在夺取天下之后，推行仁义，效法先代圣明，陛下的江山又会从何而得呢？"

刘邦是个明白人。他听陆贾一说，才知自己书没读过，不懂文治的道理，感到惭愧。于是，他对陆贾说："请你为我编本书，总结秦始皇失去天下的原因，以及我为什么能得到天下的道理，总结古代国家盛衰的经验教训。"

陆贾按皇帝旨意，大致引证了历代存亡得失的历史资料，编著成书 12 篇。每上奏一篇，刘邦无不称赞叫好，并把这部书题名叫《新书》。

三国时，东吴君主孙权对他手下的大将吕蒙说："如今你当官执事，不能不读书啊！"吕蒙却以军中事务繁忙没有空而为推托之辞。孙权却说："难道说我是要你去研究经学，去做经学博士吗？我是要你多注意浏览书籍，多长各种见识，多知一些历史往事罢了。你说你事情多军务忙，可是你哪能和我相比呢？我自己经常坚持读书，我认为读书的好处真是太多了。"

从此，吕蒙开始认真读书。有一次，东吴重臣鲁肃经过浔阳，与吕蒙会面交谈时，发现吕蒙谈吐大有改观，书卷气浓厚了许多，便大为惊讶地说："你现在的学识见地，可不再是从前在江下时的阿蒙啦。"吕蒙却说："士别三日，就该刮目相看了，大哥为何了解我这么晚呢？"从此两个人成了知己好友。后来，吕蒙接替鲁肃担任都督，并出奇谋夺取了荆州。

江盈科《雪涛小说·不识江菱》中说：

楚地有个生来不认识生姜的人，他说："这玩意儿是从树上长出来的。"有人听到后说："不对！那是从土里长出来的。"

那个不识姜的人却一味顽固坚持己见。他说，"我和你打赌，赌注是我的驴。并请10个人作证。"说得信誓旦旦，口气很硬。可是，当他问遍了这10个人后，这10个人都说："是从土里长出来的。"那人无话可说，不过他宁可输掉驴，却还是坚持说姜是从树上长出来的。

北方有个人，天生就不认得菱角，他到南方来当官时，有一次在宴席上看到有菱角，竟连外壳一道吃了下去，旁边有人看到觉得好笑，便告诉他说："吃这菱角要剥了壳才吃的。"那人并不以为自己已经闹了笑话，却将错就错地说："我不是不知道壳不能吃，我吃这壳是用它来清火的。"别人问他："北方有这种东西吗？"那人明明不知道，却信口开河地说道："这玩意儿，山前山后，什么地方没有？"殊不知，菱角并不生长在山里。

这两个人明明自己无知，却不懂装懂，打肿脸充胖子，别人给他纠正还不愿接受，真是可笑又可悲。

张汤是西汉杜陵人，他父亲担任长安县的县丞，他经常听他父亲谈起断案的事。耳濡目染，小小年纪竟也能说得一二。

有一天，他父亲外出，让张汤这个小孩看家。当父亲回来时，发现家里的肉被老鼠偷走了，父亲很生气，便把张汤打了一顿。张汤被打后，心里不服气，赌气一定要抓到偷肉贼。他循着墙根，找到老鼠洞，把洞挖开，老鼠果然在这里。他捉住了老鼠，还找到了被偷的一些吃剩的肉。

于是，小张汤摆起了"法庭"。他成了"审判官"，老鼠成了犯人，肉成了赃物。一边审，一边他还写下了一篇审讯的"供词"，最后，他按审讯的结果写下了一篇宣判文书。最后，把老鼠处死。

他父亲回来，正好看到张汤"审判"老鼠的这一幕，父亲感到非常惊异。顺手又拿来张汤写的审判文书一看，其措辞之老到，简直像老狱官写的一样。

墨子诠解

此后，张汤经常随同他父亲出庭办案。长大以后，他成了有名的刀笔吏。

隽不疑是西汉武帝时一位有学问的人，他以研究《春秋》一书见长，并担任本郡的文学之职，因为他的学问、为人、行为都有儒者风范，在当地颇有影响，在其他州郡也有一定的知名度。

汉武帝末年，由于国内各类矛盾激化，各地各种暴动很多。作为统治者，汉武帝专门派遣暴胜之担任专使，身穿朝廷特赐的彩绣服装，手拿斧钺，督促地方官吏捕捉暴动者。从西到东，往往是越到东头，麻烦越多，暴胜之索性开了杀戒，有不服从命令的官吏就按军法处斩。

暴胜之虽是朝廷酷吏，但他对隽不疑的名字也是知晓的。他到渤海后，便慕名邀请隽不疑前来相见。别看隽不疑是个文人，可是他仍然衣冠齐整地佩剑来见暴胜之。暴胜之亲自打开大门，连鞋都没穿好就迎了出去。

进了堂室坐定之后，隽不疑十分庄重地两手按在地上说道："我住在偏僻的海边，对您的大名早就闻知了。今天很荣幸，能见面略谈。"说着，十分坦率地提出了自己的忠告。他说："我认为：大凡做官，过于用威力，就要失败；过于柔弱，事情也办不好，威力既然已经做了，接着就该施行恩惠，这样才能树立功名，保全自己。"

这番话，别看没几句，却句句都是真知灼见，暴胜之知道隽不疑不是平庸之辈，就接受了他的告诫，并亲自上奏武帝，推荐隽不疑，武帝委任隽不疑为青州刺史。

以上几例，都说明墨子关于获取知识途径的论述是正确的。

八、为政的智慧

兼相爱，交相利，则天下治

墨子说："假如天下都能彼此亲爱，爱人就像爱己，还有不孝的人吗？待父兄、君主像待己一样，怎会做不孝之事呢？又怎么会不慈爱呢？待弟子、臣下像待己一样，怎会做不慈之事呢？所以，不孝不慈都没了，还会有盗贼吗？待别人的家像待自己家那样，谁会盗窃？待别人像待自己那样，谁会害人？所以，盗贼没有了，大夫之间还会互相侵犯、诸侯之间还会互相攻伐吗？视别人家庭像自己家庭那样，谁会盗窃？待别人封国像自己封国那样，谁会攻伐？所以说，大夫、诸侯互侵互攻的事都没有了。假如人人都彼此亲爱，国家间不再攻伐，家庭间不再攻讦，盗贼都没了，君臣父子孝敬慈爱，天下就得到大治了。"

他又说："如今天下的士大夫和君子们，若忠实地希望天下人都走上富裕之路而厌恶天下人都贫穷，希望天下得到治理而厌恶动乱，那就应当实行人与人之间的彼此相爱，彼此施利。这也是古代圣王之法，天下大治之道，不可不加以实施。"

"兼爱"思想是墨子政治理想中的最高境界。墨子代表的是小生产者希望靠某种政治权威来实现社会平等的强烈愿望。具体来说，这种平等又是以"尚同""天志"的权威来达到均天下之利的普爱要求的。墨子讲"兼爱"，常把"兼相爱、交相利"并提，其中"兼相爱"是理论基础，"交相利"是方法，通过普遍带来利益的途径，达到天下普爱的目的，这也就是天下同利、财富均等的政治思想的基础。

从社会理想这一角度出发，同时代的思想家孔子提出过"克己复礼，天下归仁"的大同社会理想，老子也提出过"小国寡民"的理想。墨子提出的"兼相爱、交相利"，从表面上看，也是讲的仁爱，但他一个最大的特点，便是仁爱的普遍性，这与孔子的仁爱以等级为基础、老子的"小国寡民"、明哲保身是有根本区别的。正因为这样，墨子把"兼爱"这面大旗一举，便立即赢得了占人口绝大多数的广大小生产者的广泛支持和响应。墨学当时能形成与儒学相抗衡的又一个"显学"大学派，便是这种赢得多数人支持的具体体现。由此便可看到这一政治谋略的成功之处。

"兼爱"思想虽然反映了小生产者的共同理想，但其中仍不乏空想的成分。

然而，作为人类对稳定、和平的强烈追求，对战争、动乱的强烈反对的一种美好愿望，"兼爱"思想还是值得加以充分肯定的。弘扬正义，揭露邪恶，宣传平等，这无疑是争取人民、争取社会舆论的高超政治谋略。

墨子为他提出的"兼爱"说一直不遗余力地在奔走呼号，到处宣传。他把这看成是为实现天下大治而开出的一剂良好的药方，他不仅向社会各阶层宣传他的主张，也希望士大夫们、甚至王公贵族们都来宣传、实践他的主张。因为，这一主张从表面上看是超阶级、超社会的，是几乎人人都有可能接受的。

然而，不知是因为妒忌墨子的才华，还是善意地提醒墨子，也有一些士大夫经常在"兼爱"这个问题上向墨子发难。

有一派号称"天下之士君子"的社会人士对墨子说："您提出的兼爱学说不能说不好，可是能管什么用呢？"

墨子说："怎么会没用呢？如果真没用，那不用您说，我自己也会反对。世上哪有好东西会没有用的呢？"为了说服"天下之士君子"，墨子编了一出小戏剧：角色甲叫"兼士"，赞成兼爱说；角色乙叫"别士"，反对兼爱说。

别士说："我是谁？我是我自己。我对待朋友怎能像对待我自己那样？他们的父母又不是我的父母，我对待他们的父母，怎能像对待自己的父母那样？"

这时，一个个演"朋友"的配角登场了，他们中有的肚子饿，有的身上冷，有的还生了病，有的家里死了人。他们走到"别士"面前，他都冷眼相视，时不时还"哼"一声。

就在这些配角很失望地离开后，"兼士"登场了。

兼士说："我待朋友如同待我自己；我待他们的父母如同待我自己的父母。"

这时，那些配角又上场了。他们来到"兼士"面前诉苦，"兼士"一一帮助他们解决了困难。

配角们满意地离去了。这时又上来两位角色，一位身披铠甲，头戴战盔，准备出发参战；另一位则背着行装，准备远赴巴、越一带，他们都不知这一走能否平安归来。于是，他们产生了一个要把父母妻子托付给人照顾的想法。眼前只有"别士"和"兼士"两人，墨子问他们："你们说，你们愿意把自己的父母妻子托付给谁呢？"

答案是不言而喻的，"天下之士君子"没话可说了。可是他们还不服气，他们说："这不过是选择社会上的士人罢了，要是按这个标准去选择国君行吗？"

墨子又创造了两个角色，一个叫"兼君"，一个叫"别君"。"别君"先登场，他说："寡人待百姓，怎么可能像待自己一样？这简直太不近人情了。人生苦短，就像白色的小马驹过山涧，自身都难保，我还管得了别人吗？"所以，在他的国家里，百姓饥寒交迫饿死冻死的不少。

"兼君"则不然。他说："我是国君，当然要先想到百姓，再想到自己了。"他处处为百姓考虑，他的臣下和百姓都很拥护他。

墨子评说道："如果遇到灾年，老百姓在死亡线上挣扎，哪怕他们并不一定赞成兼爱的学说，他们也一定会选择那位'兼君'，而不要那位'别君'。"

"天下之士君子"又没话说了。他们换了个角度又来责难墨子："兼爱够仁义的，但办得到吗？依我们看，这就如同背着泰山过黄河，不可能的。"墨子马上说："这样比喻不当。背着泰山过黄河，自古无人做到。可要说兼爱，古代的圣王都做到了这一点。"

"天下之士君子"又后退了一步："即使能做到，恐怕难度也很大。"

墨子这才表示赞同："是的。不过，只要国君愿意做，下面也会很看重，这叫上行下效。"他又讲了几个故事以说明这个道理。

晋文公时，他提倡臣下要穿粗布做的衣服，于是下面都穿粗布衣。楚灵王喜欢那些身材苗条的细腰者，下面便一个劲地节食，屏住气把腰带束紧。到后来，腰带紧得他们路都没法走，只好拄着拐棍站起来，沿着墙根才能走路。越王勾践呢？他喜欢勇敢的战士，练了3年来演习，他把宫船点火烧起来，亲自擂鼓让士卒救火，还说越国的宝贝尽在这里，结果士卒们一个个舍身救火，为此落水的、烧死的不计其数。

墨子认为，只要国君提倡，用不了多长时间，定会蔚然成风，兼爱说的推行就会像潮流一样不可阻挡。

墨子就是这样为天下大治而不遗余力地宣传自己的思想和主张的。

有个儒家信徒叫巫马子，他和墨子是老乡，经常和墨子展开辩论。有一天，巫马子对墨子说："我和你不一样，我不主张兼爱，我爱邹国人胜过爱越国人，爱鲁国人胜过爱邹国人，爱老乡胜过爱鲁国人，爱家人胜过爱老乡，爱父母胜过爱家里其他人，爱我自己胜过爱父母。为什么呢？因为他们离我越近，我越爱他们。打在我身上，我感到痛；打在别人身上，我不感到痛。我没有理由不首先要解除自己的痛苦，而先帮别人去解除痛苦。所以，在我看来，只能是为了我的利益而杀掉别人，不能为了别人的利益而杀掉我。"

墨子听了他喋喋不休的一番"别"论，便问他说："你是想把这意思藏于心中，还是要把它告诉别人呢？"

巫马子心直口快地脱口而出："为什么要藏于心中，我就是要告诉别人。"

墨子从他的话中找到了漏洞。他说："照你的说法，一个人可以为自己的利益去杀掉别人。如果有个人听了你的话十分赞赏，并照你的话去做，这人就要为自己的利益而把你杀掉。同样，要是有 10 个这样的人赞同你的话，这 10 个人也会把你杀掉。同样，要是天下所有人都赞成你的话，那天下人都会来把你杀掉。反过来说，如果一个人不赞成你的话，他就会以此理由而杀了你。10 个人不赞成你的话，10 个人就会来杀了你。天下人都不赞成你的话，天下人都会来杀了你。总而言之，赞成你的话，不赞成你的话，他们都会把你给杀了。很明显，天下真要实行你所主张的反对兼爱的主张，你必将被杀无疑。这不是争取自杀的主张吗？你这种主张能给你带来什么好处呢？既然只有害处，没有好处，你又为何要胡说八道呢？我看，你趁早把你的错误主张收起来吧！"

巫马子的观点被墨子驳得体无完肤，使他只有招架之功，无还手之力，终以输局结束。

鲁迅 1934 年 8 月写的历史小说《非攻》中，也展现了墨子与儒家子夏氏之徒一场论战的片段：

子夏的徒弟公孙高来找墨子，已经好几回了，总是不在家，见不着。大约是第四或第五回吧！这才恰巧在门口遇见，因为公孙高刚一到，墨子也适值回家来。他们一同走进屋子里。

公孙高辞让了一通之后，眼睛看着席子的破洞，和气地问道：

"先生是主张非战的？"

"不错！"墨子说。

"那么，君子就不斗吗？"

"是的！"墨子说。

"猪狗尚且要斗，何况人……"

"唉唉，你们儒者，说话称着尧舜，做事却要学猪狗，可怜，可怜！"墨子说着，站了起来，匆匆地跑到厨下去了，一面说："你不懂我的意思……"

这里，墨子提出的"君子无斗"这个主题，是特指"兼爱"，也就是说在君子之间，应该以仁爱相待，不应互相残害。这个意思，墨子在《非儒》篇中已经很明确。他说："如果大家都是仁者，那就不会彼此为敌。仁者会按他的是非道理告诉对方，无理的将跟着有理的走，不懂道的将跟懂道的走。说不出道理的必定口服心服，到头来总是好的意见占上风。这怎么会相斗相争呢？"

兼以易别

墨子指出："顺从天意的，就是'兼'。违背天意的，就是'别'。全面兼顾，就是义政。区别对待，终为力政。"他还说："假如认为别人不对，就要用新的内容去取代。如果说别人不对又无新内容取代那就如同以水救水，以火救火。这样说必定不对。"所以，墨子一再强调："要用'兼'来取代'别'。"

"兼"在文字学中是个会意字，它的本意是一只手拿着两棵禾苗，引申意为兼顾等意思。在《墨经》中，这是个哲学范畴，表示整体的意思，因为整体是由部分所组成的。"兼爱"也可以说是把爱推广到全人类，甚至人类以外的任何一个角落。在人的范围内，哪怕是奴隶，是仆从，都是被爱的对象。孟子曾经批评墨子"爱无等差"，恰恰为墨子的兼爱做了很好的注脚。

墨子"兼爱"说的理论基础之一就是全面兼顾的思想。从哲学上看，他更多注重的是事物的同一性，强调矛盾双方共性的一面。这样做，将得到大多数人的拥护，因为这对缓解各类矛盾是有积极作用的。直到今天，"兼爱"思想还能以其独特的文化底蕴渗透在人们的日常思维方式之中，不能不看到其生命力之所在。

墨子的"兼爱"思想和儒家的主张是针锋相对的。儒家主张按亲疏贵贱的差别给予不同程度"仁爱"，说到底是以血缘、亚血缘关系作为基础的。墨家主张"兼爱"，则不讲亲疏贵贱，反映了社会从血缘、亚血缘的人际关系向着地域关系转化的进步性。儒家攻击"兼爱"是目无父母，并把它和目无国君的杨朱一起加以声讨。孟子曾说："杨氏为我，是无君也；墨氏兼爱，是无父也。无父无君，是禽兽也。"（《滕文公下》）其实，从时代潮流来看，墨子"兼爱"比起孔子的"礼"和"仁"是有其进步意义的，它反映了刚冲破氏族贵族残余统治后的士、农、工、商的一种新的企盼，新的觉醒，新的呼吁。它反映了春秋这个大动荡时代来自社会下层的强烈呼声。当然，它其中也不可避免地蕴涵着某些空想的成分、超阶级的人性论的成分，但不能由此否定其进步性。

在欧洲，有关"博爱"的思想，早在文艺复兴运动之前，就已有其萌芽。较有代表性的论述，莫过于波依修斯在《哲学的慰藉》一书的一段论述：

"宇宙通过爱，一刻不停地带来种种和谐的变化：地界的五行虽然彼此相克，却也立下了契约，和平共处。太阳神驾着他那金色的日轮带来了霞光万道的白昼，他的妹妹统辖着长庚星带来的黑夜；贪婪的大海束缚着它的浪涛，以免地界的边缘由于它的冲刷而变样——所有这些都在爱神的牢牢掌握之中，他不仅统治着水陆，就连九天之上也有他的帝国。"

"一旦爱神放松它的约束，一切相亲相爱都会变成战争，天体也会破坏它们迄今一直在和谐而准确、光辉的运转规律。爱，让各人建立了他们不能撕毁的契约，和睦共处。爱，用纯真的爱情结成了神圣的婚姻纽带，并向所有值得信赖的朋友标出它的价值。幸福的凡人啊！但愿你们的心也像宇宙一样为爱所统领。"

这里的"博爱"，是通过"上帝"、通过神体现出来的。近代文艺复兴以及随之而来的资产阶级革命中，"博爱"的主张提倡更多，但它与神学"博爱"一个最大的区别，便是从神学转向了以自然人性为基础的"博爱"。

从 17 世纪末到 18 世纪初，法国资产阶级为反对封建制度，反对教会精神统治，建立一个资产阶级共和国性质的理性王国而先后产生了各种先进思想，其中最主要的启蒙思想家有伏尔泰、孟德斯鸠、卢梭等人。作为资产阶级意识形态的启蒙思想，其共同特征之一便是认为资本主义经济关系是最合乎人性、最符合自然的生产关系，而这一关系的具体体现便是：理性、正义、自由、平等、博爱。特别是以霍尔巴赫、爱尔维修和狄德罗为代表的 18 世纪法国唯物主义者，他们运用"社会契约论"解释国家起源，并借助自然法理论，明确提出了自由、民主、平等、博爱等口号，这在当时的意识形态中产生了较大的影响。

法国空想社会主义者摩莱里在"博爱"思想的阐发上是较为独特的。他反对人天生自私的说法，认为人的本性应当是和睦团结、互相关怀、尊敬老人、尊重智慧、崇尚美德。他指出，在自然状态下，没有私有制，没有国家，没有主人、奴隶之分，人人都是自由平等的。自然界赐给大家的土地，是由大家共同经营、平等享受的。原始社会的家庭，是由受血缘关系凝结出来的爱和温柔感支配的。随着大家庭向小家庭进化，血缘关系为基础的眷恋之情就逐渐下降。但是，破坏这种生活秩序的根本原因是私有制的出现。他认为要消灭一切不平等，就要消灭财产私有，要消灭作为罪恶总根源的私有制。不过他没有指出如何消灭私有制的具体途径。尽管如此，他的思想仍然振聋发聩，对动员大众参加资产阶级革命起了积极的作用。

在自由、平等、博爱这面旗帜下，法国资产阶级革命成为继英国产业革命、美国独立战争之后一次更彻底、更深刻的又一场革命，它从根本上推翻了统治法国一千多年的封建制度，确定了资产阶级政权。

当代，有关"博爱"的思想观念又得到更为广泛的关注和认同，成为当代意识形态中不可或缺的部分。美国哲学家、纽约州立大学保罗·库尔茨教授说："当代大多数精神病学家都认为互爱是人的需要。证据似乎表明，人既需要爱，也需要被爱……要给'爱'下一个精确的定义是困难的，但在这种意义上，我们可以说它是关心他人并把这种关心当作自己目的的一种状态……显然，有一些证据表明，爱不仅是人而且也是其他生物的一种基本需要。"

那么，什么才是具体的爱呢？美国哲学家 R. T. 诺兰在《伦理学与现实生活》一书中列举了各式各样的爱，其中主要列有最初的爱、依赖的爱、对自我的爱、负债式的爱、进取性的爱、殉道者的爱、占有式的爱、渴望的爱、无私的爱、人与人的爱等等。

其中，"人与人的爱"是比较值得注意的一个方面。有关这种爱，美国人类学家阿什利·蒙台古在《人类发展的方向》一书有比较详尽的论述。这里特转录于下：

"爱意味着具有一种深深地专注于另一个人的感情，爱一个人就是向他转达这种关心的感情。这实质上是说，爱开始时是一种主观的状态，必须使它具有活力、变成客观的，即爱要完全得以实现，就必须表露出来。爱不是被动的，而是主动的，它就意味着关注他人。"

"爱是无条件的，爱不是讨价还价，不为任何事与任何人做交易。爱是自由给予的，没有任何附加条件。事实上，爱对被爱者说：'我喜欢你，因为你就是你——不是因为你将要成为我希望或期待的人，而只是因为你就是现在的你。'"

"爱是支持性的。它对被爱者说，他能够依赖那些爱他的人，这些人将永远随时给予他最需要的支持。没有任何疑问，既不是谴责也不是原谅，而是尽力去同情、去理解，他们不会滥用他的信任，不会使他的信仰破灭，他的需要在任何情况下都不会落空。"

"爱是坚定的。爱具有坚定性和完整性。它不仅给予被爱者一种安全感，而且也是一门帮助被爱者做出同样反应的学问。但即使我们知道被爱者不会做出同样的反应，爱依然存在。爱的坚定性使被爱者明白'是'和'不'都同样是爱的可靠证据。"

"爱是人类有机体一出生就是需要的。有证据表明爱是每个人生而具有的权利，是最利于个人发展的必要条件。而且显然只有家庭的温暖气氛才是爱的最好环境，才能够最充分、最令人满意地提供爱。孩子在家庭所学到的爱的形式，如果学得好，就会在以后的生活中扩展到所有的人身上。"

"爱的结果是互利的，它对于爱者和被爱者都有好处。爱一个人就意味着既爱别人也爱自己。在这种意义上，爱既是自私的最高形式，又是无私的最高表现，是有利于发展自我——个人的自我与他人的自我——的一切行为方式中最好的。"

"爱是创造性的，因为爱积极地参与被爱者的创造性发展，进一步促进爱者的发展。"

"爱扩大了被爱者与爱者的能力，使他们对于生活的一切可能的领域越来越敏感。"

"爱通过鼓励不断地引发被爱者的新的能力。没有爱，这些能力或者根本就不会产生，或者得不到健康的发展。例如，感觉敏锐的能力、热情待人的能力、迅速调整自己以适应瞬息万变的条件的能力等等。一直得到爱的人比得不到充分爱的人更容易获得所有这些能力。"

"爱是温柔的，它排除了任何形式的感觉迟钝和蛮横粗暴。"

"爱是令人高兴的，它是快乐的给予者、幸福的创造者，它自身就是善。这并不是说爱必然与狂喜或欢乐的状态相联系。爱可以产生暂时的没有快乐或不快乐的状态。例如，大人常常为了孩子们好而禁止他们可以得到的一些直接满足。由爱而产生的禁令有助于发展爱的能力和培养成熟的性格。"

"爱是无畏的。爱之中没有害怕的成分，也不会给他人造成畏惧。爱以提供

保障的方式使人敢于面对一切条件和境遇，因此，爱能消除恐惧，减轻忧虑，使一切粗俗的举动变得柔和并创造出和平的环境。"

"爱能使人把生活看作一门艺术，作为艺术家的人不断地追求改善和美化生活的各个方面。"

"爱是一种精神态度和行为方式，在所有使人适应环境的调节措施中，爱是最适合、最好和最有效的措施。"

"无论是对于个人还是对于种族，爱都是具有最高生存价值的行为方式。"

以上论述，对认识爱的内涵来说，不失为一种借鉴和视角。有首歌中唱道："只要人人都献出一点爱，世界将变成美好的明天。"看来的确不无道理。

近代中国，资产阶级改良派破天荒地把墨子抬了出来，把他抬到了中国的"平等博爱"的宗师地位。不少近代思想家称墨子为"伟大的平民思想家""劳动阶级的哲学代表"等等。孙中山先生后来也说："仁爱是中国的好道德，古时候讲爱字的，莫过于墨子。墨子所讲的兼爱，与耶稣所讲的博爱是一样的。"这些说法，不管它有多少主观色彩在其中，也不论其目的如何，有一点是非常明确的：讲"兼爱"也好，"博爱"也罢，都能起到唤起人类对美好社会理想追求的作用。一种思想，它能起到这样的历史作用，也就足以看到其影响之大了。

以天为法

墨子说："那么，用什么作为治理国家的法规呢？莫过于以天为法。天运行之广大而无私，它的恩泽布施深厚而自谦，它的光辉永久不衰，所以圣王以它为法。既然以天为法，行动做事就须以天的意志而行。天希望做的就去做，天不希望做的就停止。那么天希望什么、不希望什么呢？天肯定希望人间相爱相利，而不希望相互对立仇杀，因为天对人是既爱又利的。何以知道这一点呢？因为人类为天所有，人的生活一切来源都是天所赐予的。"

"以天为法"涉及中国思想界"天人合一"这个古老的话题。远古时期，人际关系一方面靠原始民主纽带相维持，另一方面又受到某些超自然因素的制约，这是那个时代生产力低下、科学不发达造成的。那时，人与人之间需要协调关系，人与自然之间也要相适应。于是"天人合一"的思想应运而生。自古以来，"天"和"人"之间的关系在人们心目中始终是十分神秘并带有一定主宰力量的。春秋战国时期，在各家思想流派的论述中，"天人合一"的观念逐渐成熟，一个带共性的特点，便是各家都强调天人之间的和谐与一致，原有的神秘性多少被理性所代替。然而，神秘的外衣始终存在，理性的内核要靠合理发掘才能被发现。

中国传统文化是讲究"天人合一"的，但各家都有自己的天人观。儒家是讲天命的，它对天人关系的叙述向来是"人"只能被动地服从"天"的。墨子则不然，他是巧借"天"的巨大威力影响，把"天"加以充分人格化，并把自己的思想、特别是他的"兼爱"思想融进"天意"，借助"天意"来弘扬自己的思想、观点、主张。在他的口中，天对人爱，人对天恭，天充分体现"兼爱"主张。在这里，"天"已真正成了墨子能够驾驭的工具了，墨子以"天"为法的谋略也应运而生。

明眼人一看便知，"相爱相利"是墨子的主张，怎么变成了天的旨意了呢？显然醉翁之意不在酒。俗话说，为了打鬼，借助钟馗。这里，墨子已把自己的主张上升到天的高度了。中国文化中的"天人合一"思想，强调宇宙和人类社会的有机融合。它强调直觉，主张以心去感应世界，又极为平易，但平易之中却常有浓郁的神秘感。

夏王启讨伐有扈氏、商汤攻打夏桀、周武王灭商纣王，都打着顺应"天意"，以"天"为法的旗号。《尚书》中记载了这几次战前的动员令：

（夏）王曰："嗟！六事之人，予警告汝，有扈氏威侮五行，怠弃三正，天用剿绝其命，今予惟恭行天之罚。"（《甘誓》）

（商）王曰："格尔众庶，悉听朕言，非台小子敢行称乱。有罪多罪，天命殛之。今尔有众，汝曰：'我后不恤我众，舍我穑事而割正夏？'予惟闻汝众

言，夏氏有罪，予畏上帝，不敢不正……"（《汤誓》）

（周）王曰："今商王受惟妇言是用，昏弃厥肆祀弗答，昏弃厥遗王父母弟不迪，乃惟四方之多罪逋逃，是崇是长，是信是使，是以为大夫卿士。俾暴虐于百姓，以奸宄于商邑。今予发惟恭行天之罚……"（《牧誓》）

看来，三代"汤武革命"的传统之所以能够形成，关键之一便是借助了"天"的力量，并以"天"助威而带来了神奇的效果。这个以"天"为"法"的传统对后世亦产生了较大影响。

下面出自《太公金匮》中的这个故事，也是讲的武王伐纣的主题，但却带有十分浓重的神话色彩。然而它宣扬的主题思想却是明确的，这就是正义的事业必定得到上天护佑和相助。故事说：

周武王率众伐殷纣王，打算在洛邑建都，却未成功。当时，天寒加雨雪10来天，积雪达好几丈深。一天早晨，有一列神秘的来访者乘坐的车队前来造访，还有两骑随从。武王想不见，太师尚父却说："雪那么深，而没有车痕，这些看来大概是圣人。"

尚父派人盛热粥迎接。一开门，五车、两骑就开了进来。尚父说："大王还没有出征的意思。现在天寒地冻，各位先喝点热粥御寒，不知各位从何处而来？"两骑说："介绍一下，依次排列的分别是南海君、东海君、西海君、北海君、河伯、雨师、风伯。"尚父向武王报告说："这些客可见。南海之神叫祝融，东海之神叫句芒，北海之神叫玄冥，西海之神叫蓐收，河伯叫冯夷，雨师叫泳，风伯叫夷，请派人引他们进来吧！"

武王这才上殿，五神进来见武王之威无不动容。武王问："天阴远来，有何赐教？"五神都说："天伐殷立周，谨来接受大王之命，愿令风伯雨师各使其奉职行事。"

于是，武王伐殷势如破竹，十分顺利。

后来，不少时期的农民起义中，为了提高号召力，也借用了"天"的神威，结果是取得意想不到的成功。原因很简单，因为当时民间非常相信这些。

两汉时期，统治者大力宣扬"天不变，道亦不变"的思想，极力鼓吹"王者承天意以从事"的君权天授观。在这种思想背景下，东汉末年，太平道教教主张角以治病、传教为名，在全国八州建立了庞大的农民起义组织。他提出的口号是"苍天已死，黄天当立，岁在甲子，天下大吉。"这里的"苍天"指的是东汉统治者，"黄天"指的是农民自己的政权。把政权与"天"相联系，体现了张角对君权天授观反其道而用之的谋略，也是历史上"以天为法"，"替天行道"等思想的反映。

古代的农民战争可借"天"举义，打着替"天"行道的旗号发难。近代太平天国农民革命的首领洪秀全则把西方基督教中的"天"——"天父"上帝的意志与中国的农民起义结合到了一起，从而又上演了一场天翻地覆的活剧。

洪秀全在一本基督教传教书《劝世良言》中受到启发，接受了其中"独一真神上帝"的思想。1837 年，他在一场大病之后，便向人们宣扬他做的"异梦"。他说在梦中，遇到一位老人，那老人给他一把剑，让他铲除妖魔。他对父亲还说："天上至尊的老人，已令全世之人归向我了，世间万宝皆归我有的了。"显然，这老人便是"独一真神上帝"。此后，他以这"受命于天"的依据宣称，"朕是天差来的真命天子，斩邪留正。"在他写的一首诗中，这种思想一览无余：

　　朕在高天作天王，尔等在地为妖怪。

　　迷惑上帝子女心，腼然敢受人崇拜。

　　上帝差朕降凡间，妖魔诡计今何在。

　　朕统天军不容情，尔等妖魔须走快。

在这一旗号下，他假托"天父"——上帝的旨意，把他组织的各县"拜上帝会"教徒组织一处，终于爆发了震惊全国的金田起义。

以后，洪秀全又把"天国"的"理想"搬到现实中，他说："天上有天国，地下有天国，天上地下同是神父国，勿误认单指天上天国。"又说："神国在天是上帝大天堂，天上三十三天是也。神国在帝是上帝小天堂，天朝是也。天上大天堂是灵魂归荣上帝享福之天堂，凡间小天堂是肉身归荣上帝荣光之天堂。"从而营造了农民革命的最高"理想"。

以"天"为法的谋略，不仅在中国农民战争中有许多成功的先例，在国外这类事例也并不鲜见。托马斯·闵采尔领导德国农民战争时，曾经向农民群众进行改革基督教的宣传。他说："天堂非在彼岸，天堂须在此生中寻找，信徒的使命就是要天堂即天国在现世上建立起来。"恩格斯曾经高度评价说："这个纲领要求立即在地上建立天国，建立早经预言的千载太平之国；建立天国的途径是恢复教会的本来面目并废除与这种似乎是原始基督教会而实际上是崭新的教会相冲突的一切制度。闵采尔所了解的天国不是别的，只不过是没有阶级差别、没有私有财产、没有高高在上和社会成员作对的国家政权的一种社会而已。"

至于统治阶级中借"天"弄权的成功事例就更多了。

南朝时，因为肖鸾的母亲又是江祐的姑母，所以，肖、江两家关系亲密，他俩从小也经常在一起玩，两人好得和亲兄弟一样。

有一年夏天，天气特别炎热，酷暑难当，肖鸾和江祐实在玩得热了，便脱去上衣接着嬉戏玩耍。这时，江祐看到肖鸾的肩背上有大小两颗赤痣。这种赤痣，一般人极少发现，过去人都认为这是大富大贵、甚至位极人寰的象征。然而，如果被人知道，一旦传出去，当时的当政者便会先行杀戮，给全家引来杀身之祸。这件事，除江祐外，一般人都不知道。江祐也知道这是大事，对此始终守口如瓶。

后来，肖鸾果然把持了朝政。不过，他并非靠战功当权，所以下面大臣并不怎么服他。江祐看到这种局面，很想帮肖鸾一把。他猛然想起那两颗痣。于是，他找到肖鸾，认为是否可将这件事公开，以树自己的权威。肖鸾一听，觉得是个好主意，便同意江祐的建议。

在一个非正式场合，江祐对王洪范说："你知道吗？肖鸾的肩背上有两颗赤痣，这可是大福大贵的征兆啊！"王洪范问："真有这事？"江祐连忙说："我还会不知道吗？我和他从小一块长大，他的事我有几件不知道？"王洪范一听，肃然起敬："啊！这么说肖鸾是日月在躯啊！这可是好事啊！为何要隐瞒呢？我一定要告诉各位公卿。"

这样，肖鸾"日月在躯"的事便通过王洪范的口，一传十、十传百地传开了。时机成熟了，肖鸾便真的登位掌大权了。

借上天的名义在政治斗争中挫败他人的阴谋，也是高明的手法。

元末，滁阳王有两个儿子，他们看到朱元璋的名声越来越大，便想加害于他，准备趁其不备在他的酒中下毒。不料，这一密谋还没做就泄露了，朱元璋却不动声色。

这天，朱元璋等这二人来请他去喝酒的帖子一到，他便和这二人一道前往滁阳王家，神色和往常一模一样。这二人一看朱元璋已上钩，心里暗暗庆幸。谁知，半道上朱元璋的坐骑突然向上跃起，他仰天一望，若有所思，旋即勒马回转。对这二人大骂起来："好！你俩小子想算计老子，用心如此歹毒！"这二人大吃一惊，连忙问何处有所得罪。

朱元璋

朱元璋一字一顿地说："刚才，上天告诉我，你二人想下毒毒死我，现在我不想去你家了！"这二人吓得连忙下马，恭手垂立，口中连声说道："岂敢！岂敢！"从此，这二人再也不敢起此歹念。

利用上天树权威，在历史上这类事很多。但是这种带神秘色彩的谋略一般只能在特定人物、特定背景下才能奏效，可见还是有一定条件限制的。

从大局出发

事有轻重缓急。对一个领导者来说，事务千头万绪，问题繁多，特别是在经济高速发展的今天，社会关系、工作关系和人际关系更加多样化、复杂化，

这在客观上需要领导者具备更高的协调、筛选和处理各种信息和事务的能力。遇事不可"眉毛胡子一把抓"，尤其是在面对突发事件的时候，更应该分清主次，要善于抓主要矛盾，解决主要问题，不断培养顾全大局、协调各方的能力。

东汉中平元年（公元184年），于禁投奔东郡太守曹操，不久即随曹操征讨张绣。

初次交战，魏军大败。曹操仓皇率败军往青州退兵，而张绣则率领大军紧追于后。

此时青州由于禁和夏侯惇镇守。夏侯惇与曹操是同宗兄弟，在镇守青州期间，他放纵士兵假借袁军之名，掠劫民家。而于禁则率本部军沿东部剿杀扰民之流兵散勇，安抚众民，这让夏侯惇非常生气，两人遂产生嫌隙。

这时，曹操已败回青州，扰民之兵便跑到他跟前，痛哭流涕，说于禁造反，追杀青州军马。曹操大惊，命夏侯惇、许褚、李典等整兵迎击于禁。

于禁见曹操及诸将整兵俱到，如临大敌。但他并没有急于进城，而是在城外安营扎寨。有人偷偷告诉于禁说："青州军在曹丞相面前诽谤，说将军造反，现在丞相领大军已到，显然是听信了谎言，将军不前去向丞相分辩，为什么还安营扎寨呢？"于禁坦然说："张绣贼兵追赶在后，很快就会赶到，现在的首要事情是准备迎敌，而不是与自己人先分辩是非，否则，怎样拒敌？分辨事小，退敌事大。为将者应先公而后私，处政者则宜先敌而后己。"

于禁的营寨刚刚部署完毕，张绣的追兵即分两路杀到。于禁乘敌军远道疲惫，尚未休息之机，率领大军对其大举迎头痛击。结果，张绣兵败而逃。

于禁收军点将，安顿好士兵，然后只身入见曹操，详细禀明青州兵肆行乡里，掠夺财物的情况，便说明这种行径令老百姓大失所望，以致许多流民占山为寇，他们与袁军残余相互勾结，不利于青州的根基稳固。

曹操反问于禁："不先向我禀报，反而安营下寨，怎样解释？"于禁将之前所说的话重新申诉一遍。曹操这才下座，牵其手，绕帐一周，对众将说："于将军在匆忙之中能整兵坚垒，任劳任怨，反败为胜。虽古之名将，何以加兹！"曹操遂封于禁为益寿亭侯。

于禁在面对突变时，能分清事情的轻重缓急，先解决了全军的危机，后化解了自己的危机，其以大局为重的全局观得到了曹操的充分肯定。

事有轻重缓急，因此，领导者在处理问题，尤其是在应对突发事件时，不能随手乱抓，应该保持冷静，分清轻重缓急，抓住重点，解决主要矛盾，这是培养全局观、战略观的基本要求，也是成功者最大的处事秘诀。

有一位整日被繁杂的工作弄得心烦意乱的公司经理来拜访卡耐基。

当他看到卡耐基干净整洁的办公桌时感到非常惊讶，他原本以为卡耐基的办公室里也会和他一样堆满了各种各样的文件，于是他问道："卡耐基先生，你没处理的信件放在哪儿呢？"

卡耐基说："我所有的信件都处理完了。""那你今天没干的事情又推给谁了呢？"经理紧追着问。"我所有的事情都处理完了。"卡耐基微笑着回答。这位公司经理想不明白，脸上写满了困惑，于是，卡耐基解释说："原因很简单，我知道我需要处理很多事情，但我的精力有限，一次只能处理一件事情，于是我就按照所要处理的事情的重要性，列一个顺序表，然后就一件一件地处理。这样，很快就处理完了。"说到这里，卡耐基双手一摊，耸了耸肩。"噢，我明白了，谢谢你，卡耐基先生。"几周以后，这位经理邀请卡耐基来参观他宽敞的办公室，对卡耐基说："卡耐基先生，感谢你教给了我处理事务的方法。过去，我这宽大的办公室里，堆满了各种各样需要处理的文件、信件等等，它们堆得就像一座座小山，每天看到它们，我都觉得头疼。自从用了你说的法子以后，情况好多了，瞧，再也没有没处理完的事情了。"

这位公司的经理找到了处理事务的办法，几年以后，他成为美国社会成功人士中的佼佼者。

领导者总是会遇上各种各样的问题和麻烦，这些令人应接不暇的事情，很容易让人手忙脚乱，常常是照顾了这一点，又忘记了那一点，无论怎样权衡利弊，始终不能尽善尽美。这时就需要领导者具有全局观念，从大局出发，善于

发现并解决其中最迫切的问题。只有先解决了这些问题，才能有余心解决其他问题。否则，在细枝末节上浪费时间就会贻误时机，导致失败。

因此说，领导者要有顾全大局、高效协调的能力，把最重要的事情优先处理。至于其他的事务，也可以把它们按照急重轻缓的顺序整理好，然后再着手处理。否则，连自己的事务都处理不好，如何"尚同"控制，引领众人呢？

有法才有和谐

俗话说，"无规矩不成方圆"，意思是在一个范围内，每个人的行为和言语必须受一定规则的约束。只有这样，才能不干涉他人正常合理的工作和生活，才能维护和保证社会的正常运转。墨子认为，想要做大事的人，必须遵守一定的法则，按照法则做事，才能引领自己走向成功。

春秋时期，楚庄王亲自制定了"茅门之法"。它规定：无论是王公大臣，还是太子入朝，如果马蹄践踏了宫中接漏雨的盛器，廷理可以斩断马车的轴，砍掉马车的缰绳。

一天，太子入朝时，横冲直撞，结果马踩破了接水的盛器，弄得廊下到处是水。廷理看到了这一幕，便立即执行楚庄王的"茅门之法"。太子一见，大发脾气，入宫后，向楚庄王哭诉，他狠狠地斥责了廷理，最后要求道："父王一定要为儿臣做主，杀了那个廷理。"楚庄王弄清了事情的原委后，严肃地对太子说："为什么要有法？那是因为要敬宗庙，要尊社稷。为了宗庙社稷的根本利益，才制定了法。从立法的威严，可以看到宗庙社稷的威严。既然是庄严的社稷之臣，怎么能够随便诛杀呢？犯了法、废了令又不尊敬社稷的人，用臣下的一套来要求国君和上司。那么国君的威望就会丧失，上司的地位就受到威胁。威失位危，社稷不能长守。如果这样，我将拿什么来传给子孙？"

听了楚庄王一席话，太子知道自己做错了。于是，他专门在室外露宿了3天，行北面再拜礼，以请死罪的方式向社稷认错赔罪。

正是由于楚庄王严于执法，从而在百姓和群臣中建立起了自己的威信，这之后，他励精图治，使楚国逐步强大，威名远扬，最终称霸中原，而自己也成为春秋五霸之一。

战国时期，各国纷纷加强变法，使法制意识更加深入人心。当时，赵国负责收取贵族租税的是田部吏赵奢。有一次，他在收税中，发现平原君家不肯出租税，便依法行事，一下杀了平原君家9个管事的家臣。消息传来，平原君大怒。要知道，平原君的势力在赵国是数一数二的，赵奢此举不是在太岁头上动土吗？平原君觉得自己失了很大面子，便放出话来，一定要杀了赵奢。

之后，赵奢被平原君的属下抓来，但他并不害怕，而且心里极为坦然。他理直气壮地对平原君说："先生贵为赵国公子，如今却纵容家臣不奉公守法。先生一定知道，法制削弱了，国家的实力也会削弱；国家的实力削弱了，别的诸侯就会来进攻，这样，哪里还有赵家呢？先生又哪来的荣华富贵呢？每个人都应该奉公守法，即使是王公贵族也应如此。上下平等则国强，国家强则赵家的地位就稳固，按先生的尊贵地位，所得到的利益还会比天下更轻吗？"

平原君听了这番话，对赵奢由怨恨转为尊敬。他把赵奢严于执法的事报告给赵王。赵王很欣赏赵奢，于是把更重的责任——治理国家赋税之职交给了赵奢。果然，赵奢不负众望，做得很出色，即使百姓充实，又使国库增加，赵王很满意。

法规是经过综合考虑，多方探讨之下产生的，它能够对大家的行为产生约束的作用，从而使大家能够在一定规则内实现自身的价值。世上不存在绝对的自由，每个人都生活在一定的规则之内，规则不仅没有束缚人的自由，反而让人更深地展现自己，发掘自己内在的自由。规则也是一样，有了规则的束缚，才能更好地实现自身的价值，不至于迷失在无尽的无规则中，也才能使国家建立起一定的秩序，使国家在有序的法则内和谐、美好地发展。

架起沟通的桥梁

墨子认为，统治者身居高位，在施政治国时，应有"心系江湖之远"的情怀，对百姓的情况了解得很清楚，这样就能够奖赏善人，惩罚暴人，那么国家就能够治理好。如果居上位者在施政的时候，不了解下面的实情，就不能分清善恶，那么国家就会发生混乱。因此，统治者想要治理好国家，就要了解国家的实情，考察百姓的实际情况，这样才能巩固自己的统治。

在今天，要想实现墨子的理想，上级和下级之间的沟通非常有必要，同时保证信息渠道的畅通，这有利于防范和阻止腐败现象的产生，对于我们今天的廉政建设和政治体制改革具有一定的借鉴意义。

随着麦当劳的事业越做越大，员工人数也在不断增加，由于企业高层忙于决策管理，一定程度上忽视了上下的沟通，致使麦当劳公司内部的劳资关系越来越紧张，甚至爆发了抗议工资太低的劳工游行示威。这次示威活动对麦当劳公司的高级经理们产生了巨大的冲击，使他们重新认识到加强上下沟通，提高员工使命感和积极性的重要性。面对员工不断增长的不满情绪，麦当劳公司经过研讨形成了一整套鼓舞士气的制度和缓解压力的沟通。

于是，麦当劳任命汉堡大学的寇格博士解决沟通的理论问题，让擅长公共关系的凯尼尔为公司解决实际操作问题。他们的措施很快就有了效果。

凯尼尔请约翰·库克及其助手金·古恩设计的"员工意见发表会"变成了麦当劳的"临时座谈会"制度。临时座谈会的目的是为了增强与员工的感情联络，因此，会议不拘形式，以自由讨论为主，虽以业务项目为主要讨论内容，但也鼓励员工畅所欲言甚至倾吐心中不快。因此，所有服务员对座谈会都抱着很高的积极性。实践证明，这种沟通方法比一对一的交流更加有效。

为了加强服务员之间的交流，除了面谈以外，麦当劳还推行一种"传字条"的方法。麦当劳餐馆备有各式各样的联络簿，例如服务员联络簿、接待员联络簿、训练员联络簿等，让员工随时在上面记载重要的事情，以便相互提醒注意。

麦当劳公司的做法成功地缓和了劳资冲突和对立。管理者从中悟出了一个道理，使用警察不是解决劳资冲突的好办法，这不但会损害麦当劳的形象，还会使矛盾愈加激化，甚至动摇麦当劳公司的根基。

松下幸之助有句名言："企业管理过去是沟通，现在是沟通，未来还是沟通。"雄踞世界 500 强榜首的零售业巨头沃尔玛公司前总裁萨姆·沃尔顿曾说道："沟通是管理的浓缩。如果你必须将沃尔玛体制浓缩成一个思想，那可能就是沟通，因为它是我们成功的关键因素之一。在这样一家大公司实现良好沟通的必要性，是无论怎样强调都不过分的。"沟通不仅能使上下层级关系通畅，从而做到信息共享，还能起到"攻心"和激励的作用，使得全体员工思想统一，行动一致，从而共创佳绩。

因此，管理者应加强上下级之间的联系，增强上级与下级之间的沟通，这样更有利于上情下达或者是下情上传，进而有利于企业的发展，社会的和谐。

以德治国方得民心

中国自古尚德，德政治世，是为大同。德是中华民族生生不息之精魂，是中华五千年文化得以亘古延续的缘由。自古以来，得道者仁厚，施仁于民，德者，仁义之功视为德。无论是一人，还是一国，如果失去道德，失去诚信，就如同无源之水、无本之木。墨子在此也强调："宽以惠，缓易急，民必移。"意思是说宽厚仁德地对待人民，救民于水火之中，必得民心。这是古往今来亘古不变的准则。

儒家学派的也持同样的观点，孟子曰："得道者多助，失道者寡助。寡助之至，亲戚畔之；多助之至，天下顺之。"意思是：站在正义的方面，会得到多数人的支持帮助；违背道义，必陷于孤立。在孟子看来，得天下之道，即是施行仁政。

唐代魏征提出"怨不在大，可畏惟人；载舟覆舟，所宜深慎。"统治者相当于船，民心相当于是水，统治者想要顺利地把这条船浮起来，必须要靠水，也就是民心。当你获得了人民的心，那就等于你得到了天下。

秦末时期，原来的楚国贵族项羽趁乱起兵，依靠自己的军事天才和贵族优

势成为各个反秦独立势力中最强大的一个。项羽身材高大，力大无穷，所以很容易取得威信。另外一个以刘邦为首的势力，此人从小游手好闲，不学无术，打仗败多胜少，而且用语粗俗，毫无王者风范。项羽性格暴躁，对民众苛刻，他不仅杀死了各路义军的总统帅楚怀王，竟将投降的四十万秦朝士兵杀得一个不剩。同时，他为人刚愎自用，对谋士的建议充耳不闻。因此，很多人渐渐离他而去。反观刘邦，他从小熟知平民生活，爱惜民力，对人宽厚，而且知道自己没有太大本事，所以十分尊重人才，对投降士兵非常友好，愿意留下的就收编，不愿意的就让他们回乡下，因此，深受人们的爱戴。最终，项羽因为残暴不仁而众叛亲离，而刘邦则得到许多人的帮助和拥护。在长达五年的楚汉战争中，虽然刘邦多次失败，但是他因为不断得到群众的支持而能够不断地反击。最终，项羽众叛亲离，被刘邦彻底打败，最后于乌江边自刎。刘邦因为得到人民爱戴而最终登基称帝，开创了统治中国400多年的汉朝。

尧舜时代君王以身作则，修正心灵，文明治世，教化万民，造就了尧天舜日、麦收双禾、五风十雨，凤凰鸣山、麒麟在野，路不拾遗、夜不闭户的太平盛世。继之以禹、汤、文、武、周公仍以德治世，天下太平。

古往今来，事功最大者莫如君王，四海之内莫非王臣，率土之滨莫非王土。但能称颂于后世者往往不在其封疆壮大之势，而在其仁德爱民之心。无德之君往往是身败国亡，淹没于历史长河。又如王莽、秦桧、和珅之流，违德而行，事虽成而转瞬即灭，终落得千古唾弃的下场。

自春秋不义狼烟四起，继而礼崩乐乱，孔子终日奔走，教诲不倦。"夫子贤于尧舜"者，是其将德植民心。而后历代仍以德行民心，砥柱中流，续燃民族不灭的火种。

中华民族尚德，因此，历世圣贤迭起，皆以德论，不在事功。道德修养是中国古代政治、经济、文化的"长生"之道，所以养德乃是正人心、端风俗、齐家、治国平天下的第一要务。如此看来，以德治国平天下，胜过兵戈铁马劳民伤财，此乃战争谋略的最高境界。

以人为镜知吉凶

墨子说："古人说过：'君子并不以水作镜子，而以人作镜子。以水作镜，只能见容貌；以人作镜，则能知吉凶。'如果现在有人以为攻战能得到利，那么为何不以智伯好用兵而失败的事做前车之鉴呢？此类事非吉而凶，是本可预料的。"

集权政治中的专制主义有截然不同的两种模式，一种是秦始皇那样的极端专制主义，另一种则是唐太宗那样的开明专制主义。后者则是从专制统治向民主政治过渡不可或缺的中介环节。即使在古代中世纪社会，开明专制主义的形象也比极端专制主义要好得多，尤其是在用人和纳谏两个方面，的确有独到的优点。实行这类模式的统治者，应该说在当时的背景下，已达到了统治水平的较高境界，其政治谋略之高超，非一般当权者可同日而语。

智者千虑，必有一失；愚者千虑，必有一得。是否善于倾听别人的意见，哪怕是很尖锐的不同看法，这是衡量一个人胸怀有多大的重要方面。所谓"镜于人"，就是要做这么个胸怀宽广的人。让人说话，天塌不下来；不让人说话，听到的只是一种声音，那就难免有一天要垮台。只有耳根硬、脸面厚，即使面对像瓢泼大雨那样的反对意见，也能硬着头皮听完的人，才能真正听到那种堪称"知吉凶"的真知灼见。当时的思想家、政治家大多为统治者服务，他们绝不会说这样的话。只有墨子，他站在占人口绝大多数的小生产者立场上，才敢于毫无顾忌地向统治者忠告这一政治谋略。某种意义上说，这才真正是帮助他们长治久安的谋略。

魏徵是巨鹿人，到他之前几代才迁居相州内黄县。唐高祖武德末年，他担任太子洗马的官职。在太子李建成宫中时，他亲眼看到李建成与李世民暗中互相倾轧，多次劝李建成早下手。玄武门之变李世民除掉李建成后，唐太宗李世民把魏徵召来质问："你为何要离间我们兄弟？"别人都为魏徵捏把汗，魏徵却非常从容地说："皇太子若当初听了我的劝告，必定不会有今天的可悲下场。"

李世民知道魏徵是个耿直的人，由此而肃然起敬，提拔他为谏议大夫，给予很高礼遇，并多次请他到内室征求治国的方略。魏徵很有才能，又刚正不阿。每次谈话，李世民都很高兴。魏徵经过一段时间与李世民的接触，也感到李世民是真正器重他。既遇知己之恩，魏徵当然是全力为李世民出谋划策。他一连进谏了 200 多件事，李世民都认为合他的心意。公元 629 年，魏徵跃升为秘书监，参与朝政。李世民非常知心地对他说："要说你的罪过，真比当年射中公子小白（即后来的齐桓公）衣带钩的管仲还严重，可是我任用你却超过了齐桓公任用管仲，这些年来君臣能相处得这么好的，哪有比得上我和你这样的呢？"

公元 632 年，李世民到九成宫巡视时，设宴款待过去的亲信大臣。老臣长孙无忌借此机会向李世民进言："王珪和魏徵过去都是李建成的人，我见到他们如同见到仇敌，谁知今天还在一起开宴会。"言下之意是李世民不该重用他们。李世民却说："魏徵过去的确是我的仇敌，但他对主人忠心，过去侍奉李建成也是竭尽全力，这完全是值得嘉奖的。我能从对方营垒中选拔任用他，这样做难道是愧对古代圣君的行为吗？魏徵在我面前不讲情面，常常犯颜恳切劝谏，为的是不叫我犯错误，所以我很器重他。"魏徵听到李世民这番肺腑之言，跪拜说："陛下启发我说话，我这才敢说话。如果陛下不听我的意见，我又怎敢冒犯您而触动忌讳呢？"李世民很高兴，当场赐给每人 15 万钱。

公元 633 年，魏徵接替王珪任侍中，还被封为郑国公。不久，魏徵因病要求辞去他的职务，只当一名散官。李世民说："我从敌对人群中选拔你，委你以重任，就是让你看到我的过失而经常规谏。你看，那金子埋在矿山里，它的价值怎么体现呢？只有优秀的工匠把金子开出来再锻打成器具，这才会被人们当作宝贝。我就是那金子。你就是那优秀工匠。你虽有病却不算衰老，怎能让你赋闲而不理政事呢？"魏徵听了没有再坚持。过了一阵，他又请求辞职，李世民解除了他的侍中之职，又授他持进之职，仍掌管门下省的重任。

公元 638 年，李世民为皇孙做生日时宴请群臣，他非常高兴地说："贞观之前，跟我打天下的人中论功劳，没有人能够比得上房玄龄。贞观之后，对我竭尽忠诚，屡献忠言，使国家得以安定，使百姓安居乐业，使我能守住江山，为天下人所称道的，只有魏徵。古代的名臣，没有超过他的。"李世民亲手解下自己的佩刀赐给魏徵和房玄龄二人。

李世民的长子承乾名列东宫，却是既不修品德，又不好读书。而四子魏王泰深得父爱，宫里宫外的人都对此颇有议论。李世民听到这些议论既不以为然，又十分讨厌。为把这种舆论平息下去，他把大臣们找来说："当今朝臣，其忠诚正直都比不上魏徵，我想借重他来教育皇太子，以消除天下人的怨恨情绪。"公元642年，李世民授予魏徵太子太师之职，同时还和过去一样掌管门下省。魏徵说自己有病，想推辞太师之职，李世民无论如何不让。他说："太子是国家的根本，必须有老师教诲，只有正直的人才能担此重任。我知道您有病，您可以躺着教。"

不久，魏徵又病了，这次病得很重。唐太宗见魏徵家没有正堂，他立即下令让朝中正建的一个小殿工程停下来，把材料、工匠拨给魏徵建正堂。结果，才5天正堂就建成了。可是，过了几天后，魏徵却病逝了。

魏徵死后，李世民亲自到魏徵家痛哭，赠给他司空的官衔和文贞封号。李世民亲自为魏徵写碑文，并亲自写在碑石上，还赐给魏徵家900户可供租税的封户。

李世民对魏徵的去世非常悲痛。他曾经说过："以铜作镜子，可使人知衣帽是否已穿戴端正；以历史作镜子，可使人懂得国家的兴衰；以有识之人作镜子，可使人明白自己的得失。我常用这三面镜子来防止自己有什么过失。现在魏徵死了，我失去了一面镜子。"

为此，李世民特下了一道诏。他说："过去魏徵经常指出我的过失。自他去世后，即使我有过失，也不见有人向我指出。我怎么会只有过去有失误，现在都正确了呢？肯定是臣属不愿冒犯我罢了，我只有虚心向外征求意见，以分辨是非，解除疑惑。各位提了意见我没有采用，那是我的问题；我一心想用你们的意见，你们却不说，这是谁的过错呢？今后每个人都要详尽陈述自己的想法。

我如果有不对的地方，你们要直说，不要隐瞒自己的看法。"

民言利于政

墨子南游，来到楚国，他去求见楚献惠王。惠王以自己年迈为由，派穆贺代表自己会见墨子。墨子借此机会向穆贺游说了自己的主张，穆贺听了很高兴，但他却这样说："先生的主张，的确很好，不过君王是天下的大王，他大概不会为一个微贱的平民之言而加以采纳吧？"墨子不以为然，他说："只要他的话能行之奏效就行。拿药来比方，一把草根，天子吃了能治好疾病，他大概不会因为仅仅是一把草根而不吃吧？现在，农夫向权贵纳税，贵族们用它来酿酒，还做成各种供品，用以祭祀，他们会因为这是微贱农夫所贡纳而不享用吗？虽说是微贱之民，上把他比作农民，下把他比作药材，难道他们还比不上一把草根吗？……"

墨子不愧是平民思想家，他来自民间，熟悉百姓在想些什么。他对统治者最好的忠告，也就是要他们善于倾听民言。没有百姓，统治者最终将一事无成。如果说政治上的民本主义最终到战国孟子时才确立的话，那么作为战国百家争鸣的先驱，墨子思想中的民本主义倾向是最鲜明的。在一个社会大动荡的时代，首先能注意民心向背，是很了不起的，因为这是政治谋略中带根本性的大问题。

这里，墨子的高明之处在于：其一，并非一切草药都要，要的只是利于病的良药；其二，也并非一切民言都听，听的只是对救世有利的良言。然而，什么是良药？什么是良言？这就要靠听者高超的鉴别水平了。

吴王夫差同群臣夜饮，有一只鹡鸰鸟在大殿外庭院中鸣叫。吴王夫差听了感到十分厌烦，便要派人去把它射死。

伍子胥说："这声音蛮好听了，千万别把它杀了。"

夫差感到奇怪，就问他为什么。伍子胥却反问他："大王您为何要厌恶这只鸟呢？凡是长了嘴巴的，都会鸣叫的，这是所有动物的本能，大王为何对此厌烦呢？"

夫差自感无话可说，但他的面子又下不来，只好硬着头皮强辩说："这是只妖鸟，它一鸣叫就不吉祥，所以我讨厌它。"

伍子胥却不以为然。他对夫差说："大王真以为它不吉祥就讨厌它吗？照这么说，有口发出那不吉祥鸣叫的不止这只鸟，大王您身边的人不是都会鸣叫的吗？要是您有了过错，他们会鸣叫而掩饰您的过失；要是您有了贪欲，他们会鸣叫助长您的欲望；要是您有了事，他们会鸣叫以支持您；要是您听到、看到了什么，他们会鸣叫来遮挡您的听觉和视觉；要是您面前出现顺从自己的臣下，他们会鸣叫来对他大唱赞歌；要是您面前出现不顺从的臣下，他们会鸣叫对他大肆攻击。"这些反话，说得吴王夫差一愣一愣的。就在他细想这些话时，伍子胥又说开了："刚才我说的，凡是有鸣叫的，必有目的。那么，哪些鸣叫能让大王高兴？哪些鸣叫又能让大王发怒？哪些鸣叫能使大王坚信不疑？所以，国家的吉祥凶祸都在那些鸣叫声中，这一点大王并不知道。所有这些，和那鸟的不吉祥比一比，哪个更重要些呢？大王为何对这些不当回事，而对鸟叫那么注意呢？吉祥也好，不吉祥也好，只在于人事，鸟兽能知道什么呢？如果认为它不吉祥，就该多加注意并加以预防，找出自己存在的问题，改变这种状况，那就能使国家吉祥了。如此听来，鸟的鸣叫倒真是美妙的声音啊！"

伍子胥讲的是鸣叫的鸟，却拿朝廷上种种大臣的鸣叫加以对照。那么，他说的鸟叫指的是什么，不是很清楚了吗？

还有一次，屈原对楚襄王说："大王如此宠信靳尚，大概是觉得他能够承担其使命吧？要知道，楚国是大王的楚国，百姓是大王的百姓。靳尚所作所为，如果没大王的命令就不能成功，所以楚国人听靳尚的实际上是听大王的。既然靳尚离开大王不行，大王又何必依赖他呢？现在，大王把楚国交给靳尚管理，食物不经他手就感到不好吃，衣裳不经他手就感到不合体，政令不经他手就不高兴，这我就弄不明白了。从前，商纣王信任的是蜚廉、恶来之流，只要是纣王想的，他们就到处想办法给他办，他们整天都在揣摩纣王的意图，想方设法阿谀逢迎。自以为对君王很忠，却不知这反而给君王带来了天下的积怨。百姓一起来，纣王被消灭，自己也跟着消灭，那有什么好处呢？靳尚现在并不把过去的历史经验引以为鉴，大王您却毫无觉察，总被他这套手法所迷惑。大王即使诚心诚意要施行德政，靳尚却借机在窃取那些恩德，他的行为在告诉人们：这都是我实行的德政。百姓一旦看到苛暴的政举便不堪忍受，靳尚却会说：这是大王的意图，我有什么办法？好处在他这里，坏处却归于大王。这样下去，我真担心，楚国就不再是大王的楚国了。"

楚襄王听不进这些话，勃然大怒之下，把屈原流放到湘江的源头之地。可是，屈原离开了朝廷，楚国的实力就大大被削弱，被秦国所灭只是时间问题了。

看来，朝廷上只有一种声音不行，必须要有真正能反映民间问题的又一种声音。听不到这种声音，这个朝廷就真正有问题了。

为"圣王之务"而厚鬼神

墨子说："古时候圣王一定相信鬼神的存在，他们竭尽全力侍奉鬼神的意识很重。他们又恐怕后代子孙不懂这一点，因而专门写在竹简帛书上，传给后代子孙。甚至恐怕简帛朽烂或被虫蛀蚀，以致后代子孙无从阅读，便镂刻在盘盂、金石上以示重视。还恐怕后代子孙无从敬事而取得吉祥，因此把先王典籍、圣人言论，即便在一尺之长的帛书和同一篇竹简中，都反反复复诉说鬼神的存在。这是为什么呢？因为圣王的力量重点就在这里。如今有些坚持无鬼神的人说：'鬼神根本就不存在。'这样说显然违背了圣王的要意。既然这样，那就不是君子所行之道了。"

墨子在《耕柱》篇中有段回答巫马子的话，对理解这段话的意思有参考价值。那段话说："古时夏启派遣蜚廉到山川中采铜，在昆吾铸成大鼎，便请占卜大师翁难乙用龟甲占卜，结果记在卜辞中说：'鼎铸好后，成三足而方，不用火它也会烧煮，不用动它也能自藏，不用移它也步步向前。'翁难乙对他解释说：'鬼神已经享用了。那篷篷白云，一会儿南北相移，一会儿东西相走。九鼎铸成了，将传于三代。'以后，夏桀失去了它，殷人接受了。殷纣失去了它，周人又接受了。"

仔细体会这段话便可明白一个道理：三代在"鬼神"的名义下接受代表权力的"九鼎"。它告诉人们，君权是神授的。这其中的主宰，别人不知道，鬼神是知道的。所谓"鬼神智于圣人"的说法，其用意就在于此，无非是要给君权加上一圈神秘的光环而已。墨子为了宣传自己的"兼爱"思想，在当时人们普遍坚信上天和鬼神的环境中，必须要借助于它们。当然，这不是人人都能做到的。墨子能运用这样的谋略，需要极大的胆略和气魄。

字里行间，墨子的良苦用心已昭然若揭。显然，他是为所谓"圣王之务""君子之道"而厚敬鬼神。夏政尚鬼神，因为当时科学不发达，信鬼神的人很多。墨子对鬼神的态度，有的地方信，有的地方不信。不过，仔细推敲，"信"的地方多半是为借鬼神而宣扬自己的思想观点而已。墨子的"兼爱"说要立起来，在当时情况下，只能一靠"天"的力量，二靠鬼神的力量，没有这两条，要树起自己学说的权威，几乎是不可能的。

佛教中有关佛祖释迦牟尼诞生的故事，就具有典型的神造色彩，按这个故事的说法，他的一切智慧都是从神那儿来的。

故事说：远在3千多年前，印度北方有个迦昆罗国，国王净饭王、王后摩耶夫人深受臣民爱戴，他们别的事都称心如意，唯一的缺憾就是没有儿女，长此以往，王位继承就会发生问题。摩耶夫人从江山考虑，劝国王另纳王妃，可是国王始终不愿答应。

有一天，净饭王做了个梦，他梦见自己玩双陆戏总是输钱，醒来后便问臣下，这梦意味着什么？有个大臣为他解梦说："陛下梦见双陆频输，是因为宫中无太子，所以频输。"净饭王问："如何才能求得太子？"得到的回答是："在城南满江树下，有一祀神，善能赐恩赐滔。去那儿求太子，定能如愿。"于是，净饭王、摩耶夫人到了城南，先是净饭王索酒发愿："拔掉乘船过大江，神前倾酒三五缸，倾杯不为诸余事，男女相兼乞一双。"显然，他想要一对儿女。

摩耶夫人却说："大王何必贪多，求男是男，求女是女，求一双恐为难

《墨子》智慧通解

求。"于是也索酒发愿:"若是得男,神头上的伞盖朝左转一匝;若是得女,神头上的伞盖就朝右转一匝。"

说也奇怪,就在这时,神头上的伞盖果然朝左转了一匝,这是个好兆头,看来要得一个男孩了。不久的一天,摩耶夫人感到不适,便在采云楼睡着了,接着做了个梦。一觉醒来,浑身大汗淋漓,而梦中景象还历历在目。她向净饭王奏道:"贱妾在采云楼上做了个梦,梦见从天降下一轮太阳,太阳之内有个孩子,相貌甚为端庄严肃。还有六牙白象从妾顶门而人,在右胁下安之,不敢不奏。"

大王也叫大臣解梦,大臣连忙贺喜:"好兆头啊! 大王有喜事啊! 这是要生贵子呀!"过了几天,摩耶夫人果然出现了怀孕的反应。10 个月后,将分娩前,夫人感到心情不好。就在这时,净饭王告诉夫人,说后园内有棵灵树,叫无忧树,让夫人前去观看,以免忧烦。

摩耶夫人带着宫女去后园看无忧树,一看这棵树顿感非常欢喜,一激动便带来腹中不安,看来要分娩了。摩耶夫人手攀树枝,姨母波阇波提抱着她的腰,采女用金盘子承接太子。就这样,释迦牟尼太子从摩耶夫人右胁下诞生了。

奇怪的是,太子诞生下地,就不用别人搀扶,只见这太子在东西南北各走了 7 步,一朵莲花捧着他的双脚,他一手指天,一手指地,口中念念有词:"天上天下,唯我独尊。"这副尊容,预示他长大后必定舍身出家,实现普度众生的志愿。接着,只见他步步生莲花,惊动了四方,空中有飞天为他散花和奏乐,并有 9 条龙向他身上吐水,为他沐浴。

按这个故事的说法,神造就了释迦牟尼,释迦牟尼到民间体现神的意志,这种观念既增添了圣人的光彩,更体现了神的威严。如果说宗教中的造神带有某种必然性的话;那么,人间的某些造神则带有不少偶然的因素。

在秦末农民起义的发动阶段,陈胜曾借助鬼神威众,终于使特别信鬼神的楚人跟他起兵。他派人在买来的鱼中塞进绢帛,上面写着"陈胜王"三个字。役卒剖鱼时发现了这绢帛,奇闻便在 900 名戍卒中一下子传开来了。到夜晚,人们围着篝火取暖，陈胜便派人在远处装狐狸叫，在狐狸叫声中又夹杂着人话，好像在喊："大楚兴，陈胜王。"这两个办法很灵。在"鬼神"的帮助下，陈胜的头上如同罩上了一层神秘的光环。

陈胜见时机已到，便趁势杀了两个押送戍卒的校尉，随即便动员戍卒起义。这样，非但这900名戍卒都跟着陈胜起义，连附近的百姓也闻讯前来参加，队伍一下发展到数万人。不久，全国的反秦武装在此影响下，也一支支地揭竿而起，并前来与陈胜联络。

运用鬼神的力量帮助自己获得成功，在政治领域中也不乏其例。西汉武帝时，酷吏江充看到武帝年迈多病，深恐他百年之后自己的利益受损害，于是向武帝谎奏说病根在有人搞"巫蛊"。所谓"巫蛊"，即把做成的木偶埋在地下，方向朝着被诅咒的人，这样，被诅咒的人就会被鬼魂缠身，以致身患重病。武帝便令江充在宫中查找。江充借此机会，把"巫蛊"的赃栽在太子身上，受此株连者前后数万人。结果，卫夫人的整个势力全部被剪除。太子被逼远走他乡，中途被追兵所亡。江充借"巫蛊"闹鬼，终于达到了自己的政治目的。

利用鬼神相助的事例，在国外也不鲜见。在古罗马的弗龙蒂努力斯所作《谋略》一书有这样一些记载：

奥卢斯·波斯图米乌斯（罗马将领）在与拉西人交战时，发现自己的部队士气低落。刚巧此时有两个陌生的年轻人骑马来到部队。波斯图米乌斯便大肆宣扬，说这两个年轻人就是希腊神话中的孪生英雄卡斯托耳和帕勒克斯。这一招果然灵验，众人的作战热情骤然被激起。

昆图斯·塞多留雇佣了一支智力低下的异邦人组成的部队。为了控制这支部队，他身边总是随带一头美丽的白鹿。他常对人说，这白鹿能告诉他该做什么，不该做什么，避免做什么。就这样，塞多把自己的命令都说成是神灵意志的体现，异邦人对此深信不疑。

马其顿王亚历山大在做祭祀时，故意把一些预先拟写好的文字写在占卜者手上，占卜者再把这些文字烙到祭品上去。当热气腾腾的供品送上祭祀典礼上

来时，那些说要赐予亚历山大获胜的文字便显赫地展现在人们面前，士兵们确信无疑地认为这是神灵在显示作用，顿时群情激昂，士气大振。

底比斯人伊巴密浓达看到自己的士兵垂头丧气，毫无斗志。突然，他看到一阵风把他的长矛上的飘带刮了下来，并一直被吹到某个斯巴达人的坟墓上，他顿时来了灵感。他对士兵们说："伙计们，别担心。你们看，这就是斯巴达人灭亡的预兆。除了给人送葬，坟墓一般是不用装饰的。"士兵的士气顿时被激了起来。

鬼神在古代社会之所以能发挥巨大作用，与其说是一种迷信，倒不如说是对超脱于严酷现实生活的一种寄托。事情总是如此：地上没有的，便向空中寻求；空中没有的，便向灵魂寻求。鬼神在当时正是灵魂的一种绝妙体现。按正常的逻辑发展，下一步便是：今生没有的，便向来世寻求，于是宗教就产生了。从这个意义上说，鬼神的作用相当于准宗教的作用，利用它来达到一定的现实目的，反映了当时一种较高水平的谋略。

统治权威不可违

墨子说："古代先王遗书中，体现国家制定、颁布并施行于百姓之中去的，就是国家的法令。先王法令中，可曾说过'幸福不可求，灾祸不可免，互敬无益处，残暴亦无害'这样的话吗？"

墨子引的这些话，是体现儒家"天命"论思想的代表性观点。他的意思很明确，那就是：儒家说的那些话是靠不住的，一定的法律秩序是靠法令、政令强制执行的。法令、政令就是把国家意志强有力的推行到整个社会和全体民众之中去，谁也不可违背。谋略讲究软硬兼施，该硬的地方必须硬，比如对法令就是这样。显然儒家这些观点是站不住脚的。

按儒家的观点，反正有不少消极现象是不可避免的，那就不必去强调什么权威。如果真是这样，那就是放弃领导，放弃权威，最终必然引出混乱的政治局面。这是墨子所坚决反对的，也是和他强调的"尚同"思想所格格不入的。

为了树立"尚同"思想的影响，必须旗帜鲜明地揭露、批判儒家的错误观点。这一点，墨子是毫不含糊的。

汉文帝时，郅都以郎官身份选进宫，在文帝身边担任随从保卫。到汉景帝时，他升为中郎将。因为他敢于直言进谏，在朝廷上当面指出大臣们的过失，受到人们的议论，这些议论中有说他好的，也有说他不好的。

济南一带有位姓瞷的豪族，势力很大，经常倚仗人多势众强横乡里，屡屡犯法，地方上郡守一级的官吏都拿他没办法。汉景帝听说此事后，便派郅都为济南太守。郅都一到任，立即对瞷氏采取行动，对首恶者满门抄斩。这一来，使济南一带社会风气发生了巨大变化。不仅当地路不拾遗，夜不闭户，甚至连附近几个郡的太守都对郅都感到惧怕。

后来，郅都提升为中尉，掌管首都地区的刑狱和治安。当时任丞相的周亚夫位尊而傲慢，可是郅都见了他只作揖不下跪。所以，各位诸侯和皇亲国戚都非常怕他：有人甚至只敢斜眼而不敢正视他，郅都因此得到了个"苍鹰"（黑鹰）的外号。

郅都的成功之处，在于他运用法律手段提高了自己的权威。作为一个政府官员，不仅要善于提高权威，还要善于研究为什么要提高权威、如何来提高权威。这一点上，忽必烈手下的李冶和朱元璋手下的宋濂的确有独到之处。

元世祖忽必烈非常注重治理天下的方法。有一次，他就这个问题向李冶请教。李冶，金代进士出身，曾担任过高陵主簿和钧州知事。金朝灭亡后，曾流落他乡，隐居不仕。元朝建立后，元世祖非常推崇李冶的人品才学，经常向他请教。

李冶对这个问题的回答是："说起治理天下的事，说难，难于上青天；说易，易如反掌。为什么呢？一个国家，只要有法令、制度就能治理好，只要能任用贤人、贬退坏人，这个国家就能治好。要是用这个办法来治理国家，难道不是易如反掌了吗？"

"反过来说，一个国家要是没有法令、制度，那就会引起混乱。一个国家有了法令、制度，要是不去贯彻，不去执行，有名无实，又任用坏人，贬退君子，这个国家同样会混乱。要是用这个办法来治理国家，难道不比登天还难吗？"

"由此可见，要治理好国家，不过是要制定好的法令、好的制度，把纲常搞正，把纪律抓严。纲常、纪律是用以维系人际各种关系的，法令、制度是用来赏罚即对人们施以惩罚和激励的。"

"当今从上到下，从官僚到百姓，都放纵恣肆，用个人利益去损害国家利益，这就是缺乏法令、制度的表现。有功者得不到奖励，有罪者得不到惩罚，更有甚者，有功者甚至还要受侮辱，有罪者还要得宠幸，这更是没有法令的结果。要是法令、制度没了，纲常、纪律坏了，天下还没有乱，那真是太侥幸了。"作为统治者，对统治方法都是比较注意研究的。有一次，明太祖朱元璋向谋士宋濂请教，他问宋濂读什么书最重要，宋濂向朱元璋推荐了《大学衍义》一书。朱元璋非常重视，命令用大字把《大学衍义》抄写在正殿两边的厢房墙上。

有一次，朱元璋到西厢房，见各位大臣都在，他便请宋濂讲解分析壁上书中引用的司马迁论黄帝、老子事的那段。宋濂作了讲解后，又做了一段即兴发挥。

他说："汉武帝有个弱点，他长时期把兴趣放在崇尚方士炼丹成仙方面，沉醉于巫祝祭祀鬼神的荒诞氛围之中。这种做法，和文、景时是不同的。文、景时那种恭谨朴实的风气没了，百姓的力量也用尽了，还要用严酷的刑法来督责他们。

"作为皇帝，如果真的是用礼义之道来引导百姓，那么邪恶的说法就不会进入，要是大力提倡学校教育，那么灾难、暴乱将可以避免。从这个意义上说，刑罚绝不应该是放在首位的东西。"

朱元璋听了这些话，又问宋濂："三代以前人类读什么书呢？"

宋濂回答说："上古时还没有书籍，人们还不可能专门去讲解和诵读。那时候，治理天下的人直接负有教化百姓的责任，他们是用实际行动来做表率，百姓自然会受到感化。"

宋濂是主张把仁义放在第一位，把刑罚放在第二位的。这两项，不管哪一项在前，哪一项在后，都是为了维护国家的权威，维护一定的法制和秩序。

为政之本，务求"尚贤"

墨子说："以前唐尧手下有虞舜，虞舜手下有夏禹，夏禹手下有皋陶，商汤手下有伊尹，周武王手下有闳夭、泰颠、南宫括、散宜生，就此天下升平，人民富足。因而，身边的人安居乐业，远处的人赶来归附。凡是日月普照、车船涉及、雨露滋润、五谷养活的人们，一旦得到贤人的治理，天下无不为之欢欣鼓舞。如果天下王公大人和士大夫，心里想着仁义，想做一个好官吏，上则求合乎圣王之道，下则想合乎国家百姓之利益，那就不可不察尚贤这一主张了。总而言之，尚贤是天地、鬼神、百姓共同利益之所系，也是为政之本。"

贤人政治，这是墨子心目中考虑良久、呼之欲出的政治理想之一。他一再强调人才是贤人政治的根本，其目的是为了建立一个具有良好社会秩序的政治环境，从而提高吏治的质量，从根本上赢得人心的向往。社会需要人才，时代呼唤人才，但是统治者不注意，有了人才也会白白流失。只有伯乐辈出，千里马才会层出不穷。

尊重人才，重视人才，这是墨子政治谋略中比较突出的一个方面。这里，他把人才提到了"为政之本"的高度，这在同时代思想家中是非常少见的。历史证明，要取得综合国力的增长，人才的确是第一位的因素。

汉高祖刘邦得天下，与他身边人才济济，他能知人善任，尽量发挥人才的作用是分不开的。在楚汉战争中，他身边有著名的"三杰"：即帮助他统兵、用兵、打天下的大将韩信，运筹于帷幄之中、决胜于千里之外的谋士张良，总理府中内务、保障后勤供给的萧何。此外，还有诸如樊哙、曹参等得力的武将、文臣。在他得天下后，又有陈平、周勃等文武人才辅佐，故能站稳脚跟，长治久安。

汉光武帝刘秀在北方能够立足，并以此为基石图帝业，重建汉朝，登基当皇帝，全靠他身边的云台 28 将帮助。没有这些人的效命，东汉政权的建立是不可能的。云台 28 将加王常、李通、窦融、卓茂共 32 人，是其得力助手，他们的英名如下：邓禹、吴汉、贾复、耿弇，寇恂、岑彭、冯异、朱佑、祭遵、景丹、盖延、铫期、耿纯、臧宫、马成、王梁、陈俊、杜茂、傅俊、坚镡、王霸、任光、李忠、万修、邳彤、刘植、王常、李通、窦融、刘隆、马武、卓茂。范晔在《后汉书》中高度评价他们"威会风云"，又"有其智勇，称为佐命。"

金朝的崛起，除了辽、南宋过分虚弱无能外，还有一个因素，就是完颜阿骨打起兵时身边有众多功臣和武将。其中主要有：斜也、撒改、宗幹、宗翰、宗望、宗弼、习不失、斡鲁、希尹、娄室、宗雄、阇母、银术可、阿离合懑、完颜忠、蒲家奴、撒离喝、刘彦宗、斡鲁古、韩企先、习宝等 21 员大将。

忽必烈即元世祖即位时，周围也是人才济济，其中的骨干力量有：中书和行省方面的廉希宪、赛典赤、李德辉、贾居贞、董文用；征战方面的史天泽、伯颜、阿术、博罗欢、王昔贴木儿、阿里海牙、董文炳、张弘范；风宪方面的相威、不忽木、崔彧、陈天祥、玉昔、刘宣；政论方面的许衡、刘秉忠、郝经、张德辉、王磐；天文、水利方面的杨恭懿、郭守敬；理财方面的王文统、阿合马、卢世荣、桑哥等人。

得人才并不是一件容易的事。这是个用人与被人用的双向选择过程。作为人才，要善于选择明主；作为用人者，要善于发现人才。二者缺一不可。

东汉末年，荀淑有个孙子叫荀彧，他从小就聪明过人，稍长即显示出相当的才干和抱负，南阳学者何颙见他之后极为惊奇，他说："这真是辅佐帝王的人才呀！"不久，天下大乱。荀彧对他所在乡里的父老乡亲说："颍川这地方是四方争夺之地，不久将成为一个战场，大家应当立即迁移躲避。"乡亲们大多都安土重迁，不愿离去，独独荀彧带着全家离开颍川去投奔韩馥。

这时，韩馥的官位已被袁绍所取代，荀彧的到来，使袁绍极为高兴，他以上宾之礼准备留住荀彧。可是，荀彧猜度袁绍不能长久，最后的帝业非曹操莫属。于是，他离开袁绍，来到曹操麾下。曹操与荀彧一交谈，便知道他的才华不同一般，便高兴地跳起来："呀！我得到了张良那样的军师了！"当即任荀彧为奋武司马。那些留在颍川老家不愿离开的乡亲，大多数被董卓的部将李傕、郭汜等人杀害。

前秦符融开学堂未办手续而被监察部门追查，无奈他只好派主簿李纂去长安申诉，没想到李纂是个怕死鬼，不愿前往。申绍便推荐原燕国尚书郎高泰前往。高泰是个高士，丞相王猛多次征召，高泰一直不愿出仕，这次为救符融才答应出山。

高泰来到长安，王猛一见喜出望外："高子伯呀！您终于来了。怎么这样迟缓啊！"高泰却说："戴罪之徒前来就刑，还有什么早晚之分？"王猛十分不解："此话怎讲？"高泰说："当初鲁僖公以泮水为学宫，天下赞颂；齐宣王以稷下为学宫，名垂青史。如今阳平公符融开学堂，不仅没听到赞美，反而还要受监察部门追查。您辅佐的国政如此对待褒贬，下官怎能逃脱其罪呢？"

王猛当即澄清了符融办学这件事。接着，他便把高泰推荐给秦王符坚。符坚非常高兴，忙请教什么是治国之本。高泰说："治国根本在于得人才，而能否得人才在于审察推举士人，而审察推举士人在于核实其真才实学。从来没有得人才而国不治的。"符坚称赞道："可真谓言简意赅。简明博深啊！"于是任用高泰为尚书郎。

当今世界各地的开发史雄辩地证明了一条真理：有了人才，就有了开发基础；没有人才，开发就无从谈起。

18世纪时的美国，为了开发落后的西部，政府以各种优惠的经济政策，吸引大批实业家、金融家、冒险家以及各类淘金者无畏地来到荒凉的西部。经过一个多世纪的人才西倾，使美国西部拥有了全世界高科技人才最为集中的硅谷，西部的经济也随之发达起来。

俄国十月革命后把经济开发重心转向荒凉的西伯利亚地区，它通过组织大批有抱负的共产党人和共青团员向东部挺进，把大批知识分子、技术人员以及科研中心迁移到那里，从而使西伯利亚地区的经济状况有了较大改观。

巴西为了振兴中部地区的经济，不惜把首都迁到中部的圣保罗，从而把大批人才吸引到了落后的亚马逊河中部地区，对巴西经济的开发产生了决定性作用。

第二次世界大战后，德国和日本的经济状态处于瘫痪状态。为恢复和振兴经济，两国在战后大兴教育。现在日本每 4 个人中就有 1 个大学生。日本人的平均智商为 115，高于世界多数民族。德国人的平均智商，每 10 年就平均提高 7.7%，半个世纪以来的国民经济平均年增长率为 7%，人才开发、智力水平提高和经济增长是成正比的。

"壹同天下" 则大治

墨子说："国君是一国的仁德者。国君向百姓发布政令时号召：'你们听到好的或不好的事，都要向天子奏报。天子认为正确，你们也要认为正确。天子认为错误，你们也要认为错误。你们中一些不好的言论必须去掉，要学习天子的正确言论；你们中一些不好的行为也必须去掉，要学习天子的模范行为。如果这样，天下怎么会乱？考察一下天下为什么能治理好的原因，根本在于天下能统一。统一天下的思想、意见，所以天下才能治理好。"

墨子生活的年代，正是一个分裂割据、战争频繁的年代。从战乱的痛苦中墨子看到，只有走统一的道路，天下才能得到大治。春秋时代，能这样认识的思想家还不多，它表现了墨子的远见卓识和分析问题的超前性。墨子的方略能建立在这样的基础上，非通常平庸之辈所能比拟。

表面上看，墨子说对国君的话要绝对听从似乎过于武断，好像他在提倡盲从。然而，他是有前提的，那就是国君必须是"国之仁人"。显然这里是以贤人政治为前提的。既然国君的素质是一流的，他的话都是正确的，那当然要绝对听从了。如果别除这段话中过于理想化的成分，可以看到墨子强调建立国君集中统一的领导，树立中央朝廷权威这一意图，通过"壹同天下"从而结束战乱、分裂，达到天下大治的目的。

"尚同"思想是墨子政治思想的核心内容之一。中国的统一，最终是通过秦始皇运用军事手段达到的。这一点墨子可能并不一定赞成，他是希望统治者基于百姓自觉自愿、自然而然达到的。即便如此，"尚同"——天下一统的目的却是墨子最早提出来的。虽说墨子生活的年代离后来的秦统一还有很长时间，但越是如此便越能体现出墨子"尚同"思想的价值和远见卓识。这里提出的"壹同天下"——树立中央权威，便是达到"尚同"目的不可缺少的谋略。

公元 961 年一个秋天的傍晚，北宋皇帝赵匡胤准备了丰盛的筵席，招待高级将领石守信等人。席间，赵匡胤对他们说："靠了你们，我才有今天。但你们是否知道，当个皇帝也很难，倒不如节度使快活，现在我没一个晚上睡得安稳。"他们都问："为什么？"赵匡胤也很直率，他说："我这个位置谁不想要？"他们连忙说："大局都已定，谁敢存有异心？"赵匡胤却毫不客气地说道："是啊！你们当然没异心，但你们的部下要是贪图富贵，一旦把黄袍加在你们身上，你想不干，能行吗？"

这番话，把这些将领们吓得满身冷汗，他们连忙叩头，请求指点一条出路。赵匡胤早就想好了："人生在世，莫过于多积财富，自己日子过得好点，子孙也不会贫乏。你们为何不去买些上好田地，盖些豪华宅第，为后辈置些产业，自己也能饮酒作乐一辈子呢？要是这样，君臣之间不就没事了吗？"

第二天，石守信、慕容延钊等人立即上表称病，请求解除兵权。就这样，高级将领们的兵权一个个地被收了回来。这就是著名的"杯酒释兵权"的故事。以这种方式，赵匡胤实现了集中兵权的第一步。

赵匡胤为什么要这样做呢？赵匡胤心里非常明白，自唐代中期"安史之乱"前后，北方的军事藩镇势力越来越大，那些节度使逐渐把辖区内的军事、财政、民政大权集于一身，成为独霸一方的封建军阀。这些节度使各占一方，对抗朝廷，他们不受中央节制，老的节度使死了，或者搞父死子继，或者干脆由当地兵将拥立。朝廷出于无奈，只好事后"任命"，承认既成事实。唐朝后期 150 多年，河北三镇换了 57 个节度使，真正由朝廷委任的只有 4 人。

在藩镇范围内，经济上都自搞一套，征收的赋税从来不上缴朝廷。许多节度使不仅以屯田方式控制国有土地，而且自己兼并土地而成为大地主。除了自己握有兵权外，他们还培植自己的私人武装，称之为"牙兵"。这些牙兵牙将又相互争斗，河北三镇 57 任节度使中，就有 22 人被他的部下杀掉或赶走。

这种状况，极大地削弱了中央集权，破坏了国家的统一，造成战乱频繁，民不聊生。唐灭之后，这种分裂割据局面又进而演变为五代十国时期的分裂和混战。五代的后梁、后唐、后汉、后晋、后周几个政权的建立，完全是唐后期藩镇割据局面的发展和延续，政权如同走马灯一样地变来变去。赵匡胤在"陈桥兵变"中能够顺利当皇帝，一定程度上也可说是五代以后第 6 个由军阀建立的北方政权。

不过，赵匡胤是个头脑清醒的人，他知道这一切的根源是什么。他当然不希望北宋政权也像五代那 5 个短命政权那样昙花一现。他要使北宋政权长治久安，要做到这一点没有别的办法，只有走统一和加强中央集权的道路。

在赵匡胤取得政权后的头 3 年，他基本上平定了内部的反抗势力，使局势大致稳定。然后，用了 13 年时间，直到他病逝，才消灭了 10 国的长期割据。

与此同时，赵匡胤着手从军权、政权、财权、司法权等方面强化中央集权。从军权上说，先用"杯酒释兵权"解除高级将领的兵权，然后改革兵权的管理体制。改革后的兵制中，统兵权归"三衙"，调兵权在枢密院，枢密院调兵必须听皇帝的命令。从统兵来看，改用文臣充当武将，"兵无常帅，帅无常师"，"将不识兵，兵不识将"已成为新的统兵特点。

从政权上说，赵匡胤分置了参知政事、枢密使、三司使等官职分宰相之权，这几个官职又能直接向皇帝奏报。从官僚的构成看往往是地位低的有实权，地位高的无实权，以便皇帝控制。地方政权中，互相牵制，文人当政的情况也使地方不能专权。

在地方，除州、县外，在州上还设路一级，它不是一级行政机构，但在路所设提点刑狱和转运使两职，使司法裁定和赋税征收两方面能保证中央的绝对权力，保证赋役征收的钱粮能全部上交国库。

赵匡胤加强统一和中央集权的一系列举措，维护了祖国的统一，从根本上改变了中唐以来数百年分裂割据的局面，贡献是很大的。当然，任何事物都可能有正反两方面的经验教训。在加强统一和集权中，也不可避免地矫枉过正，后来北宋时期"守内虚外""强干弱枝"的做法也带来过一些消极的影响。不过，那是另外一个问题了。

上下贯通，举事速成

墨子说："古代圣王能审慎统一民意，他们立为长官后，就能使上下情沟通。上级有疏忽而遗漏的好处，下级能及时开发利用，使上级也不失其利；下级有些积怨和弊端，上级也能及时地加以纠正。所以，即使数千数万里外有人做了好事，其家人不一定知道，老乡也不一定听说，天子都已知道并已奖励他。反之，数千数万里外有人做了坏事，他家人未必知道，族人未必听说，天子却已经知道并惩罚了他……帮助看、帮助听的人多了，天子所见所闻就广阔。帮助考虑问题的人多了，计划实施就顺利。帮助一起干的人多了，那么要做的事自然就做得快了。"

为政讲究的谋略中有个很重要的方面，那就是要提高效率。为此，古今中外的政治家没少为之费心思。墨子从统一的高度出发，认为提高效率的根本在于做到上下贯通。从后来的政治实践来看，这的确不失为一项说到点子上的谋略，值得引起足够重视。提高效益这是个大课题，值得人们多动脑筋，多想办法。

提高效率、办事速成，这只是上下贯通的一个目的，它还有第二个目的，那就是决策正确。这也是提高效率的前提。上下贯通是一种具体途径，为的是首先帮助国君"思虑"，这有点现代社会人们常说的集思广益的意思。在决策正确的前提下，才有可能提高效率。

要说宓子贱的治理之道，那真可说是以一闲对百忙。你看，他足不出户，还经常弹琴作乐，可他所治理的单父县，样样事情井井有条。

不久，宓子贱离任，单父县换了巫马期来治理。这个巫马期可比宓子贱辛苦多了，他天不亮就出门，直到天黑了才回来，日理万机，日夜操劳，什么事都事必躬亲。到头来总算不辱使命，单父县治理得也不错。

巫马期自己也觉得活得很累，干得很累，他也听到人说过，宓子贱治理单父时远远没这么累，可是也治理得挺好，这里面真还有什么诀窍吗？他带着这个困惑去请教宓子贱。宓子贱毫不隐讳地说："我的治理办法，主要是任用人；你的办法呢？主要是自己拼命干。事必躬亲当然辛苦，任用别人当然要从容多了。"

的确，一个人的精力是有限的，一天时间哪怕延长一倍也顾不过来。如果能依靠各种人，不仅各方面信息都能及时掌握，全局便于控制，而且能及时上下贯通，其工作效率当然高，工作效果当然好了。

当然，宓子贱用人是有条件的，不是什么人都能为他所用的。这里，善于用什么人来治理是关键。这一点，阳昼的"钓鱼"经验给了他很大的启发。

宓子贱上任时，曾经去拜访过阳昼，并请教说："你有什么好的治理方法送给我吗？"阳昼谦虚地说："我小时候家里贫贱，不懂得怎么治理国家，治理人民。我只有两条钓鱼的方法，就让我送给你吧！"

宓子贱一听，兴趣来了："什么样的钓鱼方法呢？"阳昼说："当你把钓绳投下去，并把鱼饵放下去时，马上过来寻鱼饵的，这是阳桥鱼。这种鱼肉少，而且味道也不好。在这时，要注意那些好像出现又好像没出现，好像在吃鱼饵又好像没在吃鱼饵的那些鱼，那叫舫鱼，那才是好鱼，肉又多，味道又好。"

宓子贱连连称好。果然，当他驱车还没到单父时，真有那么些乘着车的官吏，接二连三地在路上迎接宓子贱。宓子贱笑着对车夫说："赶着走吧！阳昼所说的阳桥鱼来了。"他要车夫把车赶到远离这些人的地方去。然后，他慢慢调查了解，终于找到当地德高望重的老年人，并通过他们了解了当地有哪些贤人。

正因为他所用的人建立在这个基础上，才能做到上下贯通，提高效率；做到眼观六路，耳听八方；做到以一闲对百忙。

杜虎符（春秋）

宓子贱提高效率的办法是选好人，选准人，以此做到能圆满贯彻上面的意图，达到提高效率的目的。这在通常情况下还是容易做到的。对那些情况特殊的地方，为了做到上下贯通，提高效率，有时也真的走点特殊途径，这是由实际需要所决定的。

汉宣帝时，渤海一带各郡发生灾荒，小股灾民暴动的事不少，地方官不能为之奈何，这事奏报到朝廷，皇帝下令选拔治理人选。经丞相和御史大夫推荐，打算用龚遂为渤海太守。这时，龚遂已经70多岁了。当他来面见皇帝时，汉宣帝一看，此人身材短小，年迈体弱，不像担当重任的样子，内心对他很轻视，便问起龚遂打算怎样治理。龚遂说："依臣愚见，渤海在遥远的海边，皇上的恩德难以布施到那儿，人民饥寒交迫而官吏对他们不加关心爱护，不知陛下是希望我用武力去战胜他们，还是用爱护的方法去安抚他们呢？"

宣帝一听，才知道龚遂是有真知灼见的人，他回答："选用贤人去处理，当然以安抚为上。"龚遂说："我知道治理乱民如同整理乱绳，急不得，快不得，得慢慢来，然后才可治理。希望御史大夫不要用法律条文约束我，使我能用其他有利于国家的办法来治理。"

宣帝同意了。龚遂到渤海一带上任，当地官员都来迎接，结果都被他打发回去了。他到任后，布告各县："从即日起全部取消捉拿盗贼的官吏。凡手持工具下田劳作的，都算良民，官吏不予过问，凡手持兵器的，才是盗贼。"这一着非常灵验，龚遂到各郡府去一看，各郡府都安定了，盗贼也停止活动了。一些打家劫舍的团伙，听到这纸布告后，也散伙了。他们丢下兵器，拿起工具干活

去了。这一带全都不攻自平了。

看来，要使上下贯通，提高办事效率，还真要多想想办法，多出些点子呢。

九、治军的智慧

攻伐所得反不如所丧者之多

墨子说："政府发动战争，剥夺民间财富，荒废百姓利益，如此不厌其多。为什么要这样做呢？有人说：'我得到的是胜者的荣耀，得到的是相应的利益，所以去干。'墨子却说：'算一下他所得的胜利，没有任何意义。算一下他得到的东西，反不如失去的多。'如果现在要攻一个3里之城和7里之郭，要是不用精锐部队，又不杀害无辜，能白白地得到吗？事实上，杀人多的以万计，少的以千计，这才可能得到那座城郭。如今，拥有万辆兵车的大国，大小市镇多达千计，占又占不完；广阔的地盘数以万计，垦都垦不及。若是这样，可见土地对他是多余的，人民却是他所不足的。现在刚好倒过来，用士兵送死，加重全国上下祸患，为的是夺一座虚城，抛弃的是他所不足的，增加的又是他所多余的。这样执政，可没抓到点子上呢。"

春秋时期，是战争频仍的时代。强大起来的某些大诸侯国纷纷称霸，弱小诸侯国便成为他们兼并的对象。战争中痛苦受得最多的莫过于广大小生产者，他们既是战争中不可缺少的物质、兵员基础，又成为最直接的受害者。如何评价这些战争的意义，这个问题不是本书要讨论的范围，也不是墨子着眼的基础。墨子注重的是，如果天下人都能"兼相爱"，那所有的战争都不会发生。为了达到这个政治目标，从军事上来说，必须反对大国、强国对小国、弱国的攻伐掠夺。这一点，反映了广大人民群众的强烈愿望，也成为墨子"非攻"思想的基础。同时墨子的"非攻"主张，成了实现"兼爱"大目标的一个重大战略性谋略。

墨子的"非攻"理论是从多角度进行论证的。这里，墨子站在极为现实的立场上，为征伐者算了一笔账。他认为，每攻下一座城郭，不仅要杀害大量无辜，还要用大量的军队前往厮杀。花了如此代价，结果得到了什么呢？不过就是一座城郭，并没有多少劳动力可供其驱使。试想，这样的空城又有何用呢？军事历来是最讲现实的。墨子从现实角度奉劝统治者、征伐者，如果得不偿失，攻伐就没有任何意义。这种说服的策略是极为高明的。他会促使统治者从发热的头脑状态冷静下来，进而对自己的征伐行为进行反思。这样，对实践墨子的"非攻"理论是有益处的。

有一次，墨子听说齐王想发兵讨伐鲁国，便急急忙忙去找齐王。墨子并没开门见山地谈正事，却从手里的一把刀说起。

墨子：现在这里有把刀，用它比试着砍人头，一下就砍了下来，这刀可说是锋利吧？

齐王：不错，锋利！

墨子：接着，又试着多砍了几个人头，也都一下砍下来了，可说是锋利吧？

齐王：是够锋利的。

墨子：刀是够锋利的，说得不错。然而，谁将受到不幸呢？

齐王：这还用说吗？当然是刀在承受并显示它的锋利的同时，被试着砍头的人遭到不幸了。

墨子：那么，兼并别国，灭其军队，杀其百姓，这又是谁将受到不幸呢？

齐王不言语了。他思考良久才说："看来，我将遭到不幸。"墨子高明的游说取得了成效。

还有一次，听说齐将项子牛要去讨伐鲁国。墨子又以一种不可懈怠的使命感跑去向项子牛游说。

墨子对项子牛说："攻伐鲁国，将使齐国铸成大错。为什么呢？"墨子停顿了一下，讲了个故事：从前，吴王夫差向东打越国，越王勾践被困于会稽山上。

他又向西打楚国，楚国人却不买这个账，他们在随地护卫着楚昭王。他又向北攻打齐国，这一仗旗开得胜，部队押着被俘虏的齐将回到吴国。看起来，吴国是赢了。可是，后来不少诸侯来报仇，吴王再要动员百姓就难了，原因是他们感到很疲惫，他们不肯为吴王效命。最后，吴国被灭亡了。

墨子意犹未尽，又讲了个故事：从前，晋国有3个卿大夫互相攻讦。智伯好战，他既要打范氏的领地，又要兼并中行氏的地盘。和吴国一样，结果诸侯们乘虚而入，纷纷来报仇，百姓们苦于疲惫而不愿出力。最后，智伯自己也成为刑戮之人。

故事讲完了。墨子总结说："看来，大国打小国，总的说是互相残害。然而，到头来灾祸却会落到自己本国头上。"

项子牛有没有听进忠告呢？不得而知，看来是奏效了。

又有一次，鲁国的阳文君打算要进攻郑国。这事又被墨子知道了，他又匆匆跑去制止。墨子说话还是那种风格，这次他又用一个寓言故事开头，问了鲁君一个问题。

墨子：如今有个人，他家里牛羊成群，各种牲畜满栏，他家的厨师无论如何宰割、烹饪，都没法吃完。可是，他看见别人家在做饼，他就蹑手蹑脚地去偷，还说什么这能充盈他的粮仓。

鲁君：那这人一定是得了偷窃病了。

墨子口锋一转，说："楚国四境之内的土地，多得放在那儿任其抛荒，开垦都开垦不过来，单单掌管川泽山林的官就多达数千人，数都数不过来。然而，它见到宋国、郑国那样的空城，还要偷偷地窃取，这与那个偷窃人家饼的人有何两样呢？"

鲁阳文君不得不承认："的确像那人一样，也得了偷窃病。"那么，鲁阳文君自己是不是也患了偷窃病呢？

备者，国之重也

墨子说："守备是一国中最重大的事。粮食是国家的宝贝，武器是国家的爪牙，城池是用以自守的。这三项，是维持国家存亡的工具。"

禽滑厘问墨子："按圣人的看法，凤鸟还未出现，诸侯反叛朝廷，天下战争蜂起。大国打小国，强国凌弱国，我打算为小国守备，该怎么做呢？"……墨子说："我方城池强固，守城器具完备，柴草粮食充足，上下齐心，又得四邻诸侯救助，这就是用来长久守御的条件……"

墨子的军事理论，一个是反对侵略战争的"非攻"思想，另一个就是救守思想，也就是在防御战争方面进行研究并加以实践。先秦军事思想中，以进攻见长的军事理论首推《孙子兵法》，但它对防御却没有多少研究。就防御思想而言，最有特色的当推墨子及整个墨学团体的救守理论和实践。

墨子反对侵略战争的"非攻"思想，受到了广大劳动人民的拥护。其中不少崇尚任侠尚义精神的义士纷纷来到他门下，自愿为防御侵略战争出力。他们在墨子门下，既学文，又学武，个个不怕死，还开动脑筋钻研军事防御的具体战术，研制各种防御武器，所以，今本《墨子》留下了从《备城门》至《杂守》共11篇专讲城守问题的军事防御研究专著。汉代著名目录学家刘向在其整理的兵书目录中，把《墨子》特意算在"兵技巧家"的范围内，说明具有较高的价值。这些著述，从军队编制、武器装备、工程构筑、战术研究等方面提出了不少独到的思想和见解。

为反对侵略战争而积极研究实践防御思想理论，这本身就是具有战略眼光的大谋略。通过救守理论的研究，既出了思想，又出了人才，还能具体运用于实践。事实说明，能出如此理论谋略同时又付诸实践的军事团体，古往今来的确不多见。

能工巧匠公输般为楚国制造了能攻城的新式武器——云梯。楚国国君非常高兴，想用它来攻打宋国。墨子听到这件事后，连夜从齐国起身，在路上走了

10 天 10 夜才到达楚国的郢都。他要求和公输般去理论理论，看看他制造的云梯是不是一定能把宋国打下来。

大家都是工匠出身的同行，公输般见到墨子非常高兴，他彬彬有礼地问道："先生，您对我有什么吩咐吗？"墨子却开门见山地指桑骂槐："北方有个人想欺侮我，我想借助您的威力把他给杀了。"公输般面有不悦。墨子紧盯着他看了一眼说道："我愿献给您 10 镒黄金，怎么样？"公输般十分认真地回答："我奉行义为做人的原则，绝不会去杀人。"

墨子站起来，对公输般行了个拜礼，说道："好一个行义做人的原则。不过，我在北方时听说您发明了云梯，还要用它去打宋国。宋国，一个小国，何罪之有啊？楚国地大有余，人口无几，本当休养生息。可是，现在它却要牺牲本来就少的人口，去掠夺对它已经嫌多的土地，这能说是明智的行为吗？宋国无罪却要挨别人的打，这种凌弱行为不能说是仁德之举。懂得这些，却又不去争辩个所以然，这不能称作忠。即使去争了、辩了，却毫无结果，这不能算强者行为。您既然奉行义为做人原则，却要去杀害手无寸铁的百姓，能说您是个聪明人吗？"公输般这才知道，墨子是冲着他的行为而来的。他沉默了，多时不说话。

墨子又问："为什么不取消攻打宋国这件事呢？"公输般小声说："不行，我已对楚王说了，不便更改。"墨子却不以为然："那好，既然如此，您能否为我向楚王引见呢？"公输般答应了。

墨子见到楚王后，双方行了大礼。墨子先讲起了故事："现在这里有个人，自己有不少华丽的丝绸却不要，他看到邻居有件粗布衣衫，却要想去偷。自己家里有美味佳肴也不要，他看到邻居家有糟糠，却也想去偷。这种人，算个什么样的人呢？"

楚王脱口而出："这人一定是得了偷窃病，想必是个偷窃狂吧！"

墨子切入了正题。他说："楚国之地，方圆 5000 里；宋国之地呢？不过方圆 500 里。这两国放在一起，就好像一辆彩车和……辆破车放在一起相比呀！

楚国有云梦大泽，那里盛产像犀、兕、麋鹿这类珍奇动物，应有尽有。楚国又地处长江、汉水的交汇处，那里的鱼、鳖、鼋、鼍生产简直是天下第一。宋国呢？可怜啊！连野鸡、兔子、狐狸这类平常的猎物都没有。两国的美味放在一起，真如同佳肴和糟糠之比呀！楚国生产松、梓、楠、樟等名贵木材，宋国连棵大树都看不到。这些东西比较一下，不就和名贵丝绸与粗布衣衫相比一样吗？从这几方面一比，我看楚国要去进攻宋国，就像那个有偷窃病的人一样，是个偷窃狂。我想，大王您这样做一定会损害道义，损害楚国形象，到头来却不一定能真正占据宋国。"

楚王不服气了："真的吗？公输般已经给我建造了云梯，它一定能帮我攻下宋国。"

云梯的主人是公输般。那么，他和墨子相比到底谁更技高一筹呢？楚王叫来了公输般，让他与墨子斗法。

墨子解下腰带，用它围成一座城的样子，又取来一些小木块作守备器械。公输般9次用各种机巧多变的"器械"攻城，墨子却9次把他的进攻打退。最后，公输般的着数都用尽了，墨子却仍然游刃有余。

在残局面前，公输般咬牙切齿地说："我知道该用什么办法对付您。不过，我不说。"楚王像捡到了救命稻草，忙问究竟，墨子却不慌不忙地代他做了回答："公输般的意思，不过是把我杀了。但我要告诉他，别以为杀了我，宋国就没人能防守了。我的弟子禽滑厘等200多人，已经手握我发明制造的守御器械，在宋国都城上等待楚国前来侵略呢！杀了我不怕，守御的人是杀不完的。"

楚王见无计可施，只好改口说："行了，我不攻打宋国了。"

两军对垒，不讲仁义

墨子说："（儒家）声称：'君子战胜对方不要去追逐逃兵，拉弓作势却并不对其射箭，对方误入歧途还要帮它推一把车。'对这种观点，应该这样回答：'如果大家都是仁人，那就不会处于敌对状态。对仁人，只要告诉他是非曲直的道理，无理的向有理的靠拢，不懂的向懂得的靠拢，说不出道理的必降服于对方，大家都服从正确的一面，这样怎么会相争？如果双方不是仁人，而是暴人相争，战胜了不能追赶，拉了弓又不能射，敌方迷路陷车还要帮着推，即使这么都做了也不能算君子，甚至还是残害国人。圣王将为世上除暴除害，因此而兴师讨伐，战胜了就用儒家的说法命令士卒'不要追赶逃敌，拉了弓不要射，敌车陷了帮助推一把。'这样暴人反而得以活命。天下之害不除，作为统治者的君主大人还在残害这社会。不义真没有比这更大的了。"

墨子虽然非常讲究仁义，但他深深懂得，在军事领域中，特别是在两军对垒、你死我活的争夺较量中，要是以为讲仁义能使对方退兵，那就大错特错了。墨子这段话，为人们在军事领域中讲究实事求是，提醒人们不要对敌人抱不切实际的幻想这一点上，提供了看问题的具体谋略。他告诉人们，既是对垒的敌人，就不可能在这里讲仁义；在这里讲仁义，最终受害的将是自己。墨子特别对儒家有关打仗时"不鼓不成列"之类所谓讲"仁义"的迂腐思想观念进行了批驳。毛泽东也说过，儒家这种说法，实际上是一种"蠢猪式的仁义道德"，极端愚蠢，是万万不可取的。

春秋时齐桓公死了，宋襄公受齐桓公生前嘱托，平定了齐国的内乱，帮助齐孝公即位。有了这一步，他自己感到已经像个"霸主"了。不过，没搞会盟，还不能算真的霸主。于是他想开会会盟诸侯，以取代齐桓公，成为春秋时期的第二个霸主。

宋襄公先把小国召来开会。到了开会那天，只有曹、邾两国国君准时到会，滕国的国君迟到，郑国的郑子连来都没来。他气得脸都变了，先拿迟到的滕侯开刀，把他关了起来，又把后来赶来赴会的郑子给杀了。这样做，效果适得其反，曹共公目睹这一切觉得太过分了，还没到盟誓那天，他就提前退会回去了。

找小国会盟没成功，宋襄公索性找大国。他想只要一个大国带了头，小国就会跟上来。于是他找到了南方的楚国。楚国一答应，郑、陈、蔡、曹、许等小国诸侯都到了。宋襄公非常高兴，急忙提出要大家承认他的"霸主"地位。

没想到，楚国并不买这个账，它是想借这个会壮大自己的声威。事实上，楚成王早就控制了这些小国，当宋襄公一到会场，他就毫不客气地坐到了会议主席的交椅上。楚国的一批随从"大夫"转眼间便成了武士。他们不由分说，拥上前来把宋襄公拖了下去。这样，宋襄公反倒成了楚成王的阶下囚。

过了两天，鲁侯也被请来开会。楚成王趁机把握在手中的宋襄公放出来"接见"各国诸侯，然后楚成王又装作高姿态，表示"接受"鲁侯建议，放了宋襄公，并订立"盟约"，让宋襄公当了阶下囚式的"霸主"。

这种"霸主"，真使宋襄公欲哭无泪，谁让他胃口这么大，不掂量一下小小宋国究竟有多少实力，还想去当什么"霸主"呢？可这口气，宋襄公无论如何咽不下。他想到会上郑国公开提出过要楚国当霸主，气就不打一处来。他决定把郑国当替罪羊，杀杀他的气焰。主意已定，宋国满朝文武都不赞成。宋襄公却气呼呼地说："你们不去，就让我一个去好了。"

郑国当然不是宋国对手，当它闻宋军打来时，立即向楚国求援。这样，这场战役的对垒双方变成宋、楚交火了。大司马公孙固对宋襄公说："咱们打的是郑国，何必要和楚国闹翻呢？何况，咱们不一定打得过它呀！"

宋襄公却不以为然："怕啥？它是兵力有余，仁义不足；咱们是兵力不足，仁义有余。兵力能与仁义相敌吗？"他还下令专门做了一面旗，上面绣着"仁义"二字，好像这两个字就能降妖伏魔似的。

楚国开始渡河了。宋襄公身边的大夫公子目夷建议："楚军公然在白天渡河，明摆着是向咱们示威，咱们趁它半渡未完而出击，一定能打败它。"没想到宋襄公指指那面大旗说："哪有这理？对方正渡河就去打，还能算仁义吗？"

楚军登陆后正在整队，公子目夷又提议："趁它未整好队，咱们出其不意突然袭击，定能取胜。"宋襄公又骂他："你怎么这样不懂仁义，人家还没排好队，怎么好打呀？"

可是，楚军才不管打仗要讲什么仁义不仁义，它整好队伍后，就像潮水般地向宋军压来。结果，不仅宋军遭到大败，连宋襄公本人也受了重伤。公子目

夷一边保护宋襄公撤退，一边问他："讲仁义打仗就是这样的吗？"宋襄公一拐一拐地边走边说："讲仁义就是以德服人。比如对伤员、老人就不该去伤害。"

宋襄公这下可伤得不轻，他好长时间在那儿养伤而起不来。一场"霸主"梦付之东流了。宋襄公那蠢猪式的"仁义"之举，终于使他成为万世笑柄。

库无备兵，虽有义而不胜

墨子说："武器库中若无充足的兵器，尽管是正义之师，也无法征服非正义的对手。城郭如不做好防御的各种准备，则不可能自守。"

这一观点，绝不是唯武器论。因为它是建立在正义之师的前提之下的。如果是正义之师，再加上足够的粮食、武器装备，这支军队将无往而不胜。从其他一些论述中，我们看到墨子以"贵义"为为人处世信条。这个"贵义"，不仅是为人，在体现其治军思想中也是一个重要的方面。墨家团体经常赴火蹈刃，死不旋踵，为的是帮助那些受侵略国组织救守，打好防御战。这样的仁义之师，在当时的确是不多见的。然而，墨子心里是十分清醒的，光有仁义，没有足够的武器，那还是不能战胜侵略者的。为了战争的全胜，必须充分重视武器装备的质量、数量。兵要勇猛，武器要精良。这是墨子军事思想为后人展示的又一谋略。

中国古代军事谋略的一个重要特点，就是在人的智能方面用功，即向内用功表现得十分突出，先秦诸子军事思想也主要体现在此。和大多数军事谋略家不同的是，墨家主张并注意研究制造新武器，从唯物论的角度看，是先有武器的发展，然后才有与之配套的军事思想、战略战术、编制体制的演进。离开武器谈谋略，总是有局限性的。唯武器论不对，忽视武器的作用也不对。当然，军事思想、战略战术的发展也能促进武器的进步。这个辩证关系，墨家是很明白的，因此，墨子十分重视大力开发新式武器。

《墨子》中就有关于墨家发明的连弩车的记载："备临以连弩之车。材大方一尺，长称城之薄厚，两轴三轮，轮居筐中，重上下筐左右旁二植，左右有衡冲植，衡植左右皆圜内，内径四寸，左右缚弩皆于植，以弦钩弦，至于大弦，弩臂前后与筐齐，筐高八尺，弩植去下筐三尺五寸。连弩机郭同铜，一石三十钧，引弦鹿长奴，筐大三围半，左右有钩距，方三寸，轮厚二寸，钩距臂博尺四寸，厚七寸，长六尺，横臂齐筐外，蚤尺五寸。有距，博六寸，厚三寸，长如筐有仪。有诎胜，可上下，为武重二石，以材大围五寸。矢长十尺，以绳口口矢端，如如弋射，以磨鹿卷收。矢高弩臂三尺，用弩无数，出入六十枚，用小矢无留，十人主此车。"

这段话译成现代语意思是："对付那种以筑台方式居高临下的进攻，还可用连弩车。造车要用一尺见方的木材，长度和城墙一样厚。它的结构是：两车轴，三轮子，轮子在车厢中间，车厢有上下两个，左右还有两个立柱，还须有横梁两个，它的左右都呈圆榫头状，直径四寸，左右两边柱上捆上箭，弓弦以钩状和大弦相连。弓的长度和车厢一样，车厢高八尺，弓轴离下车厢三尺五寸。连弩装置是铜质的，重一百五十斤，弓弦用辘轳控制收缩。车厢周长为三围半，两边有三寸见方的钩距。这种钩距轮厚一尺二寸，臂宽一尺四寸，厚七寸，长六尺。它还有和车厢外面取齐的横臂，离臂端一尺五寸处有称作'距'的横柄，柄宽六寸，厚三寸，长度和车厢成比例。还要装瞄准仪，有差别时可上下调整距离。再用五寸见围的木料做个弩床，床重一百二十斤。以长十尺的箭用绳子拴住箭尾，如同细绳系住射鸟的箭那样，当然这种长箭的回收是用辘轳卷收的。箭比弩臂高三尺，用箭数量不一定，但至少必须出入六十枚，小箭不必收回。这种连弩车，须有十人才能掌管一辆。"

话是长了一些，但可以看到墨家对这种连弩车的制作有非常严格的规格和工艺流程。这种连弩车是当时世界上最先进的武器。著名科技史专家、英人李约瑟教授认为这是领先于世的"世界之最"。由此可见，墨家重视实践，重视新武器的研制，其智能水平之高也可见一斑。

现代战争中，武器装备的作用更加突出。第二次世界大战时，墨索里尼投靠希特勒，使意大利于1940年6月向英法宣战。之后，英、意海军在地中海多

次交手，虽然意大利海军未获全胜，但对英军来说这是个极大的障碍。

11 月 11 日，英国海军"光辉"号航空母舰在 4 艘巡洋舰、4 艘驱逐舰掩护下，驶往意大利海军主要基地塔兰托军港附近。随着 8 声警笛，12 架"剑鱼"飞机从航空母舰上腾空而起，朝着塔兰托方向而来。意大利高炮部队立即进入了战斗状态，高射炮不时喷出火舌，朝着东南方向的机群射击。可是，12 架"剑鱼"我行我素，当它们来到塔兰托上空时，立即由东南向西北投放镁光照明弹，塔兰托的夜空如同白昼一般。趁着光亮，3 机一组的第一组"剑鱼"从 1377 米高空向停泊在军港中的"加富尔"号战列舰首先投下鱼雷。虽然飞机被击中而坠入大海，但"加富尔"号被击中。第二组"剑鱼"又命中了"里多利奥"舰。第三组"剑鱼"向塔兰托机场投下了炸弹，机库和跑道均遭摧毁。

紧接着，英军第 2 突击机群又迎风起飞。虽然这次由于意军炮火猛烈只起飞了 7 架，但完成了照明任务，并轰炸了油库。其他战机先后击中了"卡伊奥·杜里奥""维多利奥·威内托"和"塔兰托"号巡洋舰。

这一战役，英军以突袭方式，导致意大利战列舰"多利奥"被击中 3 枚鱼雷，"卡伊奥·杜里奥"巡洋舰被击中 1 枚鱼雷，丧失了作战能力。"加富尔"号战列舰被击沉，击伤的舰只还有很多，机场和油库又被炸毁，从而重创了意军，使之蒙受了很大打击。英军方面，仅损失飞机 2 架。

从意大利方面看，其失败的主要原因在于缺乏有效的防空武器。虽然它在塔兰托部署了高炮和轻重机枪，营造了不少防御设施，但用它对付时速在 400 公里以上、每秒能飞行 110 米的"剑鱼"飞机已力不从心，更何况这些战机能上下翻动，机动灵活，靠手动的火炮、机枪已不是它们的对手。由于缺乏强有力的制空武器和手段，意大利海军难逃失败厄运。

内亲民，外约治

墨子问："你有什么还要问吗？"禽滑厘行了两次拜礼后说："想请教守城的要诀。"

墨子说："别忙，别忙。古时也曾有过懂得守城之术的人，可是他们对内不亲附百姓，对外不懂得缔结和约，自己兵少却不靠拢兵多之国，自己处于弱势却看不起强国，到头来身死亡国，为天下人耻笑。你要慎重对待呀！不要懂了守城之术却反为之累。"

一定的战术是必须懂得的，但任何一个懂得智谋的人都该知道，如果光有战术而失去了人民，失去了外交大战略，那就如同本末倒置，到头来反而会失败。这里，墨子向当将领的人提出了一个带全局性的谋略：为将者切忌只就军事而言军事，甚至只言具体的战略战术，为将者一定要懂政治，要把政治放在军事之先的重要地位来认识。这不是一般的具体谋略，而是大谋略。如果做不到这一点，那么这种将领所率领的军队充其量不过是只有匹夫之勇的乌合之众罢了，和一般的草寇、土匪没有什么两样。那么，为将者的所谓懂政治，主要指哪些方面呢？墨子指出，对内要懂得使人心向背，对外要懂得政治上的另一种谋略——谈判。战争是政治的特殊形态，是政治的延伸。不懂得政治，只懂得军事，最终是搞不好军事的，也是打不了胜仗的。

李渊太原起兵后，打着"废昏立明"的旗号，挥师南下，沿汾水进军关中。隋朝官军大将宋老生率 2 万精兵驻扎在霍邑，以抵抗李渊的部队。

此时，因逢连阴雨，道阻粮乏，又听说突厥和刘武周要袭取晋阳，李渊与他的心腹裴寂商议后，打算暂时退却回太原再作打算。李世民听到这个消息后，立即来找李渊。他说："我们起兵太原，就是为了高举义旗救天下百姓出苦难的，现在我们不仅不能后退，而且应该抢先攻入咸阳城，进而一举夺取江山，这才是上策。现在，仅仅听到有小股敌人就想退回太原。要是这样，恐怕跟着我们干的人都会一个个地跑光了。退守太原那么一座小城，那是流寇们干的勾当，不会有出路的，这哪里是保全自己呢？"

李渊听不进李世民的意见，催着部队退兵。这时，李世民坐在李渊的大帐外大哭起来，哭声传到了军帐里。李渊只得把李世民召来，问他为何要哭。李世民回答："我们的部队是靠正义的力量来行动的，得人心的部队前进就一定能取胜，要是向后退却就一定会溃散。要是这样，部队溃散在前，敌军追击在后，我等的死期就到来了。我哪能不伤心呢。"

李渊这才幡然醒悟，他当即下令停止退兵并立即执行，从而避免了一次错误的决策将造成的损失。

贞观二年，唐太宗以南朝梁武帝为例，对臣下讲了一番话。这番话充满忧患意识，它站在总结历史经验的高度，指出了国君脱离百姓所带来的深刻教训。

"古人说，'国君如同容器，百姓如同水。水的形状取决装它的容器，而不在水自己。'传说中的尧、舜以仁义治天下，民风淳朴；相反夏桀、殷纣用暴政治天下，民风随之大坏。臣下所风行的，往往是君主所喜爱并倡导的。梁武帝父子都崇尚浮华，都热衷于佛教、道教，多次去同泰寺，亲自讲解佛经，百官都戴着大帽子，穿着高靴子，乘车随从皇帝，整天谈论佛学，谁还有心思留意军机国务和法典制度呢？到侯景发动叛乱，率兵攻打皇宫时，尚书郎以下的官吏，一个人都不知如何骑马，只好狼狈地徒步逃命，最后都死在路上。梁武帝本人和他儿子简文帝被侯景幽禁起来饿死。那个梁孝元帝也是这样。他特别喜好《老子》。当万纽于谨率兵围困江陵时，他还在讲《老子》。百官都穿着军装听他讲，连江陵快失守了都不知道，结果君臣都当了俘虏。庾信在《哀江南赋》中感叹他们的做法说：'为相的把战争当儿戏，当官的把清谈空话作为朝廷重大决策。'这些都足以引以为鉴。

"我也有喜好的东西，那就是尧、舜的治国之道，周公、孔子的教导，我把它作为鸟所依靠的翅膀，鱼所依靠的水，失去了这个必定会灭亡，因此一刻也不能没有。"

为了求得生存，有时不得不实行暂时的对外妥协，这在军事上、政治上同样是高超的谋略。

1917年俄历10月25日，列宁领导的十月革命获得成功，诞生了世界上第一个社会主义国家和无产阶级新生政权。为了争取一个有利的国际环境，起义的第二天（10月26日），全俄苏维埃第二次代表大会就通过《和平法令》，向

各交战国呼吁：停止世界战争，就缔结公正的和约进行谈判，实现不割地不赔款的和平。在多数协约国不合作的前提下，德国同意单独谈判。于是，双方于11月20日开始在布列斯特—里托夫斯克谈判，于12月2日签订"停战协定"，12月9日就和约问题展开谈判。

德方的条件极为苛刻，他们要以苏维埃俄国承认被德国已经占领的俄国领土为签订和约的先决条件，如果俄方不同意，就要继续进行战争。列宁从新生的苏维埃共和国的现实和长远利益出发，于1918年1月8日写了《关于立刻缔结单独的割地和约问题的提纲》一文，主张割地签约。但主持谈判的外交人民委员托洛茨基不同意，他提出的方案是"不战不和"即"宣布结束战争状态，让士兵复员回家，但拒绝签订和约。"出于党内大多数同志无法接受割地签约主张这一现实，列宁和托洛茨基约定：对方不下最后通牒，我们就一直坚持下去；对方下了最后通牒，就接受和约条款。可是，当德方于1月27日下最后通牒时，托洛茨基却擅自声明拒绝签字，导致和谈中断。德方遂于2月16日向苏俄提出中止停战，恢复战争的正式通知。即使如此，党内多数人仍不同意列宁的主张。2月18日，德军向苏俄发动全线进攻。

在这种紧急情况下，苏俄不得不同意恢复谈判，但德方又提出了更加苛刻的媾和条件，并限令48小时内接受全部条款才能恢复和谈。当天举行的联共（布）中央全会紧急会议经过激烈争论，终于以7票赞成、4票反对、4票弃权通过列宁提案，接受德方条款，立即缔结和约。接着，全俄中央执委会也以116票赞成、85票反对、26票弃权通过缔结和约的决议。

3月3日，苏德和约在布列斯特正式签署。和约使新生的苏维埃政权得到了"喘息"的时机。历史证明，列宁这一主张是非常正确的，它开创了无产阶级政党利用帝国主义国家之间矛盾，以革命妥协策略赢得和平环境的典范。正是迈出了这关键的第一步，苏联才出现了后来20年代对外关系的新发展。特别是1924年，英国、法国、意大利、挪威、希腊、奥地利、瑞典等西欧资本主义国家先后与苏联建交，从而结束了十月革命以来苏联在国际上的孤立状态，赢得了社会主义建设相对和平的国际环境。

养勇高奋，民心百倍；多执数少，卒乃不怠

墨子说："激励我们的精锐部队，使之谨慎而无后顾之忧，使守城将士个个尊敬能退敌的英雄，使他们都从心底里鄙视那些怕死而离岗的开小差者，使士兵鼓起高昂的英勇斗志，使百姓信心百倍，让那些多杀敌人的英雄得到奖励，形成士卒勇猛不怠的氛围。"

如何通过各种手段激励起部队的士气，使之个个英勇善战，这是摆在每个将领面前的现实课题。勇敢本身就是一种武器，它是人格的支柱，是性格的钢筋，谁能做到勇敢，谁就能做到无坚不摧。如果一支部队的士兵都是这样的勇士，那么，可以想见，整个战斗力将得到何等的提高？在激励士气的手段方面，墨子是主张用正确的勇敢观武装士兵的。因为，在那个时代，有勇无谋的任侠之士很多，他们往往对什么是真正的勇敢缺乏理性的认识。墨子用一定的道德观、价值观、是非观对其进行引导，使他们明白，对社会公众有利的事要敢于去做，这就是勇敢；要是不利于社会公众的事敢于去做，这就不是勇敢，这叫盲目破坏。这说明，所谓勇敢不是什么事都能敢做。

各个时期对什么是勇敢都会有不同的具体要求。在目的明确后，就要在培养、激励勇敢精神、提高士气方面狠下功夫。墨子在培养勇敢精神方面也有自己的独到办法，如他提出，守备营垒的士卒，若能3次击败敌人进攻，除赏赐财物外，要授予奖旗，并插在其岗位上，让大家都看到。这无疑是现在我们所说的精神鼓励与物质鼓励相结合的办法。当然，在这个方面，历代名将都有不少创造，兵书也有不少具体论述，实践中也有许多新的发展。

东汉光武帝刘秀重建汉朝不久，就为创造新的统一局面而逐步消灭各个割据势力，大司马吴汉奉命率军讨伐割据于成都一带的公孙述。部队开入犍为地区，各县都派重兵把守。然后，吴汉率部向广都逼近，在打下广都后，他又派轻骑部队烧毁了成都的高桥。几个较大的举动，使成都守敌开始紧张，武阳以

东的一些小城见吴汉势大兵多，便纷纷向吴汉投降，成都处于孤立状态。

吴汉对此局面甚为得意。可是，汉光武帝刘秀却头脑异常冷静。他对吴汉说："公孙述势力在成都的兵力达到 10 万之众，不可小瞧。我军必须固守广都，如果敌方来攻，也不要轻易决战；如果敌方不出兵，你就以移营的战术逼它出战。时间一长，敌军便会失去斗志，到时我军再大举进攻不迟。"

可是，吴汉却因为求胜心切而没听刘秀的嘱咐，他率军 2 万多乘胜进军到成都附近，在离城大约 10 多里的锦江北岸扎营，还在江上造浮桥；他的副将刘尚带着 1 万多人驻守锦江南岸，两营之间相隔 20 里，摆出立即要拿下成都城的样子。

刘秀听到战况汇报后大为吃惊，他立即下诏指责吴汉说："我一再苦口婆心地嘱咐你坚守广都，你为何擅自乱作主张？你轻视敌军，孤军深入，要是敌方来攻，两个营地一切断，互相不能照应，你们两支部队还不是被对方一口口地吃掉？即使敌方先不打你而是打刘尚，你也难逃失败结局。现在改正还来得及，你马上还军广都，不得有误。"

然而，已经晚了。刘秀的诏书还未送到，公孙述就派出大将谢丰、袁吉率大军 10 万，分为 20 多个营，一齐出城向吴汉进攻；接着，又派出 1 万多人的另一支队伍去牵制刘尚，切断了两个营地之间的相互支援。

吴汉率众奋战了一整天，终于以败绩返回营帐，谢丰趁机包围了吴汉营地。这种局面已经相当被动了，怎么办呢？吴汉知道，只有背水一战，激励将士奋力拼杀，否则，没有第二条路可走。

想到这儿，他把部下各路将领召集起来说："我和各位一道，历经千辛万苦，转战了数千里，一开始我军是节节取胜，眼看已经到了敌军腹地，可是没料到敌军会这么顽强。如今，谢丰部队把我们死死围住，我们又无法与刘尚取得联络，情况万分危急，后果真难以设想。我琢磨着，现在只有一个办法，那就是秘密出兵，向刘尚靠拢，两军联合起来，才有可能战胜敌人。这个办法是要冒很大危险的，只有大家配合得默契，又要不怕死地奋力拼杀，才有可能出现转机。要不是这样，那就只有死路一条，等着束手就擒了。各位将领，成败在此一举，能否取胜，全仰仗各位了。"危急的情况，不容将领们再犹豫，大家都表示听主帅的。于是，吴汉拿出酒肉，款待全体将士，喂饱马匹，关闭营门，一边作战前准备，一边增设了许多战旗，摆出决战势头。

入夜，吴汉在烟火的掩护下，率大军悄悄离营，向刘尚部队靠拢。谢丰本来想，这下吴汉肯定完了，便高枕无忧，放心睡觉。怎料吴汉采取了冒险与刘尚汇合的行动，摆脱了包围。

这一步完成了，全局都主动了。第二天，吴汉分兵两路，自己率一路攻击江南，另一路攻击江北。全体将士奋勇作战，谢丰所率部队打得大败，谢丰、袁吉两员大将被杀于阵前。然后，吴汉率部分兵力回到广都，刘尚则继续在成都附近牵制敌人。

刘秀得到这个消息，很高兴。他给吴汉复诏说："回到广都，很正确。公孙述要进攻广都已无法躲过刘尚的牵制。如果他打刘尚，你可率部增援。到那时，公孙述的将士肯定疲惫不堪，打起来就不难了。"果然，守住广都，就主动多了。此后，吴汉和公孙述两军在广都与成都之间激战达 8 次之多，每次吴汉都获大捷。

8 个回合下来，公孙述的部队已疲乏。吴汉认为时机已成熟，便率兵再次向成都进攻。公孙述出城战败而不得已出逃，结果全城向吴汉投降。吴汉能有这个结果，全靠能激励将士斗志而扭转被动局面，然后一步步地把公孙述拖垮。当然，成都城外那惊险一着是至为关键的。

东汉光武帝刘秀还有一员大将，名叫王霸，在士兵中享有崇高威望，士卒们都愿意去王霸的队伍里当兵，而且作战勇敢。究其原因，因为王霸爱兵如子。

早年，王霸还在乡里时，就为人正直。乡里发生一些事，他都能挺身而出，仗义执言，打抱不平。一些无依靠的老人病故买不起棺材，王霸带头到富人家去砍树做棺材，没有牲口祭祀，他也带头去宰富人家的猪。所以，王霸很得乡里百姓的信赖。

投奔刘秀带兵以来，王霸更是视士卒如子，他和士卒同衣、同食，恤死扶伤，事必躬亲。有一次，他奉命率部东征安徽亳县一带，途遇暴雨，士卒衣服淋湿。他生怕士兵受凉生病，除了把自己随身带的干衣服分给士兵外，还亲自带着士兵收购辣椒，烧辣糊汤给那些淋湿的士卒喝，以驱走身上的寒气。

还有一次，王霸率军攻打割据势力卢芳的队伍，因为地形不利，受了挫折，死伤不少。宿营后，王霸打着火把，一个个看望伤病员，还帮助包扎伤口。看到伤员伤口化脓，他也像战国时吴起那样，亲自用嘴吸吮伤口的脓血。士卒们都非常受感动，所以士卒每次出征打仗都能拼命杀敌。

赏明可信，罚严足畏

墨子认为：所谓奖赏，就是上司对下属功绩的回报；所谓惩罚，就是上司对下属罪过的报应。"奖赏明可达到讲信义的效果；同样，惩罚严亦足以使人畏惧。"

墨家对事物的概念，以及概念的内涵、外延都非常注意发掘、研究，力求有个准确的答案。这里，对什么是赏、什么是罚也做了细致的概念规定。其用意十分明了，那就是准备在实践中把握分寸，更准确地实行。"赏明可信，罚严足畏。"这是墨家及其团体纪律的重要方面，体现了墨家治军的谋略。

一支好的军队，必须赏罚分明，纪律严明。墨家在治国方略中，是十分重视法制的"规矩"作用的。作为工匠出身的墨子，当然懂得军队中"规矩"的重要性。军中的"规矩"无疑就是军纪，而赏罚又是执行军纪的必要手段和保证。军队有其内在的有序机制，任何时候、任何情况下都必须能从容、冷静、有条不紊地朝着既定目标前进。很难想象，一支无序的军队，松松垮垮、杂乱无章，还能有什么作为。从这个意义上说，不仅有必要实行赏、罚，在特定情况下甚至应当实行重奖、重罚。通过它，真正达到信义和畏惧的双重作用。

战国时期，商鞅主持的秦国变法中，采用了什伍连坐制与军功爵制相结合的做法。

所谓什伍连坐制，就是一种强化户籍管理、加强户籍控制的方法。政府规定，凡是秦国境内的百姓，无论男女老少，必须登记在户籍册上，并按 5 家为"伍"、10 家为"什"的方式编制，互相监督，互相牵制，一家犯法，如别家不告发，则 10 家连坐，处以腰斩。如果有知情告发的，以杀敌一人的规格授奖，并赐爵一级。如果有藏匿敌人的，如同投降敌人一样受罚。

所谓军功爵制，就是凡为国家立功的，依功劳大小分别授予爵位和田宅。在战争中杀敌 1 人的，就赐爵 1 级，或者授予 50 石俸禄的官。如果杀敌军官 1 人，赏爵 1 级，田 1 顷，宅地 9 亩。秦国以军功爵分为 20 等，凡第 9 等以下的都是低爵位，第 9 等以上的都是高爵位。一般来说，对百姓而言，主要是授予低爵位；那高爵位主要是授给军官和其他官吏的。民间除了军功爵外，还设有农爵和告奸爵。其授予办法，基本上参照军功爵的方式。国家规定民间必须向国家交纳一定数额的钱、粮，这是一定要交的，不交的就是违法，有连坐关系的 5 家、10 家都会受牵连。如果交了，那就像立有军功者一样，对国家是有贡献的。国家会给有关有功人员授予爵位，并奖励一定数量的田宅。一旦获得爵位，身份就不一样了，有爵位者可以役使 5 家无爵位者。

实行军功爵制后，秦国的士卒打仗非常英勇，奋力杀敌，比关东 6 国的士卒要强得多。为什么会这样？很简单，奋勇杀敌能赐爵，能得田宅，能提高社会地位；如果往后退却，不仅可以在战场上杀了他，自己的家庭和连坐的 5 家、10 家都会受到牵连，后果令人不寒而栗。

秦国用这种办法，既大大提高了军队作战能力，提高了百姓耕战的积极性，也极大地提高了国家政令的权威性，犯罪者大为减少。在当时情况下，这一做法收效是极为明显的，它客观上为后来秦国统一关东起了重要的保障作用。

东汉末，军阀混战。曹操每次进攻打仗，打下了州县或城池，缴获了很多贵重的华丽的战利品，都全部赏赐给作战有功的将士。对功劳大的，即使赏赐千金，他也在所不惜，对没有功劳而妄想受赏的，即使一分一毫，他也不会给予。所以，他作战很少失误，几乎每战必胜。

隋朝开国大将杨素统率的军队，整肃守纪。如果有人违犯军令，立即斩首，绝不宽恕。每次对敌作战之前，他总要寻找犯有过失的士兵斩首示众，多时达到过100多人，少也不低于10多人。鲜血流得遍地都是，但他却谈笑风生，像没事一样。

作战进行到对阵拼杀阶段时，杨素常常会派出由300人组成的拼死队冲向敌人。如果他们冲上去，攻破了敌阵，他就给予奖赏；如果败下阵来，不论多少，一律斩首。然后，再命令由200至300人组成的队伍进攻，处理情况照旧。

这样做，看起来残酷些，但每次将士们都怀着必死之心奋力杀敌。所以，每次作战都能取胜。

唐高祖李渊十分重视论功行赏。在他打下了霍邑后，正要记功行赏时，军中一些官吏却说："奴仆是招募来的，不能和良家子弟享受相同的待遇。"

李渊却问："为什么？在箭矢弹丸之中，还分什么良家子弟和奴仆吗？还不是都在冒死作战。战场上都没贵贱之分，为何在论功行赏时倒要搞等级差别呢？我看，应该一律按军功授勋。"

李渊不仅给那些立了功的士卒封官晋爵，又在西河会见了霍邑一带的地方官和老百姓，犒劳赏赐他们。经过热忱的鼓励和赏赐，老百姓当兵踊跃，军队又得到了扩充。对那些想回家的军官和士兵，李渊不仅不勉强留他们，还给他们授了5品散官，送他们回家。

有人对李渊说，这样做是不是奖得太滥了？李渊却说："隋炀帝舍不得给官行赏，以致失去人心，我为什么要仿效他呢？况且，用官职收买人心，不是比用力强制他们要强得多吗？"在当时的特定背景下，奖赏面宽一些，对矫正隋朝的暴政还是有用的。

十、生活的智慧

做人要有大智慧

人的智慧在于能从日常生活中、从小道理中发现大道理，掌握大道理。

小事明白，大事糊涂

假如有人偷了一只鸡，一头猪，人们就会骂他是贼；假如他窃得一个都城，一个国家，却不把他当贼看，反而顺从他的意志。一个人在家里能主持正义，对父母的偏见敢于提出批评；可他在官场却一味逢迎上司，明知上司决策失误后果不堪设想还连说："英明，英明。"假如有人饿了渴了，知道给他饭吃，给他水喝；但这人犯了罪，杀了人，却不知道把他送到监狱，反而将他藏起来。

这是墨子在《天志》中讲述的一些现象。他认为，天下不太平的原因，就是"因为士大夫君子们只明白小道理，不懂得大道理。"

在我们身边时常会遇到这样的人和事：小事明白，大事糊涂；只有小聪明，缺少大智慧。

企业经营中也有类似的情况，管理者为琐事缠身，整天忙得焦头烂额，对企业的宏观决策和战略规划却无暇顾及，导致企业发展不如人意。

有几个老总朋友和我说：我现在项目的事都忙不完，什么"充电"培训啦，战略设计啦，我也知道很重要，可我哪有时间考虑啊！

听到这样的话，我不能不为他们捏一把汗。

懂得大道理的人就是懂得人生的人，就是善于把握大局，善于进行战略规划的人。他们知道什么是生命中重要的东西，什么是次要的东西；他们知道何时是人生的关键时刻，何时是人生的困难时期；他们懂得如何透过事物的现象认识事物的本质，如何使自己的人生过得更有价值，更有意义。他们懂得大道理，因而具有大智慧。

《鲁问》里，墨子与一个叫孟山的一人聊起了王子闾的事情，孟山很推崇王子闾。当时白公胜在楚国发动叛乱，以武力劫持了王子闾，拿剑逼着他要他做楚王，还说：你同意做楚王就生，不同意就死。

王子闾宁死不从，说："为什么要这样侮辱我呀？杀了我的亲人，却拿楚国的王位来让我开心。如果丧失了道义，就算让我得到天下，那我也是万万不会从命的，更何况只是一个楚王？"

孟山认为王子闾为大义不愿做楚王，是个了不起的人物。但墨子并不完全同意孟山的说法，他认为王子闾的确非常英勇可敬，但智慧还是有局限的，还不是真正的智谋之人。他说："如果王子闾认为楚王无道，为什么不接受王位来治理好楚国呢？如果王子闾认为白公胜的做法不合道义，为何不先接受王位，以楚王之权诛杀白公胜，然后还位于楚王呢？所以，王子闾这样做尽管很不容易了，但还不能算是拥有大智慧的仁人。"

可见，做一个真正拥有大智慧、懂得大道理的人，是不容易的，可以说这是做人的最高境界。至少以下几点要引起我们注意：

一是私欲太甚的人难以懂得大道理。

一事当前，首先替自己打算，见钱眼开，见利忘义，这种人心里只有自己，而没有江山社稷的大事，不可能懂得国家兴亡、社会安危、人民疾苦这类大道理。

有一个故事说：有五六个人划着一只小木船横渡湘江，船到中流，被激浪打翻，大家都落进水里，拼命向岸边游去。其中有一位汉子使出全身气力，也游不了几尺远。同伴奇怪地问他："平日你最会游泳，今天怎么落到后面去了？"他喘着粗气回答："我腰上缠着一千枚大钱，重得很，所以游不动啦。"同伴说："怎么还不丢掉呢？"他不回答，只是摇着头。不一会儿，他更加游不动了。已经上岸的同伴对他大声呼叫道："你好愚蠢！命都顾不上了，还要钱干什么?"可是他已翻着白眼,沉下水底淹死了。

像这位先生连钱重要还是命重要的小道理都不懂,怎么可能懂得大道理呢?

二是胆小怕事的人难以懂得大道理。

高官权贵们手中拥有极大的权力,常用高压政策来逼迫人民顺从他们的意志。高官们有句古训:防民之口,甚于防川。正确的道理一经传播,便被天下人知晓,便会危及高官们的地位,故须加紧防范,将真理扼杀在摇篮中,并用权力意志取代人民的自由意志。这样一来,胆小怕事的人为了保全自己,便会屈服于淫威和高压,颠倒黑白,混淆是非,要么糊里糊涂,根本不懂得大道理;或者即使懂得也不敢坚持,眼睁睁看着罪恶横行。

三是贪图享乐的人也不能懂得大道理。

享乐型的人也许品德并不坏,但他们沉醉于花天酒地的享受之中,追求情欲刺激,无精力也无心思去关心天下大事,去培育正直刚毅的德行,每遇大事来临,就难免惊慌失措。

智慧人生的四大特征

一个人懂得了大道理,就拥有了智慧人生。表现在他的日常生活当中,就是明智、善良、丰富、深刻。

明智例说一:白与黑

在大是大非的问题上,明智之人知道什么是该做的什么是不该做的,使生活有了合理的尺度和准则。

墨子在劝说鲁阳文君不要去攻打邻国时,对他说:"假如有一个人,偷了人家的一只鸡或一头猪,就说他不仁,但是有人窃取了一个国家或一座城邑,却认为他合乎道义。这就好比看到一点白就叫它白色,看到很多白却又叫它黑色了。"

墨子希望阳文君不要做只知道靠武力进攻，而不懂得施仁义的目光短浅之人，后来阳文君果然听从了他的劝告。

明智例说二：犯了错误的胜绰

《鲁问》里讲到墨子有一个叫胜绰的弟子，墨子派他去齐国辅佐项子牛。可胜绰到了项子牛那儿后，忘记了墨子的嘱托。项子牛三次干出侵占鲁国土地的不义之事，胜绰未加劝阻，三次都跟着去了。墨子得知后，非常不高兴，便派弟子高孙子去请求项子牛斥退胜绰，并让高孙子转告他的话说：

"我派胜绰去您那，是让他制止骄狂和纠正邪僻的。现在胜绰因俸禄优厚了，就忘记了自己的职责，欺骗夫子您。夫子您三次侵占鲁国的土地，胜绰次次不劝阻，跟着您干。这就好比马要前行，却用鞭子抽打马的前胸一样。我听说：嘴上说着道义，行动却又是一套，这叫明知故犯。胜绰并非不知道对错，只是被钱财蒙住了眼睛。"

墨者胜绰为钱财而违背了墨家的道义，属于在大问题上犯糊涂的人。墨子要他回来再受教育，就是要提升他的智慧，让他明白作为一个墨者的道理。

善良例说：贤人周文王

白玉蝉挂件（春秋）

墨子给我们讲了许多古时候贤君的故事，他特别推崇的是周文王：周文王治理西方之地，光明有如日月，不做大国欺凌小国、倚仗人多势众欺负鳏寡孤独之人、夺取农夫粮食家畜的事情。上天观察到文王的仁慈善良，所以让年老无子的人得以寿终，孤独无兄弟的人得以安聚在人们中间，幼小丧失父母的人，得到依靠而长大成人。这里说的周文王的事业，就是以善良之心治天下的例证，也就是墨子要推行的兼相爱。

深刻例说：为孔子说好话

《公孟》里，墨子时常与儒生辩论，批评了儒家许多错误主张，但有一次，墨子与儒生程子讨论问题时，却称引了孔子的话。程子立即以为抓住了墨子的把柄，反驳他说："你不是老批判儒家学说吗？为什么引证孔子的话？"

墨子说："这是因为孔子的话也有恰当正确的地方呀！比如鸟儿遇热旱之患就往高处飞，鱼儿遇热旱之患就向水下游，遇到这种情况，即使有禹、汤为它们谋划，也不一定能改变。鸟儿、鱼儿可以说是愚笨的了，夏禹、商汤也还要遵从的，现在我怎么不可以称引孔子的话呢？"

墨子用比喻说明，批评儒家学说并不妨碍肯定儒学中的真理成分，并不意味着对孔子全盘否定，这正是墨子的深刻之处，是他能够超越同时代的诸多学人，而成为一代大家的根本原因。

丰富例说：科学之父

墨子以"贱人"的出身，经过自身的艰苦努力，创立一门显学，已属不易。可他还在自然科学上有诸多创见，被誉为中国的"科学之父"，则更是世所仅见了。蔡元培先生曾说："先秦唯墨子颇治科学。"方孝博说《墨经》中"关于数学和物理学知识约四十余条，不特前所未有，当时亦无与匹，可谓中国历史上第一部自然科学专著，在世界自然科学发展史上有极崇高的地位。"（《墨经中的数学和物理学》）当代著名历史学家杨向奎先生更说："一部《墨经》等于整个希腊。"可见，墨子不仅懂得社会生活的大道理，还懂得自然科学的大道理，其人生意义之丰富令人顿生高山仰止之感。

智慧源自何处

可以送给一个人很多的钱物，很大的官位，却没法送给他智慧。

人最宝贵的东西是什么？

守财奴说：金钱；官僚们说：权力；少女们说：美貌；虚荣者说：荣誉；哲人说：智慧。

金钱、权力、美貌、荣誉都是身外之物，只有智慧才是生命本身的珍宝。权钱可以交易，美貌昙花一现，唯有智慧与人生相伴到尽头。可以送给一个人很多的钱物，很大的官位，却没法送给他智慧。从古至今，只听说奖钱奖官的，没听说奖才干的。钱权容貌之类的东西无补于智慧，却可以损害、削减人的智慧。过多的钱财、过分的荣耀，容易使一个人不再看重自己的智慧，躺在人造的幻影上睡大觉，结果因失去智慧而犯下不该犯的错误，以致毁掉自己的一生。

悟性快与悟性高

要想有大智慧，首先悟性要高。《鲁问》里，墨子与弟子曹公子的对话，就能看出悟性的高下。

墨子推荐曹公子到宋国做官。三年后，曹公子回来了，他向墨子汇报完工作后，提出了他的疑问："当初我游学到老师您的门下时，穿的是粗布短衣，吃的是粗食野菜，且还朝不保夕，所以不能去祭祀鬼神。现在由于是老师您教导的缘故，家里比当初强多了。于是我便也去祭祀鬼神，可是反而出事了，家人死，六畜亡，自己病，这是为什么呢？难道是老师教我的尊天事鬼的道理不对吗？"

墨子觉得曹公子没能理解他遵奉鬼神的真义，没悟透祭祀礼仪的真谛，耐心地对他说："你的理解有偏差。鬼神并不单纯希望你去祭祀，享有厚禄时，就要让给贤人；钱财多了，就要分给穷人。你现在享有高官厚禄，钱财很多，却一不让给贤人，二不分给穷人，只是侍奉鬼神，完全只注重祭祀的形式。如比喻有一百扇门，只关掉了一扇，却发问说：强盗是从哪里进来的？这怎么能行呢？"

悟性就是一个人对世界的咀嚼能力。简单明了地获得一切事物的结论，只能导致人的思维能力的退化，失去探索世界奥秘的乐趣。别人灌输给自己的东西最靠不住，自己悟出来的东西才真正属于自己。

悟性快，是说一个人才思敏捷；悟性高，是说一个人天分高，善于把握人生的大道理。下面的故事也是值得反复咀嚼的：

相传常枞是老子的恩师。有一年，常枞老了快病死了，老子赶去探望。老子扶着常枞的手问："先生怕快要归天了，有没有遗教可以告诉学生呢？"

"你不问，我也要告诉你。"常枞缓缓回答，他歇了一口气问，"经过故乡要下车，你知道吗？"

"知道了，"老子回答，"过故乡而下车，不就是说不要忘记故旧吗？"

常枞微笑着说："对了。那么，经过高大的乔木要小步而行，你知道吗？"

"知道了，"老子回答，"过乔木小步而行，不就是说要敬老尊贤吗？"

"对呀！"常枞又微笑着点点头。想了一会儿，常枞张开嘴问老子："你看看，我的舌头还在不？"

"在啊！"

"我的牙齿还在不？"

"一颗也没有了。"

常枞问："你知道是什么意思吗？"

老子想了想，答道："知道了，舌头还能存在，不就是因为它柔软吗？牙齿所以全掉了，不就是因为它太刚强了吗？"

常枞摸着老子的手背，感慨地说："对啊！天下的事情，处世待人的道理都在里面了，我再也没有什么可以告诉你了。"

老子一一悟出常枞的语意，这叫悟性好。理解事物，掌握知识，认识人生，悟性必不可少。就像吃饭一样，非要经过口腔的咀嚼才能嚼出味道，否则，注射葡萄糖液体似的增加能量，除了延续生命外，已毫无意义。

可为与不可为

智慧人生的形成过程就是一个受感染的过程，即受影响、受熏陶、受教育。所受的影响和教育不一样，其结果也大相径庭。墨子在《所染》里举了许多事例来论述这一点。他说：

齐桓公受到管夷吾、鲍叔牙的浸染，晋文公受到舅犯、高偃的浸染。楚庄王受到孙叔敖、沈尹茎的浸染，吴王阖闾受到伍员、文义的浸染，越王勾践受到范蠡、大夫种的浸染。这五位君主所受到的浸染得当，因此称霸于诸侯，功名流传于后世。

而吴王夫差等人受到浸染不当，因此国家灭亡，身遭刑戮，宗庙毁灭，后嗣断绝，君臣离散，百姓逃亡。

感染有两种：一种是不可为的，一种是可为的。生在四川，出口就是四川腔；生在山东，张嘴就是山东调。河南人喜听豫剧，江浙人偏爱越剧，江南丝竹截然不同于关东大鼓。这就是语言文化环境对人的感染，是不可为的。

人必须生活在一定的社会环境中，接触各式各样的人，这是不可为的。多接触善良、贤达之人，少接触品性不端，心术不正之人，这是可为的。

人的生命是有限的，古语说人活七十古来稀，现今长寿的能过百岁，但终究有限，这是不可为的。但活到老，学到老，珍惜时间，奋发上进，这是可为的。知道什么是不可为的什么是可为的，便懂得了生命的道理。

能将不可为与可为运乎一心的人，有着人生的大智慧。他们懂得：在社会这个大染缸里，每个人都必须被浸染和淘洗，但最终染成什么颜色，却决定于自己，决定于可为与不可为之间的神运妙思。

墨子智慧启示录

只有心怀感恩之心的人，才能做到只求奉献，不求回报；燃烧自己，照亮别人。

我感兴趣的是，为什么墨子既能懂得社会的道理，又能掌握自然的规律？为什么他拥有的智慧比被尊为"至圣先师"的孔子还多呢？墨子的智慧人生对我们今天年轻人的成长成功有什么启示意义？

热爱劳动如宗教修行

墨家成员多系一些直接参加劳动的劳力者，其中很多是手工艺人出身，墨子本人就是一个精于机械制作的能工巧匠。所谓实践出真知，亲力亲为，动手动脑，使他们有了科学发明的先决条件，这是脱离生产劳动的士人们所不能比拟的。

方授楚先生也认为墨家身体力行地从事体力劳动，是他们优于其他诸子的地方。他在《墨学源流考》中说："墨子本注重知识，又与其弟子，多参加实际生产事业。日积月累，亲身之经历既多，后学继此精神加以组织之，说明之……当时重要学派，如儒家之求知识，多在论说，道家多重冥想，名家则颇以文字语言为游戏，因均脱离生产关系也。"

但墨家热爱劳动的意义远不仅于此。在墨家成为显学后，墨者被派出去入仕做官的不少，他们并无衣食之虞，墨子也自称"下无耕农之难"，（《贵义》）也就是说不去干苦力也是有饭吃的。墨家的自苦和苦干，完全是身体力行地实现伟大理想的需要。他们就像宗教徒一样，视"兼爱"为自己的最高信仰，而坚守自己信仰最恰当的方式，就是吃苦再吃苦，劳动再劳动，以自苦为极，为天下人做出表率。劳动，对他们来说也是一种修行，是虔诚的表达。

如果去掉宗教的神秘性，修行其实就是长期坚持做某种事情，并让它形成一种与生命同在的习惯和意志品质；修行就是对事业的虔诚，修行就是修身。无论是年轻人的成长，还是企业的成功，这种内在的信仰和外在的修炼都是不可或缺的。

深入社会似水银泄地

墨家学派有四处奔走活动的特点，或是游说，或是制造，或是守城，所谓"墨子无暖席"，就是说他们在一个地方席子还没睡热就又出发了。他们与大自然接触密切，与社会各界交往广泛。工农商学兵，三百六十行，没有他们不熟悉不介入的。自然墨家就会见识广博，易于创造发明。

《耕柱》里，治徒娱、县子硕两个人问墨子说："行义，什么是最重要的呢？"

墨子答道："就像筑墙一样，能筑的人筑，能填土的人填土，能挖土的人挖土，这样墙就可以筑成了。行义也如此，能演说的演说，能解说典籍的解说典籍，能做事的做事，这样就能做成义事了。"

墨者做事是不受限制的，无论何种领域只要能做到的就积极介入。在墨子与弟子们的谈话中，百工技艺名词脱口而出，足以说明墨者对众多劳动种类的熟悉。

《节用》说："凡天下群百工，轮车、鞼鞄（即柔革工）、陶冶、梓匠，使各从事其所能。"

从《备城门》以下各篇研讨守城的谋略和方法，其细致入微无人能匹。仅以《备穴》讲坑道战的方法为例："穴内口为灶，令如窑，令容七、八圆艾。灶用四橐。穴且遇，以桔橰冲之，疾鼓橐熏之。"

说墨家深入社会生活如水银泄地一般，无孔不入，这一点不夸张。墨家在这方面与儒家也差异甚大，儒家虽深入社会，但他们深入的社会是不包括工农及社会游民等劳苦阶层在内的，对工农兵之事，儒家一直看不上眼。

现代社会分工的精细，使我们对社会各行各业的深入了解越来越少，我们更多的是借助发达的资讯获取对世界的表象感知。但对个人的修炼来说，则未必是件好事。

感恩之心与日月同辉

墨子不仅在《兼爱》的上中下三篇里面详论了兼爱的道理，且在《墨经》里继续深化其兼爱思想，回答各种对兼爱的诘难。

《大取》说："爱众世与爱寡世相若，兼爱之又相若。爱尚世与爱后世相若，一若今之世人也。"即为"爱众世与爱寡世相同，兼爱也要相同。爱上古与爱后世，也要与爱现世一样。"

《小取》说："爱人待周爱人而后为爱人，不爱人不待周不爱人；失周爱，因为不爱人矣。"即为"爱人，要等到普遍爱了所有的人，然后才可以称为爱人。不爱人，不必等到普遍不爱所有的人；不普遍爱，因为不爱人。"

墨子还一一举例说明了不知道人多少照样能兼爱人，不知道人在哪儿照样能兼爱人等。在这里，兼爱已不单是指期望达到的社会理想，而是一个人对社会、对自然所持有的感恩之心。只有心怀感恩之心的人，才能做到只求奉献，不求回报；燃烧自己，照亮别人。

古今中外成大事者，无不胸怀这样的感恩之心。他们对社会给个人的回馈心怀感激，对劳苦大众的苦难充满怜悯，对自然规律的探求满怀热望。感恩，是他们不断关爱众生、求索进取、建功立业的精神动力。

小大之中，学会取舍

墨子在《大取》和《小取》两篇文章中论证了利害关系中取舍的原则，墨子指出，在所做的事情中，首先要衡量它的轻重，即"权"。所谓的权衡，就是对自己所处的环境做一个理智的判断。我们应该在害中选择较小的，在利中选择较大的，这样才能得到最优的结果，比如说砍断手指以保存手腕。墨子的

这种"两害相权取其轻，两利相权取其重"的思想在我们的现实生活中也有积极的指导意义。

春秋时期，一个越国人家里老鼠成灾，怎么也赶不走，于是他特地从别处弄回一只擅长抓老鼠的猫。这只猫有个陋习，就是他除了擅长捕鼠外，也喜欢吃鸡，事情的结果可想而知，越国人家中的老鼠被消灭干净了，但家中所养的鸡也所剩无几了。家里人想把这只猫弄走，而这个越国人则说："在我们家的头等祸害是鼠，而不是鸡，不灭鼠，它偷我们的食物、损害我们的家具、挖穿我们的墙壁，所以必须除掉它！而鸡的问题不是主要的，没有鸡，大不了我们不吃，总比我们挨饿受冻要强！"

这个越国人在猫吃老鼠也吃鸡的利和害中做出了理智的选择。猫吃老鼠是利、吃鸡是害，当利害不能协调时，那么就选择利最大的，这样会使自己受到的损失降到最小。自然界中这样的例子也很多，曾经有一篇这样的报道。

夏季的非洲大草原异常干旱，这对生活在那里的动物是一个严峻的考验。为了争夺狮子吃剩的一头野牛的残骸，一群狼和一群鬣狗发生了激烈的冲突。尽管鬣狗死伤惨重，但由于它们在数量上占优势，因而很多狼也被鬣狗咬死了。最后，只剩下狼王与5只鬣狗对峙。

显然，狼王与鬣狗力量相差悬殊，何况狼王还在混战中被咬伤了后腿，那条拖着的后腿成了它的负担。面对紧逼的敌人，狼王突然回头咬断了自己的后腿，然后以迅雷不及掩耳之势咬断离自己最近的鬣狗的喉咙。其他四只也被其举动吓呆了，终于一步一退地离开了怒目而视的狼王。

在生命和后腿之间，狼王果断选择咬断腿而保全生命，正因为它这种"壮士断腕"的悲壮震撼了鬣狗，最终拯救了自己。

生活中，趋利避害是人们在面临选择时普遍存在的心理。但有些害，我们无法躲避，应该有"两害相权取其轻，两利相权取其重"的智慧。只有具备了狼王断腿的勇气，周全考虑的睿智，以及对长远利益的预测能力，才能够真正做到"害中取小，利中取大"，就能在各种环境中做出最优的选择。

与人分享，快乐长存

这句话表明在墨子所处的时代，社会上已经出现严重的等级分化和贫富差距，且墨子已经认识到这个问题关乎国家的长治久安。墨子认为，民贫国乱是由统治阶级生活奢侈腐化、"厚敛于百姓"所造成的，因此，要想达到民富国治，统治阶级必须生活节俭，不要浪费财物。同时，他还告诫统治阶级不要过度奢侈、为富不仁，而应该救贫济困、节用有度。

亿万富翁郭凡生的创业经历，向我们印证了这种智慧。

1992年，郭凡生拿出7万元人民币，在中关村的一条街上成立了慧聪公司，开始了自己的创业之旅。现如今，这条街上当年的许多商人，大多已经销声匿迹了，能够存活下来的公司寥寥无几，慧聪公司就是这幸存下来的其中之一。这家公司不仅存活了下来，还在全国各地拥有了数十家分公司，2003年12月的一天，"慧聪"在香港成功上市。"慧聪"能够成功，这其中奥秘何在呢？

各种传媒都曾报道过这样的新闻："慧聪上市，打造了126位百万富翁。"原来，郭凡生在自己成功的同时，还带动了一大批成功的人士，也可以这样说，正是这一大批渴求成功的人士，将郭凡生推上了成功的高峰。之所以如此，是因为郭凡生与其他商人有一个最大的区别，就在于他懂得与众人分享财富。

或许，我们可以从郭凡生指定的公司章程里看出一些端倪。郭凡生这样解释章程中所拟定的知识股份制："公司在1992年初创的时候，就确立了按知识分配为主的分配方式，规定公司的任何人分红不得超过企业总额的10%，董事分红不得超过企业总额的30%。连续八年，公司把70%以上的现金分红，分给了公司那些不持股的职工。对于公司的董事，章程中明确规定，谁离开公司，本金退还，不许持股。所以，这些董事又都是公司总裁、副总裁，参与的也是知识分红。"

这个章程为整个公司和公司的员工们描绘了一个美好的明天，郭凡生也一直在为员工们勾画着百万富翁的梦想。但这一切不会轻易实现，所以在许多员工眼中，这不过是一个乌托邦。企业运行的二十年间，郭凡生极力推行的知识股份制，一度被人指责为"骗人的把戏"。

2000 年，公司亏损 2000 万元，只有个别部门可以拿到超额奖，于是许多员工便纷纷选择离开，甚至有人抱怨说："你在用这种方式骗人。"但仍有一批骨干分子、忠诚的老员工选择了留下来。最终，郭凡生"知识股份制"的制度安排，成为"慧聪"的核心竞争力。在这批留下来的相信这个美好的梦想，感恩老板尊重的员工们的齐心协力、共同帮助下，郭凡生度过了困难时期。

这段时期的经历给了郭凡生极大的触动，他认识到中关村之所以有那么多企业出现分裂，关键就在于这个公司只有一个老板。老板拿走了绝对的利益，但这个公司又不是靠老板的资本来推动发展的，因此当它的主体变为知识推动时，企业就要不断地分裂。而这更坚定了他推行"知识股份制"，与员工分享财富的信念。

最终，在员工们的不断努力下，慧聪公司拥有了现在的成就。

与他人分享不只是慷慨，更多的是明智，这一点对商人而言尤为重要，郭凡生的成功就印证了这一道理。可以设想，如果他没有制定与员工共同分享的制度，那么慧聪公司也不会一下子就冒出 126 个百万富翁，很可能"慧聪"早已湮没在无数分裂的企业中了。

无论是做人还是做企业，都要懂得关照他人，利不独享，只有这样，才能搞好人际关系，共创和谐美好社会。

忍让要有原则

一直以来，在中国的传统文化中，忍让是备受褒扬的词语，人们常说"忍一时风平浪静，退一步海阔天空"。于是，在很多人的理解中，忍让意味着退缩。其实，这是对忍让的误解。忍让是一门人生的学问，是理性的以柔克刚，以退为进。忍让要有一定的原则，墨子指出：一个人不能一味地忍让，当自己受到伤害时就不要忍让。

关于忍让，晏子给我们提供了学习的榜样。

晏子将要出使楚国。楚人知道晏子身材矮小，想要羞辱他一番，便在大门的旁边开了一个小洞请晏子进去。看到前来迎接的人不怀好意的笑，一眼就看穿了楚人伎俩的晏子不动声色地站在洞口，并不进去，说：“出使到狗国的人才从狗洞进去，现在我出使到楚国来，不应该从这个洞进去。”迎接宾客的人不料竟被晏子“倒打一耙”，脸上立刻青一块白一块，默默无言，只好带着晏子改从大门进去。

晏子拜见了楚王，楚王设宴招待晏子。席间，楚王故意面露难色，不怀好意地说：“齐国难道没有人了吗，怎么派你来呢？”面对楚王的无礼，晏子严肃地回答说：“齐国的都城临淄有7500户人家，人们一起挥洒汗水，就会汇成大雨；一起张开袖子，天就阴暗下来；街上行人脚尖碰脚后跟，肩膀靠着肩膀。怎么能说没有人呢？”楚王说：“既然这样，为什么会打发你来呢？”晏子微笑着，回答说：“齐国根据不同的对象，派遣使臣。贤能的人被派遣出使到贤能的国王那里去，不贤能的人被派遣出使到不贤能的国王那里去。我晏婴是最没有才能的人，所以当然出使到楚国来了。”面对晏子的反击，楚王非常生气，但不知如何回应，只好住口。

众人在席间喝酒，当酒喝得正高兴的时候，两个官吏绑着一个人来到楚王面前。楚王说：“绑着的人是干什么的？”官吏回答说：“是齐国人，犯了偷窃罪。”楚王看着晏子说：“齐国人本来就善于偷窃吗？”晏子离开座位，郑重地回答说：“我之前听说过这样的事，橘子生长在淮南就是橘，生长在淮北就是枳，它们叶子的形状相似，果实的形状也相似，但是它们果实的味道却大不同。之所以出现这种情况，是因它们生长的水土不同。现在，百姓生活在齐国不偷窃，来到楚国就偷窃，莫非楚国的水土会使百姓善于偷窃吗？”楚王笑着说：“看来不能与圣人开玩笑，我反而自讨没趣了。”

面对楚人的一再羞辱，晏子并没有忍让，反而有礼有节，用自己的聪明才智将一次次无礼的羞辱反击给羞辱者，从而维护了自己和国家的尊严，让羞辱者一次次尴尬而止。

在纷繁的生活中，我们难免要忍让，但忍让并不是面对误解、委屈甚至诽谤时的无动于衷，也不意味着退缩不前或懦弱可欺，而是为了顾全大局而不得不采取的一种权宜之计。

生活不是用来妥协的，你退缩得越多，能让你喘息的空间就越有限；日子也不是用来将就的，你表现得越卑微，幸福的东西就会离你越远。在有些事中，无须把自己摆得太低，属于自己的，就要积极地争取；在有些人前，不必一而再地容忍，不能让别人践踏你的底线。只有挺直了腰板，世界才能给你更多的回馈。

所以，忍让必须有个度。如果有人无意中冒犯了你，应该忍让；但如果他是有心为之，并且对你的伤害很深，甚至威胁了你的尊严，你当然不能再忍。即使非忍不可，那也不过是一种迂回式的处事计策，关键还是我们在忍让之后，要找到合理地解决问题的方略。

一切尽在变化中

处于春秋战国时期的墨家认为，一切并不是一成不变的，只要条件适宜，就能够改变。在"非命"观中，墨子提出"官无常贵，而民无终贱"，即人的命运是可以改变的，改变的条件一个是善于抓住外界的机遇，另一个是自身的不懈努力。

因此，我们可以说一个人的命运能否得到改变，很大程度上取决于他是否善于抓住机会。我们无法选择自己的出身，但如果我们在后天的努力过程中，抓住那些能够改变我们境遇的机遇，就能够摆脱困境。也就是说，我们可以在先天条件已定的基础上，充分把握机会，用后天的优势来弥补先天的不足，从而改变所谓的"命中注定"。

有个关于两兄弟看雁的故事。

兄弟两人在田里劳动，看见一只大雁从天上飞过。

哥哥说："我们把它打下来，然后煮着吃该多么的美味啊！"

弟弟反驳道："烤着吃，味道会更好。"

两人各不相让，为煮着吃还是烤着吃而争论不休。

这时候，他们的父亲过来了，于是弟兄两人请父亲做评判，父亲说："这还不简单，一半煮着吃，一般烤着吃不就行了？"

弟兄俩高兴地赞同了。

这时，父亲又问："你们的大雁在哪里呢？"

兄弟俩异口同声地说："在天上。"

抬头望时，大雁早已没有了踪影。

生活中有很多这样的人，机遇面前，他们犹豫不决，有时甚至做些无谓的争吵，而等到明白过来时，机遇已经像大雁一样，飞得无影无踪了。由此可见，我们只有积极主动地去抓机遇，才能在最佳的时机将机遇抓住。

然而，很多时候，机遇并不像大雁那样显而易见，尤其是那些能够对我们一生造成重大影响的机遇，会隐藏得更深，需要我们用心去发现，用行动去挖掘。

有两个同乡的青年一起外出打工。他们在候车厅等车时，听到人们的议论，说上海人十分精明，给外地人指路都要收费；而北京人乐善好施，看到吃不上饭的人，会接济他们衣食。

于是，一个青年想，还是去北京好，即使挣不到钱，也不至于饿死，于是他选择了去北京。而另一个人则想，还是去上海好，给人指路都能挣钱，还有什么不能挣钱的？于是他选择了去上海。

到北京的青年发现，北京果然好。在初到北京的一个月里，他什么工作也没有找，凭借着大商场里免费品尝的点心和银行大厅里的纯净水，他竟然也没有挨饿。

到上海的青年也发现，上海果然是一个可以发财的城市。只要肯想办法，再多花点力气，无论做什么行业，都可以赚到钱。这个年轻人凭着乡下人对泥土的认识和经验，首先在建筑工地包装了一些带有沙子和树叶的土，当作"花盆土"卖给那些不懂得泥土知识又爱花的上海人。凭借这些没有成本的泥土，一年后，他在上海拥有了一间小小的门面。通过细心观察，他发现一些商店楼面亮丽而招牌却暗淡无光，经过探听得知，原来清洗公司只负责洗楼，不负责洗招牌。于是，他立即抓住这个机会，办了一个小型清洗公司，专门负责擦洗招牌。没过多久，他的公司就发展壮大起来，业务也逐渐由上海扩展到周边城市。

于是，他决定把自己的事业往北京发展，便坐火车去北京考察清洗市场。在火车站，一个收废品的人把手伸进软卧车厢，向他要桌子上的啤酒瓶，就在递瓶时，两人都愣住了。五年前，他们同时出来闯天下，而如今，结局却是这样的悬殊。

这个故事从表面看起来是，由于两人的创业观念不同，去北京的贪图安逸，想要不劳而获，而去上海的通过自己的双手开创了一番事业。但如果我们回到故事的起点，会发现更为深层的东西，当他们在候车室听别人议论时，一个是积极地抓住机遇，既然上海赚钱容易，那么我也能够做到，而另一个却被隐藏着机遇的困难所吓倒，因为害怕承受失败而选择了没有挑战性的北京。其实，他们的不同结局，在当初面对同样机遇而做出不同选择时就已经注定了。

我们生存的这个世界充满了变化，但这些变化并不是莫测的，只要我们有一个睿智的大脑，有一双锐利的眼睛，那么即使我们出身低微，也一样能实现自己人生的辉煌，而帮助我们踏上这段辉煌历程的前提条件，就是在变化中，抓住身边哪怕微不足道的机遇。

兄弟是人生的良伴

一个人是否善于处理兄弟关系，最能检验他的胸怀和度量。

至亲兄弟

计划生育政策在中国大陆推行了几十年，独生子女开始长大成人。他们眼中的人伦，已与几千年下来的人伦关系差异很大，一母所生的兄弟姐妹越来越少，姑、舅、姨这些重要的称呼在某一历史阶段也许会逐渐淡出人们的日常生活。

在今天，"兄弟姐妹"业已泛化为一种友好的社会关系的称谓，有点类似于"朋友"的含义，或者说"朋友"是"兄弟"的书面表达语，"兄弟"是"朋友"的口语化说法。就像在生活中，我们见到好朋友，打招呼时会说：嘿，哥们！哟，姐们！

但就是这样一个在我们生活中至关紧要、最不可忽视的社会关系，我们却时常出现理解上的偏差，我们几乎每天把"哥们""姐们"或者"阿哥""阿妹"挂在嘴上，可我们认真想过背后的含义吗？

兄弟是人世间至亲的标志，说起兄弟，人们常常就联想到手足之情，亲密无间。这几年在中国的体育界，出过几对孪生兄弟，颇令人称道。前有体操世界冠军李大双、李小双兄弟，后有足球双星孙吉、孙祥兄弟。他们的互帮互助、相亲相爱，感动亿万观众，让我们看到了亲情的力量。俗语中有"亲如兄弟""兄弟如手足"的说法，因而，兄弟常用来形容人世间割舍不了的亲情。

但墨子在《经说上》里解说"同异交得"时，却让我联想到兄弟的另一面。他说："兄弟，俱适也。"怎么讲呢？据清代墨学研究大家孙诒让解读，认为"适"读为"敌"，其意也为"敌"。（见《墨子闲诂》）著名学者吴毓江在《墨子校注》中解释为："言相合俱，相耦敌。"也就是说，兄弟之间，有的和睦，有的则相敌视。墨子还曾指出"若兄弟一然者，一不然者"，其意也相似，就是说兄弟朋友之间，既有相亲相爱的一面，也有相恶相敌的一面。

从更广阔的时空来看，古往今来，兄弟之间的争斗，小至眼角眉梢怨气，大至江山社稷，从未间断过，其手段之毒，下手之狠，绝不亚于异族异姓之间的搏杀，甚至还有过之而无不及。这些年充斥书市的历史小说和火爆银屏的宫廷戏，兄弟之间的皇位之争几乎是百演不衰的主题。最有代表性的要数《雍正王朝》的"八王夺嫡"，八贤王在阴谋暴露后当着雍正的面，说了句让人惊悚不已的话：皇四哥，兄弟们就等着你来杀了！

兄弟是一根藤上的瓜，一棵树上的果，血缘关系把他们先天地连在一起，正因为离得太近，有着纠缠不清的感情和利益关系，亲热和怨恨便都容易发生。一母所生，父母自然应该平等待之，兄弟姊妹之间也就以要求平等来获得一种心理上的平衡。贫穷人家的孩子，老大买了一件新衣服，则必须给老二、老三也买；分糖吃，老么十颗，老大老二也要十颗。这中间若有稍微地偏差，就会产生矛盾。父母留下遗产，兄弟姊妹平均分摊，这叫十个指头一般齐，手背手心都是肉。弄得不好，就会翻脸。

因此，一个人是否善于处理兄弟关系，最能检验一个人的胸怀和度量。兄弟之间不和的人，往往度量小，私心重，缺乏修养。过分在兄弟间斤斤计较，担心别人占便宜，这种人绝对目光短浅，不会有大出息。所以墨子说："兄弟之间不和睦协调，是天下之害。"

父母给你什么，给你多少，与兄弟们是否一样，那是父母的事。如果父母留给你的东西少些，说明他们认为你是兄弟中最有能力的，你可以靠自己挣得自己想要的一切，多留一点给兄弟们，那是一种美好的爱心。

兄弟是人生的伴。同在一口锅里吃饭，同在一个盆里洗澡，同在一张床上睡觉，同在一盏灯下读书。当兄弟之情成为一种回忆时，无论是欢笑还是哭闹，都充满了甜蜜的温馨，带给人心灵的慰藉。没有兄弟姊妹的人生，该失去多少欢乐啊！

当提起"兄弟"二字时，你应该想到，兄弟即是关怀，即是体贴，即是宽容，即是爱护，即是一种责任心。不要担心你付出的爱得不到回报，倘若你一直真心诚意地爱着你的兄弟，你终将明白，你得到的比你想象的要多得多。

丑陋兄弟

现在有许多青年朋友虽大都没有了血缘意义上的兄弟，但以兄弟相称的朋友却很多很多。就像前面谈到的一样，有至亲兄弟，也会有丑陋兄弟。这种丑陋表现为几种情况：

一种是只讲义气不讲道理。仗着自己兄弟多，势力大，明知是自家兄弟的错，却还要帮着兄弟去欺侮对方；明知自己兄弟违纪犯法却还要包庇窝藏。这是最要不得的，到头来是既害了自己，也害了自家兄弟。

一种是靠兄弟，吃兄弟，死乞白赖。有一类人自己不努力，有了几个有头有脸的兄弟便沾沾自喜，仿佛是自己的功劳。没吃的了，住在兄弟家里吃；没穿的了，拿兄弟的衣服穿。有这么多亲兄弟，能让我饿死吗？这种人自甘堕落，却还心安理得。

一种是兄弟之间争权夺利，相互攻击。兄弟一多，家族内、集团内的利益就很难均摊，于是总怀疑自己吃了亏，怀疑兄弟姊妹们占了便宜，便在要求平均公正的幌子下想方设法、挖空心思地为自己多捞一把。历史上的事前面提到过，为争夺王位和家族利益，兄弟之间相互残杀的事屡见不鲜。在现实生活中，也有过不少共同创业发家的朋友，当初创业艰难时，比亲兄弟还亲，可事业小有成就后，却反目成仇。分道扬镳还算是理智文明的行为，总比自相残杀、两败俱伤要好得多。

上述种种，往轻处说，是心胸狭隘，不明事理，不知道珍惜兄弟情谊；说重点，是私心和贪欲在毁灭人生，祸害社会。有私心就不会有爱心，没有爱心，哪来兄弟的情谊？

朋友是生命的缘

有一时的朋友，有一世的朋友；有泛泛而交的朋友，有不是兄弟胜似兄弟的朋友。一时的朋友不要要求做一世的朋友，一世的朋友是可遇不可求的。

千古知音最难觅

人生一世，可以没有金银财宝，可以没有高官厚禄，可以没有千古英名，可以没有盖世才华，但不能没有朋友。没有朋友的人生，绝对是孤独无聊的人生。

中国是一个爱交朋友的民族，关于朋友的格言警句数不胜数。如，多一个朋友多条路，少一个朋友路难行；在家靠兄弟，出门靠朋友；见面是朋友，等等。

当代流行歌曲，我非常喜欢周华健的《朋友》：

朋友一生一起走，那些日子不再有。一句话，一辈子，一生情，一杯酒。

歌词意味深长，一句话，一杯酒，就能结下终生的友情，让人生死相依，那是多么令人向往的做人的境界啊！

臧天朔的同名歌曲从另一个角度表达了朋友的深情厚谊，感人至深：

朋友啊朋友，你可曾记起了我，如果你正享受幸福，请你忘记我。朋友啊朋友，你可曾记起了我，如果你正承受不幸，请你告诉我。

朋友是瞭望社会的窗门。朋友多，窗户就开得大，室内就会阳光明媚。乐了，烦了，闷了，都会想到找朋友聊一聊。打开手机的通讯录，那上面记着一大堆朋友的名字、地址、电话，看一眼就感到亲切。或者上网打开 QQ、MSN，朋友立马就闪现在你面前，微笑着告诉你，你在这个世界上不是孤立的，哪怕你失去了一切，你至少还有朋友的关爱。

进一步说，有一时的朋友，有一世的朋友；有泛泛而交的朋友，有不是兄弟胜似兄弟的朋友。一时的朋友不要要求做一世的朋友，一世的朋友是可遇不可求的。

朋友是生命的缘，遇事要先替朋友考虑。始终对朋友怀有一份牵挂和惦念。朋友就是朋友，他不能替代你，你也不能代替他。尊重朋友就是尊重自己。不要过多地打听朋友的隐私，不要嫉妒朋友还有另外的朋友。不要因交朋友而失去自己的本性。这是我的朋友之道。

善交朋友的人，会有许多朋友，他生活在朋友的温情之中，这种人人缘好。

不善交朋友的人，或许会有一两个密友、知己，这种人也活得怡然自得。

知心朋友就是知己、知音。拥有这样的朋友，是人生难得的幸福。

我多次到过武汉的琴台，这是专为纪念俞伯牙和钟子期高山流水谢知音的故事而建的。伯牙弹琴，音调高昂激越，砍柴人钟子期闻声驻足，叹道：巍巍乎高山；伯牙又奏出奔腾回荡的旋律，钟子期说：潺潺兮流水。两人于是成为知音。钟子期死后，俞伯牙摔断琴弦，从此不再弹琴。

这个故事告诉我们一个道理：真正的朋友是你生命中的一部分，他（她）已融进你的躯体，化为你的血肉，他就像你的影子，你能从他身上看到你自身。

先秦时候的思想家里面，就不乏相互间成为知音的朋友。老子（李耳）与庄子（庄周）、孔子（孔丘）与孟子（孟轲），都因为事业上的志同道合而共同成为道儒两家的开创者。另外，法家的管子（管仲）与韩非子（韩非）、名家的惠子（惠施）与公孙龙子（公孙龙）、兵家的孙子（孙武）与孙膑、阴阳家的邹衍与邹奭、纵横家的苏子（苏秦）与张子（张仪）等，都可以互称为思想上的知音。

墨子与禽滑厘：千古难觅师徒情

墨子的知音，首推他的大弟子禽滑厘。

禽滑厘曾是儒门弟子，学于子夏，自转投墨子后，便一直潜心墨学。孙诒让说墨子对他信任有嘉："尽传其学，与墨子并称。"庄子《天下》编说："古之道术有在于是者，墨翟、禽滑厘闻其风而说之。"说明孙氏所言不虚。

我说两人是"千古难觅师徒情"，不是随便臆想，是有事实依据的。

一是墨子专门对禽滑厘的为人进行过很高的评价。《所染》里，墨子讲到当时的贤良之士时说："其友皆好仁义，淳谨畏令，则家日益、身日安、名日荣，处官得其理矣，则段干木、禽滑厘、傅说之徒是也。"

墨子点名表扬的三个人，唯有禽滑厘是他的正宗弟子。"好仁义，淳谨畏令"的评语很符合禽滑厘的所作所为。由此可知禽滑厘在墨子心中地位之高。

二是禽子独得墨子亲传。墨家能名噪一时，受到追捧，除了兼爱、非攻等思想主张外，另一个重要原因是墨子潜心钻研出了一套当时具有最高水平的，有极强的实战价值的防城术，对弱小诸侯国抵御大国入侵非常有用。仅从现存的十一篇来看，说是中国最早最有价值的守战"兵书"，一点都不为过。这一套墨家的看家本领，在墨子心目中的地位是可想而知的。他一定会传授给他最为信任最为倚重的人，这个人就是禽滑厘。

《备城门》《备高临》《备梯》《备穴》《备蛾傅》《杂守》在墨家兵书里，极具分量，诸篇都是由禽滑厘开场。"再拜再拜"后提出问题，墨子进行详细解答。《备突》《备水》两篇极其简略，与前面几篇大不一样，疑是全文佚失，只保存下来部分片段，推测也应该是由禽子开场的结构。《迎敌祠》《旗帜》《号令》三篇，我分析是墨家军内部公开发布的文告，没有采用亲口单传的方式。

《备梯》里面，非常难得地记载了墨子向禽子如何进行亲口单传的情况：

禽滑厘面色黝黑，手脚全长满了老茧，三年来紧紧跟随在墨子身边，以仆役身份随时听从召唤，但他却只是整天埋头做事却不敢向墨子提问。墨子深知他的心事，见他一直不问问题，墨子便想了一招，约了禽滑厘同登泰山，上山后，找些茅草垫好坐上，便拿出酒菜来，要请禽滑厘喝酒。

墨子这一举动既是对禽滑厘三年忠心耿耿的表彰，同时也是想以一个安静的环境，向他单独传授守城秘技。

禽滑厘对墨子的盛情颇有些意外，只是一再地施礼感谢，却一时不知说什么好。

墨子见禽滑厘不说什么，便主动问他道："你有什么问题想问我吗？"

禽滑厘这才又连拜了几下，说道："我想问的是守城的方法。"

墨子并没马上回答他的提问，他对禽滑厘的人品是放心的，确信他是墨家事业最忠诚最可靠的继承人。但墨子还想进一步提高他的战略思维能力，这或许是墨子担心的问题。墨子说：

先不要问这些具体的方法。古时候也曾有懂得守城术的人，但对内不亲抚百姓，对外不缔结和平，自己兵力少却疏远兵力多的国家，自己力量弱小却轻视强大的国家，结果亡国送命，被天下人耻笑。你对此可要慎重对待，弄不好，我将墨家秘技传给了你，反而害了你。

墨子显然不单纯关注技术，他是从战略高度来提醒禽滑厘，希望他掌握内亲外结的战略思维，在这个前提下，具体的战术方法才能发挥出作用。从这里也能看出来，墨子不仅是军事防御专家，更是一个军事战略家。

禽子行再拜礼后，又伏地叩头行稽首礼，再次表示要跟随墨子学守城的方法。墨子这才开始将诸多绝密的战术方式一一传授给他。据孙诒让说"墨子遂语以守城之具六十六事"。墨子将六十六种方法亲口传给禽子，应是将墨家兵学悉数传授，若全部保存下来，应是军事史上的一部皇皇巨著。

这段记述不仅是亲传守城秘技，还含有传位的意思，是两人肝胆相照的写照。虽然十分简略，但禽滑厘对墨子恩师如父的恭敬，墨子对弟子的关爱提携之意，却跃然纸上。禽滑厘后来在墨子的众弟子中脱颖而出，成为墨子身后代表性的墨家人物。禽滑厘后又收了许犯、索卢参等众墨者为徒，他们也都成为一时名士。

墨子独一无二的守城术，虽在传承中有遗失，但我们现在能窥其一斑，应该好好感谢这个被称作禽子的禽滑厘。

三是墨子与禽子联手创造了"止楚攻宋"的千古传奇。

这场大戏是由墨子导演、由墨子与禽滑厘联袂主演的。墨子得知楚欲攻宋的消息后，与禽滑厘兵分两路，他一路狂奔到楚国与公输盘上演"兵棋推演"的好戏；禽子则率领训练有素的墨家军赶往宋国，镇守在宋国城墙之上。公输盘"兵推"失败，自认不是墨子的对手，便打算使出"斩来使"的卑鄙伎俩，没料到墨子骄傲地说："我的弟子禽滑厘带领众弟兄早已守候在宋城之上，我的全部破敌之法他已烂熟于心，即使杀了我，你去也是送死。"

在这场大戏里，禽滑厘隐身墨子之后，但他却是墨子御敌于前的关键因素。正是有了禽子的防御到位，才最终使楚王放弃了入侵的企图。二人一前一后，配合默契，堪称绝唱。

墨子与鲁班："双子星座"另类知音

墨子同时代的名人中，能够与墨子在科技水平上相媲美，在机械制造技艺上切磋交流的，唯有鲁班。他们是对手，又是好朋友，是另一种类型的知音。

两人在机械制作水平上，各有千秋，代表了当时的最高水平，可谓先秦科技舞台上的"双子星座"。西汉刘安《淮南子·齐俗训》中说："鲁般、墨子以木为鸢而飞之，三日不集。"东汉王充《论衡·儒增篇》也曾说："鲁般墨子之巧，刻木为鸢，飞之三日而不集。"可见，直到汉代，仍是将两人等量齐观的。

但总体看来，墨子技高一筹。鲁班在"兵推"失败后生出杀人的恶念，或许不单是为了政治利益，鲁班的一招一式尽在墨子掌握之中，这让同为人中俊杰的鲁班能不心生怨气吗？从现实利益考虑，无论墨子是否有意，其所作所为客观上也会抢他的饭碗，说鲁班有些妒忌墨子的才华，心里有"瑜亮情结"，应不是过分的臆想。

鲁班曾用竹子和木材做成鹊，能让它飞起来，在天上转了三天才落下来。鲁班忍不住又要在墨子面前夸耀了。墨子却对他说："你做的鹊，不如匠人做的车轴上的销子，一会儿就能削成一块三寸的木头，可以担当五十石重的东西。所以，平常所做的事，有利于人的可称之为精巧，不利于人的就叫作拙劣了。"

墨子的意思是说，鲁班的发明固然了不起，但制作花哨好玩的东西是没有意义的，要将有限的精力放到研制对老百姓有利的东西上去。

从"鹊与销"到"义之钩镶"，墨子之所以肯在鲁班身上下大功夫，不断从思想上启发诱导他，让他最终认识到"技"与"义"的关系，这不能不说与他欣赏鲁班的超凡工艺才能和创造能力有关。鲁班后来得以传颂千古，是因为他最终做到了"技"与"义"的统一。墨子若九泉有知，想必也会感到无比欣慰的。

墨子与公尚过：最重要的是信任

公尚过是墨子众弟子中文化修养较高的一位，深得墨子器重。公尚过曾被墨子派到越国宣传墨家主张，结果让越王对墨家之学叹服不已。越王甚至表示要用五百里地的代价礼遇墨子，这足以说明公尚过对墨子思想理解深入，表达清楚，阐发得当，应是深得墨子思想精髓的人。

墨子甚至直接称赞过公尚过，其赞许之词连在大弟子禽滑厘身上都没用过。

墨子南游到卫国，车上装满了书。弟子弦唐子觉得很奇怪，问墨子道："我记得老师您曾教导公尚过说，读书只是为了衡量事物的是非曲直。现在您出门带这么多书，又做什么用呢？"

弦唐子的意思是说，按您的意思，许多事情的理解是不用从书上去学的，可你自己出行却是带足了书的呀！

墨子说："殊途同归的道理，流传的时候确实也会出现差错。正是由于人们听到的不能一致，书就多起来了。但像公尚过那样的人，对于事理已能洞察精微，对于殊途同归的道理已能把握要领，因此就不必事事用书教导了。这有什么奇怪的呢？"

墨子能如此评价公尚过，足以说明他对公尚过理解之深。两个学识上互相信赖之人，无疑是难得的思想上的知己。

孟胜与田襄子：感天动地"巨子"情

墨家前后两任巨子孟胜与田襄子之间，也是心灵相通的知音。

当年孟胜替阳城君守城，眼看守不住了，墨家军将全军覆没。孟胜的助手徐弱急了，他劝孟胜说："我们死不足惜，可墨家不能后继无人了呵！"这时孟胜自信地告诉他："你知道我们在宋国的墨者中有个叫田襄的人吗？他可是个英勇贤良之人，我已决定将巨子之位传给他。他自会继续我们墨者的事业。"

孟胜临死前表现出对田襄子高度的信任，相信有他在墨者不会绝。这种信心和信赖只有相知很深的人才能做得到。

人生难得一知己，千古知音最难觅。在你的人生旅途上，能遇到可称为知音的朋友，那是上苍对你的赏赐，一定要倍加珍惜。

没有完美的，只有更适合的

《墨子》有佚文说："甘瓜苦蒂，天下物无全美。"显示了中华民族绝妙的辩证哲理。"甘瓜"和"苦蒂"，相互依赖、渗透、联结和转化，是《墨经》所谓"同异交得"（对立统一）的一例。甘苦是对立概念。"蒂"是瓜果和枝茎相连接的部分。成语有"瓜熟蒂落"。苦蒂是甘瓜的前因，甘瓜是苦蒂的后果。无苦蒂，不能长甘瓜。无甘瓜，苦蒂会凋零。这是自然辩证的哲理。

一位七旬老人，一生孤独地流浪。

路人问他："为什么不娶个妻子，组成一个家庭？"

老人说："因为我在寻找一个完美的女人。"

路人反问："那么，这么多年，你就没有遇见一个符合心意的吗？"

老人摇摇头："不，我曾经遇见过一个。"

"那你为什么不娶她？"

"因为她也在寻找一个完美的男人。"老人无奈地答道。

其实，很多人就像这个老人一样，对于很多事物都执着地期待着更好的。于是，很多美好的东西在无尽的期待中逝去。而青春也在这一拖再拖中一晃而过，等到想要留住它时，已经人近中年。

人们总是希望可以拥有所有自己想要的，以为只要拥有越多，也就会越快乐。但当我们受了很多苦，才发现，自己永远都无法拥有整个森林，只能选择其中的一棵树，好好地去经营。正如完美，在一次次的追寻中，才发现完美只是我们的想象，即使甘甜的西瓜，也拥有苦的瓜蒂。

一日，一位禅师和一个小伙子一起行走在路上，小伙子问道："人人都说爱情是这世上最美好的东西，大师，您能告诉我爱情究竟是什么吗？"

禅师没有立即回答，而是指着不远处的一片瓜地说："这样吧！小伙子你看见那片瓜了吗？那里长满了西瓜，你先去挑一个最大最好的回来，我就告诉你。但是有一个要求，你只能摘一次西瓜，而且不许回头。"

半天时间过去了，小伙子垂头丧气地空手而归。禅师问道："地里有那么多的西瓜，你为何一个都没有摘到呢？"

莲盖奎龙纹方壶（春秋）

小伙子回答："我总以为前边会有更大更好的西瓜，于是就一直向前走，结果走到头却发现最好的西瓜都在途中。于是，就只好空手而回了。"

禅师哈哈一笑说道："爱情就像是你刚才摘西瓜一样，总以为后边的会更好，于是便一直向前寻找，结果有可能什么都得不到。"

小伙子似有所悟地点了点头。

之后，禅师又一次让他进瓜地摘西瓜，并且提出了和第一次同样的要求。

时间不长，小伙子就抱着一个沉甸甸的西瓜回来了。

"这是这片地里最大最好的西瓜吗？"禅师问。

"我不知道，但我怕又像第一次一样，由于一直比较，而结果什么也得不到，于是，就挑了一个看起来还不错的。这个西瓜也许不是最大的，但吃起来一定不错，因为从外表来看，它已经成熟了。"小伙子乐呵呵地答道。

禅师笑着说："这就是婚姻。虽然它同爱情的最初目的是一样的，但却比爱情更加理智。因为婚姻选择的是在自己看起来还不错，吃起来适合自己口味的，而不一定是这一整片地里最大最好的。"

世上没有绝对的完美，无论是在爱情里，还是在生活中。没有更好的，只有最合适的。朝三暮四，只能一无所获。只有懂得珍惜和知足的人，才能拥有真正的幸福。

我们要相信，生活给予我们的都是最好的。如果不想与幸福擦肩而过，就牢牢把握身边关心你的人。否则，一旦错过，可能就再也回不去了。不断逝去的岁月抹去的不只是青春，还有你对幸福的感知度。粗糙的生命，无法体触光滑如缎的爱情，一切不再如你想象中的那样纯粹。因为你早已学会去审视人生的得失，用一定的标准去衡量情感的厚薄，去思考有些东西是否值得，并试着探究这喧哗背后的人世沧桑和辉煌侧面的阴影。

完美是不可能的，我们不必强求。只需将一颗执着、贪恋的心放平和，遇到了幸福，就用心去体会、去珍惜。如此，就会活得更真实、更快乐！

经历苦难，才能见彩虹

孟子有云："天将降大任于斯人也，必先苦其心志，劳其筋骨，饿其体肤，空乏其身，行拂乱其所为，所以动心忍性，曾益其所不能。"即告诉人们想要成功，必经历磨难，唯有如此，才能看到彩虹的美丽。想要做成一件事，也必须先有付出，才能有所收获。困难与挫折是任何人都无法避免的人生经历。

没有挫折的人生是不存在的，没有困难的工作也是不存在的。一个人只有在经历了挫折与失败之后，顽强地站起来，才能收获到来之不易的宝贵经验，成为生活中的强者，这样的人也必定能够获得成功。相反，如果一个人一遇到困难就退缩，就放弃，那么，他永远也不会获得成功机遇的光临。

王华芬就是一位面对困难，毫不退缩，勇敢展示自己勇气的佼佼者。

大学毕业后，王华芬选择了销售行业，在一家软件公司做销售员。她觉得，刚出校门的自己还很幼稚，她希望这个行业能锻炼自己的意志，使自己尽快成熟起来。事实证明，她的选择没有错。作为一名销售人员，不可避免地要面对无数次的拒绝。但每当王华芬面对困难时，她总会表现得非常乐观。在一年多的工作中，她拥有了三件法宝：一部手机、厚脸皮和乐观。她曾自信地对别人说，有了这三样法宝，她可以做成任何一笔生意。

第二年，颇有远见的王华芬，将自己的销售目标投向了一家颇有实力的外企。王华芬希望他们能购买自己公司的软件。那时，她曾几次主动与这家公司的技术采购负责人联系。然而，一个多月的时间里，该公司没有回过一次电话。但王华芬并不死心，依然不停地给那位采购员打电话。最后，这位采购员终于不耐烦了，告诉她："你就死了这条心吧！我们是不会跟你做这笔生意的。"

尽管当时的王华芬非常失望，但她并不绝望。她始终相信，只要努力，就一定可以找到突破口。于是，她调动自己的所有资源与关系网，开始寻找别的方法。最后，王华芬惊奇地发现，这家外企的一家分公司曾经购买过自己公司的产品。于是，她便与这家分公司负责这笔生意的销售代表联系，恳请他帮忙，给自己一份该分公司购买自己公司产品的详细资料。终于，在王华芬坚持不懈的努力下，这家外企同意购买自己公司的产品。

然而，仅仅这样还远远不够，为了让这家外企公司对自己的产品树立信心，能够与自己的公司长期合作，王华芬多次去这家公司展示公司产品的性能。渐渐地，这家外企公司充分地掌握了该公司产品的所有优点，于是，他们与王华芬签订了一个长期合作的合同，这笔交易最后的成交额超过了200万美元。

现在，王华芬已经是公司的王牌销售人员，几乎每年都能为公司创造500万元以上的收入。这不得不令人叹服。当然，等待她的无疑是升职加薪以及更加美好的未来。

遇到挫折在所难免，尤其是职场中人，很多人在面对职场瓶颈时，往往选择辞职、换工作等措施。在一个新环境里，他们经历了短暂的工作激情，之后，又会产生厌倦的情绪，这之后再放弃。于是，他们不断地跳槽，不断地厌倦，始终找不到一个落脚点。而那些能够坚持下来的人，勇敢地直面自己遇到的问题，努力解决，化困难为提升自己的机会，最终成就了辉煌的事业。

事实上，在遇到困难时，能耐心一点，坚持下去，就有希望获得突破，走出困境。如果我们选择半途而废，只会让成功离我们越来越远。事实上，我们不是因为失败而失败，而是因为失望而失败。面对困难，勇敢地反抗，你会发现自己是可以跨过去的。不经历风雨，怎能见彩虹，你看到过彩虹吗？

善用你的口

墨子在提出贤人标准的时候，提出贤才应该懂得说话的技巧，这样才能与人进行有效的沟通。墨子认为说话技巧在人际交往中有重要作用，口是人说话的工具，善于说话的人，能够借助语言实现自己的目的。作为一个辅佐君王的贤才，如果掌握了良好的说话技巧，上可以说服帝王、下可以安抚百姓；但如果笨嘴拙舌甚至词不达意，很可能引发治国的危机。因而，贤士要能够"辩乎言谈"。

这个观点不仅适用于贤才，同样适用于每一个人。古人说"祸从口出"，即一句话如果说得不合适，很可能引发人与人之间的矛盾。很多人因说话不当而惹来祸端，也有人凭借着言语技巧转危为安。因而，在为人处世的过程中，我们应该谨慎地说话。

有个人请客，约定的时间已经过了，但还有一大半的客人没来。

主人心里很焦急，便说："怎么回事啊！该来的不来？"

一些敏感的客人听到了，心想："该来的不来，这不是说我们是不该来的。"于是愤然离去。

主人一看又走掉好几位客人，更加着急了，便说："怎么不该走的走了呢？"

剩下的客人一听，又想："走了的是不该走的，那我们这些没走的倒是该走的了！"于是又都走了。

最后只剩下一个跟主人比较亲近的朋友，看到这种尴尬的场面，就劝他说：

《墨子》智慧通解

"你说话应该讲究一下方式，看把人说得都走了吧！"主人听了急忙解释说："我并不是叫他们走啊！"朋友听了勃然大怒，说："既然你不是叫他们走，那就是叫我走了。"说完，头也不回地离开了。

生活中，这样的例子随处可见。有些人无意中的一句话，其实已经对别人造成了伤害，但他本人并没有意识到，因而在周围的人都离自己而去的时候还不知道原因。就像故事中的那个主人，把客人都得罪了还不知道是自己错了。俗话说"言者无心，听者有意"，因此，在说话时要掌握一定的技巧，避免产生一些不必要的误会，影响自己的人际关系。

掌握说话的技巧在我们的日常生活中十分重要，因为我们需要通过语言向别人表达自己的思想和愿望，也通过语言和别人进行沟通和了解。

尤其在现代企业管理中，我们更应该掌握说话技巧，因为不合适的一句话甚至会让我们失去同事的信任、得罪上司、影响自己的发展前途。

小张年轻干练，进入公司没几年，就成了主力干将。不久前，来了新经理，经理在了解了部门情况之后，就把小张叫了过去，对她说："小张，你经验丰富，能力又强，这里有个新项目，你就负责一下吧！"受到新上司的重用，小张欢欣鼓舞。

第二天，小张要陪经理去另一个城市谈判，同行的有好几个人。小张在考虑出行方案时分析：坐公共汽车不方便，且人也受累，会影响谈判效果；如果打车，一辆坐不下而两辆又花费太多；包车的话，既经济又实惠。因而，决定包车前往。

分析好了出行方案，于是，小张来到经理办公室，对经理说："经理，您看，我们今天要出去，"小张把几种方案的利弊分析了一番，接着说："所以呢，我决定包一辆车去！"汇报完毕，经理的脸色很难看，生硬地对她说："是吗？但我认为你的决定不太好，你们还是买票坐长途车去吧！"小张愣住了，她没想到自己合情合理的建议竟然被否决了。

在接下来的工作中，小张再也没有受到经理的器重。

其实，小张的建议之所以被否决，是因为她的措辞不当。在向上级汇报时，小张说的是："我决定包一辆车!"要知道，上级最忌讳的就是下属在自己面前说"我决定如何如何"。但如果小张换一种说法："经理，我们今天要出去，现在有三个出行方案，我个人认为包车比较可行，但我做不了主，您经验丰富，帮我做个决定行吗?"可想而知，如果我们是那个经理，能接受哪种说话方式呢? 在公司中，作为下属，在与上级交谈的过程中，应该特别注重说话的方式。

掌握说话的方式和技巧，是一件既困难又容易的事。之所以困难，是因为很多时候，我们无法把握别人的心理、无法控制自己的语言;之所以容易，是因为只要我们努力去做，在日常生活的细节中注意改变自己，就能够做到。

一个人要想在自己的生活、工作环境中建立良好的人际关系，就必须掌握说话的技巧，因为"善用口者出好"，只有做到了"善用口"，才能在各个环境中做到游刃有余。

正气大义是社会和谐的基础

俗话说"邪不压正"，正气是遏制邪念的根本。何谓正气? 正气是一种品格、一种胸襟、一种气概。一个人一旦有了凛然正气，就会刚正不阿，胸怀坦荡。即使面对威逼利诱，也能镇定自若，处变不惊，进而达到"富贵不能淫，贫贱不能移，威武不能屈"的高尚境界。有了这种大义存于胸中，邪不可侵。

高石子，墨子的弟子之一，他在卫国做官时，卫国国君给了他优厚的俸禄和很高的爵位，高石子多次向卫君进言，但卫君都没有采纳实行，于是高石子毅然决然地辞去了卫国的高官厚禄。这种"背禄向义"的高尚品行受到了墨子的赞赏。

在墨子心中，"义"是天下真正的良宝，是比生命更贵重的东西。因此，墨子主张为人处世必须以"义"为准则，符合道义、利于天下的事情，就去做;否则，坚决不做。

历史上，这样"背禄向义"的人不在少数，颜真卿就是其中一位。

安史之乱后，唐王朝从强盛走向衰落，各地节度使乘机割据地盘，扩充兵力，造成了藩镇割据的局面。唐德宗即位后，想要改变这种局面，这引起了藩镇叛乱。唐德宗派兵前去讨伐，不料，叛乱不仅没被平定，反而蔓延开来。

唐德宗建中年间，有五个藩镇叛乱，其中淮西节度使李希烈兵势最强。他自称天下兵马都元帅，向朝廷进攻。五镇叛乱，这让朝廷大为震惊。唐德宗与宰相卢杞商量对策，卢杞说："不要紧，只要派一位德高望重的大臣前去劝导，用不着动一刀一枪，就能把叛乱平息下来。"唐德宗急忙问道："你看派谁去合适？"卢杞推荐了年老的太子太师颜真卿，唐德宗马上同意。

颜真卿是当时一个很有威望的老臣。安史之乱前，他担任平原太守。安禄山发动叛乱后，河北各郡大都被叛军占领，只有平原城因为颜真卿的坚决抵抗而没有陷落。后来，他的堂兄颜杲卿在藁城起兵，得到了河北十七郡的响应，大家公推颜真卿做盟主，在抗击安史叛军中立了大功。唐代宗的时候，他被封为鲁郡公，因此，人们又称他颜鲁公。

颜真卿还是我国历史上著名的书法家。他写的字雄浑刚健，挺拔有力，表现了他的刚强性格。后来，人们把他的字体称为"颜体"。颜真卿为人正直，常常被奸人诬陷排挤，但因为他的威望高，一些奸人不得不表面上尊重他。宰相卢杞是个心狠手辣的人，他忌恨颜真卿，平时没法下手，便想借这次藩镇叛乱的机会来陷害他。

这时候，颜真卿已经是七十开外的老人了。许多文武官员听说朝廷派他到叛镇去，都为他的安全担心。颜真卿却毫不畏惧，只带了几个随从，便去了淮西。

李希烈听说颜真卿来了，想给他一个下马威，便让自己的部将和养子一千多人都聚集在厅堂内外。颜真卿刚刚开始劝说李希烈停止叛乱，这些人就冲了上来，手里个个拿着明晃晃的尖刀，围住颜真卿又是谩骂，又是威胁。颜真卿面不改色，毫不畏惧，朝着他们冷笑。李希烈假惺惺地站起来护住颜真卿，把颜真卿送到驿馆里，企图慢慢软化他。

几天后，四个叛镇的头目各派使者来跟李希烈联络，劝李希烈即位称帝。李希烈大摆筵席招待他们，并邀请颜真卿参加。筵席上，有使者提议，李希烈即位称帝后，可以让颜真卿做宰相。颜真卿扬起眉毛，朝着四个使者骂道："什么宰相不宰相！我年纪快八十了，要杀要剐都不怕，难道会受你们的诱惑，怕你们的威胁吗？"四名使者被颜真卿凛然的神色吓住了，缩着脖子说不出话来。

李希烈拿他没办法，只好把颜真卿关起来，派兵士监视着。李希烈想尽办法，多次威逼利诱，也没能使颜真卿屈服，就派人逼迫颜真卿自杀。颜真卿虽然付出了自己的生命，但其坚贞不屈的刚正气节让人永远敬佩。

托尔斯泰说："欲望越小，人生就越幸福。"人人都有欲望，都渴望过丰衣足食、美满幸福的生活，这是人之常情。但是，如果把这种欲望变成不正当的欲求，那我们无形中就成了欲望的奴隶。正气大义之举是社会和谐的基础，是时代前进的保障。社会需要正气，时代呼唤正气。我们决不能将这股纯正良好之气弃置，要让大义存于我们的心中，这样就能抵制自私自利、唯利是图的不良风气。

把握事物的度

墨家十分注重言行上的修炼，在具体的修身过程中，墨子主张要持之以恒，而保证持之以恒的条件是适中。墨子认为君子贤士在修身的过程中，内心要有仁爱但不能随意施舍，行为举止应该谦恭但不能过分驯顺，因为一旦过分就难以持久。所以墨家修身要求"持中"，即讲究适度。

一次，孔子带领弟子到鲁国的祠庙进行祭祀，看到有一个歪歪斜斜形状很不规则的容器。子路于是就向孔子询问这是什么器皿，孔子说："这是欹器，放在座位右边，用来警戒自己的。"

子路又问："既然是用来警戒人言行的，它为什么是歪斜的呢？"

孔子停了一下，对子路说："你往里面倒水，就知道了。"子路听后十分好奇，就慢慢地向器皿里灌水。当水装到一定程度的时候，这个器皿端端正正地立了起来；接着往里灌水，当水灌满了时，欹器却翻倒了；而当里面的水流光之后，它又像原来一样歪斜在那里。

孔子说："明白了吧！没有水，它会倾斜；水满了，它就要倒；只有刚好合适的时候，它才会端正地竖立。做人也是如此，要中庸，过犹不及。"

哲学上，关于适度原则的范畴是质变与量变。当量的发展超过一定的限度之后，就会发生质的改变，这个过程说起来容易，但实现起来却很困难。任何事情只有做到恰到好处才能达到预期的目的，然而人们很难恰到好处地把握这个度，因而常常得到和愿望相差很远甚至相反的结果。

有这样一只猴子，想学种葡萄，便走到葡萄园里向园丁请教。

它见园丁正在给葡萄苗浇水，就说："原来种葡萄需要水，这还不容易！只要给葡萄苗浇很多的水，它就能结出更多的葡萄！"于是，它把一株葡萄秧插进河里，葡萄秧被淹死了。

猴子又来到葡萄园里，它看见园丁正在给葡萄秧施肥料，就说："原来葡萄需要肥料。只要给葡萄施很多的肥料，它就能结出更多的葡萄！"于是，它把葡萄秧栽在粪堆上，葡萄秧被烧死了。

猴子再次来到葡萄园里，这时已到了冬天，猴子看见园丁用稻草把葡萄秧包起来埋在地下，就说："原来我的葡萄秧栽不活，是因为葡萄秧苗害怕寒冷。这次我一定要好好保护，使它免受风霜！"春天来了，猴子又种上一株葡萄秧，它认真地学着园丁冬天时对葡萄秧所做的越冬保暖技术，用稻草把葡萄秧包得严严实实地，埋在地下，不几天葡萄秧就闷死了。

我们都知道，浇水、施肥是葡萄生长所必需的条件，猴子虽然认识到这些，却没能掌握适度的原则，导致葡萄秧因水分过剩、营养过旺、保暖过度而死亡。

俗话说"物极必反"，这个故事生动地向我们说明了这个道理，而生活中这样的情况更是屡见不鲜，比如，适当的运动有助于我们保持脑力和体力的协调，但如果无视具体情况而过分加大自己的运动量，反而会对身体造成伤害。事物都必须保持在一定的界限内，才不会改变事物的本质，只有在"度"允许的范围内改变，才会不断促进事物发展。

看清真相勿自欺

墨子指出一些人喜欢自欺，踮起脚尖，就以为自己长高了，卧倒在地，就以为自己占的面积增大了，这只是自己欺骗自己，并不是事实的真相。这种自欺的行为非常可笑，但是现实生活中，这样的人却不在少数。

春秋时候，晋国贵族智伯灭掉了范氏。有小偷想趁此机会，溜到范氏家里偷点东西。他看见院子里吊着一口用上等青铜铸成的大钟，造型和图案非常精美。小偷心里高兴极了，想把这口精美的大钟背到自己家里。可是钟又大又重，无论他怎么弄，都无法将它挪动半分。他想来想去，决定把钟敲碎，然后再分别搬回家。于是，小偷找来一把大锤子，拼命朝钟砸去，"咣"的一声巨响，吓了他一大跳。小偷心想这下糟了，这不等于告诉人们我正在这里偷钟吗？他心里一急，马上扑到钟上，张开双臂，想捂住钟声，可钟声怎么会捂得住呢！钟声依然悠悠地传向远方。他越听越害怕，不由自主地把双手抽回，捂住了自己的耳朵。"咦，钟声变小了，听不见了！"小偷高兴地跳起来，"妙极了！把耳朵捂住不就听不进钟声了吗！"他立刻找来两个布团，把耳朵塞住，高兴地心想，这下谁也听不见钟声了。于是就放手砸起钟来，钟声响亮地传开。不一会儿，人们蜂拥而至，把小偷捉住了。

楚国有一个这样的人，他的生活非常贫困。一次，读《淮南子》这本书时，看到书中写有"螳螂窥探蝉时，用树叶遮蔽自己的身体来隐蔽自己的形体"，于是他就爬到树上，摘取螳螂窥伺蝉时使其隐身的那片树叶。不料，这片树叶落到了树下，与之前树下的落叶混在了一起，楚人无法分辨哪片树叶是螳螂用来隐身的。于是，楚人便把树下的树叶扫在一起，装了好几筐，拿回家中，一片一片地用树叶遮蔽自己，不停向自己的妻子问道："你看得见我吗？"开始时，妻子还会回答说"看得见"，但是没想到整整一天丈夫问个不停，最终她厌烦得无法忍受，只得欺骗他说"看不见了"。楚人内心暗自高兴，于是携带着树叶进入集市，以为别人看不到他，便当着别人的面拿取人家的货物。于是，差役把他捆绑起来，送到了衙门里。他把事情的本末说了一遍，县官听了，大笑起来，之后把他放了，并没有治他的罪。

小偷和楚人的行径非常可笑，他们欺骗了自己，并以为可以欺骗他人，没想到沦为了他人的笑柄。自欺，是自己蒙蔽自己的双眼，让自己陷入某种愚蠢的行径中，导致自己不能看清事情的真相，因此，我们应该正视自己，擦亮双眼，不被愚蠢的想法所迷惑。

隐藏锋芒，方能长存

最粗大的树木往往最先被砍伐，最锋利的刀往往最先没有刀刃。很多时候，夸耀自己聪明的人往往让人产生抵制、提防心理，而显示自己才能的人往往容易招人怨恨。自古至今，无数的例子证明了这个道理，过于招摇自己的才识反而身受其害；韬光养晦，适当地掩饰自己的锋芒反而能够明哲保身。

所以，高明的处世之道，是学会隐锐示弱、藏锋露拙。当然，所谓的隐锐示弱、藏锋露拙，并不是说要甘于埋没自己的才华，无所作为，而是一种保护自己的手段。只有在保证自己不受伤害的基础上，我们才能充分发挥自己的才能和专长。

战国时期的韩非，他才华卓越，深受秦王嬴政的赏识，但在他入秦后，因才高而招嫉，最终被自己的同学李斯诬陷，屈死狱中。这种"出师未捷身先死"的悲剧，之所以发生，是因为韩非不懂得隐藏锋芒，而被才华这把双刃剑所伤。

而广为人知的卧薪尝胆的越王勾践，可谓是韬光养晦的典范。勾践被俘后，甘愿为奴伺候吴王，忍常人之不能忍。回国后，他一方面对吴国俯首称臣，一方面励精图治，在吴国眼皮底下发展壮大，最终报仇雪耻。

其实，古往今来，道理都是一样，现代社会同样充满了激烈的竞争，虽然我们不会像古代那样招来杀身之祸，但我们同样需要小心谨慎；虽然我们不需要像勾践那样忍辱负重来实现自己的理想，但我们同样需要适时掩盖自己的锋芒。

农夫在地里同时种了两棵一样大小的果树苗。

第一棵树一边拼命地从地下吸收养料，凝聚起来，一边开始盘算着开花结果。另一棵树也拼命地从地下吸收养料，储备起来，滋润每一个枝干，积蓄力量，默默地盘算着怎样完善自身，向上生长。

第二年春，第一棵树刚吐出嫩叶，便迫不及待地挤出花蕾。另一棵树也吐出了嫩芽，憋着劲向上长。

第一棵树每年都要开花结果。这着实让农夫感到吃惊，非常欣赏它。但由于这棵树还未成熟，便承担开花结果的责任，累得树干弯了腰，结出的果实也酸涩难吃，因此，时常招到孩子们石头的袭击。甚至，有的孩子会攀上它那赢弱的身体，在掠夺果子的同时，损伤着它的自尊心和肢体。而另一棵树坚定着自己的目标，忍耐着一切风霜，只为能够尽快长得苗壮。

时光飞转，终于有一天，那棵久不开花的壮树轻松地吐出花蕾，由于养分充足、身材强壮，结出的果实又大又甜。而此时那棵急于开花结果的树却成了枯木。农夫诧异地叹了口气，将那棵瘦小的枯木砍下，烧火用了。

类似于第一棵果树的人很多，他们往往急于表现自己，既容易过多地暴露自己的缺点，也容易引起他人的不快。长此以往，别人忍不住要挫一挫你的锐气。而自己也会因为缺乏积累，而导致过早才尽。高明的做法是隐藏锋芒，注重积累。

即使有削铁如泥的利刃，也不可见铁就削；即使有胜任工作的才华，也不可见事情就做。只有懂得隐藏锋芒的人，才能够长久地保持自己的锋芒。锋芒是把双刃剑，不懂得驭剑之术，不但伤人而且伤己。

言不在多而在时

孟子曾说，想要取得一场战争的胜利，需要具备三个条件：天时、地利、人和。在他看来，时机对于一场战争的结果有重要作用。在日常生活中，我们也经常听到有人说"还不能行动，时机还未成熟"，这正如树上的果子，它成熟的时间还没来到，所以还不能吃。而墨子对此也有生动的说明：子禽问墨子，是不是说得越多就越好？墨子回答道：青蛙、蛤蟆之类整天叫，人们已经习以为常，毫不在意。而鹤和鸡，它们平时很少叫，但是它们恰逢其时的一声鸣叫就能唤醒所有人。所以，言论的好坏关键在于它是否恰逢其时。而这就是我们要说的言不在多而在时。

在我国历史上有一个著名的成语"一鸣惊人"，说的是春秋时期的楚庄王。

春秋时，楚成王和楚穆王都是很有魄力的国君，他们勤于国政，用实力证明了楚国的强大，使得周围一些小国纷纷归降，而楚国在中原地带的影响越来越大。

然而，等到年轻的楚庄王继位后，他却与之前的两位前辈迥然不同。他白天去打猎，晚上在喝酒，左手拥着郑女，右手抱着蔡姬，和宫女们胡闹。楚国周围的各诸侯国纷纷展开行动，扩大自己的影响。晋国在相国赵盾的谋划下，正在大力扩张势力范围，他们把原先属于楚国的一些小国拉拢了过去，并与宋、鲁、卫、郑、蔡、许等国诸侯重新订立盟约。看到这些，楚国的老臣们心如火燎。于是，他们一而再、再而三地向楚庄王请愿，要他再振雄风，为楚国争霸业。

其实，楚庄王是故意这么做的。他知道，要图霸业，不能只靠自己一个人。再精明的国君，也需要一群得力、忠诚的大臣辅佐，否则将孤掌难鸣。然而，他并不知道朝中哪些大臣愿意和自己并肩作战。同时，他感到，现任令尹（相国）斗越椒权势太重，独断专行的行径越来越厉害。对于其他大臣，也需要有个观察过程，来判断谁可重用，谁不能重用，这些都不可能在短时间内完成，所以他并不急着去争夺霸业。并且，他还下了一道命令："谁要是再敢多嘴，就是死罪。"

终于有一天，有个不怕死的来了，他就是大夫申无畏。

"大夫，你是来听乐的，还是来喝酒的？或者是有什么话要对寡人说？"楚庄王两眼盯着申无畏。

申无畏不知他葫芦里卖的什么药，心一横，豁出去了："大王，臣在郊外行走，听到有人在说一首歌谣，臣费尽心思也解不开。大王聪明过人，所以想要听听大王的高见。"

"说说看，什么歌谣，真这么难解？"楚庄王好像来了兴趣，问道。

申无畏便大声地唱了起来："楚之高阜，有只大鸟。身披五色，真是光耀。一停三年，不飞不叫。谁也不知，这是啥鸟？"

楚庄王一听就笑了，他明白申无畏想要表达的意思，便郑重地对他说："寡人知道了，这不是平常的鸟。不过，申大夫你要知道，三年不飞，一旦飞起来必定冲天；三年不鸣，一旦鸣起来必定惊人。先生，你等着吧！"

申无畏松了口气，他明白了这位新君的意思，高兴地回去了。

不久，楚庄王像换了个人似的。对内，他将宫中的所有音乐都停了，把郑女、蔡姬打入冷宫，立樊姬为夫人，并起用芳贾等忠臣，以分令尹斗越椒之权。对外，他展开了一系列攻战，先是打败宋国，继而打败陆浑之戎。

看到自己的权势被一点点分割，令尹斗越椒忍不住跳了出来，反叛朝廷。楚庄王用文、武两手相兼的手法，果断地平定了这场叛乱，从而将大权完全掌握在自己手中。

最后楚庄王不仅成了南方的霸主，也成了中原的霸主之一。他的霸业，不仅体现了楚国实力，也体现了楚庄王本人的仁德。他用事实告诉世人，要抓住时机，不鸣则已，一鸣惊人。

抓住时机，意味着对现在形势的准确把握，这需要一个人有全局的观念，以及准确的自我认知，这也是在认真调查之后做出的准确判断。抓住了时机，能够将之前所做的努力放大多倍，从而收到意想不到的效果，这正是我们所谓的"言不在多而在时"。

论辩风流千古传

墨子的辩论讲科学、重事实，持之有据，以理服人，具有强烈的感染力和说服力。

战国时期，群雄并起，诸侯争霸，战火连天，天下大乱。所谓乱世出英雄，时代为一批能言善辩之士提供了一个施展才华的广阔舞台。有些专门的辩士，或穿梭于各国之间，论说于庙堂之上；或执着于文字推理，玩味于形式之中。合纵连横，一时蔚为壮观。表现得最为突出的，既有以苏秦、张仪为代表的以政治游说为特征的纵横家，又有以施惠、公孙龙为代表的以逻辑思辨为特征的名家。由是开启出中国逻辑史上以论辩为特色的思维语言艺术。

辩士在战国时最有名的论断即为"白马非马"论。

传说，名家代表人物之一公孙龙子骑着白马要过一个关口，守关的士兵说："人可以过去，但马不能过。"公孙龙说白马不是马，一番论辩之后，守关之人哑口无言，只好放行。这段使公孙龙成名的"白马非马"论，见《公孙龙子·白马论》，原文如下：

马者，所以命形也；白者，所以命色也；命色者，非命形也，故曰白马非马。

马者无去取于色，故黄黑皆可以应；白马者有去取于色，黄黑马皆可以色去，故唯白马独可以应耳。无去者非有去也，故曰白马非马。

我们在感叹公孙龙超强的辩说能力之余，也能感觉到他已将辩证逻辑引向了玩文字游戏的歧途，遂成一时诡辩盛行的不良风气。

《吕氏春秋·淫辞》中记载的一则故事，现在看来完全是小孩子之间的闹剧。

一次，楚国最高武官庄伯叫他父亲看看太阳，意思是说叫他看看现在大约是什么时间了。庄伯父亲却故意打岔说："太阳在天上。"

庄伯解释说："看看太阳怎么样了？"

父亲回答说："太阳正圆着哩！"

庄伯急了，直接说："我是想让你看看时间。"

父亲却说："正是现在这个时间。"

可见，若不掌握论辩之道的精髓，是很有可能误入歧途的。

论辩之道，通俗地说是口才好，善于言辞，讲话有条理，能吸引人，有说服力。在古代社会，它既是有志之士传播思想的一种方式，又是读书人出人头地的重要途径。所以，流传下来许多脍炙人口的辩说佳话。大家都很熟悉《三国演义》的诸葛亮，他在隆中为刘备对策天下，在江东"舌战群儒"，这些论辩活动都是诸葛亮生命史上的传神之笔，千百年来一直为后人津津乐道。在中国人的文化心理里面，莫不对能言善辩之人心怀仰慕。

现代社会科技发达了，人们的交流渠道增多了，但论辩之道仍在我们的生活中发挥着重要的、不可替代的作用。

一个人从政当官，需要在大庭广众之下演讲做报告：一个政府部门的新闻发言人，需要回答记者的质疑。这虽说与传统意义的论辩在形式上差异较大，但它对演讲者和发言人的逻辑思维能力和语言组织能力的要求则是一致的。

一个毕业生求职面试，需要回答主考官提出的各种问题。有的是你毫无准备、意想不到的问题，有的甚至是刁钻的问题，你既要给予正面的回答，又不能让人觉得是在"诡辩"或"狡辩"，做到沉着冷静，应付自如，是需要一些辩士的素养的。

一个人经商办企业，更需要有一定的论辩能力。最具代表性的就是商务谈判。有时本来能为自己一方争取更大利益的，却因为说话不得体，或者表达不充分而受到损失；有时本已为对方做了充分让步，却未能让对方感受到你的善意。如何在商务谈判中，既坚守自己的立场，维护自身的最大利益，又能灵活处理意外的情况，让对方感受到你的诚意，是很能考验一个人的综合素质的。

墨子尽管不是一个专业的辩士，论辩之术却是墨家学说的一个重要组成部分，他教育弟子为了实现墨家的理想，要"能谈辩者谈辩"。其《大取》《小取》等篇章，被后世称为《墨辩》，视为中国逻辑学的发轫之作。单就形式逻辑这一方面而论，墨子的贡献就足以名垂青史。

国学大师胡适在《中国哲学史大纲》里从哲学史的角度对墨子在辩证逻辑上的贡献给予充分肯定，他指出："古代哲学的方法论，莫如墨家的完密，墨子的实用主义和三表法，已是极重要的方法论。后来的墨者论辩的方法，比墨子更为精密，更为完全。从此以后，无论哪一派的哲学，都受这种方法论的影响。荀子的《正名篇》虽攻击当时的辩者，其实全是墨学的影响。孟子虽诋骂墨家，但他书中论方法的各条，无一不显出墨家的影响。庄子的道家，也是墨家辩者的反动。"

墨子的论辩风格，既不像庄辩那样纵横跌宕，变幻莫测，也不像孟辩那样气势奔放，咄咄逼人，而是简易平实，朴实无华，环环相扣，推理严密。墨子的辩论讲科学、重事实，持论有据，以理服人，具有强烈的感染力和说服力。墨家逻辑学在表达方式上的这一特色，符合墨家一贯的思想准则和处世方略。

墨家的论辩之道，很值得我们今天学习和借鉴。

论辩的三种技巧

人们在辩论中常常争得不可开交，莫衷一是，多半都是因为双方忘了争论的目的。

不要为辩而辩

为什么人们在辩论中常常争得不可开交，莫衷一是呢？多半都是因为双方忘了争论的目的。结果成了为争而争，为辩而辩，陷入语言怪圈里不能自拔。上面讲到的公孙龙的"白马非马"论就是一个典型的例子。墨子的论辩之道，首要的就是试图纠正这种逻辑思维上的偏差。《小取》里说得很清楚："夫辩者，将以明是非之分，审治乱之纪，明同异之处。察名实之理，处利害，决嫌疑。"翻译成白话文为："辩的目的，是要分清是非的区别，审察治乱的纲纪，辩明同异的所在，考察名实的道理，决断利害，解决疑惑。"

为什么墨子会特意提出"辩的目的"这一命题，并给予明确无误的解答？结合当时论辩的实际情况看，空谈虚玄之风已经抬头，墨子认为，只有从"是非""异同""名实"的角度出发，才能使论辩不至于走入形式主义的迷宫。

那么，什么才是辩论的目的呢？

第一，搞清楚是非对错。辩论的根本要旨就是要在是是非非的纠葛中理清头绪，进而弄清楚什么是对，什么是错。所以，辩论就是要辨明是非。墨子在回答反对派指责他非难"厚葬"时，就非常清晰地表达了他的是非观念。他说："认为厚葬是爱父母的表现，因而喜欢厚葬，这其实并不是爱父母；认为厚葬对父母亲有利，因而认为厚葬有利，这并非有利于父母。"若辩论不能在是与非、对与错的问题上有一个明确的立场，那这样的辩论就是没有必要的。

第二，看纲纪是否严密。墨子在这里告诉我们，逻辑学并非纯粹是抽象的思辨，而是与现实政治相联系的。辩论要有利于审察治乱的纲纪，人们对规则与纪律会产生模糊的认识，通过辩论，要使人们的认识得以厘清。

第三，辨明同异的所在。墨子说："所谓爱人，必须是普遍地爱所有的人才可以算是爱人。所谓不爱人，却不一定要所有的人都不爱才算是不爱人。"这句话就是要提醒我们注意语意上的异同。人世间相亲相爱，应不分贫富贵贱，但对于凶敌败类，却不必放在爱的行列之中，不爱凶敌败类，不能算是不爱人。第一句前提是肯定的，结论也是肯定的；第二句前提是肯定的，结论却是否定的。

第四，考察名实的道理。"名"与"实"是墨子哲学思想的根本问题所在。所以，墨子认为论辩要有助于弄清楚名与实的道理。所谓名与实，用通俗的话说，也就是思维与存在，或者说思想与物质，客观与主观。是"名"在先呢，还是"实"在先？这无异于在问，是先有思想呢，还是先有世界？墨子在《大取》里的回答是："诸圣人所先，为人效名实。名不必实，实不必名。"也就说，实是可以脱离名而存在的，它应在名之先。

第五，判别利害的大小。墨子在《大取》里举例说："比如砍手指来保存手腕，是在利中选择大利，在害中选择小害。在害中选择小害，并不是选择害处，而是在害中取利。"对利害关系的判断，现在称之为权衡，就是要学会两权相较取其轻。

第六，决断嫌疑的程度。明确了论辩的目的之后，我们在日常的辩论中，就会如墨子说的那样："描写万物本来的样子，推求众家言论的类别，用名称来标举实物，用判断来表达思想，用推论来揭示原因。"这样，在辩论中我们的心态就会放平和，以智者的姿态对待辩论的对手，"自己赞同某些论点，不反对别人也赞同；自己不赞同某些论点，不要求别人也不赞同。"（《小取》）

辩论陷入怪圈的另一个重要原因是随意扩大论题的范围，或是偷换主题。墨子指出：

事物有相同的方面，但不是所有的方面都相同。所以，引证相同的言辞来说明自己的论点，必须是在一定的限度内才是正确的。

多学学墨子的论辩之道，或许我们在理性对待生活中的争吵方面也有意想不到的收获。

不做"荡口"之论

在中国逻辑发展的初期，就存在着为实而辩和为辩而辩二种不同的思潮，而且这两种思潮一直流传至今。

"名家"以辩术闻名，连自称"不谴是非，以与世俗处"的庄子，在《天下》里竟直言评说他们是："饰人之心，易人之意。能胜人之口，不能服人之心，辩者之囿也。"庄子不愧才华盖世，此语一言中的，道出了辩士们为辩而辩的要害。

墨家论辩的要旨就是既能"胜人之口"，又能"服人之心"。所以，一切论辩之词必须有凭有据，那种不顾事实、妄下结论、夸夸其谈、滔滔不绝的写作

和说话方式都是不可取的。《大取》说："一个平常的人，他的言辞虽然粗俗，但只要是实情的论断，人们从中就能了解实情。那些因自己的遭遇坚持成见，感情用事，产生好恶，妄下断语的人，人们从他的言辞里面就了解不到实情。"

在《耕柱》和《贵义》两文里，非常出人意料地记录了墨子说的两段意思一样的话，在当时刻写一个字都非常艰难的情况下，我相信这不是无意的疏漏而导致的语意重复，而是墨子反复强调，记述者也觉得十分重要而刻意为之的。原话是：

> 言足以复行者，常之；不足以举行者，勿常。不足以举行而常之，是荡口也。

言论是能够实行的，就不妨经常去说；言论不能够实行的，就不要老是去说了。明明实行不了，却还经常说它，就是"荡口"了。何为"荡口"呢？荡，可解释为"放荡、放纵"，"荡口"，就是说空话、说大话，有人解释为"耍嘴皮子"，倒也准确形象。"荡口"一说，可视为墨子对那些所谓"辩士们"的嘲弄。

服人之心案例一：鲁阳文君甘心放弃攻郑

如果说墨子"止楚攻宋"靠的是文武兼备、软硬兼施的方式的话，那么，他"止鲁攻郑"，则纯粹靠的辩说功夫，靠反复地摆事实、讲道理，一遍又一遍地劝说，让鲁阳文君心服口服，最终打消进攻念头。

《鲁问》里，墨子在与鲁阳文君的交谈中，摆出的第一个事实是：在鲁阳的四境之内，让大都城攻打小城邑，大家族侵占小家族，杀害百姓，夺取财物，可不可以？

鲁阳文君心想，鲁阳是我的领地，怎么能允许胡作非为呢，当然是不可以的。如果发生这种事，"我一定要严厉地处罚他们。"

墨子根据这一事实讲出的道理是："上天兼有天下，就如同你兼有鲁阳四境一样。在你的境内生事就要受到处罚，在其他地方生事，不也要受到上天的处罚吗？"

在古代的政治哲学里面，"上天"是一个常用词，我以为，它的本来含义不带任何宗教意味，也不是所谓唯心主义，而是对人类共通的规则和世界普泛价值观的一种代指。古时候没发明出"国际关系准则"这样一些名词，更没有"国际法"一说，它在需要表达一种超越国界的普遍意义时，"上天"成了一个可以让大家理解、认可的名词。

鲁阳文君仍不服，说："你为什么要阻止我攻打郑国呢，郑人连续三代都杀掉了自己的国君，上天降下的诛罚，让郑国连续三年大灾，我攻打郑国正是顺从上天的意志呀！"

墨子于是讲了第二个道理：

三年的灾荒，说明上天已经给了郑国足够的惩罚。现在您若又起兵攻郑，就好比一个人，他的儿子不成器，于是他拿鞭子抽打他的儿子，邻里乡亲也拿了木杖去打他的儿子，还说，我打他，不过是顺从他父亲的意志，这不是歪理吗？

鲁阳文君颇受感触，感叹地说："是呀！按照先生您的指教审视天下的事情，则天下所认为对的，未必就对啊！"便不再提攻郑的事。

服人之心案例二：公输盘明白了"义"的道理

墨子在劝说公输不要帮楚国进行不义的战争时，充分体现出了摆事实、讲道理的论辩特点。

事实一：楚国土地富余而人口不足，杀伤自己不足的人口，去争夺自己富余的土地，是不明智的。

事实二：宋国无任何罪过，却无缘无故地攻打它，是不仁慈的。

事实三：顺从楚王的意志，不规劝、抗争楚王疯狂的战争野心，是不忠诚的。

公输盘心服口服，无话可说。

在两人关于"钩""镶"作用的讨论中，墨子仍是沿袭了不急不躁的说理风格。公输盘很得意，向墨子夸耀"钩"与"镶"的灵巧，"我进行水战，有

钩、镶两种兵器，你的道义比我的钩镶还厉害吗？"

墨子耐心地给他讲了兵器与道义的关系问题，娓娓道来，说理充分，最后让公输盘彻底信服了"我道义的钩镶，胜过你船战的钩镶"的道理。

墨家的论辩之道在一定程度上避免了诡辩论的盛行，与强词夺理、油嘴滑舌、油腔滑调等歪风邪气切割开来，使形式逻辑真正成为思维的科学；使生活中的论辩之道，真正成为人行为处事的有力武器。

主导对手思维

墨子一生中，无数次与人论战，也多次回答过为什么要"行义""行善"的问题。

一次，墨子在齐国的一位老友说："如今天下没有人去奉行道义，只有你一个人还在苦苦支撑，还不如停止吧！"

另一次，公孟子对墨子说："好比貌美的女子，待在家里不出门，人家还追着求婚呢。现在你到处向人游说行善，这是何苦呢！"

这样的问题，墨子从不做简单地"对"或者"错"的正面回答，因为他知道，当对方的思维方式没有改变之前，直接地给出答案是收不到自己想要的结果的。

墨子的方法是先举出一个实例，让对方根据这一实例的问题进行思维。一旦对方接受了这一思维轨迹，与自己展开了对话，也就放弃了他原先提问时的思维方式了。

针对老友，墨子说："有一个人，养育了十个儿子，只有一个儿子耕种，其他九个儿子都闲居无事，那么这个耕种的儿子应该怎么办呢？"

《墨子》书中没有记录下老友的正面回答。想必老友的回答一定是，这个儿子就要更加努力去耕种了。因张嘴吃饭的人多，下地干活的人少。

于是墨子自然得出了结论："既然现在天下没有什么人奉行道义，那你就该劝我更加努力去行义了，为什么反而劝阻我呢？"

老友的思维不知不觉地就顺着墨子的思维方式来走了。

针对公孟子，墨子说："有两个占卦的人，一个出门主动为人占卦，一个待在家等着别人上门，哪一个得到的赠粮多呢？"

公孟子说："那还要问吗，当然是出门占卦的得的多了。"

墨子见他已顺着自己的思维在想问题了，便说："两个人都主张行义，四处向人游说行义的人，他的功业和善行也就会比居家不出的人多，那为什么不去游说呢？"

不难发现，当对方的思维已顺着自己的思维方式在走的时候，要说服对方也就顺理成章了。这正是古希腊哲学家苏格拉底善用的论辩方式。也就是让对方不断地说"是"，顺着你的思路往下走，最后不知不觉接受你的观点。所以，先避开对方的锋芒，不经意间将对方的思维方式引向自己，然后顺势得出自己的结论，这正是墨子教给我们的积极而巧妙的思维方式。

掌握推理的奥妙

不会推理，就不会论辩。

人最宝贵的，就是见权贵而不仰视，见贫苦百姓而不俯视。

妙用推理

推理在论辩中有不可替代的地位，不会推理，就不会论辩。不仅如此，在社会生活的各方面，在待人处世的过程中，推理也是无处不在。先从《晏子春秋》一则故事里，看看推理之妙。

一次，晏子代表齐国出使楚国，楚王设宴招待。酒过三巡，只见两个小官捆着一名犯人走进大厅。楚王故作惊讶地站起来问道："你们绑的是何人？"

小官察报："齐国人，是个小偷。"

楚王转过头看着晏子说："哦，是你们齐国人，齐国人都是惯于偷东西的吗?"

晏子站起身，打了一个流传甚广的比方："我听说，橘子生在江南，就结出橘子；移到淮北，就长成枳实，叶子虽很相似，果实的味道却大不相同。这是什么原因呢? 因为水土的差异。老百姓生长在齐国，从来不会偷东西，到了楚国却会偷，请问，这是不是因为楚国的水土使人善偷呢?"

楚王做了一个貌似有理的推理，想占晏子一点便宜，没想到晏子以其人之道还治其人之身，推出一个令楚王无言以对的结论。

常用的四种推理方式：辟、侔、援、推

墨家形式逻辑，最早对推理进行了详细分析，其基本概念现今仍然适用。《小取》说：

辟也者，举他物而以明之也。侔也者，比辞而俱行也。援也者，曰子然，我奚独不可以然也? 推也者，以其所以不取之同于其所取者，予之也。

墨子在这里归纳出来的"辟、侔、援、推"四种推理的方法，仍为今天的形式逻辑所遵循，也是我们在生活中常用的思维表达方式。

辟，同譬，就是比喻，即列举他物来说明所讨论的此物。运用比喻的方法，由一概念推出另一概念。这种方式的运用，今天仍比比皆是。

侔，意为"齐等"，即意思相同的言辞可以互相引证。由此产生的推理，前提肯定、正确，结论必定也是肯定、正确的。如《小取》说："白马，马也，乘白马，乘马也。骊马，马也，乘骊马，乘马也。"

援，即援引，引彼以例此，你可以这样，我为什么就不可以这样呢?

推，类推，用对方不赞同的命题，论证它相同于对方所赞同的命题，以此来反驳对方的论点。推理就是联系，就是想象，就是运动。推理能给人带来真知，带来机敏和智慧。推理显出人的逻辑性，没有逻辑，便是杂乱无章，基本的人际交流都无法进行。

论辩者的角度

几年前，高校的辩论会曾风靡一时。先是国内各著名高校摆上擂台，相互激辩，后来发展到香港、台湾和新加坡的高校也参加进来，配以电视直播，一时掀起了少有的辩论热潮，一批著名的"辩手"纷纷涌现，仿佛二千年前辩士风云的时代又回来了。

但火暴一时的高校辩论会遇到了一个难以逾越的障碍，那就是所有辩论会的论题都设计为正反方，而正反方靠抽签来决定。辩论者无法根据自己的意愿确定自己的立场。甲方本对正方命题有心得，却抽到了反方，就必须否定自己的认识，从反面来进行辩论；乙方本来认同反方命题，却被安排成捍卫正方命题，其立场必须发生根本转变。这就使双方陷入一种尴尬之中。尽管在论辩会上双方你来我往，唇枪舌剑，针锋相对，但免不了会出现在论辩的过程中，辩手下意识地站到了对方立场上，帮对方否认自己观点的事情；也出现过为了证明自己的论点而曲解原意，强词夺理的辩论场面。这就使辩论会这一训练逻辑思维的形式，难以避免地走上了为辩而辩的老路，并最终失去了对大众的吸引力。

所以，从什么立场或者角度看问题，仍然是我们认识事物，或者进行辩说的前提。

人站在同一位置，早晨的太阳照过来，人影拉得老长老长，到了中午，人影就缩到了脚下，下午又朝另一个方向延伸出去了。

站在清水池边，俯看池内，则见水中的人、树、房屋、山等都是倒立着的，即人头在下，两脚朝天，树梢在下，树根朝上。

这一简单的科学常识，同样说明了一条重要的辩论规则：辩论者看取事物的角度不同，立场、观点和结论完全两样。

明白了这种道理，许多放不下的事本可以释然，心中的疙瘩就可以自然解开。

一个女子本来相貌平平，但在她的恋人眼里，却美若天仙，这叫情人眼里出西施。情人之间有一种特殊的角度，能看出别人看不出的美来。能被心爱的人所欣赏，就该很满足，为什么非要令天下的人都来倾慕你呢？

当有什么事想不通时，换一个角度，便想得通了。人对人的议论，是从他自己的角度去看待；人对人的劝慰，也是变换角度来做文章。

别人说你孤傲，不爱合群，你却拥有难得的安宁、清静，享受着旁人享受不到的独处的欢乐；别人说你天真单纯，为人太老实，你却因懒得为一些小事计较而活得格外充实滋润。

别人说你假积极、有野心，你却因为勤奋工作、刻苦钻研，而获得丰硕成果；别人说你没出息，是无用之辈，被人瞧不起，你却暗暗发奋，结果一鸣惊人。

一切看问题的角度都不是一成不变的，如果一个人不因为旁人的非议而随意改变自己，那么，他的努力迟早会为社会所承认。

做大写的人

在描述辩论者的立场时，我想到了一个人做人的心态问题。

自然现象中，仰视见其下部，俯视见其上部，但有一点是相同的，离得愈远则物体愈小。从地面上看飞机，飞机小得不如一只鹰；从飞机上看地下，高楼大厦还没有火柴盒大。

人看人也一样，仰视则见其大，俯视则见其小。仰视时自己站得低，看到旁人的脚尖就像见到一块巨石；俯视时自己站得高，高大魁梧的汉子在自己脚下不如三岁的孩子。

在权贵富豪面前仰视，在残疾人和乞丐面前俯视。这种转变，对绝大多数人来说几乎是与生俱来的本能，学都不用学。

古书里形容钦差大臣出行：奉旨出朝，地动山摇，逢山开路，遇水架桥。怎么这么厉害？

朝廷命官，持皇帝手谕，乃在一人之下，万人之上。百姓只要听到一声锣响，赶紧闪开一条道，有谁敢阻拦？黎民百姓对朝廷是仰视，朝廷对百姓则是俯视。

清朝最后一位皇帝溥仪，曾在20世纪被改造成一个自食其力的普通劳动者。换了一个角度看他，罩在皇帝头上的神圣光环就消失得无影无踪了。皇帝有什么了不起，跟凡夫俗子、村妇野男不是一样吗？

然而，这个俯仰之间的变化却一直伴随着人类社会前进的历程。

人最宝贵的，就是见权贵而不仰视，见贫苦百姓而不俯视。如墨子说：大不欺小，贵不傲贱，富不辱贫，智不诈愚。

墨子不过是一个手工匠人，尽管也在宋国做过小官，但其"贱人"身份却难以改变。在等级森严，宗法门第观念横行的乱世之秋，他怀着救世济民之心，以博大仁爱胸怀，倡导兼爱天下，节利万民；他组织起当时独一无二的墨家军，为弱小国家扶民守城，谱写出一曲曲慷慨悲歌；他沉湎于科技创造，成为当时首屈一指的科学大师；他的学识和才能得到许多人的夸赞，君王想以重金礼遇他，可他视钱财如无物，视道义大于天。尽管他过得很苦很累，但他内心是充实的，精神是快乐的。无论在何种情况下，他始终保持了自己高贵的人格，自由的思想，平等的观念，创造的精神，他是中国历史上少有的、真正大写的人。

中国历史上曾经有过一个墨子，出过一个墨家，这是我们民族的幸运。墨子的言行和事迹，会给我们诸多启示，诸多教益，但我觉得，墨子留给我们最大的遗产，还不在于其在思想史、科技史、军事史上的卓越贡献，而在于如何做一个大写的人。在写作本书的过程中，我有机会再一次近距离与他对话，倾听他的诉说，与他交心谈心，西方圣哲的一句名言不时在我耳旁响起——

伟人之所以看起来伟大，是因为我们跪着。站起来吧！

强本节用：去除铺张浪费恶俗

喜欢人类富有而讨厌他们贫穷。

墨子认为富足能解放人性，而贫穷饥馑会使人性异化。《七患》言："时年岁善，则民仁且良；时年岁凶，则民吝且恶。"在墨子看来，所谓的行"义政"，要使国民富足。

孔子被围困在陈国、蔡国之时，有一段时间混得只有野菜汤喝，非常狼狈。后来，实在憋不住了，孔子的徒弟子路不知从哪弄来了一头小猪，杀了给孔子打牙祭，孔子问都不问便大嚼起来。子路又抢了别人的衣服，用来换酒，孔子也不问酒从何来张口就饮。鼓吹礼教的老祖宗一点礼义廉耻的影儿都没有了。

后来孔子到了鲁国，鲁哀公久闻其大名，待为座上宾。在鲁哀公的欢迎宴上，筵席摆得不端正孔子不坐，割下的肉不方正孔子不吃。

子路颇为惊诧，上前问道：

"先生为什么跟在陈、蔡时的态度相反呀？"

孔子说："过来，让我告诉你。从前我们是苟且偷生，现在我们则是要获取道义。"

饥饿困逼之时，则不惜妄取以求活命，礼义就被抛到九霄云外了；到了饱食有余之际，礼节规矩就来了。

如果礼义只在不饥不寒、生活富足的情况下才适用，那么，这种礼义就该打个问号了。要么是礼仪本身是虚伪的，要么鼓吹礼义的人是虚伪的，墨子要求执政者"兴天下之利"，这里所说的"利"，主要指使民"富庶"。如何做到这一点呢？墨子提出要增产节约"强本

青铜朱雀鸟（春秋）

节用"，建设节约型社会。"因其国家，去其无用之费"指的是开发本国资源，再加上节俭。

节俭为何？墨子是一个实用主义者，而且还是一个以民众言论与利益判断是非利害的实用主义者。墨子"言必三表"的另外"两表"说得很明白。"有

原之者""原察百姓耳目之实"，指的是倚重民声。"有用之者"："废以为刑政，观其中国家百姓人民之利"，指的是可否为民众带来实际利益。

重要的是，墨子认为国俭才能民富，"强本节用"首要在于反对国家官员的铺张浪费。他的《节用》《节葬》《非乐》都把矛头直接对准当时的天子国君，《辞过》篇中也激烈批评"当今之主""暴夺、民衣食之财"造成"富贵者奢侈，孤寡者冻馁"。可以说墨子是中国历史上第一个提出反腐败理论的思想家。

在当时受儒家的厚葬观念影响，贫困的百姓往往因离世的家人一个葬礼被弄得倾家荡产，节葬可使百姓节省财力物力，王官贵族的隆重葬礼其背后是更变本加厉地剥削百姓，节葬更是反对王公贵族死后以活人殉葬，使百姓家破人亡，在今天，依然有人不顾一切要厚葬的。一位乡村村长的母亲死了竟然发动全村搞了一个极其隆重的葬礼，又有一个村委人都还没死就花一百多万为自己建了一个高度华丽的坟墓。

节用对象只求实用不求华丽，吃饭只求吃饱和达到营养目的就够，不必吃得高档，街上许多辛勤的拾荒者要吃顿好饭都多么不容易，而一些人却能一餐吃上万块，还是用公款，饭菜非要吃剩一大半才叫有面子，才叫派头，买衣服一定要买最时尚的最流行的最名牌的，要是他们节省下来的钱能顺应天的意志去帮助有困难的人那多有意义啊！

时空连接：2013 年的"光盘行动"

2013 年 1 月，习近平总书记在新华社一份《网民呼吁遏制餐饮环节"舌尖上的浪费"》的材料上做出批示，要求大力弘扬中华民族勤俭节约的优秀传统，努力使厉行节约、反对浪费在全社会蔚然成风。

2013 年 1 月 20 日，中央办公厅印发通知，要求各地区各部门充分认识狠刹浪费之风的重要性和迫切性，采取有力措施落实好习近平同志重要批示。

杜绝"中国式剩宴"——铺张浪费绝非小事，进一步凝聚党心民心，实干兴邦，共圆一个"中国梦"

大家认为，习近平总书记的重要批示，充分体现了新一届中央领导集体执政为民的理念，体现了中国共产党艰苦奋斗、勤俭建国的优良传统和中华民族的传统美德，表明了党中央厉行勤俭节约、反对铺张浪费的鲜明态度和坚定决心，是对党的十八大精神和中央政治局改进作风"八项规定"的细化，符合党心民心。

习近平总书记批示在全社会引起强烈共鸣。一些网友自发组织起"光盘行动"，号召人们杜绝餐桌上的浪费；北京市消协建议有关行业组织和行政主管部门出台鼓励勤俭节约的相关规定和措施，倡议消费者文明理性就餐，呼吁经营者以实际行动抵制浪费；江苏扬州烹饪协会等倡议餐饮企业和全体市民加入"光盘行动"；包括1万多家旅游星级饭店在内的全国饭店餐饮业，将全面开展"厉行勤俭节约，反对铺张浪费"活动。不少单位取消了聚餐，饭店里打包的越来越多……

"新春佳节即将到来之际，习总书记的这一要求具有典型的示范意义和更深层次的考量。"一位名叫"陈海之"的网友认为，政风连着民风，如果任由公务浪费和公款浪费持续下去，逐渐侵蚀的是共产党的执政根基。这个时候总书记提出这样的要求，从政治上讲，是居安思危的具体表现。

我们不一定要做到像墨家弟子那样以苦为极乐，但起码我们要学习墨家那种勤奋好学积极进取的人生观，学习墨家那种兴万民之利除天下之害的精神，就如后来陈仲和许行提出的"贤者与民同耕，反对不劳而食"。

十一、坚守的智慧

永无止境的求索

在墨子的思想体系及人生轨迹中，"为"字有着特殊的重要意义。它既是一种哲学范畴，又是一种处世原则；既是墨子个性风格的独特体现，又是他丰富的人生阅历的一条主线，更是他一生探索未知的落脚点。

墨学构建的知识体系

著名诗人屈原曾说：路漫漫其修远兮，吾将上下而求索。这句经典名句成为历代仁人志士追求真理、探求真知的精神动力，成为不甘平庸、渴求进步的青年人信奉的人生格言。

先秦诸子里，墨子是第一个对知识进行系统分析，并提出一系列关于知识的原创性思想的人。他在《经说》里，将获取知识的途径和方法归纳为七个方面，即：

闻知：由传授得来的知识。如学生上学获得的书本知识。

说知：不受时空阻碍而推论出来的知识。如八月十五月儿圆，因以前每个八月十五是这样，推知今后也是如此。

亲知：由亲身经验和观察得来的知识。如厨师总结出来的炒菜技巧，士兵从战争中总结出来的战斗经验。

以上三者为知识的来源。

知名：用来表示事物的名称。

知实：用来表达某一事物的实质。

知合：名和实的相互符合。

知为：把握了事物并立志去实行。

以上四者为知识的体系及其实践意义。以"知为"作结，说明知识离不开实践，离不开人们的生产劳动等社会活动，这是我们今天仍需牢记的求真之道。

"为"与"三表法"

读懂墨子，必须深刻体会"为"字的内涵。

在墨子的思想体系及人生轨迹中，"为"既是一种哲学范畴，又是一种处世原则；既是墨子个性风格的独特体现，又是他丰富的人生阅历的一条主线，更是他一生探索未知的落脚点。

在汉字里面，"为"字内涵丰富，其基本意义是"做"，并可根据上下文意引申为"制作、制造、修筑、医治、研究、作为、行为"等等。总而言之，墨子心目中的"为"，即为探求人生真相，改变世界面貌。

其一，人要有所作为，并且培养端正的品行。

我们现在已无法确切地了解墨子在求学阶段的具体想法。他作为一个儒门弟子，却没有成为儒学的卫道士，而是创立了与儒学同为热门学派的墨学；他是一个手工匠人，却不满足于做个一般工匠，从自己的实践中总结出光学、几何学、力学等诸多方面的科学道理，成为中国科技史上的一座丰碑。这一事实足以说明，墨子在求学阶段，就是一个勇于探索未知，大胆追求真知的人。

墨子在《经说上》里还说过："一个人的所作所为不求善名，才称得上是有德行。"可见，他是将"为"与"德"紧密联系在一起的，离开了"德"的"为"，他认为"那不过是巧饰，就像盗贼一样。"德行不好，作为也就不会好。墨子这一观点今天仍值得我们参照。

其二，要善于强力作为。

以自己的强力来作为，在墨子思想里面有特殊重要的地位。无论是一种思想学说，还是一门科学知识，不亲身去感受、去体验、去参与、去主导，就难以真正透彻掌握。无论是内部化解矛盾，还是与外敌作战，不通过行动体现出自身力量的强大，其他都将无济于事。

现今有些人常为某种学术观点各执一词，争论不休，在很大程度上是因为没有深入实际地进行体察。一旦去做实际的考察之后，发现事物的真相竟一目了然，许多空洞的争论完全是毫无意义的，这显然不是强力作为者所为。

现代企业无不想展示自己的实力，以赢得市场的主动，这就是一种"为"的思想。注重市场分析与需求调研，就是显示实力的前提。在项目实施中，需求调研被摆在了第一位，项目的设计和开发人员，首先要深入实际，进行实地考察，与客户进行深入交流，充分听取客户意见，这样做出的方案和产品，才可能是客户所满意的。

其三，对客观事物的认知和知识的积累，要从实际出发，并经受实践的检验。

墨子求真之道的核心就是他提出的"三表法"。无论是作为一种哲学、逻辑学思想，还是作为探求真知的准则，都是值得我们学习的。他在《非命上》中说：

何为三表？子墨子言曰："有本之者，有原之者，有用之者。"于何本之？上本之于古者圣王之事。于何原之？下原察百姓耳目之实。于何用之？发以为刑政，观其中国家百姓人民之利。此所谓言有三表也。

我们常说如今是"信息爆炸"时代，产生出大量的"知识垃圾"，让现代人走入信息的迷宫，无所适从。这为人们探索自然真相，揭示宇宙奥秘，设置了巨大障碍。墨子"三表"法无疑给我们以借鉴，那就是：重视历史的经验，重视黎民百姓感受到的客观事实，并以是否对人民有利来定是非曲直。这与我们常说的"没有调查就没有发言权"，·"实践是检验真理的唯一标准"等论断有异曲同工之妙。

求真的两种方法

抛弃功利的考量，真正从勤学中求实、求知、求真。

从勤学中求真

《贵义》篇记载：一次墨子南游到了卫国，车厢里堆满了书，他的学生弦唐子看见了，觉得很奇怪。问道："先生带了这么多的书，为的是什么？"

墨子说："从前周公旦做宰相，早晨读书一百篇，晚上还会见七十个士人……现在我既不当官，又不种田，怎么敢荒废读书呢？"

许多学者据此认为墨子应是一个勤于读书的饱学之士。其实墨子的博学在同时代的学人中间已屈指可数，同样博学多闻的庄周评说过当时诸子百家的许多学人，独称赞墨子是"好学而博"，并说他是"其生也勤"，说明墨子是一个在勤学中求真的智者。

历朝历代，都不乏勤学者。勤学者方式相同，用心各异。一种是图谋个人的飞黄腾达。有一则古训告诫后人要努力学习，面授机宜似的说："读读读，书中自有黄金屋；读读读，书中自有颜如玉。"赤裸裸地暴露出读书学习极端自私自利的目的。

类似的学习者在当下并不鲜见。或为了晋升某一档次的职称，或为了换取某一级别的"乌纱"，或为了"跳槽"谋一份清闲的差事，各种类型的培训和考试比比皆是。这种"勤学"，不仅与知识无涉，与社会无益，且养成了投机取巧、偷奸耍滑、弄虚作假的恶习，成为现代社会蔑视道德修养和科学精神的一大公害。

在应试教育主宰下的中国学校教育，高考成了学习的指挥棒和方向标，检验一个学生学习效果的唯一尺度就是分数，一个青年学生在成长阶段的人生目标和健全人格培养被彻底异化了。在这样的学习过程中，除了死记硬背地去争取高分，有多少是为了寻求真知而学的呢？

另一种是探寻自然的道理和做人的法则，抛弃功利的考量，真正从勤学中求实、求知、求真。

现代人是幸运的。前人为我们积累了许许多多的知识，让我们轻轻松松就可以掌握许多自然之理，懂得许多处世的方略。我们也许丝毫不懂动力学原理，却可以舒舒服服地乘飞机乘火车；我们或许不知道原油变成石油的炼油过程，但丝毫不影响我们驾驶汽车；我们从来就没去过南极和北极，却知道那些地方冰天雪地，冷得够呛；我们见了人就知道握手问候，说声"你好"，等等。这些文明知识都受惠于我们的前人。

现代人又是不幸的。处于"信息爆炸"的网络时代，在人类已有的知识积

累中，过时无用的东西愈来愈多；现今铺天盖地的信息让我们目不暇接，而许多信息是无用的、虚假的，或是你不想接收而强加给你的。人类正越来越严重地处于"知识垃圾"的包围之中，人们极容易被这些"垃圾"引入歧途，而离世界的本真愈来愈远。

一个聪明的现代勤学者，要从信息的包围圈里突围出来，以广阔的社会和自然界为学习的课堂，生命中的每一分每一秒都是上课的时间。走入社会、参与社会；贴近自然、关爱自然，这将是一个人学有所获、学有所得、学有所感、学有所为的正确途径。

从比照中求真

《墨经》里阐述了许多自然科学的知识，墨子在其中用得比较多的一种方法，就是比较的方法。《经说上》形象地列举了许多事物，说明人们对某一事物的认知是通过比较和对照得来的：

蛇和蚯蚓旋转滚动，有的后退，有的前进；

飞鸟飞逝，甲壳动物蠢动，前者轻柔，后者坚重；

宝剑有异于铠甲，前者置人死地，后者保护自己生命；

在家未嫁之女和她的母亲，一个是晚辈，一个是长辈；

两种断丝颜色竞胜，有的白，有的黑；

人的言论行为、学问名实，有的正确，有的错误；

母鸡孵蛋，有的成小鸡，有的不成小鸡；

……

宇宙洪荒，世间万物，人类都能够认识和把握，靠的是对照和比较。

世界处于一种二级对应的模式之中，大与小、多与少、长与短、粗与细、好与坏、善与恶、美与丑、正与反、阴与阳……无不以比为前提，又以比为结果。

大千世界的客观运动规律及人世间玄妙的处世哲理无不蕴藏在比照之中，

或从比照中生发出来。落一叶而知秋，是说见到一片枯黄的树叶落下来，便知道秋天就要来临了。这是从过去的经验比照中得出的结论。

唐太宗有句名言：以铜为镜，可以正衣冠；以古为镜，可以知得失。常言道，历史是一面镜子。就是说以过去的事件为参照物，可以使今天的事情做得更好一点，人更聪明一点，少走弯路，少犯错误。在祖先的英灵面前，我们会油然而生一种情怀：华夏后裔，炎黄子孙，我们难道不应该比我们的先人干得更出色一些吗？

比照的要诀在于：社会在对比观照中得以互相认识，个人在比较思考中确立正确的位置。在比照中求真，才是比的目的，盲目地攀比和仿效则是比较的误区。

自己干了坏事，犯了纪律，追究起来，则说：别人干得，我怎么干不得？这种心态，貌似寻求公平，实则自我开脱，是理屈心虚的表现。

有人搞文学成了名人，有人从商赚了大钱。于是便招来许多犯红眼病的人，跟在后面跃跃欲试，以为一走红就是名人了，下海淘金就可以挖到金矿。这是一种极端浮躁、失衡的心态。这种人好像在做比较，很会赶浪潮，但却把该比照的地方都忽略了。

有为的人，从比照中认知自然和社会，获得真知，这种人是真正的聪明人。

无聊的人，在比照中空掷荒芜宝贵的青春岁月，以排遣灵魂的空虚，这种人是十足的傻瓜。

怀疑是求真的前提

怀疑作为一种求真之道，是指人的反向思辨能力。

反向思辨能力

对乐于探索、喜好求真的人来说，其习惯性的思维方式是不迷信、不盲从，遇事多问几个为什么。

对我们司空见惯的事实，对我们耳熟能详的说法，你怀疑过它的真伪吗？为什么一些谎言能传播于天下，甚至于久而久之被误当作真理？就在于我们缺少怀疑精神。

怀疑，是求真的前提。

怀疑不是疑心重重，优柔寡断。怀疑作为一种求真之道是指人的反向思辨能力。有思辨就会有怀疑，有怀疑就会产生出智慧，有智慧思辨能力就会更上一层楼。

墨子的一生就是从怀疑中求真的一生。

《淮南子·要略》中说，墨子"学儒者之业，受孔子之术"。孔子及其创立的儒学，崇周道，尚礼乐，重亲亲，讲等级，墨子没有像孟轲那样对孔老夫子顶礼膜拜，而是对这位老先生的许多学说（如宗法血亲、厚葬久丧等）产生了怀疑和反感。于是，他"以其为礼烦扰而不悦，厚葬靡财而贫民，久服伤生而害事，故背周道而行夏政"。

没有这种深刻的怀疑精神，就不会有彪炳千秋的墨家之学。尽管孟子也是一代儒学大家，多有建树，在"独尊儒术"的时代被推到"亚圣"的地位，但其原创性的贡献是没法与墨子相比的。墨子比孟子的高明之处，就在于他更富有怀疑精神，因而更有创新精神。

怀疑的四种情境

墨子认为，从怀疑中求真有四种情境。

一是亲身所见时存疑。耳熟能详、耳闻目睹的周边事物最容易使人忽略，但这却是怀疑的开始。太阳落月亮升，太阳西下水往东流；人渴了想喝，饿了想吃；人生下来时不会说话，老了却白头发、松牙齿、瞎眼睛。这些现象尽人皆知，常常因习以为常而不为人关注。其实大自然和人体生命的奥秘就隐含其间，多一份怀疑，就多一份对生命和自然规律的认识和了解。

　　二是因事思考时存疑。生活中许多事情都需要思考，多问几个为什么，便能获得许多真知。这些真知并非坐在屋里冥思苦想，随时随地都可以有所思、有所感、有所惑、有所得。举起来轻松，放下去沉重，因为举起来的是羽毛而放下去的是石头；往左走行不通，朝右走畅通无阻，因为左边是高山而右边是平川；跑起来不快，坐着不动的反而快，因为跑步靠的是人力，坐着的却是车子。

　　三是偶遇触发时存疑。两人正在一起饮酒，却突然打起来了，这是为什么？要么是饮酒过量，乱了方寸；要么是意见不合，由对骂而至殴打；要么是突然发现对方的秘密，相互争夺。遇到突发的情况，多考虑一下各种可能的原因，就会变得聪明起来，知道如何去应对紧急情况。

　　四是过往之事存疑。过分迷信自己的经验是人常犯的错误，经验是对过去时间的一种认识，经验中掺杂着各种假象和伪饰，对经验的怀疑就是反思。经验貌似智慧，其实是伪装的智慧。反思才是真正的智慧。每个人都能保证自己所作所为一贯正确吗？去年冬天未下雪今年冬天也就一定不会下雪吗？一个人过去品行不端今后也就一定会道德败坏吗？

　　可见，经验不能取代新的思考，过去的方法未必能解决新出现的问题。智慧人生，就在于从怀疑、反思中求得新知、真知。

十二、信念的智慧

诚信为人之本

　　人们常说，从小看大，意思是，从小孩幼时的举动可以推测出他长大以后的样子。正如墨子所说的，如果一条河流的源头浑浊不堪，那么这条河流的水一定不清澈。推而广之，一个人不守信用，那么他的名声必定败坏。

诚信是为人之本，是一个人不容丧失的本性。孔子曾说："一个人如果不讲诚信，不知道他还能做什么。"所谓诚信，包含两层意思，一是对别人讲信用，二是取得别人的信任。前者是前提，后者是结果。因为讲诚信的人说话算数，所以这样的人很容易赢得别人的信任。

晏殊，北宋著名的词人，他从小就表现出很高的才华。在他 14 岁那年，有人把他作为神童举荐给宋真宗。宋真宗召见了他，并要他与一千多名进士同时参加考试。但在答题时，晏殊发现考试题目是自己 10 天前刚练习过的，于是他便如实上报，并请求改换题目。宋真宗非常赞赏晏殊的诚实品质，便赐给他"同进士出身"。

晏殊步入仕途时，正值宋朝经济繁荣、天下太平之时。于是，京城中的大小官员经常携带家眷到郊外游玩或在城内的酒楼、茶馆举行各种宴会。晏殊家境贫寒，无钱出去吃喝玩乐，只好在家里和兄弟们读写文章。一日，真宗提拔晏殊做辅佐太子读书的东宫官。大臣们感到非常惊讶，不理解真宗为何做出这样的决定。真宗说："近来群臣经常游玩饮宴，只有晏殊闭门读书，这样自重谨慎的人，正是东宫官合适的人选。"晏殊谢恩后，说："其实，我也是个喜欢游玩饮宴的人，只是家贫而已。倘若家中有钱，我也早就参与宴游了。"这两件事，使得晏殊在群臣面前树立起了诚实的信誉，赢得了大家的一致赞赏，而宋真宗也更加信任他了。

除了北宋晏殊，三国时期的著名军师诸葛亮也同样是一位讲究诚信的人。

一次，魏明帝曹叡御驾亲征，准备一举征服蜀汉。曹睿首先委派大将军司马懿率领张郃所辖各部，以及雍州、凉州劲旅 20 多万兵力，隐蔽前进，直指剑阁。

当时，诸葛亮掌管蜀汉阵营，他把大军驻扎在祁山，他将所有的旌旗和精锐武器都集中部署在险要地带，加以扼守。本来部队的人数就不多，再加上采用轮值换防的方式，因此，蜀汉的实际兵员不过 8 万人而已，双方实力相差甚大。两军交锋作战前夕，曹魏军队已摆好阵势，恰好此时，蜀汉的换防部队也赶到了。于是在这种非常情况下，诸葛亮身边的参谋人员向诸葛亮建议：由于敌方兵力强大，应当集中所有兵力共同对付曹军，将换防暂停延后一个月，以壮大蜀军声威。

但诸葛亮并不赞同这种做法。他说："我统兵打仗多年，一直以讲究诚信为原则。为了眼前的这点小利而失去诚信，这实在是太不值得了，就连古人都会为此感到惋惜。守备祁山的部队该换防了。这一天，战士们已经等待好久了，他们早已打点好了行装，只盼着能够早点出发回家。还有他们的妻子、儿女一直掐着手指，计算着他们归来的日子，现在他们应该在家翘首以待吧！虽说眼下我们遇到了一些困难，但讲究诚信这条基本原则是无论如何也不能废弃的。"他坚决下令，换防不变，应该回去的士兵一个不留。

消息传开后，士兵们既高兴又感动。他们宁愿留下来一同作战，个个摩拳擦掌，准备拼死一战。他们互相激励，一个个都说："诸葛丞相的恩德，即使以死相报，也报答不了啊！"

与曹军的战役终于拉开了战幕，蜀军个个士气高昂，以一当十，争先杀敌。这一仗，蜀军打得英勇顽强。曹军连连失利，大将张郃死于战场，迫不得已，司马懿只好选择退兵。

这一战，蜀军之所以能够取胜，可以说，诸葛亮一贯坚持的诚信原则起了关键作用。

"人无信不立"，这句话在当今社会广为流传，并得到了人们的一致赞同，但大多数人只是将它挂在嘴边，能够真正做到的人少之又少。在经济飞速发展的今天，很多人将诚信流于嘴边，甚至将其看得一文不值。所以，他们不可能取得成功。诚信，是立人之本，是生命的动力和源泉。

缺乏诚信的人，生活在世上，如同一颗飘浮在空中的尘埃。只有将诚信作为为人处世的重要标准的人，才能得以在社会上立足，才能取得事业上的发展，才能拥有光明的前途。讲究诚信的人，才是真真正正的人。

万事莫贵于义

墨子给予"义"高度地评价:"万事莫贵于义。"同时,与先秦诸子相比,墨子所谓的"义"有所不同。首先,墨子认为"义者,利也",将物质利益作为"义"的具体内涵的重要方面。但这个"利"又与私人之利和国家万民之利有所区别。其次,墨子指出"义者,正也",认为"义"就是有利于他人之利,将纯粹的个人私利排除在外,从而与狭隘的个人功利主义划清了界限,即墨子所言的"义"是利国、利民、利天下的"公义"。在墨子看来,如果有利于天下万民,则生不足重,死不足惜。墨子不仅高声疾呼"义",并且以"摩顶放踵"的实际行动来诠释自己的理想和信念。对于一般人而言,生命诚可贵,但在墨子看来,于"义"而言,生命是如此的微不足道,"万事莫贵于义"。

成功的终极意义不在与财富的多少,地位的高低,而在于一个人对"义"的坚持,评价是后人给予的,或许他听不到。当一个人在做一件事时,他能够感觉到的是心安。

春秋时期的程婴被后人给予了极高的赞誉,他对"义"的诠释可谓是后人的楷模。

据传说,晋景公年间,君主昏庸,奸臣当道,奸臣屠岸贾一心想要除去忠烈名门赵氏。于是,他便诬陷赵氏,后率兵将赵家团团围住,并杀掉了赵氏全家老小。唯一的幸免者是赵朔的妻子,她是晋成公的姐姐,当时她已有身孕,因躲在宫中而幸免于难。

赵朔有个门客叫公孙杵臼,还有一个好友叫程婴。赵朔死后,两个人聚到了一起。公孙杵臼质问程婴:"你为什么偷生?"程婴说:"赵朔之妻已经怀孕,若生下来的是个男孩,我就将他抚养成人,为赵氏报仇雪恨;若是个女孩,我就以死报答赵氏的知遇之恩。"

不久,赵妻分娩了,在宫中生下个男孩。屠岸贾听说了,立刻带人到宫中搜查,却没有找到赵氏母子的藏身之处。在赵氏母子逃脱了这次劫难后,程婴找到公孙杵臼，对他说："屠岸贾这次虽然没有找到孩子，但他绝不会善罢甘休的。你看怎么办？"公孙杵臼一腔血气地问："育孤与死，哪件事容易？"程婴回答："死容易，育孤难。"公孙杵臼说："赵君生前待你最好，你去做最难的事情。让我去做容易的事情，我先去死吧！"

于是，公孙杵臼假扮医者入宫看病，用药箱把孤儿从宫中偷运出来，交给程婴。程婴含泪将自己尚在襁褓中的孩子抱上，与公孙杵臼一起逃到了永济境内的首阳山中，让妻子带着赵氏孤儿朝另一个方向逃去。屠岸贾得到了消息，便飞快地率兵来追。程婴假作无奈，从山中出来说："程婴不肖，无法保全赵氏孤儿。不管怎样，孩子只有死路一条。如果屠岸将军能付我千金，我就告诉你孩子的藏身之处。"屠岸贾答应了。于是，程婴领路，终于找到了隐匿山中的公孙杵臼和婴儿。

公孙杵臼当着众人的面，大骂程婴，他一边骂一边佯装乞求："杀我可以，孩子是无辜的，请放他一条活路吧！"屠岸贾自然不允。就这样，程婴眼睁睁地看着自己的亲生儿子和好友公孙杵臼死在了乱刀之下。

这之后，程婴带着赵氏孤儿来到了僻静荒芜的盂山隐居起来。

15年后，知情人韩厥利用机会，向晋景公提起赵氏孤儿。最终，孤儿被召入宫中。此时，孤儿已成少年，名叫赵武。在群臣面前，景公宣布赵武为赵氏之后，并使其复位，重为晋国大族，列为卿士。之后，程婴、赵武带人攻杀屠岸贾，将其全族一并诛杀，以报血海深仇。赵武20岁那年，举行了冠礼。此时，程婴觉得自己已经完成夙愿，便与赵武等人告别。这么多年，他一直无法忘却心中对亲生儿子的悔恨，以及对公孙杵臼早死的歉疚，只因为夙愿未了。现在已经为赵氏报仇雪恨，且赵武已长大成人，自己心中已无所挂怀，是时候以死表明心迹了。虽然，赵武啼泣顿首劝阻，但终不济事，程婴还是自杀了。

但凡知道这个故事的人，无不为程婴的义气所感动。在程婴的义举的背后，隐藏的是人性的良善。试想一下，如果程婴不是一个善良的人，就不会感念朋友的友谊，想要抚养赵朔的孩子；如果程婴不是一个善良的人，就不会用自己的孩子实施调包计。善良的他之所以没有这么做，是因为在他的心里，除了责任，还有对朋友的义。

"万事莫贵于义"，自古以来，"义举"的故事不胜枚举，共同谱写成了一部壮丽的诗篇，他们的精神永垂不朽。总之，我们应该从墨子利天下的精神中受到鼓舞，以更加饱满的热情为大众、为社会做出更大的贡献，在为他人谋利的过程中实现自己真正的人生价值。

百善孝为先

羊有跪乳之恩，鸦有反哺之义。兽犹如此，人何以堪？中国自古就讲究孝，百姓以孝治家，君主则以孝治天下。在古代，有举孝廉的行为，即地方大臣在举荐人才时，以孝悌作为衡量人才的标准之一。在古代，不孝是一条很重的罪名，如果父母以不孝而把子孙告上公堂，那么，这些子孙轻则会受到皮肉之苦，重则被斩首示众。

所谓忠君报国的"忠"和孝以治家的"孝"，两者在本质上是一样的，只是范围大小的不同。但是作为家庭亲情伦理核心的孝道，是否应该贯彻功利主义的价值原则，能够具有功利观念的内容，对此，墨家和儒家有着不同的理解。

后期墨家确立"孝，利亲也"的命题，肯定孝道除亲情伦理外，不能只讲道义，也要有功利的考虑，给双亲以利益和实惠。而《孝经》则认为，孝是"天之经也，地之义也，民之行也"，其将孝看作是天地间最要紧的事。

在我国源远流长的历史长河中，无数古圣先贤以仁德流芳百世。其中，上古时代的舜因其至孝而感动天地，最终被尧帝选中为继承人，他的故事也被列为历代孝行故事之首。

相传，尧在年老之际，想要选拔一位继承者来接替自己的职位，便向手下负责四方事务的官员询问道："我年老了，无法再继续担负天下的责任，你们推选出一个人来接替我吧！"官员们异口同声地推荐舜，尧说我也听说民间有这样一个人，但是对他的事迹并不清楚，你们完整地讲述一下他的主要事迹吧！

舜是一个可怜的孩子。他的父亲是个盲人，性情古怪偏执。他的母亲早死，后母因担心他与自己的儿子象争家产而讨厌他。因此，舜的后母和弟弟象千方百计地想要害死舜。一次，两人趁舜在房子里熟睡时，将舜住的房子点燃，想烧死他，没想到，大火过后，舜竟安然无恙地走了出来。他的后母和弟弟既感到不可思议又感到恐惧，便怂恿舜的父亲下手。在两人的百般劝说下，舜的父亲同意了，他把儿子推入一口深井里，然后挖土埋上。

正当舜的后母和弟弟为除去了眼中钉而欢庆时，舜又完好无损地出现在他们面前，原来，那口井有一条通向地面的隐蔽通道。

舜的后母和弟弟害怕了，认为这是上天在保佑舜，不敢再起害他的念头，舜的父亲也羞愧难当。然而，舜却像这些事根本没有发生过一样，始终如一地对父亲尽孝道，对待后母如对亲生母亲一样，对待弟弟也极尽疼爱。最终，舜的德行感化了顽固的父亲、偏心狠毒的后母和狂傲暴躁的弟弟，从此他们一家人相亲相爱，其乐融融。

听了舜的故事，尧很是满意，但仍有些不放心，便将自己的两个女儿嫁给舜，考察他在处理夫妻关系上的能力如何。三年后，舜证明了自己在处理夫妻关系上，和处理父子、兄弟的关系一样无可挑剔。这时，尧才放心地立舜为自己的接班人，把帝位禅让给舜。

"百善孝为先。"古人对孝十分重视，百姓以孝治家，君主以孝治天下。晚清大臣曾国藩也曾说，只要做到孝顺与友爱，便能在短时间内立即收到回报。

孙思邈我国古代著名的医药学大师，史称"药王"。而这位药王学医的最初动机是为了给父母治病。

孙思邈出生在一个贫苦的家庭，父亲是一名木匠。七岁时，父亲得了雀目病，也就是现在说的夜盲症，母亲患了粗脖子病。一日，父亲在锯木，孙思邈却在一边发呆，父亲便问他："孩子，你长大了也要做木匠吗？"孙思邈马上回答说："不，我要做一名医生，要把父母亲的病治好。"小小年纪就有孝心，父亲心里十分感动。

时间过得好快，这年孙思邈12岁了，想起儿子的愿望，父亲便送他去学医，经过几年的刻苦学习，孙思邈掌握了不少药理药学，就回到家乡给乡亲们治病。一次，他治好了一位病人的痼疾，病人到他家里来答谢，闲聊之际，病人了解到孙思邈的父母也身患痼疾，这位病人对孙思邈说："我听说太白山脚下有一位叫陈元的老医生，他精通医学，说不定能治好你父母亲的病。"孙思邈听了非常高兴，翌日清晨就告别父母只身前往太白山。从家乡到秦岭太白山有400里的路程，孙思邈走了半个月才打听到陈元医生的住处，并拜他为师。陈元见他一番孝诚之心，就决定收他为徒。

经过认真学习和刻苦钻研，孙思邈找到了治疗父母亲疾病的方法。于是，他立即赶回家给父母亲治病。很快，父亲的雀目病和母亲的粗脖子病就痊愈了。

孙思邈勤奋好学，恪守孝道，并以此来修正自己的人生道路，他矢志不渝地用自己的一生来践行他心目中的孝道，并终以至诚的孝心，实现了自己的愿望。

孙思邈的故事至今被人们传颂着，他为祖国医学事业的发展做出了不可磨灭的贡献，同时也给华夏子孙树立了孝行孝道。一个人立身处世，最重要的一点，就是要理解父母养育自己的似海恩情。在儿女成长中，长辈们的辛劳与期待，实可感天动地。而儿女对父母的孝敬，不仅是爱，更是一种义不容辞的责任。

古往今来，圣贤无不谨守孝道、孝顺父母，他们的言行为我们做出了良好的榜样。从家庭的角度而言，孝道主要表现为孝敬父母和恪守家风；推广到社会，遵循"孝道"则为尊敬长辈、讲究文明和守护家园。百善孝为先，如果一个人连给予自己生命的父母都不爱，那还指望他去爱谁呢？

量力而行，尽力而为

所谓"量力而行"，即正确估量自己的能力，做力所能及的事情。能做的，但说无妨；不能付诸行动的，就不要夸夸其谈。战国时期社会大变动，在这样动荡不安的生存环境下，人们常常言行不一、前后矛盾，执政当权者更是凭借权势之威而朝令夕改。这种人心诡谲、言行不一现象的普遍发生，引起了思想家们的广泛关注和深切忧虑，他们纷纷建言献策，力图矫正这种败坏的世风人心，这其中，墨子积极主张人们奉行言行合一。

当然，在现实生活中，人们经常会遇到这样的情况：你不得已讲出的违心或违背道义的话，你就没必要一定要落实在行动上，但一般而言，只要是符合道义的话或事情，你理所当然应该说到做到。说了就应该努力去做，如果做不到就不要乱说。无论古今中外，都讲究诚实守信、言行一致，这是做人的一种基本美德，具有普世性意义。

春秋时期，鲁国的名士颜阖到卫国游历，卫灵公听说他很有才学，便打算聘请他当自己长子蒯的老师。

蒯是出了名的凶暴之徒，杀人不眨眼，卫国的人没有不对他惧怕的。这样的人还有教育的意义吗？颜阖把握不准，便去请教卫国的贤人蘧伯玉。

见了面，颜阖对蘧伯玉说："如果我答应了卫灵公做他长子的老师，我却不知道如何去管教他：放任他，不引导他走正路，他一定会继续祸国殃民；如果我严加管教，他又会忌恨我，借机加害于我。我该怎么办？"

蘧伯玉回答说："一次，我乘马车外出，看见一只螳螂张开双臂，想凭自己的力量来阻止车轮的前进，结果被车轮碾得粉身碎骨。你想去改变他的恶习，这个出发点是好的，但很可能到头来落得个自取灭亡的下场。"颜阖听了，就拒绝了卫灵公的请求，偷偷回鲁国去了。

至于卫灵公的长子蒯，由于肆意纵行，最终被人杀死。

一个人的能力是有限的，如果不知道这一点，后果会很严重的。明明自身能力弱小，却打肿脸充胖子，承担自己力不能及的事情，这样轻则损己，重则损人损国。因此，凡事一定要量力而行，绝不能力微负重，否则，会给自己带来不幸。

小高是一家计算机公司做高级程序员，本来他干得好好的，可后来不得不离开该公司，原因就是她在同事跟前抱怨老板的话，传到老板的耳朵里后，老板处处排挤她，逼得她不得不辞职走人。

这得从一件事情说起，老板交给小高一个棘手的任务，并跟她事先声明："这件工作难度大，不知你敢不敢承担，敢不敢接受挑战。"尽管小高明白自己实力有限，但她觉得在公司中，老板能够主动找她征求意见，说明老板赏识自己，所以小高一咬牙就接受了。结果，由于期限较短，小高没能按时完成任务，为此，小高遭到了老板的批评，并受到经济处罚。

吃力不讨好，小高又委屈又气愤。对老板怨声载道：既然任务这么艰巨，做不完也是预料中的事。自己当时那么努力，没做完也不该算是工作失误。

"老板实在是太过分了，这么仓促时间里，让我干这么有难度的活儿，我都说做不了，可他非让我做，没做完还罚我。"事后，小高跟身边的同事这么抱怨。不久，老板又给她分配了新任务，还好，这回小高完成得相当顺利。

正当小高暗自高兴时，老板却把一个更棘手的任务交给了她，并说："这个任务比上次还重要，如果能干完就干，干不完我也没办法，请你另寻他处吧！"真是一波未平一波又起，上次的都没干好，这次的又怎能完成。无奈之下，小高不得不卷铺盖走人了。

有时，面对自己根本没有把握的事情，一定要具体分析，估量自己的做事能力，千万不要盲目自信。"没有做不到的事"，虽然有其正确的一面，但这要看人看事，做事时一定要实事求是，做不到就"退"。因此，我们在工作中，不要轻率承诺，承诺时也应给自己留一定的余地。当然，这种留有余地不是给自己寻找理由逃避承诺，无论如何，自己都必须竭尽全力去兑现诺言。

任何事物都在不断地发展变化。原来可以轻松地做到的事，可能会随着时间的推移、环境的变化而带有一定的难度。如果轻易承诺，会增加自己以后行动的困难，而对方也会因为你没有兑现承诺而感到失望，渐渐地失去对你的信任。即使是自己能够办到的事，也不要轻易承诺，不然一旦遇上某种变故，让本来可以办成的事没能办成，这样一来，你在别人眼里就成了一个言而无信的人。

命运握在自己的掌中

在墨家看来，一个人的命运不是一成不变的，相反是可以靠自己改变的，如果想要改变自己的命运，必须通过自身的不懈努力。墨子是主张尚"力"的，他强调人应该发挥主观能动性，通过不懈的努力来改变自己的命运。由于墨子站在下层民众和小工业者的立场上，因而他认为只要不断努力、积极进取，平民也可以改变自己的命运。

长期以来，对于积极进取的下层民众来说，墨子的非命思想一直是他们精神上的指引方向。虽然现在科学的发展已经证明了鬼神的虚妄性，但在现实生活中，墨子的"非命"思想仍然起着积极的作用，激励着人们努力进取。

纵观古今，凡是成大业者都是凭借自己的不懈奋斗，才取得骄人的成就。在当今充满竞争的现实生活中，我们更应该相信，命运是掌握在自己手里的，只要我们用自己的双手去付出去创造，就一定能寻求到人生的意义和自我的价值。

曾经有这样一个故事：

一个自觉生活平庸的人带着对命运的疑问去拜访一位智者，他问智者："您说真的有命运吗？""有的。"智者回答。

"那你看，我是不是命中注定要穷困一生呢？"他问智者。

智者让他伸出左手，指着他的手掌，说："你看，最外边的这条线叫作爱情线，中间的这条斜线叫作事业线，最里面的线是生命线。"

然后智者让他把手慢慢地握起来，握得紧紧的。

智者问："你说这几根线在哪里？"

这个人迷惑地回答道："在我的手里啊！"

"那爱情、事业、生命呢？"

这个人恍然大觉，原来命运一直都在自己的手里。于是他辞别了禅师，自信地下山去了。

很多时候我们相信命运的存在，以为自己之所以平庸是因为这是命中注定，其实我们都应该把自己的手攥紧，把命运攥在自己的手中。

社会是一个复杂的多元体，很少有人能一帆风顺地走完一生，社会会有不平等，命运会有不公平，人生更充满了挫折和艰辛，很多人因为一时的穷困而一蹶不振；也有人在经历了一次次失败后，依然顽强地站起来，挑战命运的考验，最终实现了自己的目标。

他出生于一个贫穷的偏僻的小村庄，孩提时期没有穿过袜子。因为没有钱请裁缝，所以上中学之前，他的衣服都靠辛劳的母亲将粗布一针一线地缝起来制成的。他卑微得如村庄随处可见的牛粪一样，无声无息。但是，小小的他坚信：出身不可以改变，但人生可以改变。

在学业上，他刻苦专心，经过了常人无法想象的事情。17岁，他跨入中国科技大学的大门，而后又考取美国纽约大学，攻读博士学位。在异国他乡，他才知道自认为还可以的英语，到了美国却等同于"哑巴"。

当那个充满优越感的刻薄的白种人化学系主任，当着500多名大学生的面骂他"Bullshit!"时，他因为听不懂这个单词而问"What?"，后来当他终于明白那个单词的意思是"牛粪"时，他血冲脑门，手指捏得咔咔响，但最终理智战胜了冲动——那个主任手里控制着奖学金及留学资格。在他心中已经埋下了一颗坚强的种子：一定要让曾经嘲笑过他的人为中国人瞠目结舌！

为了提高英语口语水平，他寻找各种机会自我训练，甚至跑到美国百老汇当义工，找机会与本土演员沟通，并积极争取参加即兴表演。这种即兴表演，需要思维、语言与沟通同步，才能达到感染观众的效果，本土演员演起来尚且感觉吃力，何况他？但他以非凡的勇气去挑战和超越自己。

两年磨一剑，他终于学得了令人赞叹的英语，同时以优异成绩被美国最著名的4所商学院同时录取，最后他选择了凯洛格商学院。当他找到那个自以为是的主任要求从纽约大学退学时，这个刻薄的人简直不敢相信自己的耳朵，因为在纽约大学历史上，从来没有一个中国人敢主动退学，在纽约大学求学，是许多中国人梦寐以求的事情。

然而，他却面临着更大的一个问题——就读凯洛格商学院需要8万美金的学费，这如同一道巨大的山梁横在他的面前。看看他为筹措这8万美金所做的种种努力吧！也许今天看来其中有些举动令人匪夷所思甚至可笑，但是，罗斯福也说过，失败固然痛苦，但更糟糕的是从未去尝试。

第一个尝试，他去买彩票。当然，最后买彩票的钱统统捐给了美国的公益事业。

第二个尝试，去美国《世界日报》登广告，内容是：我被美国顶级商学院录取，如果你们愿意贷给我8万美金，我可以以15%的利息返还你们。

第三个尝试，给美国的一些著名影视明星写信求助，为了证实求助的真实性，并随信附上了4所著名商学院的录取通知书。

第四个尝试，向在美国取得成功的华裔商界人士写信求助，也随信附上了录取通知书。

然而，这一切努力都如石沉大海。此时，他的口袋里只剩下450美元。绝望，如同一口幽深的暗井，欲将他吸入深渊。但他并没有彻底绝望，虽然他知道，美国人没有借钱给别人的习惯，但是，他仍不放弃最后一点点希望的火光。

终于，一位美国朋友被他的执着所打动，愿意出面担保帮他向银行贷款8万美金，朋友深信，这样执着的一个人，不会背信弃义。

当他以优异的成绩从凯洛格商学院毕业之后，被美国财富50强之一的施贵宝公司聘为市场总监，年薪百万美金。第一年，他就为公司创造了2.5亿美元的销售额。这些成就，令人引以为傲。然而几年后，他放弃绿卡和丰厚年薪，回国开展自己的事业——中国人开创一条独特的英语学习之路，为中国人开创一条独特的营销之路。

这块生长于皖北偏僻小村庄的"牛粪"，终于燃起了温暖人生的火光。

被人蔑称为"牛粪"不要紧，只是自己不自暴自弃，勇敢地将自己在寒风剑霜之下发酵、风干，将自己生命的每一个孔隙都蓄满岁月的力量，那么，当风送来机遇的火种之时，卑微的牛粪也能燃烧出熊熊之火。

命运掌握在自己的手里。士兵想当将军，穷人想变富翁，这些都是奋斗目标，但没有人生下来就是富翁和将军。每个人都应该怀抱着自己的奋斗目标，通过自身的不断努力，才能变成自己想要的样子。但只有梦想是不够的，一个人只有踏踏实实地做事，用行动代替幻想，才能离自己的梦想越来越近。

如果用打牌来比喻，可以看出，人生并不在于摸到一手好牌，而是在于打好自己手中的牌，人生的命运之牌就掌握在我们自己的手中。

保护好自己的色彩

常言道："与君子交，如入芝兰之室，久而不闻其香；与恶人交，如入鲍鱼之市，久而不闻其臭。"这恰如其分地说明了环境对一个人的重要影响，与墨子所说的"染于苍则苍，染于黄则黄"有异曲同工之妙。正因为如此，在日常生活中，我们应该选择对自己有利的环境，从而让自己得到更好的发展。

有这样一个故事。

有两群鸭子，其中一群鸭子特别会下蛋，每天这群鸭子中的每一只都可以下一只大大的蛋；而另外一群鸭子则非常懒，它们当中很多鸭子需要两天或三天才下一只普通大的蛋。这两群鸭子各自生活在自己的池塘和草地里，各下各的蛋，互不干扰。在猴年马月鸡日，懒鸭子群中的一只鸭子误闯进了勤奋鸭子的群中，这里的一切让它感到非常惊奇，因为这里的鸭子每天都上演着精彩的下蛋比赛，竞争下蛋的场面相当热烈，每只鸭子对下蛋都充满着激情，它们积极主动的表现，似乎在说它们想要下出一个能够破吉尼斯纪录的鸭蛋或者生下双黄蛋来，好让其他鸭子刮目相看、赞不绝口。这给新来的鸭子留下了深刻的印象，于是，它决定留下来，每天与别的鸭子一样勤快地锻炼、快乐地生蛋。一个月以后，它成功了。从此以后，它每天都也可以下一个又大又白的鸭蛋来。

生活依然在继续，世界在一天一天的变化，但勤奋鸭群与懒惰鸭群的生活并没有任何改变。某一天，勤奋鸭子群里的一只鸭子出来散步时，不小心走失了，意外闯进懒鸭群里。这里的鸭子对生活没有任何向往，它们既不会勤快地寻找食物，对下蛋也没有什么兴趣，高兴时，它们会每天下一个蛋；不高兴时，几天才下一个蛋。所以这群鸭子的鸭蛋产量非常低。看到这一切，那只勤奋鸭子的心都凉了，但它一时还找不到原来的鸭群，于是，它决定暂时先留下来，和这群懒鸭子们住在一起。没想到，时间久了，它渐渐地习惯了这里的生活。一个月以后，曾经每天能下一个大鸭蛋的鸭子居然不会下蛋了。

鸭群这种情况也适用于人。环境可以改变一个人，如果一个人生活在一个积极向上的群体里，受到周围的人感染，他也会努力勤奋起来，并且能够做到自己的最好。但如果一个人待在一个散漫懒惰的群体里，受周围人的影响，他同样会从一个优秀的人变成懒汉。一个人生活在一个群体里，要么改变这个群体，要么被这个群体所同化。人都是有惰性的，当周围的人都不思进取，对工作和生活得过且过，沉迷于安乐时，再勤快的人也会变得庸碌无为。

人很难改变周围的环境，但环境很容易改变一个人。因此，肯用心做事的人都会认真地选择环境，并积极地利用周围的有利环境对自己的影响来实现自己的目标。如果一个人意志不够坚定，更要妥善地选择环境，让自己在良好的环境中，感受良好的氛围，从而为获得成功添一把助力。

相信你自己

在墨子看来，人的一生是成功还是失败，并不是命中注定的。那些宣传命运存在的人，无非有两种：一种是统治者，用命运已注定的说法来愚昧百姓；一种是懒于进取的人，用命运已注定的说法为自己的懒惰找借口。因此，墨子在提出“非命”观时，强调人的命运是可以改变的，而改变的方法是改变自己。

因此，墨子主张发挥人本身的积极性，通过自身的奋斗来实现目标，在这个过程中，自信至关重要，人只有相信自己能够取得成功，才会在这种信念的支撑下，一步步走近自己的理想。

古今中外有很多例子都证明了自信对于一个人取得成功有重要的作用，甚至有人说，自信和成功是孪生兄弟。

春秋战国时代，一位做了将军的父亲带着还是士兵的儿子出征打仗。

进攻的号角已经吹响，战鼓雷鸣，父亲郑重地托起一个箭囊，里面插着一支箭，他对儿子说："这是我们的家传神箭，打仗时把它佩戴在身边，它会给你增添无穷的力量。但你要记住，千万不能把它抽出来。"

这是一个极其精美的箭囊，用厚牛皮打制，镶着幽幽泛光的铜边儿，而露出来的箭尾一看就知道是用上等的孔雀羽毛制成的。儿子不由得喜上眉梢，想象着箭杆、箭头的模样，甚至在脑海中勾勒出自己用这支神箭射中敌方主帅时的画面。

果然，佩戴了神箭的儿子英勇非凡，所向披靡。当鸣金收兵的号角吹响时，儿子被得胜的豪气所驱使，忘记了临行前父亲不让他追赶敌兵的叮嘱，并且，在追逐敌兵时，他脑海中不断浮现出神箭射中敌方主帅的画面。于是，在强烈的好奇欲望的驱使下，他拔出了神箭。然而，骤然间他惊呆了，箭囊里装的竟然是一支折断的箭。

"原来我一直带着一支断箭打仗"！儿子吓出了一身冷汗，顷刻间失去了所有的勇气，意志瞬间如失去支柱的房子一样坍塌了。

结果可想而知，儿子惨死于乱军之中。面对儿子的尸体，父亲捡起那只断箭，沉重地说道："不相信自己的人，永远也做不了将军。"

其实我们每个人都有一支神箭，凭借着对它的信赖，我们在生活中走出了自己的奋斗之路，然而当我们发现自己信赖已久的神箭原来是一支断箭，这时一直以来支撑自己信仰的东西会在一瞬间崩溃。很多人，就像上例中的儿子一样，在拔出箭之前，英勇无敌，所向披靡，而一发现自己带的是一支断箭，自信心立刻崩溃了，最终以悲惨结局收场。其实他本身的所有条件都没有改变，只是失去了自信，一旦失去了自信，在战场上就意味着死亡。所以当故事中的儿子把自己的希望全部寄托在神箭的护佑上，而不是建立在自己的能力上时，已经预示了他的悲惨结局。

只有把希望寄托在我们自己身上，这就是自信。其实在我们的心里，应该种下我们自己才是一支箭的信念。如果想要这支箭护佑我们，就必须使它变得锋利、坚韧，这需要对它进行磨砺，因为在很多时候，拯救我们的只能是自己。

相信自己，不仅意味着对自己充满信心，还说明一个人具有豁达的态度和乐观的心态。相信自己，不仅需要我们对自己有一个理智的认识，还需要时间和耐心。当这些条件一一具备之后，成功就会随之而来。

忍辱负耻，伺机再起

昔者文公出走而正天下；桓公去国而霸诸侯；越王勾践遇吴王之丑而尚慑中国之贤君。三子之能达名成功于天下也，皆于其国抑而大丑也。太上无败，其次败而有以成，此之谓用民。

《墨子·亲士》

墨子说："从前，晋文公被迫逃亡在外，后为天下盟主；齐桓公被迫离开故国，后来称霸诸侯；越王勾践被吴王战败受辱，终成慑中原各国的贤君。三位君王所以能成功地扬名于天下，是因为他们都能忍辱负耻，以图复仇。最上的是不遭失败，其次是失败而有办法成功，这才叫善于使用士民。"

事情不可能是一帆风顺的，政治风云的变幻更是如此，遭受挫折和失败，这可以说是经常会遇到的事。一个要成大事的人，必须学会在不利情况下韬光养晦，以伺机东山再起。这是高水平的政治谋略，非等闲之辈所能为之。

西汉末年，绿林、新市、平林等农民起义军奋力反王莽，发动了声势浩大的起义。南阳一带的刘氏宗室后裔刘縯、刘秀兄弟等人也加入了这支队伍。农民，平日脸朝黄土背朝天，又地处穷乡僻壤，见识较少，对军事斗争如何组织指挥更是外行。刘縯、刘秀兄弟在军事斗争中逐渐崭露出指挥才华，威望和名声也越来越大。这些，是那些农民出身的领袖人物所不乐意看到的。然而，当时社会对王莽篡夺刘氏为皇帝这一行为甚为反感，加上农民是拥护好皇帝、反对坏皇帝的皇权主义者，他们也希望在这支队伍中产生一个姓刘的农民政权皇帝。本来，刘縯、刘秀兄弟担此重任应该说是当之无愧，然而那些农民出身的领袖人物出于对他们的嫉妒和防备心理，立了另一个也是地主出身、但各方面都很平庸的刘玄当了他们组织的"更始"政权的皇帝。刘玄对刘縯、刘秀兄弟的才华也深为嫉妒，其他领袖人物也经常在他面前放邪火，暗中劝说刘玄除去刘縯。

刘秀是个有预感的人，他对刘縯说："大哥，时势对我们不利。"刘縯却不以为然地笑道："事情就是这样，很正常嘛。"可是，事实是无情的。有一次，刘玄大会诸侯，取出刘縯身佩的宝剑观看，绣衣御史申屠建随即献上玉块，暗示刘玄杀刘縯（意为碎玉）。刘縯的舅舅樊宏警示刘縯说："申屠建这一手，难道没有鸿门宴上范增的意思吗？"刘縯不作声，但他没想到事情会发展得这么快。原先与刘縯兄弟关系接近的李轶，暗中改换门庭，向刘玄投靠。刘秀告诫刘縯："此人不可再加以信任。"刘縯却不听劝告。

悲剧终于发生了。刘縯的部将刘稷勇冠三军，当他听说刘玄被立为皇帝这一消息便大怒："本来起兵能图大事的乃是刘縯兄弟，今日却立刘玄为帝，他会干什么呢？"后来刘玄任命刘稷为抗威将军，刘稷不肯拜受。刘玄便和其他将领率兵数千人，先发制人，要杀刘稷，刘縯出面执意制止杀将。就在这时，朱鲔、李轶等人火上浇油，鼓动刘玄把刘縯与刘稷一起杀害。就这样，刘縯、刘稷当天就被杀了，刘玄的族兄刘赐顶替刘縯任丞相职务。

面对突如其来的噩耗，刘秀表现得极为冷静。他知道，这时自己的命运还操在人家手里，不是报仇的时候。他连忙从父城赶到南阳，在刘玄面前连称自己有罪，说是自己没有劝导哥哥，以致犯下死罪。新市、平林那班将领本来估计刘秀会来报仇，想趁机把他也杀了，没想到他前来请罪后便不再说什么。别人来劝慰刘秀时，他也口口声声只说自己有罪，丝毫不提起他在昆阳大战中立下的战功。

刘秀不敢为刘缤穿孝服丧葬，只是简单地料理了丧事，饮食谈笑都和平时一样。白天对人谈笑风生，夜里却暗中饮泣，把大半个枕头都哭湿了。他手下的冯异有一次看到这个秘密，劝他节哀，他仍说："不许胡言。"但冯异对他却是一片真心，对他分析刘玄政权已完全失去人心，如果能另拉一支队伍，大业必成。刘玄看到刘秀的言行后，一方面放松了对他的警惕，另一方面从恻隐之心出发，也感到杀刘缤太过分了，于是拜刘秀为破虏大将军，并封为武信侯。

刘秀

复仇机会终于到来。刘玄想派一个有能力的大将去河北，联络那里的铜马军，扩充自己队伍的势力。刘赐是个糊涂蛋，他在刘玄面前建议让刘秀去。本来，刘玄和其他将领对刘秀并不放心，没想到刘赐竟鼎力为刘秀说情，刘秀终于被同意派往河北。由此，也可看出刘秀对刘玄一伙势力的争取工作已做得何等到家。

果然，刘秀一到河北一带，真如鱼得水。他每到一地，都以汉朝重建者的身份广揽人心。同时，他又广泛收罗大小官吏，任用贤士，释放囚犯，因而在民间大得人心。由此，他展开了新一轮中兴汉室的宏图大业。在他根基稳固后，于公元25年建立了东汉政权。刘玄的更始政权呢？在刘秀去河北后不久，便被另一支农民军——赤眉军伙同绿林军中一部分力量给火并了，他们客观上为刘秀报了仇，同时也当了替刘秀火中取栗、为新政权建立充当炮灰的工具。

要是刘秀不是采取忍辱负耻的策略，他的结局绝不会比他大哥刘缤好多少。

兼收并蓄，兼王之道

良弓难张，然可以及高入深；良马难乘，然可以任重道远；良才难令，然可以致君见尊。是故江河不恶小谷之满己也，故能大。圣人者，事无辞也，物无违也，故能为天下器。是故江河之水，非一源之水也；千镒之裘，非一狐之白也。夫恶有同方，取不取同而已者乎？盖非兼王之道也。是故天地不昭昭，大水不潦潦，大火不燎燎，王德不尧尧者，乃千人之长也。

《墨子·亲士》

墨子说："良弓不容易张开，但可以射得高而中得深；良马不容易乘坐，但可以载得重而行得远；好的人才不容易加以控制，但用他可使国君收到受人尊重的效果。小溪虽小，但大江大河不会拒绝它；凡夫俗子的意见再一般，圣人却会听从他们并得到治理天下的良方。浩瀚的江河，由一股股细流汇集而成；价值千金的狐皮白裘，却不是从一只狐狸身上得来的。哪能只采纳与自己观点相同的意见，而不采纳与自己观点不同的意见呢？要是这样，那必不是统一天下之道。所以，大地不为万物有美丑而不兼收并容，大水不为水流分为大小而不吸收汇聚，大火也不因焚烧的是草是木而不熊熊燃起，君主也不为贵贱亲疏而不做到胸襟宽阔。要有百川汇流的胸怀，才能做千万人的领袖。"

如果说，墨子是小生产者的思想代表的话；那么，这段话则充分反映他既代表小生产者、又超越小生产者的思想特征。这段话是提倡君主要有百川归大海那种兼收并蓄的博大胸怀，做到不为贵贱亲疏所左右，能团结多数人。显然，这与大多数小生产者心胸狭窄、眼光短浅、自私自利的弱点是完全相反的。雨果说：比陆地更广阔的是海洋，比海洋更广阔的是天空，比天空更广阔的是人的胸怀。没有比海洋、天空更宽广的胸怀，是无法成为杰出政治家的。

要团结人，特别是团结那些反对过自己的人，能容纳他们一起共事，甚至把他们中的优秀者举荐到关键岗位上去。这的确是不容易的。然而，真要做到了这一点，那对事业无疑具有极大的好处。

春秋时，齐桓公听说本国有个贤士叫小臣稷。他为了访贤，在一天之内竟去了3次，谁知3次都不碰巧，他都没见到小臣稷。他身边的近臣对他说："拥有万辆战车的国君，为了拜见一位平民百姓，一天之内能去3次，要是还没碰到，就是不再去，也算是不错的了。"

齐桓公却不这么看。他说："不能这么说。如果用傲慢的态度对待官职和俸禄的士大夫，他当然看不起他的国君。国君如果用傲慢的态度对待霸业，他就必定看不起士大夫。我觉得，哪怕小臣稷看不上官职和俸禄，可是作为我来说，又怎能轻视霸业呢？"

于是，他仍然去拜访小臣稷。终于在第5次见到了小臣稷。

天下诸侯听说这件事后，都赞不绝口："你看，齐桓公对平民百姓都如此尊重，要是说起对待国君的态度，那还用说吗？"于是，诸侯们不断地去朝见齐桓公，齐桓公的威望也越来越高。后来，他终于9次联合诸侯，成了春秋时第一个霸主。

《诗经》上说："只要有正直的德行，四方国家都会来归顺。"齐桓公做到了这一点。他远者近之，旧者新之，终于取得了成功。

樊姬是楚庄王的夫人。这天，楚庄王退朝回来较晚，樊姬便问起原因，楚庄王看来兴致很高。他说："今天与贤相论政，不知不觉就晚了。"

樊姬问："贤相是谁？"楚庄王笑道："还能有谁？虞丘子嘛。"

樊姬一听，忍不住发笑。楚庄王奇怪，忙问为何发笑。樊姬说："我有幸侍候您，并不想得占尊贵，独享恩宠，怕这样对您的声望不好，我总要推荐几个美女，使她们和我一道侍候您。那个虞丘子当了10来年的相国，却不见他推荐过一位贤人。如果知贤而不荐，那就是不忠啊；如果说不知贤，那就是不明智，怎能说他这种人是贤相？"

第二天上朝时，楚庄王把昨晚樊姬的话告诉了虞丘子。虞丘子还算是个有自知之明的人，他立即叩头谢罪："樊姬说得对，臣不贤，应该让位于贤者。"他辞掉相位，向楚庄王推荐了他在民间访贤时了解的当代贤人孙叔敖。

孙叔敖当上相国（令尹），果然不负众望，辅佐楚庄王完成了霸业。

战国时，魏文侯有一次找到解狐说："我想选个人作西河的长官，您看谁最合适呢？"

解狐想了一下，对魏文侯推荐说："荆伯柳在我看来是个贤人，他大概可以胜任吧？"

魏文侯想起来了，点了点头。顷刻，他又惊异地看了一眼解狐说："我记得这个人好像是您的仇人吧？"

解狐却十分平静地说："主公问的是谁可作西河的长官，又没问谁是我的仇人。"魏文侯听了很高兴，他对解狐豁达大度的胸怀十分赞赏，便准备起用荆伯柳去西河上任。

荆伯柳听到他的任命后问别人："你们知道是谁把我推荐给国君的吗？"知情者告诉他："是解狐。"

荆伯柳感动了。他去向解狐谢罪说："承蒙您宽恕我的罪过，把我推荐给国君，我再次向您赔罪。"可是，解狐却和以前一样，他看了荆伯柳一眼，冷冷地说："推荐你是为公，怨恨你是为私。现在是办公事，至于私事么，怨恨照旧。"说罢，伸出手拉开弓打算射荆伯柳，荆伯柳吓得后退十几步，一溜烟地跑了。

日常事务中，能像解狐那样把公事和私怨分清楚，为公事捐弃（至少搁置）前嫌，这已经非常难得了。如果没有一定的政治谋略意识，要做到这一点是不可能的。

韩垣擅长于谋划，他来到齐国，希望齐国能重用他，他没想到齐王对他简直不屑一顾。韩垣大发脾气，怒气之下出言不逊，把齐王给大骂了一通。这件事传到齐王耳中，齐王便下令把他交给司法长官拘押，还说要把他杀了。

刚巧，此时田无吾求见齐王。一见面，齐王便把这事告诉了他。田无吾说："大王听说过姆萌吗？他对驯象很有一套功夫。他凭着这一手来到北方的义渠国，想靠这个本事向义渠君求职，义渠君没答应，姆萌回到馆舍就把义渠君骂了一通。边上有个人劝他说，不是我们君王不信你有本事，实在是我们这里根本就找不到象来驯。嫄萌一听知道找错了地方，只好回去。还有件事，大王不知听说过没有？我听说有个胡医到魏国，见魏太子神色不定，还不停地喘气，就说：太子有病，不赶快治怕就不行了。太子听了，认为他是诅咒自己，便令人把胡医杀了。结果胡医一死，那魏太子也死了。"

田无吾见齐王在听自己说话，态度非常认真，便接着说："那个凭谋划有两下子的人想求职，没求到就表示怨恨，这当然不对。可是，人家说话，听了不将心比心地想想，就发脾气并恨他，这也不对。我听说这样一个道理：江海不与坑井争水的清浊，雷霆不与青蛙、蚯蚓比声音的高下。对那些浅薄而又固执的人，杀他有什么必要呢？"齐王听了这些话，觉得很对。不管怎样，能够容得下人的才是俊杰。于是，他放了韩垣。楚汉相争后，刘邦大行封赏。结果，文臣优于武将。那些武将对此颇为不满，特别是对萧何封赏最多尤为不满。他们找到刘邦，对此提出质疑："臣等披坚执锐，亲临战场，多则百余战，少则数十战，九死一生，才得受赏得赐。萧何并无汗马功劳，徒弄文墨，安坐议论，为何还封赏最多？"

刘邦回答说："诸位总知道打猎吧？追杀猎物，要靠猎狗，给狗下指示的是猎人。诸位攻城克敌，却与猎狗相似，萧何却能给猎狗发指示，正与猎人相当。更何况萧何是整个家族都跟我起兵，诸位跟从我的能有几个族人？"众将虽然不再说什么，但一回到营中私下议论仍然不少。

一天，刘邦看到一些武将在洛阳南宫不远的水池边议论纷纷，便问张良："你知道他们在干什么？"张良直截了当地说："这是要聚众谋反呢！"刘邦一惊："为何要谋反？"张良说："陛下从一个布衣起兵，与众将共取天下，现在受封的都是从前的老朋友和自家亲族，所诛杀的又是平日自己最恨的人，这怎么不令人望而生畏呢？今日不得受封，以后难免被杀。朝不保夕，患得患失，当然要头脑发热，聚众谋反了。"

刘邦紧张了，急忙问张良有没有什么办法。张良想了半晌，才问刘邦："陛下平日在众将中有没有造成过对谁最恨的印象呢?"刘邦毫不迟疑地说:"雍齿。他先是降魏,后又降赵,再降张耳,后来随张耳投我。此人实在可恨。"

张良一听,有办法了:"立即把他封为侯,才能解除眼下的人心浮动。"刘邦向来相信张良,几天后,他就宣布封雍齿为甚邡侯。

这下果真非同小可。那些未封侯的将吏和雍齿一样高兴:"雍齿都能封侯,我们还有什么可顾虑的?"实践证明,能够容人,终于把一场酝酿中的内讧平息了下去。

王莽当政末年,各地起兵、割据者甚多,以占卜为业的王郎被赵缪王的儿子林好奇立为天子。没过几天,刘秀建立了东汉王朝,为统一大局计而诛杀了王郎。在起兵抓他时,收缴了他的大批信件,这里面有不少是自己的吏属们和王郎一起诽谤诋毁自己的信件。

对此,汉光武帝刘秀非但不去追查,而且当着诸位将领的面全部把信件烧掉。他说:"让那些有反侧之心的人别睡不着觉吧!"刘秀的胸怀造就了东汉开国后的稳定政治局面。

南北朝时,刘宋桂阳王刘休范在浔阳起兵叛乱。中央禁军中领军萧道成采取紧急行动,一举粉碎了刘休范的叛乱,并将他立即斩首。由于这事做得极为机密,其他叛军并不知道,还以为刘已得手。他们还在厮杀,并冲破官军的防线向首都建康进军。

首都建康一片混乱,宫中不时传出谣言,说是刘休范已经赢得胜利,还控制了禁军,并到了新亭。对此,人们都惊恐不安。为保日后的安宁,不少人到禁军营垒中投递名片。等大军一到,人们才知道为首的并不是刘休范,而是萧道成。

萧道成看着一个个如惊弓之鸟的官吏,一把火竟把那些名片都烧了。他登上城楼对那些人说:"刘休范父子已被处死,尸首在南岗下。我是萧平南,你们的名片都已被烧了,不要害怕。"此举十分高明,它起到了稳定人心的作用。日后建立的萧齐政权总的说来是个能容人的政权。

坚定信念，做自己想做的事

每个人都知道自信是成功的重要前提，但是很多时候我们却因为别人的思想而动摇自己的信念。墨子对这种行为提出了自己的观点：在他看来，一个人如果真的爱美，不会因为家中其他人不爱美而放弃对美的追求；一个人如果真的想要致富，不会因为家中其他人不想致富而放弃对致富的追求。想要做什么事情，不要去管别人的看法，坚定自己的信念，努力做好自己应该做的事情就可以了。经过几千年的洗礼，这个观点在今天依旧光芒闪耀。

历史上很多的人用自己的亲身经历，告诉了我们坚持信念，相信自己的重要性。

西晋的左思出身于官宦家庭，家风严谨，注重治学，从小就为他创造了良好的学习环境。他勤加练习书法、琴鼓，对于文章写作尤为爱好，但是几年下来，他并没有取得什么成就。为此，他父亲左雍有些失望地对别人说："看来，这孩子的理解力不如我小时候。"听了这些话，左思很受刺激。他不甘心受到这种鄙视，开始发愤学习。

当他读到东汉班固写的《两都赋》和张衡写的《二京赋》时，很是佩服文中华丽的文辞，宏大的气魄，写出了东京洛阳和西京长安的京城气派，但是也看出了其中虚而不实、大而无当的弊病。于是，他下定决心要依据事实和历史的发展，写一篇《三都赋》，把三国时魏都邺城、吴都南京、蜀都成都写入赋中。

为了使所写《三都赋》笔笔有着落、有根据，左思开始收集大量相关的地理、历史、风俗人情、物产的资料，他的屋中堆满了大量的资料。资料收集好后，他闭门谢客，用心苦写。他昼夜冥思苦想，常常是好久才推敲出一个满意的句子。有时偶然悟得一个佳句，他便立即写在纸上，因此，他的屋中写了字的书纸铺天盖地。用了10年工夫，这篇经过千锤百炼，凝结着左思甘苦心血的《三都赋》终于写成了！

可是，就在左思把自己的文章交给别人看时，他却受到了莫大的讥讽。当时著名文学家陆机也曾起过写《三都赋》的念头，他听说名不见经传的左思写《三都赋》时，挖苦道："不知天高地厚的小子，竟想超过班固、张衡，太自不量力了！"他还给弟弟陆云写信说："京城里有位狂妄的家伙写《三都赋》，我看他写成的东西只配拿来让我盖酒坛子！"

由于左思不过是个晚辈后生，且没有名声，所以他写的《三都赋》在文学界品评时，那些文人们根本不予细看，摇头摆手，把《三都赋》说得一无是处。看到自己辛苦写就的文章这样受人冷落，左思心中一阵悲痛，是否因此打退堂鼓呢？左思并不这样想，他相信自己的《三都赋》绝不逊色于东汉辞赋名家班固的《两都赋》和张衡的《二京赋》，只因自己没有名气，得不到别人注意罢了。想到此，左思便去找著名文学家张华，想听听他的见解。

张华先是逐句阅读了《三都赋》，然后细问了左思的创作动机和经过，当他再次品味句子中的含义和韵味时，不由得为之深深感动。他越读越爱不释手，称赞道："文章非常好！那些世俗文人只重名气不重文章，他们的话是不值一提的。皇甫谧先生很有名气，而且为人正直，他读了你的文章也一定会喜欢的。到时，让我和他一起把你的文章推荐给世人！"

皇甫谧看过《三都赋》以后，感慨万千，他对文章大加赞赏，并欣然提笔为这篇文章写了序言。他还请来当时负有盛名的中书著作郎张载为《三都赋》中的魏都赋做注，请来学问渊博的中书郎刘逵为蜀都赋和吴都赋做注，并作序。刘逵在说明中说道："世人常常重视古代的东西，而轻视新事物、新成就，这就是《三都赋》开始不传于世人原因啊！"

在名人作序推荐下，很多人忍不住一睹文章原貌，由于许多人争相传抄《三都赋》，洛阳的纸一时供不应求，导致货缺而贵。一时间整个洛阳城争相讨论《三都赋》，懂得文学之人无不称赞不已。比如卫权为《三都赋》作略解，张华赞誉左思是班固、张衡一类的才士。甚至以前讥笑过左思的陆机听说后，也专门拿来细细阅读。看过后，他点头称是，连声说；"写得太好了，真想不到。"他断定若自己再写《三都赋》绝不会超过左思，便放弃了创作的念头。

由于《三都赋》风靡一时，很快左思的声名远扬，为更多人所熟知。

《三都赋》的成功并非偶然，它是左思为自己的信念付出艰辛劳苦的结晶。试想如果左思在听到父亲失望的话语后，没有下定苦读的决心，而是心灰意懒，一蹶不振，是否会有《三都赋》的出现？试想如果左思在看到世俗文人对自己的辛苦劳作的成果置之不理后，没有坚信它独具魅力，而是束之高阁，是否会有"洛阳纸贵"的佳话？这些都是假设，左思相信自己，因此，《三都赋》一定会成功。

永远不要怀疑自己的能力，坚信你神圣的权利，昂起你的头，坚定你的信念，自信、勇敢地去面对世界。无论遇到任何困难，都要坚定地向前走，这样你就能走出自己的路。

善始善终，可为成功之钥

古语云：锲而不舍，金石可镂。意思是做事情要持之以恒，只有如此，才能取得成功。持之以恒是古人给我们留下的宝贵经验。"绳锯木断、水滴石穿"说的就是这个道理。墨子不仅指出做事要有始有终，还提出一个事情没有办好，就不要贪图更多。

在日常生活中，我们如果认定一个目标，就要用行动坚持不懈地贯彻下去，就一定能够实现目标。人的聪慧程度可能有高下之分，但坚持不懈的精神往往能够弥补这方面的不足。兔子虽然跑得快，它却输给了乌龟，就是因为它不能坚持到终点。在很多马拉松长跑比赛中，获胜者往往并不是跑得快的人，反而是那些能够坚持到底的人。

在我们能看到具体结果的体育运动上是如此，在没有具体体现的事业和人生中，持之以恒也往往是我们能够实现梦想和目标的支撑。

有一幅名为《挖井》的漫画。有一位青年挖井找水，一连挖了四个深浅不一的坑，都没有出水，正要挖第五口"井"。画面下部的文字是这样的：这下面没有水，再换个地方挖。这反映了青年的心思。事实是怎样的呢？原来那些"井"再挖深一些，就能看到丰富的水源了，可是他并没有坚持下去，所以也没有挖到水。

由此可知，这位青年找不到水，并不是这里没有水，而是因为他不肯在一个地方持之以恒地挖下去，结果白费了力气。

这是一个广为流传的故事，它告诫我们做人应该持之以恒，不能朝三暮四，认定了一个目标就要坚持不懈地为之奋斗，这样才有可能获得成功，那些三心二意、半途而废的人注定将一事无成。

俗话说："不怕慢，就怕断"，速度慢但仍在不断地前进，而断就是停步不前、半途而废。一个人即使是飞毛腿，如果他停留在原地不动，永远也不可能到达终点。人的禀赋虽然不一，但只要有持之以恒的信念和行动，一样能够成功。

谈迁是明代著名的历史学家，他家里一贫如洗，买不起书籍，但他始终坚持刻苦学习，他常常四处求人借书来抄，甚至为了得到一点材料，不惜冒雨走百余里的路。

经过近30年的不懈奋斗，他六易其稿，终于写成了《国榷》这部500万字的历史巨著。然而不幸降临了，一天夜里，一个小偷将这部书稿偷走了。56岁的谈迁悲痛欲绝，深受打击，很多人都认为他从此将一蹶不振。

然而谈迁并没有被不幸击倒，伤心过后，他开始重新写作。历经10年的艰辛，又一部《国榷》诞生了，并且比上一部更加完备翔实。

经历了两次大起大落，此时的谈迁已满头白发，走进了人生的暮年，但他高兴地对人说："虽死而瞑目矣。"

谈迁的故事正是对持之以恒最好的解说。一个人的能力有大有小，聪慧各有不同，但只要有持之以恒的精神，用行动为自己的目标不懈努力，那么无论做什么事情，都能取得成功。

然而很多时候，我们常常缺少持之以恒的精神。要知道，现实与理想之间，总是有一定的距离，要想消除这段距离，就必须坚持不懈地付出行动。如果不肯迈步向前或者半途而废，那么将永远无法实现理想。

虚怀若谷，完善自身

墨子对于学习褒奖很高，他认为一个人要善于学习，注重自身的修养。修养对于一个人来说至关重要，如果一个人不注重提高自身修养，就像大树的根扎得不深，经不起风霜雨雪的洗礼，很快就会枯萎。同样，一个人也可以因为注重自身修养而获得自我的完善，甚至改变在人们心中的印象，赢得人们的尊敬。

三国时期，东吴义兴一带流传着一首民谣："江中蛟，南山虎，'三害'最盛是周处。"原来，这一带有三个令当地人相当头疼的祸害，分别是：丛林中的猛虎，它经常出没伤人，所以乡民不敢进山打柴、狩猎；附近江中的一条巨蛟，它日夜兴风作浪，或卷食生灵，或掀翻渔船；然而，人们最感到害怕的，却是阳羡城里的恶少周处，他力大无比，横行乡里，鱼肉百姓。因为这"三害"，当地人叫苦不迭。

周处的父亲是东吴大将，当过鄱阳太守，但周处的父亲去世早，他的母亲带着年幼的周处度日。因为管束不严，使周处从小便形成了任性妄为的性格。他终日不读书，却喜爱舞刀弄棍，骑马射箭。他母亲见他不愿读书，只喜练武，便请了个师傅教他。几年下来，他的功夫已超越老师，老师告辞后便没人再敢教他。

周处武功过人，但缺乏武德，因此他便到处闯祸，或因贪杯而横行于酒肆，或因射猎而蹂躏庄稼，从县城到乡里，百姓被他折腾得苦不堪言。半夜啼哭的孩童，只要听大人说一声"周处来了"，便会吓得不敢再哭。

这样的生活一直持续到周处 20 岁时。随着一天天地长大，他渐渐懂得了一些道理。看到人们见到自己时的躲避，听到人们背后对自己的咒骂，他认识到自己作恶太多，便有所收敛，但这样的日子实在是无聊。正当他忍受不了这样

无聊的日子，准备恢复原来的作风时，他遇到一位好老师。这位老师人称葛老，是周处父亲生前的至交好友。因为他从小讲故事给周处听，周处对葛老很是敬重。学识渊博的葛老经常给周处讲各种见闻，讲各种典故。葛老见周处听得很入迷，便把周处父亲生前的事讲给他听，讲他父亲如何为东吴立功，当官后如何受人爱戴，死后又受到百姓十里送葬的动人情景。葛老说："你父亲生前英名盖世，死后流芳百代。这家风难道要毁在你手里不成？"周处由感触进而悔恨。

在葛老的教诲下，周处先为当地乡民干了两件好事：一是斩虎，一是降蛟。起先，他独自闯南山，冒着生命危险射杀了那只猛虎。接着，他手执宝剑入江降蛟。那天，老百姓都来到了江边，那惊心动魄的场面激动着每个人的心。周处冒着生命危险，拼力搏杀，终于降伏了恶蛟。百姓欢欣鼓舞，无不为之拍手称快。

接着，葛老又开导他说，只要你潜心修养，彻底改变恶习，人们会改变对你的看法的，并鼓励周处到首都建业，拜吴国最负盛名的才子陆机、陆云为师学习。从此，周处彻底改正恶习，不分寒暑，不分昼夜，苦读苦思。他不仅力求把书读懂，而且以书中的圣贤为楷模，一点一滴地加强自身的修养。没几年，周处就成了一个文武俱备的全才。之后，周处做了官，他为政清明，从地方一直升迁到朝廷命官。

公元280年，吴国被西晋所灭。周处仍然在朝为官。当调任为广汉太守后，他把当地多年积累下来的许多陈年积案迅速清理完毕，赢得了当地百姓的称颂。当时，他一面处理地方政务，一面勤于调查著录，先是编纂了《吴书》，又写出《默语》一书，成了一名学者型的官吏。

由于政绩突出，周处晋升为御史中丞，负责朝中监察，史书上说他"凡所纠劾，不避宠戚"，他铁面无私，恪尽职守，即使是权贵犯法，他照样检举弹劾。因此，他引来了不少权贵的憎恨。于是，当氐族人齐万年起兵谋反时，朝中权贵们便借此机会鼓动朝廷派周处前往镇压。周处看清了权贵们的伎俩，但为了国家的社稷利益，他果敢赴任。因双方力量悬殊较大，最终弹尽粮绝，战死沙场，这一年是公元 296 年。

周处之所以能够从一个乡里恶少转变为一个对百姓有用的人才、一个受人称颂的清官，这全靠他勇敢地面对自己，虚心地学习。

自古已有"性善"和"性恶"的争论，其实无论是"性善"，还是"性恶"，后天的作用绝不容忽视。每个人的一生都会经历各种各样的事情，在坚守与退让中，最终形成一个稳定的状态。每个人都握有雕刻自己最美好模样的刻刀，我们需要认真地学习雕刻的技术和想象自己最美好的模样，这就是所谓的修养。

修养渗入了我们的每一滴血液，表现在我们的举手投足中，它是我们走向更美好自己的关键所在。一个人，只有不断地完善自身，才能认识到如何让自己变得更美好，也才能走向更精彩的人生。

爱人也要防人

墨子告诉我们做人要堂堂正正、光明磊落，要有一颗善良的心。对于谗言恶语，不予在意，因为"身正不怕影子斜"，谗言恶语终究会不攻自破。同时，做人也不要笑里藏刀、口蜜腹剑，而要心地宽厚，为人真诚。这一条做人原则在竞争激烈的今天尤为重要。凡事要坚持公平竞争的原则，切不可背后造谣中伤、指手画脚。

虽然不能心存害人的念头，但不可缺少防人之心。世上之人，形形色色，世界之大，无奇不有。俗话说："人心隔肚皮"，人与人之间总是隔着一些我们无法看清的东西，因此我们应谨记"害人之心不可有，防人之心不可无"。

唐德宗时杨炎与卢杞一度同任宰相，杨炎很有文采且善于理财，至于卢杞，除了巧言善辩、嫉贤妒能，别无所长；两个人在外貌上也有很大不同，杨炎是个美髯公，浓眉大眼，仪表堂堂，卢杞脸上却有大片蓝色痣斑，相貌奇丑，形容猥琐。

博学多闻、精通时政的杨炎，虽有宰相之能，却不懂得宽容别人的缺点，

尤其对卢杞这样的小人，他根本就不屑一顾。尽管两人同处一朝，共事一主，但杨炎几乎不与卢杞往来。按当时制度，宰相们同在一起办公、吃饭，杨炎因不愿与卢杞同桌而食，便经常找借口在别处单独吃饭，有人趁机对卢杞挑拨说："杨大人看不起你，不愿跟你在一起吃饭。"这让卢杞心中大为不快。

于是，对杨炎怀恨在心的卢杞便先找杨炎下属官员的过错，并上奏皇帝。杨炎愤愤不平，找到卢杞质问道："我的手下人有什么过错，理应由我来处理，如果我不处理，可以一起商量，你为什么瞒着我暗中向皇帝打小报告！"这让卢杞很是尴尬。

就这样，两个人的隔阂越来越深，常常是你提出的建议，我偏偏反对；你要推荐这些人，我就推荐那些人，总是对着干。

与杨炎结怨后，卢杞千方百计地谋图报复，他深知自己非进士出身，且面貌奇丑，才干更是无法与杨炎相比，于是他便使尽浑身解数讨好皇上，逐渐取得了唐德宗的信任。

不久，节度使梁崇义发动叛乱，背叛朝廷，德宗皇帝命令西节度使李希烈前去讨伐，杨炎不同意，说："李希烈这个人心狠手辣，竟敢为了夺位而不惜杀害对他十分信任的养父，他为人凶狠无情，没有功劳却傲视朝廷，若是在平定梁崇义时立了功，以后就更不可控制了。"

然而，德宗早已下定决心，对杨炎说："这件事你就不要管了！"杨炎一再表示反对，这使对他早有成见的皇帝更加恼火。不巧的是，诏命下达之后，巧赶上天下大雨，李希烈进军迟缓，一直没有出兵，德宗是个急性子，看到这种情况心中非常着急，于是便找卢杞商量对策。卢杞看到这是扳倒杨炎的好时机，便对德宗皇帝说："李希烈之所以拖延不肯出兵，正是因为听说杨炎反对他的缘故，陛下何必为了保全杨炎的面子而影响平定叛军的大事呢？不如暂时免去杨炎宰相的职位，让李希烈放心，等到叛军平定以后，再从长计议也不迟！"

这番话看上去完全是为朝廷考虑，也没有一句伤害杨炎的话。果然，德宗皇帝信以为真，并免去了杨炎宰相的职务。

从此卢杞独掌大权，杨炎在他的掌握之中了，他绝对不会让杨炎东山再起的，处处找茬整治杨炎。

随后，卢杞便诬告杨炎说："近日长安城内到处传言，都说杨炎有当帝王的野心。"什么！杨炎有"谋反篡位"之心？岂能容之！于是，在卢杞的煽动之下，勃然大怒的德宗皇帝，便以卢杞这番话为理由，将杨炎贬为崖州（今海南省境内）司马，并下旨在途中将他杀害。

孔子曾教导我们，要"亲贤臣，而远小人"，是因为小人会为了自保而损害他人，并且他们身处暗处，手段下流卑鄙。很少有人能一眼看出另一个人是好是坏，因此我们应提高自己的防范意识，不伤害他人，更要注意自身安全。

在苦难中起舞

人生在世，免不了要遭受苦难。所谓苦难，它既包括个人不能抗拒的天灾人祸，也包括个人在社会生活中所经历的重大挫折。因此，如何面对苦难，是摆在每个人面前的重大人生课题。

墨子认为只有那些经历过生活磨难的人，才能够称得上是君子；而如果一个人只做自己想做的事情，面对苦难，选择逃避，那么他最终所得到的结果恰恰是自己最不想得到的。在墨子看来，苦难能够考验一个人，对于个人的成长有重要的意义。

有位哲人曾说："荣誉的桂冠，都是由荆棘编成的"。的确，人生是一个布满坎坷的征程。在这条路上，有崇山峻岭，也有困顿迷茫。我们无法预测自己下一步将遭遇什么天气，可能是风和日丽，也可能是电闪雷鸣。这就要求我们在面对生活的艰难困苦时，有与困难斗争抗衡的勇气。古往今来，无数的事实证明：苦难是一所特殊的学校，从这里毕业的都是杰出的人物。

曾有一个讲述台湾画家谢坤山奋斗故事的短片，短片的主人公双手残疾、只有一只眼睛、一条左腿，这样一位本应该让人同情的人却用画笔和色彩勾勒出让人心动和尊敬的图景，让自己的生命绽放华彩，他的生命历程深深地震撼了周围的人——感动他们的不是他所经历的苦难，而是苦难背后的坚强与不屈。

短片中有这样一幅画面，主持人与谢坤山之间有一张小方桌，上面摆着一盘象棋。主持人笑着说，现在我们俩对弈，前提是，我要拿走你的两个车，再拿走一马一炮。随后，主持人话锋一转："你觉得自己的胜算有多大？"谢坤山爽朗地笑了："胜负不重要，我会战斗到底。"

"我会战斗到底"，即使只剩下一只眼睛，即使少了一条腿，即使失去了一双手，他都以一个生命应有的姿态给生活以漂亮的答卷，用挺立的脊骨树立生命应有的尊严。

1958年，谢坤山出生于台湾台东的一个贫苦家庭里。幼小的谢坤山很懂事，从小就外出做工以补贴家用。16岁那年，他在一家工厂做工时，不小心触到了高压电线。一阵火花四溅的爆响后，谢坤山成了一个火人，四肢都被烧焦。医生对其进行抢救，但必须进行截肢手术，截肢部位是左臂自肩膀处、右臂自肘处、右腿自膝盖处。在母亲撕心裂肺的痛哭与钢刀切割骨头的刺耳声中，谢坤山成了一个"废人"。

但谢坤山并没有让自己废掉，为了减轻家人的担忧，更为了自己以后的生活，谢坤山经过反复思考，发明了一套能够自己进食的用具，随后他又发明了许多类似用具，用以代替健全人需要用双手完成的事情，谢坤山做到了，并运用自如。他说："只是比别人付出更多而已。"

生活自理问题得以解决后，谢坤山并没有抱有一辈子靠家人供养的想法，而是开始思考自己的未来，思索自己要走的路。他曾梦想成为一名作家，也曾重拾小时候的画画兴趣。正当他在为未来准备时，恰巧，电视上介绍了一家专门为残障者设立的绘画学习班，不仅学习免费上课，还为其提供食宿。谢坤山兴奋极了。从此以后，谢坤山以嘴握笔，以心当手走上了艰难的绘画之路。在学画的过程中，他一边画，一边将作品拿到路边去卖，既可以聊补生计，又以此来激励自己。能够养活自己，这让谢坤山感到无比骄傲和自豪。

然而，24岁那年，正当他对未来充满憧憬的时候，命运的魔手再次伸向了他。一次意外，使得谢坤山的右眼视网膜剥离，这意味着他的右眼永远失明。

对于右眼的失明，谢坤山并没有为此沮丧，他曾说："每个人都是被上帝咬过后的苹果，只因上帝特别喜爱某些人的芬芳，所以才把他咬得特别重。右眼的失明，说明我特别受上帝的眷顾。"

一天，谢坤山在大街上作画出售时，遇到了一位中学美术老师。这位老师深受感动，她决定帮助谢坤山，不但送来大量世界著名画家的画册，还指导谢坤山学习绘画技巧。经过认真系统的学习，一段时间后，谢坤山的画技有了突飞猛进的提升。

在向艺术殿堂痴痴求索的时候，生活终于对谢坤山露出了嫣然一笑。一个偶然的机会，他得以拜入著名画家吴炫三的门下，从此，更加精粹的艺术之门向他打开。那一天，谢坤山永远不会忘记：1980 年 10 月 28 日。

然而，吴炫三对门徒的要求近乎苛刻。对于谢坤山来说，在这里的每一天都是一场生命的淬炼。他每天都可以接触到艺术的精粹，但同时他还要忍受用嘴咬笔作画时给口腔造成的伤，往往是旧伤未愈，又添新伤。穿心的刺痛自不必说，让他无法容忍的是，嘴里流出的血常常污染他的纸张。

经过五年的砥砺，谢坤山终出师门，并成功举办了第一次个人画展，更为惊奇的是，展出的 18 幅作品全部被人买走收藏。作为一位初出茅庐的无名小卒，竟然能够创下如此好的开端，这在海内外引起巨大轰动，各路媒体纷至沓来，美国《读者文摘》亚洲版也专程赴台，对谢坤山进行历时两个多月的跟踪采访，并用 19 种语言向世界报道他挑战生命极限的故事。

2002 年，他的自传《我是谢坤山》一书繁体版与简体版相继在台湾和内地出版，再次引起巨大轰动，并成为当时的畅销书。吉尼斯世界纪录亚洲见证中心董事长戴胜益说：如果吉尼斯世界纪录有"全世界最令人尊敬的人"这一项目，我会恭敬地把这面奖牌颁给他——谢坤山。

苦难阻拦不了强者的灵魂欢畅起舞，谢坤山的奋斗过程就是对苦难的征服史。征服伤痛与挫折，征服欲望与懦弱，征服命运的阻碍和他人的目光，征服

人造的悬崖和自设的壁垒。这个世界上，所有的征服都难以仰仗别人，只有自己才是这场征程的主帅。无论个体的外在生命如何脆弱，只要拥有内在的生命力，就能超越一切苦难，让生命之花灿烂怒放。

而那些只做自己想做的事情，逃避生活苦难的人，很少能够取得大的成就。古人所谓"宝剑锋从磨砺出，梅花香自苦寒来"，精辟地总结出了苦难的意义。如果不能承受磨砺的痛苦，如何能够拥有锋利的宝剑？如果不敢面对寒冬的磨难，如何拥有傲人的香气？只有把自己放到生活所提供的苦难的大熔炉里锤炼，我们才能够百炼成钢。

我们都知道破茧成蝶的故事，蝴蝶必须经过脱蛹、奋力挣扎展翅的艰辛过程才能够展翅飞翔，一位生物学家不忍看到蝴蝶出蛹的艰辛，于是划破蛹帮助蝴蝶从里面钻出，但接受了特殊怜悯的蝴蝶钻出蛹后翅膀稚嫩，根本飞不起来。破茧成蝶是成长的道路上必经的苦难，只有经过痛苦的磨难，蝴蝶才能够在阳光下自由飞翔。

人生也是同样的道理，"不经历风雨怎能见彩虹，没有人能随随便便成功"。一个有远大理想抱负的人，面对生活的苦难，从不会埋怨命运的不公。相反，他会把这种苦难当作是生活给予他的磨炼。正是在命运的坎坷中，他们磨炼出了坚强的意志；正是与苦难的交锋，他们把握了生存的真谛。

面对苦难，我们要乐观对待，奋力挣扎，才能自由翱飞。

十三、管理的智慧

集思广益，才能事半功倍

墨子这句耐人寻味的名言主要是针对上级长官而言的，墨子要求他们能够广泛地听取民众的意见，做到上下之间友好地沟通。这样上情下达，有利于国

家的治理。同时，墨子还特意强调，当权者为政治国时一定要学会用众和借势的统治技巧，能够将众人的言谈、思虑、视听和动作为己所用，广泛地听取下属的意见和建议。也就是说，一个人要想成就一番事业，单靠自己的力量是远远不够的，只有众志成城、齐心协力、团结一致，才可能取得事业的成功。

战国时候，齐国的孟尝君喜欢招纳各种人做门客，号称宾客三千。他对宾客是来者不拒，有才能的让他们各尽其能，没有才能的也提供食宿。

有一次，孟尝君率领众宾客出使秦国。秦昭王将他留下，想让他当相国。孟尝君不敢得罪秦昭王，只好留下来。不久，大臣们劝秦王说："留下孟尝君对秦国是不利的，他出身王族，在齐国有封地，有家人，怎么会真心为秦国办事呢？"秦昭王觉得有理，便改变了主意，把孟尝君和他的手下人软禁起来，只等找个借口杀掉。

秦昭王有个最受宠爱的妃子，只要妃子说一，昭王绝不说二。孟尝君派人去求她救助。妃子答应了，条件是拿孟尝君那一件天下无双的狐白裘（用白色狐腋的皮毛做成的皮衣）作报酬。这可叫孟尝君作难了，因为刚到秦国，他便把这件狐白裘献给了秦昭王。就在这时候，有一个门客说："我能把狐白裘找来！"说完就走了。

原来这个门客最善于钻狗洞偷东西。他先摸清情况，知道昭王特别喜爱那件狐裘，一时舍不得穿，放在宫中的精品贮藏室里。他便借着月光，逃过巡逻人的眼睛，轻易地钻进贮藏室把狐裘偷出来。妃子见到狐白裘高兴极了，想方设法说服秦昭王放弃了杀孟尝君的念头，并准备过两天为孟尝君饯行，送他回齐国。

孟尝君可不敢再等，立即率领手下人连夜偷偷骑马向东快奔。到函谷关时正是半夜。按秦国法规，函谷关每天鸡叫才开门，半夜时候，鸡可怎么能叫呢？大家正犯愁时，只听见几声"喔、喔、喔"的雄鸡啼鸣，接着，城关外的雄鸡都打鸣了。原来，孟尝君的一个门客会学鸡叫，而鸡是只要听到第一声啼叫就立刻会跟着叫起来的。怎么还没睡踏实鸡就叫了呢？守关的士兵虽然觉得奇怪，

但也只得起来打开关门，放他们出去。

天亮了，秦昭王得知孟尝君一行已经逃走，立刻派出人马追赶。待追到函谷关，孟尝君已经出关多时了。

不论一个人的才能是大还是小，只要他的能力和长处对自己有帮助，就可以为我所用。对于企业管理者来说，正确用人尤为重要，财富要人来创造，企业要人来维系，人是一切事业成功的前提和根本。因此，在竞争日趋激烈的今天，如何充分地用人已成为管理者成败和企业发展兴衰的关键。

俗话说，"三个臭皮匠顶个诸葛亮""一个好汉三个帮"，其中的道理与墨子这句话的意思是一致的，只是墨子主要是针对执政当权者而言的。但是，墨子依旧给了我们后人很大的启示：无论是执政当权，还是企业管理，想要成就一番伟业，单凭个人的力量是远远不够的。古今中外，凡成大事者，无不是以自己为中心建立了一个集众人所长与智慧的优秀团队。因此说，只有集思广益，才能事半功倍。

赏罚并重，恩威并施

既要亲民、爱民、利民，同时又要适当运用政策和法令对民众进行奖励和惩罚。这就是墨子"尚同"的思想主张落实在具体运作过程中的方法问题。在墨子看来，"同义"的过程需要刑罚的监督和约束，同时解决政治整合过程中产生的矛盾也需要刑罚的威慑作用。他主张运用奖惩手段，来维护国家机器的良性运转和政府的权威。具体而言，墨子还强调法律上的赏罚必须和舆论上的毁誉相一致，即行政法律和道德评价相统一，对于老老实实尚同其上的人要宽和奖赏，相反，对于不尚同其上的人就要用"五刑"来加以惩罚。可见，墨子极为重视政治整合与社会治理过程中刑罚运用的灵活性，他与孔子都主张统治者应采取一种"宽猛相济"的治理方式。

赏罚严明是墨家核心思想之一，在墨子的论著中多有论及。如墨子《兼爱》中有"劝之以赏誉，威之以刑罚"。墨子赏罚严明的言论，无论对治国，还是治业，都有一定的指导作用。

春秋战国时期，魏国的大军师吴起向君王魏武侯建议：当武侯在祖庙设宴款待国家的有功之臣时，应该按功绩的大小安排席位，可以将其分列成前、中、后三排。建立上等功绩的功臣坐于前排，享受最好的餐具和最上等的菜肴；功绩稍次的臣子坐于中排，餐具和菜肴相对差些；而没有功绩的人就坐在最后面，菜肴和餐具当然是最次的。同时，在宴席之后，还要在庙门之外对有功之人的家属，按其功绩大小进行赏赐。这样，使得有功者受到了与其功绩相称的恩宠，而无功者亦于无形中受到鞭策，使之以此自勉，以图日后立功。

吴起的建议与墨子的理论如出一辙。即使在今天，无论是商业战场上，还是在行政管理中，他们的这些建议仍然值得我们借鉴与思考。

惩罚和奖励的目的都是为了让员工更努力地工作。但有时候，由于某些制度或程序的障碍，造成所需要的行为与所惩罚或所奖励的行为之间不一致，因此也无法达到最初目的。

一位年轻的工程师想请 3 天假，陪家人去郊游，但他的老板没有批准，因为最近部门的工作很紧张，每个人每天都要加班，连星期六也不能休息。一天，这位保持最高迟到纪录的工程师又晚到了 40 分钟，对此，老板十分生气，便警告他说："如果你再迟到一次，我将让你停职 3 天并扣除工资。"你猜第二天这位工程师迟到了吗？当然迟到了啊！听到老板的警告，这位工程师不仅没有感到担心，反而为获得这一难得的机会而沾沾自喜。他终于可以实现自己郊游的愿望了。于是第二天，他故意去得很晚。不出所料，他被停工 3 天，扣除 3 天工资，但他可以与家人一起出去郊游了，满足了自己的需求。而老板自以为做得正确，自己"正确"地维护了管理制度，虽然部门的工作仍然无法按时完成。

这位老板按常规办事，但并没有收到应有的效果，反而造成了惩罚行为与惩罚效果的严重脱节。之所以产生这样的情况，是因为老板的警钟没有敲到实处，反而正中这位工程师的下怀。对于奖励，也是一样，有时造成奖励行为与

奖励目的的脱节。因此，在对下属奖励和惩罚时，领导者应该抓住事实的关键所在，才能更好地做出有效的决定，从而收到想要达到的效果。

领导者对下属的功绩，一定不能忽视。当然，下属的功劳有大有小，要因人而异、因功绩而异。但一定要遵循一个前提，就是赏罚分明。

在今天，如果能够善加运用"宽猛相济"的为政艺术，同样也能使其发挥积极的治理效果。具体地讲，我们在提倡人们应自觉遵守文明规范，加强自身道德自律的同时，必须加大立法力度，完善法制建设，充分发挥法律的强制和威慑作用，从而维护社会秩序的安定和谐，促进社会主义各项事业有序、稳定、健康的发展。

惩罚可使坏的行为得到遏制，奖赏可使好的行为得到发扬。所以，赏罚严明，强化正当的进取，弱化错误的选择，体现了褒扬贬抑，指示了人们行动的方向。赏罚严明，给人以精神上的满足或抑制，通过惩罚，否定了一些错误行为和消极因素；通过奖赏，肯定了员工的劳动价值乃至人生价值。因此，赏罚严明是领导者必不可少的一项管理策略。

注意供求，了解市场

这几段话的意思，综合起来就是：商品价格的贵贱不是绝对的，不变的；而是相对的，可变的。这是因为，商品价格要受货币币值和供求关系的制约。商品与货币间有比价关系，当货币贬值时，商品价格下跌，但实际价值并未下跌。如果币值不变，但供求关系变化，也会引起商品价格变动。而商品价格的变化，迟早会引起币值的变化。

《墨经》中这几段话，对市场供求关系的研究是非常仔细的，即使在现代人看来，这些话也是有独到见解的。在一个商品经济刚勃起的时代，能产生这样的经济智谋，确是难能可贵的。

亚里士多德·奥纳西斯是世界著名的船运业巨头。阿里出生于希腊一个烟草商家庭。对希腊人来说，大海是具有无穷魅力的。他生活的那个年代，正是第二次世界大战爆发前后。别人都以为，在海上搞船运太危险，可是阿里看到，大家不愿干的事偏偏就是机会，因为市场是客观存在的，世界并不因为战争而取消市场，相反由此造成的市场会更大。阿里趁当时加拿大国家轮船公司经济危机的机遇，便宜地买到 6 条货轮，开始从事船运业。8 年后，这个年轻的船主已拥有巨额财富，成了百万富翁。

1940 年，欧洲战争升级，船价和运费飞涨，但由战争带来的危险也在加大。喜爱刺激和冒险的阿里，从阿根廷花了 35 万美元买了一条旧货船，经加勒比海往纽约装修，就这么一趟，船价就翻了 3 倍。最后，阿里在佛罗里达卖了它，得利 70 万美元。阿里敢于想别人没想过的事，干别人没干过的事。他第一次把修造一艘 1.5 万吨油轮的设想告诉专家们，请他们设计时，那些专家们吓了一跳，说他"违反常识"，可是这艘当时世界上最大的油轮还是于 1938 年下水了。阿里为什么敢这么做？因为他看到潜在的市场是客观存在的，有需求，就有机会。整个二次大战期间，希腊从事船运业的所有船商投入的营运能力为 450 条船，到头来 360 条沉没了。只有阿里，他不仅没有损失一条船，而且还拥有世界最大的 3 艘油轮。

战后的 1956 年 10 月，苏伊士运河爆发战争。别人躲避都来不及，阿里却认为机会又来了，他准备乘各国争着租船之机绕道好望角去运油，从而大赚一笔。从波斯湾到欧洲一个单程租船利润就达 200 万美元。不到 6 个月，阿里在租船方面大发其财，赚了 7500 至 8000 万美元。这个规模当初连他自己都没有想到。一场战争下来，阿里赢得了亿万富翁的桂冠。

阿里的成功最主要的方面即在于对市场的透彻了解。在这方面，美国的哈默更有异曲同工之妙。

阿曼德·哈默虽然出生于美国，但他却与俄国有着割不断的联系。这是因为，他的曾祖父曾经是沙皇尼古拉一世时的犹太百万富翁，后来是一场洪水冲走了全部财产，到他祖父这辈时才迁居美国的。可是，哈默的父亲却是俄国的一位医生，一个社会主义劳动党的积极分子，以后也在美国经营医药业。哈默不仅在地域上能沟通美、俄两国，而且能恰到好处的沟通学业和商业。早在他16岁那年，他就做过汽车买卖。读大学时，他已接替父亲经营药厂，很快就成了美国唯一的大学生百万富翁。这种特殊经历，使哈默能够以独到的市场意识去认识并开发当时在美国少有人问津的俄国市场。

1921年，23岁的哈默刚从大学毕业，就来到处于伤寒和饥饿中的俄国访问。这次访问，他不仅看到了俄国的饥荒、病疫，也看到了俄国巨大的潜在宝藏。于是，他从以货易货方式开始，先是为俄国有关部门购买了100万美元的小麦，由此赢得了列宁的接见。以后，又开采石棉，办铅笔厂，促成福特公司在苏联办厂，还广泛地搜集古代艺术品。由于当时的俄国（苏联）处于高度的计划经济时期，要做生意必须打通与领导人个人关系的大门，机遇使他与托洛茨基、赫鲁晓夫、米高扬、勃列日涅夫、苏斯洛夫等苏共高级领导人建立了良好的私交。这些，都为他顺利地打开俄国市场铺平了道路。

1931年，哈默回到美国后，对掌握美国市场的变化经常能先人一步。当他刚踏上美国的土地时，他就预感到罗斯福会当总统，会实行新政，会撤销禁酒令，于是他大量生产酒桶，果然等酒禁一开，酒桶便供不应求。以后，他又从酒桶中跳出来，成为威士忌酒酿造业中的实权人物。在他准备退休的58岁那年，一位会计师向他建议说，石油事业前景无量，他又以特有的敏感接受了这个建议，购买了西方石油公司的股票，第二年就当选为这家公司的总裁。1957年这家石油公司还只有3万多美元资产，到1974年，这家公司的资产已发展为60亿美元。

哈默懂得市场与政治背景的紧密关系，他在回到美国后，又成了罗斯福、肯尼迪、约翰逊、尼克松等多届总统的好朋友。1974年，他成功地游说参议院，与苏联达成一笔价值200亿美元的化肥换货交易，这使他在76岁时达到了事业的巅峰。

哈默说过："我首先是催化剂。我把人们和事情集合在一起，集合在一起——这是重要的。"这种催化剂的来源，就是市场及其供求关系。

忠信相连，示之以利，终身不厌

墨子说："古代凡明智的君王和圣人之所以能称王于天下，并能管辖诸侯，就在于他们能爱护百姓，对百姓处置忠诚谨慎，为百姓谋以厚利，向百姓讲忠、信，又使百姓得到实际利益，因此百姓对他们终身拥戴，至死都不讨厌他们。"

民心向背，是通过一定的政治信念与物质利益相结合的有力举措体现出来的。墨子强调既爱护百姓，又给百姓以看得见的实际利益，这既是政治上注意民本的表现，也体现为经济上注重社会生产力发展的谋略眼光。

正当的物质利益，是统治者必须时刻关注的重大问题之一。

《论语》中记载着子贡与孔子的一段对话：

子贡：应该怎样从政呢？

孔子：备足粮食，备足军械，使百姓对政府充满信心。

子贡：如果没办法要削减一些，那先去掉哪一项？

孔子：去掉军备。

子贡：要是不得已还要削减，那留下的两项中再去掉哪一项呢？

孔子：去掉粮食。自古以来人总难免一死。要是百姓对政府丧失信心，国家就无法立足了。

东汉思想家王充在《论衡》一书中对孔子的这种观点提出质疑说："如果治国没有粮食，百姓就要挨饿，便会放弃礼义。礼义都没了，百姓的信任靠什么维持呢？《管子》说过：'仓廪足而知礼节，衣食足而知廉耻，谦让，产生于富裕；争夺，产生于贫乏。孔子说去掉吃的，百姓的信心如何建立？春秋时战争条件下的一些国家，因为饥饿而交换着吃孩子，劈开骨头而烧火做饭，腹中饥饿就顾不得恩义了，连孩子都要吃了。孔子让子贡去掉吃的而保留信心，这办得到吗？如果换一下，去掉信心而保留吃的，即使不准备让百姓建立信心，他们的信心自然会建立。要是去掉吃的而保存信心，虽想取得百姓的信心，这信心却建不起来。"

王充的态度是实事求是的。试想，百姓连生存都成了问题，还会顾得上"义"和"信"吗？这一点，倒是像管仲这类政治家的态度更为务实。

春秋时，齐桓公有一次问管仲："当王的最看重什么？"管仲说："当然是最看重天了。"齐桓公抬起头，望着那一望无垠的天空。

管仲提醒齐桓公说："我这里所说的天，并不是指的那广阔的天空啊！我认为当国君的，要把老百姓当作天。如果百姓能和国君在一起，国家就会安宁；百姓能够帮助国君，国家就会富强；百姓要是指责国君，那国家就会出现危难；百姓要是背叛国君，那国家就要灭亡了。《诗经》上说得好：'百姓处境不佳时，互相埋怨不休止。'百姓要是在那儿埋怨他的国君，而这个国家能够长久，这种事还没有过呀！"

西汉的河间献王刘德也非常懂得百姓的作用。他说："夏禹说过，要是百姓没饭吃，那我就不能指挥他们。事情做成而对百姓没什么好处，我就不能再使用他们的力量了。所以，治理黄河靠疏通引水入海，开凿长江要汇通它的各条支流，让五湖之水都注入东海。百姓啊！真是辛苦，可是他们并不怨恨，因为这样做对他们有好处。"

北宋咸平初年时，皇帝下诏给各地官府，督促他们督责百姓尽快完成朝廷下达的桑树、枣树种植任务。

为此，陈尧叟特向皇帝上疏，把实际情况陈明，要求皇帝给予变通。奏章中说："我所管辖的各个州县，田里到处是山冈和石头，很少有人种桑树养蚕的。这一带百姓除了种水稻以外，能种植的经济作物只有苎麻了。

"种植苎麻很适合当地条件，它和种桑、种柘树没什么不同。生根之后便立即抽枝，待枝叶一茂盛就可收割，而且一年之中可以收割 3 次。如果中途把根加固一下，则可连续 10 年而不败。

"苎麻很具经济价值，收割后可以纺线织布。这种麻布价廉物美，每匹只卖100 文钱。这一带种麻织布的人很多，买布的却很少，价廉也卖不出去，百姓很穷。我认为国家的军需物资中最重要的是布匹，便劝告百姓多种苎麻，然后用盐折合布价大量收购。不出两年，已收购 37 万多匹。

"自从朝廷攻下交州、广州后，布匹需求量大增，每年竟要万匹之多，这同我收购的相比，恐怕再增 10 倍也不嫌多。如今，朝廷下令各地种桑、枣树，能否允许我管辖的这一带用种植苎麻的面积来折算，各县官员也可按此规定督责百姓完成一定指标，最好还能有一定的鼓励措施，比如谁卖布给官府，就免谁的人头税。要是这样，朝廷可得到充足的布匹，百姓则可得到一定的购货钱款。这于国于民都有利的事，好处很多。"

陈尧叟从现实出发，体恤农民的疾苦，坚持用实事求是态度提出不同意见，以争取给国家、农民都带来好处。最后，皇帝下诏同意按他的意见办。

不过，也有人不懂得这一点，魏明帝就是其中一位。

魏明帝曹叡喜欢豪华的宫殿。本来，他的祖先在许昌已留下许多宫殿，他嫌不够，又盖了许多新的宫殿。后来，又在洛阳建了许多新宫殿。豪华的昭阳太极殿，高大的总章观，高达 10 多丈，都是在他的旨意下建立的。

多时的大兴土木，使得大批工匠、民工没完没了地长期处于非生产性的活动中，造成农业、蚕桑都废弛了。见到这种情况，作为老臣的司空陈群实在看不下去，便向皇帝进谏奏议。他说："从前，大禹继承了唐虞的太平盛世，但作为圣王的大禹仍然居住在矮小的宫殿里，穿着朴素的衣衫。现在的情况，简直不能与当时的太平盛世相比。今天是处于丧乱之后，天下经过动乱的虚耗，户口已减少很多。当今天下户口与汉文帝、汉景帝时相比，仅仅相当于当时一个大郡的户口而已。边境上还不太平，随时会发生战争防务之事，将士们还过着艰苦的生活。老百姓的日子还过得很紧，要是碰到水灾、旱灾，国家更不堪重负。过去，刘备从成都到白水关，见到天下没有战争，便大修馆舍亭障，耗费了大量人力物力。当时太祖还在，他深知这样做是劳民伤财的事。现在皇上这么大量地使用民力，就不想想，这正是蜀汉、东吴所希望的。大兴土木修宫殿，这关系到国家的安危，皇上不能不慎重考虑。"

陈群从"国家安危"的高度劝魏明帝学习大禹，目的是让百姓安于农桑，让百姓能得到看得见的利益，不要出现百姓不堪承受的局面。虽然从总体上说，他是为政权着想，但他对百姓的关怀却是值得称道的。

谨慎七患，做好防御

在《七患》篇中，墨子提出了七种祸患，它们分别是：城池破旧不能防守，统治者却大兴土木，修建官室，这是一患；敌军攻入国境，四方诸侯不肯前来救助，这是二患；把民力耗尽在毫无功利的事情上，赏赐那些平庸无能之人，导致民力穷竭于无用之事，财物因招待宾客而空虚无存，这是三患；做官的人只求保住俸禄，游谈之士只为结党营私，君主制定法律只是为了责罚臣下，而臣下怕触犯刑法不敢犯颜进谏，这是四患；君主自以为圣明睿智，不问政事，自以为国家太平、实力强大，而疏于防范，当四方邻国已经在谋划进攻了，君主却全然不知警戒，这是五患：君主所任用的人得不到君主的信任，这是六患；储备和种植的粮食不够食用，朝中的大臣不能胜任职守，国家的赏赐不能使好人喜悦，惩罚不能威慑坏人，这是七患。墨子指出，无论是治理国家，还是守卫城池，只要有这七种祸患存在，就必定遭殃。

墨子赞成非攻的防备战，但怎么防备才是最有效，墨子对此做了详尽的阐述。《备城门》里记载，一次，墨子的高足禽滑厘向墨子询问道："根据圣人的说法，吉祥的凤凰鸟没有出现，诸侯背叛国王，天下战争四起，大国攻打小国，强国控制弱国。我想为小国防守，应该怎么办呢？"禽滑厘点出了防守的要义，就是要尽力保护弱小的一方，替他们伸张正义。

墨子问他："防御哪种进攻？"

禽滑厘说："当今世上常用的进攻方法是：积土成山，居高临下；用钩梯爬城；用冲梯攻城；用云梯攻城；填塞城壕；决水淹城；挖隧道；突然袭击；在城墙上打洞；像蚂蚁一样密集爬城；使用蒙上牛皮的辒辒；使用高耸的轩车。这十二种攻城方法，请问应如何防守？"

墨子说："我方应把城墙、壕沟修好，把守城器械备足，粮食、柴草充足，上下相亲，又能取得四邻诸侯的援助。这是长久备战防守的根本条件。而且，负担防守任务的人很重要。如果一个人善于防守，但是君主不信任他的话，那么，这个人就不能够负责防守任务。君主所任命担负防守任务的人，一定是能够防守的人；如果一个人没有能力却被君主任用，也是不能担任防守要务的。由此看来，担负防守要务的人，既要善

禽滑厘

于防守，又要得到君主的尊重和信任，这样才能圆满完成防守任务。"

墨子在这里总结了小国防守的基本策略。一是要天时、地利、人和，特别是上下相亲，四邻相援。二是要有精明指挥的主帅。如此，才能抵御别国的侵略，从而最终实现兼爱天下的理想。

据统计，我国每年新生 15 万家民营企业，同时每年又有 10 余万家企业倒闭；有 60% 的民营企业在 5 年内破产；有 85% 的民营企业在 10 年内倒闭。其平均寿命只有 2.9 年。

对大多数昙花一现的企业而言，在汹涌的市场经济浪潮中，一旦因失误而导致出局，便极有可能意味着从此退出历史舞台，即使有再多的经验教训，也没有机会转化为下一次的成功。那么，对经营者来说，怎样才能在激烈的市场竞争中持续成功地存活和发展呢？

我国有句古话叫"富不过三代"，而在瑞典，有一家企业不仅已经传到了第五代，而且该家族的事业仍蒸蒸日上，集团所属的控股公司在斯德哥尔摩股市中所占份额已超过了 40%！它就是瑞典无人不知的瓦伦堡家族。

百余年来，该家族已经控制了北欧地区很多相当有影响力的工业集团，伊莱克斯电器、爱立信、阿斯利康制药集团、瑞典滚珠轴承公司等世界知名企业都名列其中。

对家族取得的辉煌成绩，瓦伦堡家族的第五代掌门人马库斯·瓦伦堡说，多年来家族一直坚持这样一种经营理念：在研究开发方面特别舍得投入，以此确保企业的竞争力和行业领先优势。

对瑞典这样一个国内市场狭小的国家来说，这一点尤其重要。"二战"爆发后，居安思危的瑞典政府大力发展军工业，瓦伦堡家族的军工企业萨伯公司以其高精尖的武器制造技术获得政府大量订单，其研发的亚斯-39战斗机性能可与美国的F-16相媲美。20世纪60年代，现代通信技术刚露苗头，瓦伦堡家族就收购了爱立信公司，将其发展成著名的通信设备供应商之一。

除了遵循专业化、国际化原则外，瓦伦堡家族投资的主要特点是选定核心业务后，进行长期投资。哪怕这项投资短期内无法盈利也决不放弃。马库斯的叔父彼得·瓦伦堡总结家族的生意经时说："不到万不得已，我们不会轻易放弃暂时出现问题的企业。"这种高瞻远瞩、着眼未来的投资方式，瓦伦堡家族至今依然遵循。前几年，瓦伦堡的两项核心投资——通信巨头爱立信和电力工程公司ABB都出现了巨额亏损，于是，"破产""脱手"等声音不绝于耳。在这山雨欲来风满楼的时刻，瓦伦堡家族进行大力改革，经过几年的扭亏重组，两大公司都已走出阴霾，开始盈利。

在瓦伦堡家族一百多年的发展历程中，其诸多成功举措有许多与中国墨子的"七患"诚不约而同地相互印证着。从这里，企业经营者应该会悟到一些东西。

治大国若烹小鲜。如果经营者能够将管理企业上升到治理国家的战略高度，那么他就可以从历史上的国家兴衰、王朝更替中汲取经验和教训，得到有益于企业发展的启发。从国家的角度来说，要谨慎七患，做好战争防御。对企业经营来说，商场如战场，做好统筹规划，防患于未然，企业将会长盛不衰，这是墨子给我们留下的启示。

令行禁止，依律惩处

墨子认为，圣人治理天下，需要制定一些法度作为施政的依托，就像丝线要有一个总束，网罟要有纲领一样，君主治理天下也是一样的道理。墨子认为，不依靠法则而能把事情做好，是从来没有的事。工匠们用圆规划圆形，用矩划成方形，用悬锤定好偏正，用绳墨划成直线，按照自己行业的法度工作，才能建造出房屋。士人做官治理国家，也必须依照法度。

但仅仅依靠法度是不行的，还必须把法度贯彻执行在施政处理事情的过程中，唯有如此，才能起到约束民众的作用。在不同的施政者手中，法度产生不同的作用，圣王善用刑罚治理人民，因而天下稳固；而昏君不善用刑罚，则刑罚沦为杀戮民众的工具。其实并不是法令不好，而是执行得不好，因而墨子主张统治者在施政过程中做到令行禁止。

实现令行禁止的首要条件是维护"令"的尊严和权威，有"令"就要行，而且不能有所偏颇，这样才能树立"令"的威严和约束力。

《左传》记载：孙武去见吴王阖闾，与他谈论带兵打仗之事，说得头头是道。吴王心想，"纸上谈兵管什么用，让我来考考他。"便出了个难题，让孙武替他操练姬妃宫女。孙武挑选了100个宫女，让吴王的两个宠姬担任队长。

孙武将列队操练的要领讲得清清楚楚，但正式喊口令时，这些女人笑作一堆，乱作一团，谁也不听他的。孙武再次讲解了要领，并要两个队长以身作则。但他一喊口令，宫女们还是满不在乎，两个当队长的宠姬更是笑弯了腰。孙武严厉地说道："这里是演武场，不是王宫；你们现在是军人，不是宫女；我的口令就是军令，不是玩笑。你们不按口令操练，两个队长带头不听指挥，这就是公然违反军法，理当斩首！"说完，便命令武士将两个宠姬杀了。

场上顿时肃静，宫女们吓得谁也不敢出声，当孙武再喊口令时，她们步调整齐，动作划一，真正成了训练有素的军人。孙武派人请吴王来检阅，吴王正为失去两个宠姬而惋惜，没有心思来看宫女操练，只是派人告诉孙武："先生的带兵之道我已领教，由你指挥的军队一定纪律严明，能打胜仗。"

故事之中，孙武之所以能够把宫女训练得和军人一样，是因为他懂得法令的威严在治军中的作用。如果在战场上退缩的士兵不受惩罚，那么就没有士兵愿意上前奋勇杀敌了。因此，即使是平时的训练，也应该把它当成正式的战场对待。

现代的企业管理也是这样，一个企业要想稳健地发展，必须建立一套完善的体制，但是有了制度，却不去遵守，它的危害更甚于没有制度。

古语说"慈不掌兵"，作为管理者，就应该做到令行禁止，坚持正确的原则，即使可能触及某些高层人士的利益，也不能妥协。纪律是一切制度实现的基石，一个组织或者团队要想长久存在和发展，最重要的维系力就是团队纪律，而纪律的维系作用是通过严格执行来实现的，也就是我们常说的令行禁止。

相互尊重，平等待人

平等是人对人的一种态度，它不是指物质上的"平均"或"相等"，而是指精神上的互相理解、互相尊重。墨子主张"兼爱""非攻"，提出大的国家不攻打小的国家，强大的不欺凌弱小的，人多势众的不伤害人少力单的，聪明的不欺骗愚笨的，高贵的不傲视卑贱的，富有的不鄙视贫穷的，年轻的不侵犯年老的，这其实就是尊重，即主张人与人平等相待。其实，爱的核心是尊重，将对方当成和自己一样的人来看待，这样就能互相理解，消除彼此之间的隔阂，从而创造和谐的环境。历史上，那些饱受赞誉的名人都懂得尊重他人、平等待人。

一个在柏林饱受歧视的波兰学生曾去拜访爱因斯坦，请求爱因斯坦为自己写一封推荐信，使自己能够顺利地在柏林求学。问清缘由后，爱因斯坦答应了他的请求，为他起草了一封热情洋溢的推荐信。

拿到推荐信后，这个年轻人对爱因斯坦满怀感激之情，他想永远记住这个慷慨帮助自己的名人，随后又提出了一个请求："能不能给我一张有您签名的相片？"

"好的，"爱因斯坦接着说，"但是你得答应也送我一张有你签名的照片，这样才平等。"

这句话改变了这位年轻人的一生。拿到推荐信后，这个年轻人顺利地进入了柏林的一所名牌学校。在校期间，他发愤努力，刻苦学习，以优异的成绩毕业。毕业后，他成为爱因斯坦的得力助手，并且以一篇《麦克斯韦场方程的非线性概括》扬名天下。这个年轻人就是后来享誉物理学界的科学家英费尔德。

很多年后，英费尔德回忆起这件事，依然泪流满面："他的话使我感到平等，并给了我自信，从此以后，这句话成为我不断前进的巨大动力……尽管当时他穿了一件皱巴巴的上衣，裤子上还掉了一个纽扣，但是这都影响不了我对他的无比崇敬。"

爱因斯坦的一句话让这个年轻人感到了人与人之间的平等，树立起他的自信，从而推动着他不断前进，并赢得了他的尊敬。而作为一个领导者，能够不在意自己的身份，与他人平等相处，这同样令人尊敬。这样的事就发生在乔治·华盛顿身上。

一天，乔治·华盛顿穿着大衣，独自一人走出营房。路上，没有一个士兵认出他。走到一处，他看到一个下士正领着手下的士兵筑街垒。"加把劲！"那个下士对抬着巨大水泥块的士兵们大声地喊。石块很重，士兵们试了几次，都没能把它放到位置上。下士只是站在旁边，大声地喊："一、二，加把劲！"但他的双手连石头都不愿碰一下。士兵们还是没能把石块放到位置上，他们的力气几乎用尽，有些撑不住了。眼看石块就要滚下来。这时，华盛顿疾步跑到跟前，用强劲的臂膀顶住石块。这一援助很及时，石块终于放到了位置上。士兵们转过身，热情地拥抱华盛顿，向他表示感谢。"你为什么光喊加把劲，而把手放在衣袋里呢？"华盛顿向那位下士质问道。"你问我？难道你看不出我是这里的下士吗？""哦，这倒真是！"华盛顿边说着，边解开大衣纽扣，向这位鼻孔朝天、双手背后的下士露出了他的军装。"从军阶看，我就是上将。不过，下次再抬重东西，你还可以叫上我！"

华盛顿以平等待人的态度狠狠地羞辱了那位气势凌人的下士。

人与人是平等的，没有所谓的谁高谁低，即使每个人身上会带有不同的标签，但褪去这些外在的东西，每个人都是平等的，都值得尊重。

平等，是一种高贵的品质，它可以反映出一个人的内在素养。平等待人，不仅是待人平等，还是待己平等。唯有如此，方能创造出人与人相互和谐的社会。

君节于身，则财用充足

墨子说："圣王制造宫室，只为基本生活，并非是为了观赏取乐。制造衣服、腰带、鞋子，只是为了身体的保暖，不是为怪癖的外表。所以，他们自身节俭，以此教化百姓，天下百姓都能得到治理，财用也比较充足……君主如果真要使天下大治，而不想出现混乱，那么，营造宫室一类的事则不可不加以节制。"

节俭能促进政治上的长治久安，侈靡只能加速一个政权的分崩离析。这一观点，至少是符合中国古代实际的。如果有这种意识，人的头脑就比较清醒，在消费观上不至于忘乎所以，政治上也会比较谨慎。节俭使财用充足，谨慎使政权稳固。这种把经济和政治作为一个整体考虑的谋略，是墨子节用谋略中比较突出的方面，是带有战略意义的大课题。

三国曹魏时，胡质长期任地方官。魏武帝曹操当政时，他是顿丘县令。到魏文帝曹丕上台后，迁任东莞太守，以后又升任荆州刺史，还赐爵关内侯。这种地位，在当时社会来说，也可谓显赫一时了。

胡质当到了地方官最高级的刺史时，他儿子胡威从京都来探望他，可是家里竟穷得连车马僮仆都没有，只好一个人骑着毛驴赶了那么多路来看望父亲。

胡威在荆州住了10多天后，准备告别父亲回京城。临行前，胡质送给他1匹绢，以作归途盘缠。三国时，因为商品货币经济处于低潮，很多地方都是用实物交换，不用货币，所以胡质送给儿子丝织品，以此作钱，充当盘缠。不过，1匹绢似乎少了一些。然而，胡威不仅没这样想，反而和他父亲一样注意清廉。他跪在父亲面前问道："大人一向清白，不知何处得来的这匹绢?"胡质说："这是我从薪俸中省下来的，所以给你作盘缠。"胡威一听此绢来历明白，这才收起来，告辞父亲而去。

胡威一点不像大官家的孩子。他每到一处客舍，都亲自喂驴，自己取柴做饭。吃完又和别的客官一起走，来去都这样。胡质手下有位都督，过去和胡威不认识。他想看看胡威究竟怎样旅行，以从中窥探一下胡质的生活状况。于是，他特意请假说要回家，赶在胡威回京之前，暗中带着行囊衣物在100多里外等着胡威。当胡威赶上来时，他就作为同行者与胡威一路做伴。这位都督在许多事上都给了胡威帮助，有时还请他吃喝，两人同道走了好几百里。都督的这些举动，引起了胡威的怀疑。他便设法把对方的意图套了出来，这才知道这人是他父亲手下的都督。既然已知，当然就要注意了。胡威拿出父亲临行前给他的绢赠送给这位都督，答谢并把他打发走了。

在贪污成风、巧取豪夺习以为常的封建社会官场中，胡质、胡威父子俩能如此恪守清廉和节俭，实属不易。这恐怕也是胡质政绩较好，屡得升迁的原因。

三国曹魏时，鲜卑族的部落首领素利等人多次来中原做客。他们每次来，都要带些牛马作为礼物赠送给担任乌桓校尉的田豫。然而，田豫并不把礼物中饱私囊；相反，他几次都把礼物悉数交给公家。

这事给素利知道了。他误以为田豫会感到送他牛马过于招摇、太显眼而不便收下，于是不再送牛马，而是换成了金子。这天，素利又从境外来了。这次带的是30斤金子，一见到田豫便说："是否请您左右的人回避一下，我有话要对您说。"

田豫打发了左右随从后，素利在他面前跪了下来。他说："我看到您家境贫寒，所以几次送了一些牛马给您，可是您老是把它转送给公家。这回我送这包东西给您，肯定不会有别人知道，您可千万不要再转送给公家了呀！这是我诚心诚意给您个人的。"

素利一片好意，田豫一时不好回绝，只好收下，并感谢他的这番好意。可是，当素利离开之后，田豫又把这 30 斤金子全部交给了官家的府库，并把所有这些情况通过公文向朝廷报告。

皇帝得到了奏报，知道了这件事后，特下诏表彰田豫的清廉行为。诏书中说："从前春秋时魏绛主持晋国与少数民族关系事务，敞开衣襟接受戎族人的贿赂，现在田豫也是张开衣袖接受狄人的赠金。而这两件事有天壤之别，朕非常赞赏田豫的做法。"于是赐给田豫 500 匹绢，以资表彰。

田豫得到朝廷赏赐后，他分出一半藏在小仓库中，另一半呢？在素利又来做客时，就把这一半作为礼物回赠了素利。

田豫作为从事少数民族事务的朝廷命官，虽家境贫寒，却丝毫不辱大节，这种廉洁奉公行为，虽说在当时官场中属凤毛麟角，但影响还是很大的。

在我国历史上，的确有那么一些忠于事业的股肱之臣，他们坚持原则，任劳任怨，慎重行使自己所掌管的财权，为后世树立了可嘉的形象。

唐末，被封为晋王的李存勖还师晋阳。这么多年，李存勖都在外出征打仗，凡是军府政事加上监军等要事都委派张承业全权处理。张承业为人敦厚，对内对外都尽心尽责。农业方面，他力劝农耕，使国库中的军粮蓄积日益增多；商业方面，征收市井赋税和征收各项行业税收不宽容任何人，对王公大人的亲戚也不讲价钱，都按章征收；军队管理方面，整个军营内外军纪整肃，各项物资保障充裕不乏。

李存勖对此非常满意。这天，他特意到国家钱粮仓库重地，摆下酒宴招待张承业，还要自己的儿子李继岌为张承业舞蹈助兴。舞蹈毕，张承业向李继岌赠授了宝带、赏钱等礼品。李存勖指着钱对张承业说："他平时没什么钱，我想请你弄点钱给他，这点宝带和钱少了些吧？"张承业却说："这些都是从我的俸钱中拿出来的。国库中的钱，是大王养战士的军政费用开支，我不会拿公物来做私礼。"

李存勖不高兴了，酒席之间，常用话指桑骂槐，无非是说张承业抠门、死板而已。张承业一听，正色告之："老臣不过是个当差的罢了。我绝不是为自己和后代来惜此钱库，这些财富是帮助大王成霸业的。不然的话，大王尽可以自己取用，何必向老臣说这些？不过，财富用尽，百姓散尽，大王的事业就一无所成了。"

　　这些话，真是一点也不顾李存勖的面子。李存勖为此大发脾气，还令人拿剑来。张承业一看，赶紧拉住李存勖，热泪盈眶地说："老臣受先王重托，誓为国家杀了开封那小贼（指朱温），假如因为钱管得太紧而死于大王之手，老臣于九泉之下见先王时，可无愧于心。今天老臣就向大王请死！"

　　这时，阎宝从边上窜出来拉张承业的手，还狐假虎威地令张承业退下去。对阎宝，张承业就不客气了。他一拳把阎宝打倒在地，边打边骂道："阎宝，你这个朱温的党羽，如今受晋王的大恩，不仅不尽忠报主，却在此拍马阿谀，你还有何面目站在这里？"

　　争吵声惊动了曹太夫人，她立即要李存勖过去。李存勖在母亲面前惶恐叩头，一边叩头一边对张承业赔不是："我得罪了七哥（指张承业），这也是对母亲的不敬，是不是让七哥痛饮几杯，算我向他赔罪？"说完，自己连喝4杯。可是，耿直的张承业竟不愿喝。

　　李存勖回宫后，曹太夫人派人向张承业道歉说："小儿多有冒犯，刚才已受了处罚。"第二天，太夫人和晋王李存勖一道到张承业家里谢罪。接着，又授张承业开府仪同三司、左卫上将军等职，并封为燕国公。张承业无论如何也不愿接受，只是以现职尽终。

　　杨绾曾经当过唐代宗时的吏部侍郎。每次选官，他都坚持标准，公平公正，留下了很好的口碑。当时，是元载当宰相，朝中的公卿都来巴结他。杨绾坚持原则，清廉自守，没有来走他的后门。

　　由于杨绾素以德行著称，后擢升为宰相，但始终清正廉洁，服饰车饰简朴。这种风气影响很大，没几个月，朝廷内外人心普遍受到感染。御史中丞崔宽，

是剑南西川节度使崔宁的弟弟，家里很富有，在皇城之南专门建了别墅，其中池、馆、台、榭俱有，堪称当时第一。在杨绾的影响下，崔宽不好意思再住下去，便把这座豪华别墅给拆了。

中书令郭子仪在郑州行营中，听说杨绾被拜为宰相的消息，立即把自己欣赏的音乐歌舞撤去五分之四。

京兆尹黎干原先每次出行都十分气派，他的车马队达到100多匹以上的规模。自杨绾为相，黎也把车马规模减下来，只留了20多骑。

苏威的父亲是西魏的重臣。当时因为国家经费不够，不得已才制定了征税的法规，百姓负担很重。过后，他说："眼下干这种事，如同把弓拉紧，这并不是平定天下的方法。以后的君子，就看谁能做到把弓放松了。"这番话对苏威的触动很大，他经常以减轻百姓赋税作为自己的责任。当他拜为朝廷的纳言官职后，便上奏隋文帝，请求减轻赋税，从轻征发。隋文帝同意了。

有一次，苏威到隋文帝的宫殿中，看到宫内竟用白银来做帷幔的钩子，感到太奢华了，便当着隋文帝的面称颂节俭的美德。文帝一听，脸色都变了，但他毕竟是个头脑清醒的君主，立即吩咐把那些太过奢华的东西全部拿掉。总的来说，隋文帝比较节俭，因此财用充足。

可是，到隋炀帝时期就变了。他刚即位，就大兴土木，营建东都洛阳，每月要招募民工200万人。又凿通谷水、洛河，修了一条"御河"。"御河"边又修"御道"，道旁栽上柳树。这些柳树都是从江南各州运来的大树。运送的队伍首尾相连，长达上千里，接连不断。工期逼得又急，民工累得倒下而死的，多达十分之四五，路上的运尸车一辆接一辆。

建好东都和御河后，隋炀帝又要游江都。他下令建造龙舟、凤舟、黄龙、赤舰、楼船、篾舫等各种船只，又招募水工拉着青丝缆绳挽船。船队长达200多里远。路上所经过的州县，都命令他们献上各色物品。进献丰盛的地方官，可加官晋爵；进献不够丰盛的，则要治罪，直至处死。又命各地大肆修造各种豪华车辆，用旌旗、仪仗、羽毛等装饰起来。

隋炀帝穷奢极侈的事还多得很。终于，没过多久便酿成了全国性的反隋风暴，隋朝也成了历史上有名的短命王朝。

节俭则昌，淫佚则亡

墨子说："凡宫室、衣服、饮食、舟车、私蓄五个方面中，圣人都注重于节俭，小人则淫逸奢侈。节俭，事业就兴旺昌盛；淫逸，事业就趋于灭亡。这就如同夫妇之事有节制，天地就和阴阳；自然界风雨有节制，五谷就丰登；人体穿衣有节制，身体肌肤就舒适是一样的。"

开源和节流，是古代经济智谋的两大方面，墨子的贡献偏重于后者。这两个方面是统一的，总的指导思想是：生财要多而快，食用则要少而慢。如此，财富才能得以积累，国用也就能恒足。如果懂得生财而不注重节用，即使财源滚滚，仍不免入不敷出；如果光懂节用而不注重生财，亦难免有坐吃山空的时候。墨子深知生产之不易，稼穑之艰难，故而对节用有切肤之感。老子、孔子也有过这方面论述，读来都总觉不如墨子直截了当、切中时弊。

汉武帝时，社会上崇尚侈靡的风气很盛，老百姓背离农业，转向商业，追求近利的风尚日益浓重，这已经影响到国民经济赖以发展的基础。汉武帝看到这个问题的严重性，有一次向他的近臣东方朔发问："我想教化我的臣民，你说有办法吗？"

东方朔说："大家都说上古时民风淳朴，社会风气良好。然而，像唐尧、虞舜、夏禹、商汤、周文王直到康王时的所谓上古之事，经历了好几千年，这样的事臣不敢说。臣愿讲述的是前代孝文皇帝时的情况。那时的事，今天还活着的那些耄耋老者都听说过、看见过的。文帝贵为天子，富有天下，身上只穿麻织的衣服，脚上穿的只是一般的皮靴，佩着牛皮带剑，用草编的蓆，衣服和帷帐都没有纹绣，殿上的帷帐不少还是用书囊代替的。他认为最美好的是道德，行动的准则以仁义为上。这样，天下望风成俗，风气昭然化之。

"可是，现在陛下住在城里还嫌太小，一下子建建章宫，一下子建左凤阙、右神明二宫殿，还号称这是千门万户。土木建筑都大加装饰，衣服当然更是如此。狗马等兽类都用毛毡，宫中的当差、宫女还用玟瑙、珠玑这类饰品装饰。宫中设有游玩的车辆，用以教授追逐，这样的车也装饰得满是文采。钟鼓规模之大，重量超过万石，声响超过雷霆，用它来演各种歌舞。

"皇上侈靡如此过分，而希望百姓不要耽误农事，这实在是难事。陛下能用臣提出的计策，把各种帷帐公开在大道上给烧了，把那些狗马给放了，这样陛下才能像传说中的唐尧、虞舜那样。《周易》上说，本源端正，万事才合理，失误往往在于毫厘之间，效果却能相差千里。这话请陛下留意观察。"

东方朔的委婉批评，使汉武帝无言以对。汉武帝雄才大略，在位数十年间加强皇权，开边兴利，取得了内外一系列文治武功的成就。然而，他是个多欲的皇帝，生活侈靡，浪费也非常惊人。受一定的欲望驱使，他把对外战争一拖再拖，终于造成国内各类矛盾激化，农民起义爆发，差一点蹈亡秦覆辙。淫逸亡国，确是有道理的忠告。

东晋时，陶侃曾被任命为征西大将军，都督荆、雍、湘、梁4州军事，还兼任荆州刺史。消息传来，荆州百姓莫不欢欣。这是为何呢？

陶侃是个既聪明又恭谦勤政的武将，他形象威严，终日正襟危坐，军府中各项工作无一遗漏，平时没闲着的时候。他常对人说："大禹，圣人啊！他都要爱惜每一寸光阴；至于我等众人，当然更要爱惜光阴了。难道说平时吃了饭可以逸游放纵，荒淫贪杯吗？这样做活着对活人不好，死了对后人无益，这是自暴自弃的行为。"当时他手下有些参佐虚度光阴，百无聊赖。陶侃知道他们经常以赌博为乐，便亲自带人搜查，把那些酒器、赌具一一搜出来，悉数扔进长江。凡是将吏参加的，以鞭笞予以惩罚。陶侃对他们说："赌博，猪狗不如的游戏，这种浮华之物，并非先前圣人所倡导的东西，对现实又无用。作为君子，应当正威仪，哪能衣冠不整，自命不凡呢？"他不仅批评了赌博这种行为，还指出了它的根源，那就是消极厌世，认为这根本不是君子之道。

有一次，陶侃外出，看到手下有人手里拿着一把稻穗在玩，这稻穗还未成熟就让那人给摘了下来。陶侃上前便问："用这稻穗在干什么？"那人回答："这是路上看到后，随便捡的。"陶侃大发脾气："你平时不耕作，还要糟蹋人家的庄稼吗？"说完就把那人抓起来鞭笞一顿。老百姓听到这事，备受鼓舞，更加勤于农作，从而使荆州一带农业搞得很好。

还有一次，组织工匠造船时，陶侃令他们把所有的木屑、竹头都不要扔掉，好好搜集起来，人们都不解其意。果然，这些东西后来都派上了用场。原来，大年初一那天早晨，官府要聚会团拜，当时人们称它叫"正会"。这年"正会"刚要举行时，天气放晴，地下的积雪开始融化，道路泥泞，不便行走。陶侃便派人撒上木屑。问题得到了圆满解决。后来，桓温将军伐蜀，陶侃把储藏的竹头用来做成竹钉用来造船，在作战中立下了战功。

陶侃治理下的荆州，恢复了历史上最盛时期的发达，究其原因，恐怕和他清廉勤政的作风是有密切关联的。

强本节用，天下大利

圣人于一国当政，这个国家的财富定可成倍增长。这种财力的成倍增长，并非向外扩张掠夺而得，而是按国家实际情况省去无用的开支，所以财富足以加倍。圣王当政，以他的号令举事而使用民力、物力、财力，并非从事非实用的工作。因此，只要财物使用不浪费，民众不是太辛劳，他兴起的利益自然就多。

所以墨子说："除掉无用的开支，是圣王之道，这是天下的大利呀！"

墨子不仅巧妙地把人的德行与贤人政治相联系，而且善于把人的德行与节用理财相联系，还把它提到"圣王之道"的高度来认识。这是因为，节用需要榜样的力量。为使节用奏效，必须从最高统治者做起作为治国的总体指导思想。这样做，才真正抓到了问题的关键。

中国古代是把农业作为本业看待的，所谓"强本"主要指的是农业。这段话中虽然没有直接说"强本"，但增长财富、"兴利"一类论述，意思是一样

的。中国农业在世界上是居于领先水平的先进农业。究其原因，很大程度上与中国古代农业中体现的精耕细作的传统智慧不无关系。墨子说的"圣人之道""圣王之道"大概是指的对农业的重视、开发、提高吧！

节用理财必须与"强本"开源结合。光节用不开源，财富会不断枯竭；反之，光开源不节用，也会入不敷出。墨子这个充满辩证法思想的谋略，为后世提供了经济发展方面较为完整的思路。

《吕氏春秋》中的《上农》《任地》《辨土》《审时》4篇，是目前人们所能见到的中国古代最早的农书。

该书作者以"后稷"——中国传说中的农业神的口吻提出了一系列的问题。比如：你能使洼地变成高地吗？你能除去劣土而代之以润土吗？你能让垄间排水并使土地保持适宜状态吗？你能保持适当的播种深度并使种子保持一定湿度吗？你能阻止杂草在地里蔓延滋长吗？你能使地里的庄稼通风向阳吗？你能使谷物茎秆节多而坚强吗？你能使庄稼穗大而坚实均匀吗？你能使庄稼结穗粒饱而皮薄吗？你能使谷米富有油性和嚼劲吗？……中国农业是具有精耕细作传统的农业。这些问题，无不显示出农事中的智慧思维。

在《任地》篇中，该书作者对上述问题做了一些回答。比如：在播种方面，要在播前翻耕5次。播时要小心，不要过于稀，也不要过于密。需要盖土的不能太薄也不能太厚，土太薄则种子易于遭灾而不能发芽，土太厚萌芽钻不出来。庄稼要在软的、细的土中把根扎牢。播种之后要锄地5次，每次都要仔细彻底。耕种深度以见到湿土为宜。如此，既不易生草长虫，也能使地表疏松，保持土壤肥力。

耕作中，可用工具来量定田垄、垄沟的宽度和庄稼的行距、间距。这些都是为了防止所谓地盗、苗盗、草盗这3盗现象的发生。所谓地盗，就是田畦太窄、垄沟太宽，禾苗长得像兽颈的鬃毛那样。所谓苗盗，就是庄稼密密麻麻而没有行列，尽力耕耘也长不好。所谓草盗，就是草和禾苗相互间侵吞，不锄草使地荒芜，除了草又会伤到苗。这3个方面都要避免发生，才能有好收成。

田畦修得太高，水分易流失。田畦修得过陡，畦面容易倾塌。这样的地上种庄稼，遇风易倒伏，土培高又易拔起，天寒易凋零，天热易枯萎。因此，田畦必须要整得又宽又平，垄沟要挖得又深又窄。庄稼上得阳光，下得水分，根部不致受损，才能使它长得壮实。另外，庄稼的横行、纵行都要恰当，使田间充满吹拂的和风。一般来说，禾苗小时独生为好，长起后要靠拢，成熟时要几株长成一簇。

锄草间苗时，要尽量保护那些先出的壮苗，去掉后出的弱苗。要是反过来，锄掉了壮苗而留下了弱苗，那只能是多收草秕而少收粮食了。

北魏时期，贾思勰作的《齐民要术》一书，是我国目前可见到的第一部完整的农书，它把农业科技的总结提高到了一个新阶段。贾思勰认为，人生在世的谋生之道，除了做官，就是务农。他说："治生之道，不仕则农。若昧于田畴，则多匮乏。"什么叫"治生"？"治生"是指家庭中的各种生产、生活活动，"治生"也就是谋生。这些思想，反映了中国古代中世纪时期以农为本的经济意识，以及以农业生产活动为主要生产活动、主要生活来源的基本情况。

后来，中国封建社会中农业科技的实践又有了进一步的发展。不少大臣已把实践农业科技变为管理上的自觉行动，从而推动了农业生产。

元朝时，京畿地区临海，土地肥沃，然而人口稀少，一直未得到开垦，日常供应的粮食要从江南海运过来。这种捧着金饭碗讨饭吃的情况，使不少有识人士为之忧虑。

大臣康里脱脱向元惠帝建议，能否从江南招募劳力来京畿地区垦荒，要是能年产粮食100万石，京师一带粮食就够吃了。元惠帝同意，成立了专门的机构，并一次性拨给500万锭银子作生产投入。

此举实行后，很快从江浙地区招募到水田种植的内行和围海造堤的民工各上千名，分别在西山、保定、河间、抚顺等一带开设屯垦区分别作业。结果，当年就获得了大丰收，从而较好地解决了首都地区的粮食供给问题。

早在元仁宗时，首都地区的粮食供应问题已十分突出。国子祭酒虞集有一次给皇帝讲完经书后，对此发表了一通意见。他说，京师粮食靠江南海运，既费民力，又易出事故；而京师以东有方圆数千里的芦苇荡，土地肥沃，完全可以像以前那样扩大围海造田的规模。这样，既可增加京师粮食，又可缓解江南海运之力，当地农民富足后也不会沦为"盗贼"。

可惜的是，这一建议未被采纳。直到元惠帝时，这种意见才由康里脱脱再次提出，并加以实施。如果当时他的意见被采纳，也不致使京畿粮食问题那么严重。

权衡轻重

墨子说："在所有要做的事中，权衡轻重的方法叫作'权'。权，无所谓对不对，它是一种正当的方法和手段。比如必要时，砍断手指以保存手腕，那就是利益中取大头，在损害中取小头。所谓损害中取小头，并不是说取损害，而是相对而言取利而已。"

"轻重"术是中国古代的大谋略。它的实质，是专制主义统治在经济领域中的具体反映。具体说来，就是朝廷通过理财的方式，控制以流通领域为中心的整个经济命脉。墨子作为思想家、谋略家，在他的思想中对"轻重"术予以关注也是非常自然的。虽说这不是墨子经济谋略的重心内容，但这无疑属于很重要的一个经济谋略。

"轻重"这个概念，最早出自《国语》。书中记载着周景王铸大钱这件事。当时周景王引单穆公的话中就有"权轻重"的说法，当然，单穆公说的"轻重"主要指货币本身的重量。然而，他心里十分清楚，货币不可能是个单一概念，它的轻重与商品交换有着密切的关系，与国计民生的关系密不可分。

先秦诸子中，专门论述"轻重"问题的著作要数《管子》一书中的"轻重"诸篇。具体地说，主要指的是《巨乘马》《乘马数》《事语》《海王》《国蓄》《山国轨》《山权数》《山至数》《地数》《揆度》《国准》《轻重甲》《轻重乙》《轻重丁》《轻重戊》等15篇。"轻重"诸篇不是一个能依附于诸子百家中

某一家的学说，而是一个独立的派别，它的主要特点是主张用控制商品经济的办法来达到治国的目的。

从《管子》"轻重"诸篇广泛使用的"轻重"一词的概念来看，它有三个不同的意义。第一，它指的是观察事物的一种方法；第二，它表现实践中的制度、法令、规定等手段；第三，在许多场合下，它指的是与商品市场等相关的有关政策和举措。《墨子》在这里讲的"轻重"，更多地指的是第一种意思，第二、第三两种意思的含义少一些。

作为一种方法，《管子》"轻重"诸篇表现得也是很充分的。作者认为，作为治国方法，绝不是一成不变的，帝王的政策不能一旦做出决策而永远不变。为了把握这种经常变化的局势，驾驭这种常变的态势，作者认为应该把掌握轻重之术作为治国之道的关键。

作者把人与人之间的关系，当然更主要的是君臣、君民之间的关系，都归纳为一个"利"字。既然"利"是轴心，那君主就必须把利益之柄牢牢地掌握在手中，通过掌握市场和物价把社会的财富集中到国家和君主手中，只有这样，才能左右人民的生计，才能治理人民，治理天下。因此，它和诸子其他各家不同之处在于，它主张政治的统治重点必须转移到财政和经济方面。

既然是主张用物质利益来达到统治人民和国家的目的，那么，作者对军事战争几乎很少提起，它更加注重的是商战。作者认为，只要有经济实力，就能够制伏对方。这种经济实力从何而来呢？主要是通过轻重之术来达到。为此，作者提出了认识市场规律的一些问题。比如：谷物、货币与万物的比价问题；供求与物价的关系问题；自然条件与物价的关系问题；国家政令与物价的关系问题等。

通过对以上问题的探讨和认识，作者认为从客观上说，市场是商人的舞台，这里的原则是商品交换的平等和自由原则。然而，这是不符合国家、君主利益的。作者建议，国家必须垄断和控制住货币和粮食、自然资源等主要商品，从而达到操纵市场的目的。

国家、君主手中的财政基础厚不厚，是直接关系到国家是否强盛、君主实力是否强大的重要问题。过去，强化国家和君主经济实力的主要方法，是通过征收赋税来完成的。作者认为，这样做容易遭人怨，应该改变方法，由明夺变为暗取。

暗取的方法，主要是实行市场的垄断价格以保证国家、君主获利；其次是运用行政手段制造物价的起伏而从中获利；再次是强令货币、实物互相折代，从中取利；还有就是运用市场一些客观规律从中渔利。此外，还实行借贷取利等手段。这里，政治权力已经与经济杠杆有效地结合在一起了。

取利、敛财不是根本目的，根本目的是为了获取处理各种社会问题的能力。作者认为，君主要从政治上统治臣民，以达到政治统治的稳固，没有经济上的控制是不行的。为了有效地达到政治统治的目的，不仅要有经济控制，还要有经济上的奖赏和鼓励。这是主要目的。其次，国与国之间，国民经济各部门之间，都存在一个用轻重之术加强控制的问题。

轻重之术，在先秦时期有它一定的合理价值和历史作用，但它也具有十分明显的经济专制主义的特征。但作为一种方法论，无论是运用于宏观还是微观，还是有一定指导价值的。

"节用"必须"节葬"

墨子说："而今王公大人们葬埋，与圣王之道大不同。他们一定要用外椁和内棺，并用饰有纹绣的皮带捆绑多道，各类珍贵玉器应有尽有，戈、剑、鼎、鼓、壶、镜等铜器，陶器，纹绣、白绣和衣物达数万之多，还有车马、女乐等奢侈品随葬。陵墓的维修还要把墓道捶实，壁上装饰好，其雄壮比山陵更甚。如此劳民伤财之举，多得不可胜数。这种厚葬久丧的风气没有任何用处。"

厚葬之风是人的血缘关系尚未被完全冲破而产生却有了相当发展后带来的一种习俗。从三代以来，这种习俗愈演愈烈。在这种顽固的传统势力面前，墨子敢于从实际出发，公开反对厚葬，这在当时是需要极大勇气的。墨子反对厚葬是有道理的，因为它浪费了大量的人力物力财力，耽误生产，给社会经济带来沉重负担。"节葬"思想和"节用"思想一样，成为墨子经济谋略中又一大支柱性的观点。

根据我国考古工作者发掘，墨子生活的东周时期，确有一些规格相当高的厚葬墓，由此可看到这种风气对物质财富的极大浪费。

东周王室所在的洛阳城东北部发现过几座高规格墓葬。1975年10月发现的一座死者相当于春秋时中国诸侯家族的墓葬，葬具为1棺2椁。随葬的青铜礼器有5鼎、4毁，各色盘、壶、舟、匜各一，又有兵器、车马器等。还有一座战国时重要人物的墓葬，出土时还有"天子"字样的石圭，墓坑长10米，宽9米，深12米，南端有长40米的墓道，墓壁四周有彩绘。遗憾的是该墓被盗掘严重。即便如此，也出土了随葬的铜车马器以及彩绘陶礼器。

战国时，齐国临淄城东北有一座大型殉马墓，它是座有南北墓道的石椁大墓，长近200米，从发掘不到一半的马坑看，已发现228匹被殉葬的马的尸骨，估计全部殉马不少于500匹。

1961年发掘的山西侯马春秋时一座晋墓中，发现2件来自徐国的同铭铜器，9件编钟、10件编磬和车马器若干。

1950年发掘的河南辉县等地的战国魏墓中，有3座大墓上部覆盖着宏伟的瓦顶"享堂"建筑，墓基比一般墓室大出一圈，中间那间"享堂"有7开间，有25至26米见方，两侧的"享堂"是5开间。其中一座未遭盗掘的墓葬中，出土带暗纹的陶礼器数十件，在墓道的尽头还发现2辆马车的木室。

80年代在河北邯郸发现的战国后期赵墓，是规格较高的赵王陵，一共有5处，每处都有坐西朝东的陵台，一般长300米左右、宽200米左右，东侧还有宽数十米的路直达岭下。

以上这些地方也出现过奴隶殉葬墓。比如侯马乔村的殉葬墓中，最多的有18人殉葬，且都是青壮年男女。有的奴隶还戴着刑具铁钳，甚至有被肢解的奴隶。

1978 年在湖北随县发掘的曾侯乙墓，是一座早期战国大墓。这座墓面积达 220 平方米，椁室上部和周围，铺填了 12 万斤木炭，木炭之上又埋青膏泥，再经过填土夯实，上面又加铺一层经过加工的石板，每块石板重达千斤左右。墓葬的棺椁外壁和隔墙用 6 块较长的方木垒成，共用木材 380 立方米。木椁高 3 米以上，分为中、北、东、西 4 室。墓中有陪葬者 21 人，出土的随葬品包括礼、乐、兵、车在内的各种青铜器件，重达 10 吨，其中最具特色的是大批青铜乐器，有整架全套编钟、编磬，还有吹奏、弹拨类丝竹乐器。此外，还有不少漆木和金质器皿。

关中的秦国，虽说是后来居上的诸侯国，但其国力一直不弱，其厚葬之风和关东亦不相上下。1976 年发现的陕西凤翔境内的 8 个秦公陵园，属于那种两端都有长墓道的中字形大墓，其中两座是一端有墓道的甲字形大墓，与之相配，有 12 座随葬车马之类的长方形坑，以及一座椭圆形葬坑。每个陵园都相当广阔，其中最大的 1 座墓室长约 60 米，宽约 40 米，深达 24 米，连同两端墓通道长 300 米，占地总面积 5300 多平方米。其中有的墓葬，也有奴隶殉葬。地面建有与墓葬相配套的"享堂"。至于青铜器、陶器的随葬，与中原相比并无逊色。

秦公陵园北面的八旗屯墓地是当时的中型墓葬所在地之一，每座墓规模长 4 米以上、宽 2.5 米以上，就是这类墓葬，一般也是棺椁具备，甚至用两层套棺，随葬品往往有青铜礼器和石质的圭、璋之类，个别墓还有戈、矛、剑等兵器和陶制的编磬。半数墓用人殉葬并附有车马坑。

东周时期，商品货币关系已有较大发展。在各种墓葬中，除各类随葬品外，还发现有大量的各类金属货币出土，其中有布、刀、圆孔圜钱等不同品种，山西阳高出土赵墓中发现的布币达 102 公斤，13000 枚之多。

如此巨额的随葬品，一旦埋入地下，不见天日，所造成的巨大浪费令人惊讶。如果把它作为资本投入现实的生产经营，将创造多少新的财富和效益啊！

历史上也有反对厚葬久丧的帝王，汉文帝便是一例。汉文帝在未央宫去世之前，留下了长篇遗诏，他对当时社会的厚葬久丧之风表示了不同的看法。

遗诏中说："我听说，天下万物既会有生，就会有死。死是天地间的常理，是事物的自然现象，有什么必要为此而过于悲哀呢？如今，社会上的人们都是爱生而怕死，结果为厚葬死者而倾家荡产，长期服孝而搞坏了身体，我觉得这是不可取的。"

"我这个人，既无德能，又没做什么有益百姓的事，今天一死，要是再让百姓们为我服重孝而长期哭祭，要经过漫长的从冬到夏的丧期，影响人们的生活，断绝对鬼神的祭祀，这将更加显得我缺少德能，这对天下将如何交代呢？"

"我是一个渺小的人，能获得护佑宗庙的资格，凌驾诸侯之上 20 多年，能够倚仗天地神灵和托社稷之福，使境内安定，没有战乱。我又不是一个聪明的人，常担心做错事而有损先帝遗德。虽然年纪活得不短，却总担心不能善终。现在能侥幸寿终而到宗庙享受祭祀，不贤明而能有如此结果，应该感到高兴，有什么可悲哀呢？"

"我死后，令天下官吏、百姓只能哭祭 3 天，3 天后把丧服脱掉。不要为此而禁止民间诸如娶妇、嫁女、祭祀、饮酒、吃肉等喜庆活动。办丧事的人，都不要像从前那样光着脚哭。丧服衣带不要超过 3 寸宽，不要陈列车马祭器，不要发动百姓到宫殿里来哭祭。宫里哭祭的人，只要早晚各哭 15 声就行了，礼仪一结束就停止。不是这个时间，不要擅自啼哭。"

"下葬后，穿粗麻孝服 15 天，次麻孝服 14 天，细麻孝服 7 天，36 天后全部脱掉。一切都按这个规定办。把这些都通告天下，让百姓了解我的意思。霸陵要保持原貌，不要因我埋葬而改动。后宫中，除我夫人外，其他美女都送她们回家。"

汉文帝看到了厚葬久丧的弊端，从他开始带头移风易俗，这种勇气是十分可嘉的，是令人钦佩的。

固本而用财，则财足

墨子说："财用不够就注重农时，粮食不足就节约使用。所以，古代的圣贤都按农时生产聚财，搞好农业这个根本并节约开支，财用就会充盈。即使过去的圣王，哪有能耐使五谷永远丰收、水旱之灾永远不来呢？……粮食，在圣人眼中是极为宝贵的东西。因此《周书》上说：'国家没有3年粮食储备，国家就不像个国家了；家族没有3年的粮食储备，子女就不能做这家的子女了。'这就叫作国备。"

在军事将领那儿，粮食是个必须引起高度重视的物质前提，它直接关系到战斗力的强弱和战争战役的成败。在墨子的论述中，粮食就是"国备"，粮食充足则国力足，反之则成为"饥国"，那国家就不成其为国家了。富国也好，强兵也好，粮食是第一位的。在战争时期，尤其是这样。

秦汉时期，正是商品货币经济发达的时候，不少人都去做买贱卖贵的贩运贸易，其中，从事奢侈品贸易的人尤其多。"天下熙熙，皆为利来；天下攘攘，皆为利往"。向外跑生意的热潮一浪高一浪。

可是，司马迁笔下有位宣曲任氏，他却只干他的老本行，绝不为外出贩运的热潮所动。任氏本来是个看管粮仓的小官吏。在他手中进进出出的粮食到底有多少，他都记不清了。长期的储粮经历，使他懂得了粮食的重要性。不久，陈胜、吴广揭竿起义，天下大乱。为避灾荒，那些豪富们争先恐后地收藏金玉，以为靠这些就能度过灾荒。可是，任氏却初衷不改，依然只收藏粮食。他把自己的粮仓修好，收藏了许多粟。

从秦末农民战争又打到楚汉相争，这仗好像打不完似的。这么多年战争，兵荒马乱，老百姓无法安心耕种，市场上粮食奇缺。这时，每石米卖到1万钱，还不一定能买到。

这时，任氏收藏的大量粮食却发挥了大作用。不仅他自己一家度饥荒不成问题，而且趁此机会把粮食卖出去。当时那些豪富所收藏的金玉，如今都到了任氏手里。任氏发起来了，成为远近闻名的大富豪。

任氏懂得，他的粮食是一升升、一石石地积累起来的。他懂得粮食来之不易，他也看到战争中缺粮的惨状。他发誓要节俭一辈子，即便家财万贯也要自己耕种。

战争结束了。不少人好像忘了当年因为缺粮而带来的不幸。任氏却不是这样，他的家规规定，不是田里长的东西不吃，不干完公事不喝酒，不吃肉。这种节俭的家风，使之成为远近数十里的楷模。虽然富商在汉初政治地位不高，但任氏家族却为皇上所推崇。

唐朝末年，农民起义的叛将朱温和沙陀贵族李克用之间展开了一场争权夺利的斗争。传说有位居住东院的先知先觉者，凭着他的直觉，感到一场战争将不能避免。而且，从两人的实力与对立的程度分析，这将是一场旷日持久的恶战。所以，他开始了应付战争带来的饥荒准备。每天清晨，他就开始做他的"工作"。他先把小米、豆子磨成粉，再将它们打成砖坯，放在太阳下晒干。等积累了相当多"粟砖""豆砖"后，他就把这些"砖"垒成"墙"，外面用黏土抹好，看上去和真的墙一模一样。此外，他还买了许多木材来把自己的房屋予以加固。

俗话说，没有不透风的墙。他这样干，哪怕干得再诡秘，左邻右舍之间还是很难瞒过去的。邻居们都在议论纷纷，嘲笑他吃饱了撑的，没事找事。也有的说他头脑有毛病，准是疯了。

可是，过了没多久，战乱真的来临了，而且规模巨大，延续的时日相当长。一段时间后，粮食慢慢吃完了，柴火也慢慢烧光了。邻居们一家家渐渐撑不住了，有的背井离乡投亲逃难，有的沦为流民到处要饭，不少人还因冻饿而死。这时，这位东院的主人却不慌不忙地把砖打散来熬米粥，当年修房子用的木材也成了他的柴火。就这样，一场粮荒被他战胜了。

粮食，不仅成了个人度荒或致富的有效途径。从国家的角度看，这又和经济政策的制定与实施关系极大。

西汉初年，因多年战乱，经济极为凋敝。从高祖刘邦起直至文、景，朝廷奉行休养生息、与民休息的政策，尽可能减轻农民的负担，曾经为此采取过一些轻徭薄赋的政策。以利于农业经济的恢复发展。其中，有 10 来年减免田税一项。

多年大量减免田税，必然会带来朝廷开支的不足。特别是边塞地区的军粮开支，没有大量田税支持是不行的。那么，有没有办法即使农民减轻负担，又使国库中的粮食不致减少呢？粮食啊粮食，这个难题又在困扰着当时的统治者。

晁错，这位文、景时号称"智囊"的社稷重臣，此时想出一个可说具有一箭三雕之妙的好办法。他建议：由于当时商人的势力已越来越大，他们坐利贩卖，囤积居奇，操纵物价，放高利贷，甚至兼并破产小农，其利害朝廷实际上已不容再忽视。完全采取过去那种"重农抑商"政策，把商人放到朝廷的对立面，使之成为朝廷的离心力量，这种做法事实上已不足取。对他们，不如用授予爵位的办法，让他们以粮食来赎罪和换得国家对他们的封爵。这样做，等于让商人来帮助国家解决储粮、特别是军粮的问题。国库粮食多了，才可实行减税政策。商人要爵位提高地位，必然会向农民买粮，粮价由此而上涨对农民有利。国家、商人、农民三方面可皆大欢喜。

汉文帝采纳了这个建议，于公元前 168 年下卖爵令。商人立即出现购粮、交粮、买爵。此举使政府获得了足够 5 年之用的粮食。

爵位的作用怎会如此神奇？这一点后来人是很难体会到的。战国时，秦国商鞅变法后，20 等军功爵制始在民间实行。当时军队搞军功爵，民间搞农爵和告奸爵。由此秦国培植了一个人数不小的有爵者阶层，这些人的政治、经济地位明显高于无爵者。按秦国实行的"重农抑商"政策，商人不得有爵位。战争结束，秦统一后，军功爵不复存在，民爵制取而代之。政府向农民普遍授爵，商人却无爵位。汉初，刘邦承袭秦朝民爵制，对商人打击更甚，商人政治地位没改变。

晁错看到这一趋势，利用当时特定历史背景，及时推出"入粟拜爵"政策，做到了国家有粮，商人有爵，农民有钱。用他自己的话说，就是"一曰主用足，二曰民赋少，三曰劝农功"。这样解决粮食问题，是比较明智的。

十四、论辩的智慧

明辨必须立仪

怎样明辨所说的言论呢？墨子说：应该立个标准。说话无标准，如同把测量仪放在陶轮上，那就不可能弄清是非利害。所以言论只有三条标准。哪三条标准呢？墨子说：有本原的，有推论的，有实践的。什么是本原的？那就是向上溯源于古代的圣王之事。什么是推论的？那就是向下明察百姓的日常事情。什么是实践的？那就是以此为刑法政令，并看其中体现的国家、人民的利益。这就是所谓三条标准。

日月如梭，光阴似箭。然而，要定位某个具体时间，必须要有个标准。中国古代人在一个圆盘上立上标竿，按太阳照射的不同角度来确定具体时间；现代人以格林尼治时间为标准，用一整套精确的天文仪器来确定更为准确的时间。可见，标准是相当重要的。那么，世上那么多的思想、观点，它们都要用言论的方式表达出来，究竟哪些是有价值的，哪些是没有价值的；哪些是有用的，哪些是无用的；哪些是正确的，哪些是错误的，要衡量界定它们，同样必须要有个标准。有了标准，才能判定言论的得失、价值、正误。当然，标准可以有不同，但作为自己判断的尺度，每个人必须要有符合客观、符合自己价值主体的标准。这里，墨子提出了"三表"——本原、推论、实践，以此作为立言的标准。在他看来，有了这"三表"就有了判别言论的客观依据。言论不过是思想认识的反映而已，墨子的"三表"，看来是判别立言的标准，实际上还不止此，它更是判别思想认识的标准。用这三项标准，上溯至前人的间接实践，下观察当代社会直接实践，以观察言论、观点、思想的效果，应该说，这是认识世界、认识事物很高的谋略。这一杰出的谋略后来对荀子的"符验"思想、韩非的"参验"思想、王充的"效验"思想都产生过重大影响。

齐宣王以好讲排场而闻名于国中。他为了满足自己取乐的欲望，在首都临淄郊外建了一个方圆达40里的苑囿，专门放养了麋鹿等珍奇动物，以供他狩猎之用。在所有诸侯国中，没有比这更大的规模了。这一点，引起了周围诸侯的嫉妒，又引起了国中百姓的不满。可是，齐宣王还不满足，还嫌这座苑囿太小，还想再大一些。

齐宣王

孟子出于一种正义感的驱使，出于对圣王之道的追求，出于对百姓利益的体察，不远千里特意来到齐国去见齐宣王。孟子是当时著名的思想家，各国国君都对他很敬重，他来到齐国，齐宣王当然要见他了。

一见面，齐宣王便流露出对苑囿之小、百姓之怨的不满情绪。他问孟子："听说周文王时占有苑囿达方圆70里，有这回事吗？"

孟子说："传说是有的。"

齐宣王一听，高兴了。他进一步问："真有的话，是否嫌它太大了呢？"

孟子当然知道他是什么意思，便顺着他的话说："百姓却以为它还太小了呢。"

"既然如此，寡人的苑囿不过方圆40里，百姓们却嫌太大了，这是为何呀？"齐宣王一脸的不高兴，好像道理都在他这一边。在他看来，他的百姓们实在是太不通情理了，显出一副牢骚满腹的样子。

孟子看他这么激动，便直陈己见："周文王的苑囿方圆达 70 里，其中不过是一些植物，一些野鸡、野兔一类的小动物。这和当时百姓的狩猎的条件没什么两样。这样，百姓当然以为这 70 里就太小了。这难道不是非常合适的吗？我有个习惯，每到一国，总要先了解这个国家有些什么禁忌，然后才敢入境。我在将入贵国时，听说国中有苑囿 40 里，如果有谁捕杀其中的麋鹿，那就如同犯了杀人之罪，这样一块方圆 40 里的苑囿立在国中，就好像一个大的陷阱放在那儿。您想，老百姓还不会以为它太大了吗？这难道能说是合适的吗？"

　　这里，孟子和齐宣王两人说的话都有各自的标准。那么，谁的标准更符合客观呢？按墨子提出的"三表"标准，显然孟子的话更正确，因为它既符合上古传统，更符合百姓日常利益。齐宣王的话只是在表面上符合上古传统，其实质是相违背的。至于百姓利益这一标准，他自己都知道那是谈不上的。

　　齐宣王无话可说了。只好瞪大两眼看着孟子，好大一会儿，才点了点头。此后，他再也不抱怨苑囿太小，也不再禁止百姓入苑了。

　　无独有偶。战国时魏国的梁惠王也极力标榜自己如何"爱民"，当然他也确实搞过一些小恩小惠封百姓的口。这天，孟子风尘仆仆地来到魏国，梁惠王听说孟子对他的"爱民"政治很感兴趣，心想说不定孟子是前来向他"学习"的。梁惠王当然希望地位不同寻常的孟子为他做这方面的宣传，造这方面的舆论的。

　　当梁惠王见到孟子时，还没听孟子说话，就得意扬扬地说开了："寡人对自己的国家么，尽心尽力那是毫无疑问的。您看，黄河以内出现了灾害，我就让那一带的百姓迁移到黄河以东，还调河东的粮食去河西。要是河东一带发生灾患，我也用同样的办法。"

　　孟子听了，笑笑，不置可否。梁惠王见他没反应，便向孟子发问了："我听说邻国的老百姓并没减少，而我这里的老百姓又没有增多，这是为什么呢？"

　　孟子没有再保持沉默。他从另一个角度说："大王喜欢打仗，咱们就以打仗来说明问题，好吗？"

"再好不过。"梁惠王兴致勃勃地洗耳恭听。

"战场上鼓声震天，各种兵器激烈拼杀，总有一方会丢盔弃甲而逃，有的向后退100步停下，有的向后退50步停下。以退50步的'优秀成绩'来嘲笑那退100步的逃兵，您看怎么样？"

梁惠王说："不行，那没什么两样，都是后退逃跑。"

"是啊！大王如果了解这一点，就该明白本国百姓为什么不会比邻国多了。"孟子的话，使梁惠王的"爱民"政策得到了注解。好战却施小惠是"爱民"吗？大家都讲的是"爱民"，那谁是真的"爱民"呢？各有自己的标准，其中必有一方是正确的，这一点孟子已点得明明白白的了。看来，梁惠王的"爱民"的确是舍本而求末了。

听其言，察其心

《墨经》上说："按照听到的声音、言论而获得他人所表达的意思，这就是以心来明察事物。"

人们常说，一个实际步骤比一打纲领要重要得多。为什么呢？因为言和行这两个方面中，行比言要重要得多。但这仅仅是问题的一个方面。问题的另一方面是，按照所听到的声音、言论，从中也能观察到说这些话的人的某些意思，哪怕是一些痕迹，甚至是一些蛛丝马迹。看来，这是一种更为高超的本事。因为它的前提是要会听其言，对所听到的声音、言论具有"去粗取精，去伪存真，由此及彼，由表及里"的分析能力，能像孙悟空在太上老君的八卦炉里练就的火眼金睛那样，一眼就能看穿是人是妖那样，一听到别人的声音、言论，就能大体判断这是个什么人，他为什么讲这个话，他的意图是什么，哪些是真话，哪些是假话，哪些是真正体现意图的话，哪些是欲盖弥彰的话。真要做到这一点，从墨子的其他言论看，其途径大概主要是靠实践，靠积累，靠经验，靠直觉。这一思想，为人的正确做到以言判行、以言识人提供了一个具体谋略，但这必须靠较长时期的学习和实践才能做到。不过，需要指出的是，墨子认识论

（包括《墨经》有时有片面夸大感觉和"经验"的地方，有时甚至以"鬼神"作为牵强解释事物的根据，这都需要加以剔除。即便如此，仍然不能否认其以言判行、以言识人这一谋略的价值。

秦军在长平大败赵军后，随即派使者向赵国索要6座城池作为讲和的条件，为此赵国不知所措。刚巧这时楼缓从秦国回来，赵王想请他谈谈意见。楼缓讲了个故事。故事说：公甫文伯当年去鲁国做官，病死后，有2个妇人为他而自杀，他母亲看到他死而不哭。有人感到奇怪："哪有儿子死了却不哭的人？"文伯的母亲说，当年孔子出亡时他不跟随，而今他死了却有两个妇人为他自杀，说明她儿子对长者薄情，对妇人优厚。楼缓说："从母亲的角度说，这个母亲是个贤者；从女人的角度说，这个母亲是个妒妇。我现在刚从秦国回来，要是说不该给这6城，就不是为大王考虑；要是说该给，就怕大王认为我为秦国考虑。"弯来弯去，把问题给绕开了。

赵王把这些话告诉了虞卿，虞卿一针见血地指出："这是虚掩之词。大王想想，秦攻赵，是军队疲劳才退兵，还是能打赢却不打，可怜大王而退兵的呢？"赵王说："是疲劳才退兵的。"虞卿说："这就是了。秦国无力攻占的地盘，却要大王拱手送给他，这不是在帮助秦国来打自己吗？要这样，来年秦国再来进攻，大王就没办法自救了。"

赵王把这话又告诉楼缓。楼缓这次的态度和上次已不一样了。他说："虞卿真知道秦国没力量打赵国吗？肯定不知。这区区6城不过弹丸之地，连这都不愿给，以后秦国再来进攻，大王不是要拿腹地去议和了吗？"赵王说："照你这么说，割了6城，秦国肯定不来进攻赵国了吗？"楼缓连忙推卸责任："这可不敢承担责任。现在赵国与韩、魏、齐都能修好，独独不事秦，这个责任我可不敢承担！"

赵王又把楼缓这些话告诉了虞卿，虞卿又一语道破："楼缓的办法是自杀的办法。照他的话，不如不讲和。然而，秦国虽然善攻，但他不一定能取得6城，赵国再不善于守卫，也不至于会失去6城。现在秦军疲惫而归，我们却要用割6

城的办法阻碍天下人进攻疲惫的秦国，这将使赵国在天下失去人心。赵国为什么要以割地来削弱自己、壮大秦国呢？楼缓说这是赵国事秦不如韩、魏，并要大王割地侍奉秦国，如果给了秦国，来年秦国再要求割地，大王还给吗？要是不给，不仅白白丢了以前割让的土地，而且让秦国抓住了寻衅的借口；要是给，那就无地可给了。俗话说：强者善攻而弱者不能自守。如今赵国坐以待毙，对秦国俯首帖耳，秦军不费一兵一卒即得到土地，这是有意壮大秦国并削弱赵国的行为。如此纵容秦国那样没有仁义之心的虎狼之国，它的欲望会永无止境。赵国土地有限，以有限的土地去满足无止境的欲望，其结果必然是赵国的彻底灭亡。可见，楼缓的主意不过是虚伪的遮掩之词罢了。大王一定不能把 6 城割给秦国。"

这些话传到了楼缓耳中，他又去见赵王。赵王把虞卿的话告诉了楼缓，楼缓加以辩解说："虞卿只知其一，不知其二。赵国军队如果被秦国打败，天下要祝贺的战胜者必然是秦国。如果不割地求和以疑惑天下人并侍奉秦国的话，天下人将趁秦国对赵国的愤怒而瓜分赵国。要知道想亡赵并不是秦国一家的夙愿啊！请大王赶快做出决断。"

虞卿也听说了这次谈话，他也主动去见赵王，开门见山地说："您看，楼缓的意图已经非常明确，他本来就是为了秦国啊！赵国军队被打败，又被割地求和，这样的后果将使天下人大为疑惑，这哪里是在侍奉赵国？这分明是向天下显示赵国软弱可欺。况且，我说的不要给 6 城，并非一定不给。即使给别人，也不是给秦国，赵国也可给齐国，齐国得到此 6 城一定会拼全力向西进攻秦国，因为齐国本来就是秦国的宿敌。如果是这样，大王虽然给了齐国土地，却还可从秦国得到补偿。而且齐赵结盟，秦国就会主动来媾和，这样韩魏两国就会尊重大王。如此一举，可结下三国之亲，而与秦国分道扬镳了"。

赵王这下决定了：派虞卿为使者去齐国，与齐国共商对付秦国之事。结果，还没等虞卿回来，秦国立即重新派使者来谈判了。楼缓听到这个消息，只得灰溜溜地离开了赵国。

虞卿不愧是个高明之士，他通过楼缓的虚掩之词就知道他不为赵国着想，对秦国则有意遮掩其阴谋。赵王却看不到这一点。几次谈下来，楼缓劝赵事秦的真实意图已逐渐暴露，连赵王也能认识楼缓的真面目了。当然，赵王的觉醒，与虞卿及时识破楼缓的真面目，并痛快淋漓地揭露、粉碎其鬼蜮伎俩是分不开的。

是而不然

墨子说："奴婢的亲人是人；奴婢侍奉其亲人，不是侍奉他人。她妹妹是美人，爱妹妹不是爱美人。车是木做的，乘车不是乘木。船也是木做的，上船不是上木。盗贼是人，盗贼多不是人多。没有盗贼，不是没有人。何以见得呢？讨厌盗贼多，并非讨厌人多。想要没有盗贼，不是想要没人。这些是世人的共识……这就是所谓'是而不然的逻辑命题。'"

"是而不然"是"墨辩"逻辑中推理方式之一"侔"的一种表现形式。"墨辩"学派的推理统称为"说"，它包括推理、论证、反驳等，其中推理是主要的。"说"的形式很多，其中主要有：（1）"譬"（譬喻式类比推论）；（2）"侔"（不同类语言类比推论）；（3）"援"（别方论点类比推论）；（4）"推"（归谬类比推论），（5）"止"（以反驳正式推论）；（6）"擢"（引证分析后归纳推论）；（7）"诺"（应对式推论）等。

"是而不然"的特征是：在一个肯定式命题的主语、谓语成分前加上其他成分，使之变为否定式命题。《墨子·小取》篇这段话中，共有10来个这样的命题。比如，"她妹妹是美人，爱妹妹不是爱美人"，后一个命题就不能从前一个命题推出，后一个命题和前一个命题不是一个意思，从而达到了否定的目的。举了那么多例子，他的目的全是为了论证最后一项，那就是"杀盗，非杀人也。"原来，他们把"盗"和"人"分了开来，是为他们的政治宣传服务的。

应该承认，这个命题形式有一定的缺陷，它有点人为地把同一个事物强行割裂成两个事物。然而，在特定条件下，它作为一种否定之否定的推理表达方式，仍然有其意义和价值。所以，把它作为思辨和一种具体谋略还是不过分的。

19世纪下半叶美国著名小说家马克·吐温是一位世人所公认的语言学大师，他的作品和他的为人一样，喜欢用夸张、俏皮、幽默的手法和语言，用来刻画人物，往往入木三分，令人读来印象深刻。

实际生活中，这位语言大师也是一位幽默大师，他的不少故事都令人捧腹，其连珠妙语闪烁着他高超的智慧之光。

有一次，马克·吐温和一位摩门教徒展开辩论。摩门教主张一夫多妻制。论敌责难马克·吐温说："你能在《圣经》中找到一句禁止一夫多妻的话吗？"

马克·吐温胸有成竹地回答："当然可以。《马太福音》第6章第24节说：'谁也不许侍奉二主'。"以此否定了摩门教主张的一夫多妻制。在这里，他把夫妻关系说成是仆主关系，以一夫多妻比作一仆多主，从而让摩门教关于一夫多妻的主张受到世人鄙视。

还有一次，马克·吐温的著名长篇小说《镀金时代》发表后，记者在一次招待会上采访了这位大作家。这部小说，深刻揭露了美国政界的黑暗，揭露了一些政客、富翁的无耻。当记者要他发表感受时，他愤怒地说了一句："美国国会中的有些议员是狗娘子养的。"

这句话公开披露于报端后，华盛顿的议员们被激怒了。他们纷纷怒气冲冲地要求马克·吐温澄清事实并加以道歉，并扬言如果不按他们的要求做就将要对马克·吐温诉之以法律。

马克·吐温过去吃够了法律之苦，这回当然不会再吃眼前亏了，他答应说一定会登报公开道歉。过了几天，《纽约时报》上出现了马克·吐温向国会议员道歉的声明，全文如下：

日前鄙人在酒席上发言，说"美国国会中有些议员是狗娘子养的。"事后有人向我兴师问罪。我考虑再三，觉得此话不恰当，而且也不符合事实。故特此登报声明，把我的话修改如下："美国国会中的有些议员不是狗娘子养的。"

看起来，马克·吐温否定了他自己说的话。可是，这种否定是真的否定吗？

战国儒学亚圣孟子经常与人展开辩论。这天，他又遇到一个论敌，他叫鼓更。鼓更的论点是："我以为读书人并没参加劳动，不劳动就是白吃饭，长此以往，这将是不可容忍的。"

孟子是这样对他进行反驳的。他说："世上的人分工不同，他们生产的产品各有差异。所以，各行各业的劳动者总要用自己的多余产品，去换取自己所缺少的东西。如果没有这种交换，那么，农民种的粮食吃都吃不完，可是他却没有车子运东西。反过来，木工做的车子堆积如山，却无法换回粮食吃。现在，如果能让农民和木工互通有无，那不各得其所了吗？"

"同样的道理"，孟子接着说，"一个人在家里孝顺父母，出外尊敬师长，他对古代的礼、法、道、义既非常了解又能严格遵守，还能用这一套做人的道德来培养后代，成为受人尊敬的学者，难道这样的人不该得到饭吃吗？你鼓更为何只尊重农民、木工，却对仁义之士那么轻视呢？"

实际上，孟子已提出了知识也是产品，也可以进入交换领域的命题，只是没有直接说而已。由于用了同领域的反证，他才有力地否定了鼓更的论点。

1859 年，达尔文出版了《物种起源》一书，其中阐明的进化论犹如一颗重磅炸弹，给教会一向主张的"上帝造人"说以致命的打击。

1860 年 6 月，英国教会在牛津开会，准备全面反击进化论。会上，由当时认为最聪明、最有辩才的主教威勃姆斯出面作长篇演说。他的演说不仅暴露了他对科学的无知，到后来，甚至展开了无聊的人身攻击。他说："赫胥黎教授就坐在我旁边，他是想等我一坐下就把我撕成碎片，因为照他的信仰，人是由猿变的嘛！不过，我倒要问问：这个猴子子孙的资格，到底是从祖母那里得来的，还是从祖父那里得来的呢？"

当时正值 35 岁的年轻教授赫胥黎在听完威勃姆斯的演说后，全面阐述了达尔文进化论的合理性，他用达尔文书中的大量事实，论证没有其他学说能比达尔文的解释更为合理，并对威勃姆斯的人身攻击做出回击。他指出："我断言——我重复地断言，要说我起源于弯腰走路和智力不发达的可怜的动物，我并不觉得羞耻。要说我起源于那些自称很有才华，社会地位很高，却胡乱干涉自己所茫然无知的事物，任意抹煞真理的人，那才真正可耻。"

赫胥黎的报告引来了全场暴风雨般的掌声，达尔文进化论取得了决定性胜利。

两面勿偏

墨子说："看到事物一个方面，叫体见，这是片面认识；看到事物的两个方面，叫尽见，这是全面认识。"

又说："权衡事物必须考虑两个方面，不可偏废。"

《墨经》中的这些观点，都是要求人们看问题要讲两点论，不要一点论；要全面辩证地看问题，不要片面地看问题。世界上的事物是复杂的，必须多方面综合起来分析，才可观察得相对正确一些。

春秋末年，齐国的田常要夺权，但又畏惧高、国、鲍、晏这四大家族的势力，于是就借故出兵攻打鲁国，以显示力量。鲁国告急，惊动了孔子。出于爱国心，他对弟子们说："鲁国是我们的祖宗之地，父母之国。现在鲁国正受到危难，你们为何不去解救呢？"学生们热血沸腾，但子路要求去，孔子却没让他去；子张、子石要去，孔子也没放行；只有子贡请求，孔子才高兴地答应了。

子贡到齐国后见到田常，他对田常说："你伐鲁国没有道理。鲁国墙又薄又矮，地又狭又小，国君愚蠢而无仁德，大臣虚置无用，士兵、百姓都厌战，我想打这种国家不值得，也并不好打。真值得打的，那应当考虑吴国。吴国城墙又高又厚，地域又宽又广，部队铠甲坚韧，士兵士气高昂，又有精干的臣下辅佐，这样的国家还特别好打。"

田常一听，气不打一处来："你以为我是傻瓜吗？你用反话来开导我，究竟想干什么？"子贡却不慌不忙地说："我听说这么个道理：忧患在内的攻强国，忧患在外的攻弱国。我看你现在的忧患在内部，比如你自封齐王三次都没成功，还不是大臣中有人反对吗？如今你想用攻占鲁国、扩大齐国领土的办法建立战功，但这样做效果将适得其反，因为一旦攻占成功，国君威信变高，群臣势力更大，你想夺王位就更困难了。这样下去，你恐怕在齐国能否立足都成了问题。所以，我看不如打吴国，吴国打不下来，军队死于城外，大臣空虚于内，国君失去依托，下面百姓又不会阻挠。到头来能控制齐国的就你一个人。"

听子贡这么一说，田常高兴了。可是又一想，不行。他对子贡说："你的主意好是好，但我已下令出兵伐鲁了，要是改攻吴，大臣不会怀疑我吗？"子贡说："这个好办。你只要按兵不动，我去让吴国派军队来救鲁伐齐，你就可借此攻吴了。"田常同意了。

子贡来到吴国，见到吴王后说："我听说，称王称霸者是无敌于天下的。就像现在，齐国要去攻打鲁国，真是轻而易举。下一步，它就要与吴国一争高低了，我真替大王担忧呢。我认为，对大王来说上策是救鲁伐齐。救鲁，可显威名；伐齐，能得实利。这样做既能保护鲁国，又能削弱齐国，不是两全其美的好事吗？吴王听了对此表示赞同。不过，他又说：'越王战败后，时刻在积蓄力量前来报仇，待我征服了越国后再说吧！'子贡却不愿放掉这条快要上钩的大鱼。他说，越、鲁力量是一个档次，吴、齐力量又是一个档次，大王放弃齐国而去攻越，等你征服了越国，齐国已把鲁国灭亡了。这对大王来说绝不是明智之举。对吴国来说，不仅不该去攻越国，而且应该保存越国，向各国显示吴国的仁德，并用自己的实力去救鲁攻齐。我愿意为大王去越国见越王，让他随你一道去出征。这样，名义上是随诸侯出征，实际上是使越国实力空虚。"吴王听了这一席话，当然高兴。子贡又去越国游说了。

越王对子贡非常热情，亲自陪同到馆舍。子贡说："我劝吴王救鲁伐齐，他心里愿意，却担心越国趁机报复，看来，越国是要被灭亡了，越国危险了。"越王问子贡该怎么办。子贡说："吴王为人狂暴，国家也因为穷兵黩武而大伤元气，百姓痛恨国君，伍子胥劝谏却被杀，太宰伯嚭专权，现在大王表示愿意出兵帮助吴王救鲁伐齐，并表示尊崇他的礼仪，他一定会去伐齐。吴国被打败，是大王的福气；如果战胜了，吴国肯定会去打晋国，我愿去见晋国国君，让他从北面攻吴，吴国一定会被削弱。这样，其精锐困于齐国，主力部队被晋国牵制，大王则可利用此机会灭吴。"越王听了大为振奋。

子贡又来到晋国。他对晋君说："凡事须先作妙算。现在齐、吴就要开战。如果吴国胜了，晋国危在旦夕。"晋君紧张了："那该怎么办呢？"子贡说："养兵备战，静观待敌"。晋君同意了。

子贡最后回到了鲁国，静观事变。结果，吴、齐果然交战于艾陵，吴军大败齐军，之后果真北上攻伐晋国，与晋军战于黄池，吴军终致大败。越国趁机灭吴。3 年后越王称霸。鲁国则免于战事。

子贡看到事物之间的复杂联系，从全局的高度理清了每一个环节，终于赢得了这场外交战的全胜。

推理不可偏观

墨子说：事物于某一方面相同，不等于都会相同。推论中"侔"的手法，要放在一定范围内才算正确。事物如此，有所以如此之由。所致原因相同，产生这些原因则不一定相同。赞同的意见是有其赞同原因的，但同是赞同，原因可以是不同的。所以，通常讲的"譬""侔""援""推"这些推理形式，真正运用时经常发生变化，有的还会成为诡辩，有的会离开主题，有的会离开论点的本意。对这些不可不注意考察，也不能无条件地经常用。所以，语言有不同的表述法，事物有不同的种类，观点的根据、缘由也不尽相同。既然如此，推论就不能太偏执。

这段话，墨子给初涉逻辑领域的人们一个中肯的告诫：事物是复杂的，不可能在每个方面都一样，简单地运用形式逻辑中的推理手段，未必都会有正确的结果，推论、推理的每一个手法、形式，都不能机械地运用，更不能无条件地脱离一定范围运用，不然的话，得出来的结论也许是十分荒唐的。凡事不要简单化，更不能把逻辑上的推理形式简单化地加以运用，必须注意推理事物的推理范围，更需要注意各个具体事物本身的特殊性，切忌不加分析地机械推理。

看来，墨子不仅是逻辑学思想的大师，而且他还是十分杰出的辩证法大师。辩证法要求人们运动地、发展地、全面地看待事物，否则就会陷入形而上学。从这段话看，墨子所思考的问题似乎已超出了一般的形式逻辑范围，某种意义上说正在向辩证逻辑的高度迈进。这在古代思想界来说，的确是难能可贵的，尤其在逻辑思想方面更是如此。从这里，我们可以看到墨子逻辑思想的重大价值，也可看到他在论辩谋略方面为人类做出了多么大的贡献。

美国哲学家詹姆斯说：有一次，他带领学生去露营，从山上下来时，发现学生们正在热烈争论。他们争论的主题是：一只松鼠绕着一棵大树的树干转动，一个人站在这棵树的树干另一面，也绕着树和松鼠作等速转动，人始终看不到松鼠。争论的焦点在于：这个人是否在绕着松鼠跑。

为此，两种意见争得面红耳赤，谁也说服不了谁。

双方处于势均力敌的状态，难分胜负。他们要詹姆斯谈自己的看法。

詹姆斯说，要看如何理解你们说的所谓"绕着松鼠跑"，这句话究竟是什么含义要搞清楚。要是你们是想说，从松鼠的北面跑到东面，再到南面、西面，然后再回到北面，那么这人显然是绕着松鼠跑，因为这人的确依次从北、东、南、西、北的方向在跑。

反过来，要是你们想说，人先在松鼠的前面，再到它后面，再到它左面，又回到前面，那这人就没有绕着松鼠跑。因为，松鼠也在相对地活动，它的肚子总朝着这个人，而它的背却向着外边。

可见，从两个角度看问题，都不能说谁是对的、谁是错的。

哥伦布发现新大陆后，有些人不服气。在一次庆功酒会上，有人公开声称："有什么了不起？任何人通过航海都能到达大西洋的彼岸，这是世界上最简单不过的事了。"

对这种责难，哥伦布十分冷静。他站了起来，并没有立即驳斥那些人的非议，而是从容地拿起一个鸡蛋问道："这里有谁能把这个鸡蛋立起来？"问了好几遍，结果没有一个人能把它立起来。

哥伦布看了大家一眼，意思是：瞧我的。只见他拿起鸡蛋，猛地敲碎它的一头。这样，鸡蛋毫不费力地立了起来。这下，那些责难者都嚷了起来："这样也算吗？能这样吗？"

哥伦布平静地说道："这难道不是世界上最容易做的事吗？然而，你们却做不到。是的，当人们知道了某件事该怎么做时，一切都变得轻而易举。"

世界上的事情就是这样，结果可能是这样，也可能是那样；可以通过这种方式得到，也可以通过那种方式达到，为什么要求全责备呢。

20世纪30年代时，香港茂隆皮箱行因为质量过硬，货真价实，深受顾客青睐，生意也非常红火。谁知，由此却引起了英商威尔斯的嫉恨。

为了搞垮茂隆，威尔斯想出一个很坏的主意。有一次，他故意到茂隆订下了3000只皮箱，价值20万港元。为此，双方订立合同，1个月后交货，过期或商品不合质量，则由卖方赔偿损失50%。

1个月过去了，威尔斯前来提货。茂隆经理冯灿及时向他交纳了3000只皮箱。谁知，在验货时，威尔斯却来找麻烦了。他说："合同上明明写的是皮箱嘛，为什么这批箱子里面有木料？这分明是木箱，不是皮箱嘛。"任凭冯灿如何解说，威尔斯仍然一口咬定这不是皮箱。

此事闹到了法院。香港的法院由英国人唱主角，法院一味偏袒威尔斯，企图把冯灿判为诈骗罪，并要他按合同规定赔偿损失。冯灿在气愤之余，请了罗文锦律师为他辩护。

罗文锦当时在法律界还没有什么名气。不过，他怀着一颗正义之心，听到冯灿的冤屈时，决心为此案讨还公道。这天开庭后，威尔斯又在那儿信口雌黄、胡说八道时，罗文锦站起来，突然问了法官一个问题，他指着一块手表问法官："法官先生，请问这是什么表？"

法官说："这是伦敦出产的金表，这与本案有关系吗？"

"怎能说没关系？"罗文锦把金表举起来问法庭上的所有人："这是金表，没人能怀疑吧？"

当众人表示首肯后，罗文锦又问："这块金表除表壳镀金，内部零件也都是金制的吗？"旁观的人们都说："不是。"

"那么，为何人们又称它为金表呢？"罗文锦先来了个设问，然后又反问："仅仅表壳镀金的可称为金表，茂隆皮箱行的皮箱为何就不能叫皮箱？"他提高声调再次引起了人们的注意。"由此可见，原告这是无理取闹，是存心敲诈罢了。"

法官目瞪口呆，最后只好判威尔斯犯了诬告罪，罚款5000港元。

在此案中，罗文锦律师运用的是有范围的类比，恰到好处，妙不可言。从此，罗文锦的声望在香港日益增高。

因以别道

《墨经》说："所谓'止'，是用其他道理进行反驳。"并举例说："他说是的，并说出为什么是；我则举出不是的事例反问他。比如'圣人有值得否定的地方却未加否定'的命题那样。"

从逻辑上说，这属于归纳反驳式的推论，它是辩论中机智的一种表现。

在辩论中反驳论敌时，其中有一条重要的谋略，就是要准确归纳论敌的论点，不给对方带来曲解原意的指责。要做到准确归纳，需要在逻辑上准确地把握原意，并加以归类提炼，达到"一言以蔽之"的效果，简单明了，真正做到"稳""准""简"。要做到这一点需要进行归纳基本功素养的训练和养成。墨子本人的归纳基本功已达到了炉火纯青的程度。比如，他为了论证自己"兼爱"学说的正确性，先从三代圣王实行"兼爱"的事实，归纳出这一主张的合理性；又从各个领域中的"兼爱"（比如君臣之爱、父子之爱、兄弟之爱等等）归纳出"兼爱"的必要性。这样，建立在这个合理性、必要性基础之上的这一学说的正确性自然不言而喻地呼之欲出了。

齐宣王有一次见到孟子，要和他讨论君臣关系。齐宣王说："臣一定要忠君，这是为臣者的本分。"

孟子不以为然地立即反驳他："那不见得。如果国君有了错误，当臣下的就要尽力加以劝阻。如果反复劝阻还是不听从，那就要把国君废掉，改立别人为君。这才是为臣的本分。"

　　孟子这样说，完全符合中国上古历史上"汤武革命"的传统。齐宣王无言以对，脸色铁青。孟子进一步加以阐述说："大王别吃惊。你知道商汤把夏桀加以流放、周武王灭殷纣王取而代之的事吗？"

　　齐宣王却从东周时看到的一些事例角度来反驳孟子，"那样做，是当臣下的要杀掉他们的国君。这叫弑君，是大逆不道。那是要受到千古唾骂的。"

　　没想到齐宣王如此不懂三代传统，孟子义正词严地把他的谬论加以驳回："不对！破坏仁爱的人叫作贼，破坏道义的人叫残，这种人，我们称之为独夫民贼。我只知道周武王是诛杀了千夫指、万人骂的独夫民贼殷纣王，却从来没听说过他是以臣弑君。这样说，是颠倒黑白。"

　　齐宣王听了，吓得冷汗都下来了。他怎么也没想到会碰到孟子这么厉害的对手，因为孟子十分准确地抓住了他问题的要害，同时又没有曲解他的原意。

　　19 世纪乌克兰诗人谢甫琴科是个反对沙皇统治，具有很强民主主义思想意识的人。

　　有一次，沙皇召见他。大厅里所有的人都对沙皇躬身行礼，唯有谢甫琴科昂首挺立，望着沙皇。

　　"你为什么不低头鞠躬行礼？"沙皇问他。

　　"不是我要见你，而是你要见我。我想你不会弄错，如果我也像周围的人一样低头弯腰，那你怎么能看得见我谢甫琴科呢？"谢甫琴科理直气壮地回答。短短数言，既揭露了沙皇的傲慢，也显示了谢甫琴科不畏权贵的气概。

　　沙皇看着他，一时竟无言以对。

　　冷战时期，一些美国记者追随美国政府敌视中国的错误政策，常常借采访之机表示敌意。

　　一次，周恩来刚批完文件，顺手把笔放在桌上，随即就接受了一位美国记者的采访。那记者看到桌上的钢笔竟是美国出产的派克牌笔时，便不怀好意地问："请问总理阁下，你身为堂堂中国总理，为什么要用我们美国生产的笔呢？"

周恩来听后哈哈大笑，接着便说："这支笔啊！真是说来话长。这不是一支普通的笔，而是一位朝鲜朋友参加抗美救国战争的战利品，是他作为礼物送给我的。当时，我想我是无功而受禄，就想谢绝。哪里知道那位朋友说，留下作个纪念吧！我觉得很有意义，就收下了这支贵重的笔。"

那位记者听了，窘得面红耳赤，一句话也说不出来。聪明反被聪明误，自以为得计，到头来却弄得狼狈不堪。谈笑中，周恩来已经机智地反驳了这位美国记者带有敌意的挑衅，真是妙不可言。

英国古典戏剧家莎士比亚的名剧作《威尼斯商人》中，有这样一个情节：

威尼斯商人安东尼奥，向贪得无厌的高利贷者夏洛克借了 3000 元钱，定为 3 个月为期还清。双方约定，如果到期不按时还债，债权人将从安东尼奥身上割下 1 磅肉作为代价。

结果，安东尼奥的船队在海上遇难，使他本来可以赢利的大笔财富顷刻间化为乌有，他拿什么来归还夏洛克的高利贷呢？

由于安东尼奥没有能如期履约偿还债务，双方为此诉诸法律。在法庭上，无论安东尼奥如何辩解，夏洛克仍然坚持要割下他的 1 磅肉。

正义的假冒审判法官鲍细霞找到了夏洛克无理要求后面的漏洞，义正词严地对夏洛克说："契约上并没有允许你取他的 1 滴血，只是明写着 1 磅肉，所以你可以照约拿 1 磅去，可是在割肉的时候，要是流下 1 滴基督徒的血，你的土地财产，按照威尼斯法律，就要全部充公……你准备动手割肉吧！不准流 1 滴血，割下来的肉不准超过或是不足 1 磅的重量。要是你割下来的肉，比 1 磅略微轻一点或是重一点，即使相差只有一丝一毫，或者仅仅一根汗毛之微，就要把你抵命，你的财产要全部充公……"

鲍细霞以归纳方式反驳了夏洛克的荒谬和残忍。在如此聪明的"法官"面

抓住矛盾，所向披靡

墨子说："世俗的君子，本来他很穷，别人说他富，他会感到愤怒，本来他无义，别人说他有义，他则会感到高兴，这岂不荒谬吗？"

又说："世上的君子，让他成为屠宰猪狗的屠夫，他说干不了则推辞，而让他当一国的相国，他干不了却还要去干，这岂不荒谬吗？"

墨子言论中，非常善于抓住一些矛盾的现象予以揭露，予以驳斥，以此来反驳论敌，可达到揭示真理，所向披靡的效果。从逻辑学上说，这就是善于运用矛盾律这一形式逻辑中常用的定律，以反驳论敌的荒谬。在人们的日常辩论、思维、表达中，矛盾律是一条很重要的定律，有着广泛的用途，同样是一种具体的思辨谋略。墨子这两段话就是成功运用矛盾律加以归谬反驳的典范，信手拈来，比喻妥帖，恰到好处，使人一听就能明白论敌自相矛盾的荒谬性。在《墨经》中，还可以找到不少运用"悖"论来反驳论敌的例子，这与熟练运用矛盾律是分不开的。

儒者十分注重于穿着。孔子在《论语·乡党》篇中就有关于注重衣着，什么衣配什么鞋，什么衣配什么帽这类的讲究。一些俗儒对此更是到处宣扬，说什么"君子必着古服说古话才能算仁。"

对此，墨子认为是矛盾的。他说："首先，所谓古服、古话，并不是一成不变的，那么凡属古代的时间范围内，哪一种才能算是古，哪一种又不能算是古呢？这是一个矛盾。其次，古代的人们并非个个是君子，当然也并非人人可称之为仁。既然如此，我们又何必一定要穿上非君子才穿的古服、说那非君子才说的古话呢？"

孔子又说：君子"述而不作"，意思是只转述前人的成果而自己并不创作。不少儒者也跟着宣扬"君子循而不作"，只吃开口饭，不做实际动手的事。

墨子也认为这是个矛盾的命题。他说："古时候，羿发明了弓箭，杼发明了盔甲，奚仲发明了车子，巧垂发明了船。能不能这样认为：当今的皮革工、制甲工、车工等等工匠都是君子，而羿、杼、奚仲、巧垂等人都是小人呢？后来人所转述的，最初一定要有人先创作出来。从小人那里转述来的东西，恐怕不是君子之道，而是小人之道了吧？"

相传，叶公对孔子说："我们那儿有个直率的人，他的父亲偷了别人的羊，他立即到官府去揭发他父亲的丑行。"孔子则说："我们那儿也有直率的人，不过做法有所不同。当出现了什么坏事时，做父亲的替儿子隐瞒，做儿子的替父亲隐瞒。"孔子虽然说的是他们那儿的一种社会现象，但实际上却代表了孔子本人以及儒家学派对这类事的基本态度。后来，《公羊传》一书指出《春秋》的一个基本特征就是为尊者、亲者、贤者避讳。而《春秋》一书，传说就是孔子亲自删订的。所谓避讳，就是避免提到这些人的错误。

对此，墨家学派持反对态度。在《墨经》一书中，墨家对儒家这种对待错误的方式表示了极大的反对。他们认为，有了错误，应该批评。儒家反对对尊者、贤者、亲者批评的态度是不对的，因为这样必定陷入自相矛盾之中，儒家观点本身就是在批评他们所不同意的观点，这怎么能说是反对一切批评呢？

齐王得了头痛病，他请来宋国名医文挚为他治病。文挚诊断完毕对太子说："大王的病，一定能好。只是他的病一好，我的命就保不住了。"太子忙问为什么，文挚说："不激怒大王，头痛病治不好。要是他真发怒了，那我必死无疑。"太子苦苦相求，再三向文挚保证没事，请他不要有顾虑，文挚最后总算答应了。

一连三次，齐王的头痛得简直要裂开来，他差人来请文挚去诊治，文挚就是不去。第四次，文挚总算去了。他一进来，鞋也不脱，就放肆地迈步登床，一脚就踩在齐王宽大的衣袖上，气得齐王话都说不出来。然后，文挚一边号脉，一边说些激怒齐王的话。齐王怒不可遏，大喝一声，坐了起来。说也奇怪，头痛病竟神奇般地好了。

齐王为解恨，下令要把文挚丢进沸腾的汤锅里煮，太子、王后再三说情也

无济于事。说怪也怪，文挚被煮了三天三夜，却依然和先前一样。据说文挚是道人，能入水不湿，入火不焦，所以才不死。

这个故事，从先秦一直流传下来。

可是，东汉唯物主义思想家王充在他写的《论衡》一书中说，这完全是胡说八道。他认为，这个故事违反了一般的常识，充满着相互矛盾的地方。文挚是有生命之体，在沸水中烹煮，这对任何有生命的东西来说，都是会气绝而死的。此其一。故事中说文挚在汤锅中非但没煮死还开口说话，王充认为说话靠声音，发声靠呼吸，呼吸又靠气血运行，气血运行又靠骨肉。骨肉一煮就死，其他器官跟着会失灵，他怎么会开口说话？此其二。文挚泡在汤中必死。即使是泡在冷水中也会死，更何况是在沸汤中。此其三。至于煮了三天三夜连颜色都不变，那更是荒谬之说，这是连白痴、蠢人都懂的道理。此其四。

种种道理表明，这个故事违反常理，用今天的话说就是违反科学。这么多矛盾之处，还能令人相信是真的吗？

察次山比因，声端名因

墨子说："对某一门学说或某一件事情，只有该深入的深入，该浅出的浅出地进行研究，并体会它是否合理，才能真正领会、推崇它的要旨之所在。其次，要考察它形成的缘由，事物的内涵和外延产生的原因，这样才能把握它的精髓。然后，再进一步考察它的源头、借鉴其他的名目及其方法，以及它背后终极的底蕴，这样才能完整准确地对该事物有较完全的理解。"

观察事物能否做到准确，这需要本事；看准了的事物能否抓住其要领，用最简单明了的话把最复杂的事物勾画出来，这更需要本事。怎样才能具备这种本事？墨子在这里为人们找到了一条具体的方法，那就是要考察事物形成的缘由、内因和外因，把握住它的要领。在对一件事没有搞清楚之前，千万不要以自己的感情色彩渗入其中，千万不要个人的好恶下结论。只有这样，才能比较客观地抓住问题的实质。一旦找到了问题的实质，就能做到深入浅出地用几句话把事物最为要害的地方点出来，把问题的本质抓出来。

有一次，有人问孔子说："你认为颜渊这人如何？"孔子说："颜渊是仁爱的人，我孔丘比不上他。"

那人又问："你认为子贡这个人如何？"孔子说："子贡是善辩的人，我孔丘比不上他。"

那人还问："你认为子路这个人如何？"孔子说："子路是尚勇的人，我孔丘比不上他。"

那人接着提了个综合性的问题："他们3人都比您当老师的强，而他们都当您的弟子，效力于您门下，这又是为何呢？"孔子说："我孔丘既能仁爱又能忍耐，既善辩又讷于言，既能尚勇又很懦弱。要是以他们3人的才能来换我孔丘的本领，那我是不换的。"

从这些应对来看，孔子是个善于以言行观察为人并善于应变的人。他不仅有很强的原则性，又有超乎异常的变通本领。这与那些书呆子是完全不同的。不懂得观察事物，不懂得从实际出发而变通，那就是愚蠢的人。

这一点，从《韩诗外传》记载的孔子评价周公的一段话也可看出来。

孔子说："过去，周公侍奉武王时，行动不敢自主，做事不敢自己拿主意，小心得好像战战兢兢，骨头都撑不起衣服似的，说话也是似说非说，唯恐出错。在武王面前时，那副小心谨慎的样子真是如履薄冰那样，真像是个听话的好儿子。"

"到武王去世后，成王年龄小，周公承担起了辅佐重任。他俨然像自己继承王业那样，起着实际上的天子的作用，处理天下所有重要的政事。对外，他主持讨伐夷狄对边疆的侵犯；对内，他平定了管叔、蔡叔等人的叛乱。在朝廷上，他抱着成王接受诸侯的朝拜，该杀谁，该赏谁，都按制度定夺，毫无顾忌，毫不手软。那时候，周公真可说是威力盖世，震天动地，那种英武能干真是没有第二个人可比。"

"待成王长大成人后，周公毫无恋权的野心，果断把政权交还给成王。他仍然以一个臣子的礼节向北侍奉成王，像过去侍奉武王那样，事事都请示后再做，绝不独断专行，没有一点自以为是、自显才能的地方。在臣子中，这要算最好的臣子了。"

孔子以自己听到的有关周公的传闻得出结论："一个人前后有 3 次变化，这是用以顺应外事变化的本事。"不管是自己亲自观察还是听人说的事，孔丘由此认为周公是个好臣子，是为臣者的楷模。这个结论大概是符合实际的。

唐德宗贞元年间，西川节度使张延赏和东川节度使李叔明之间有矛盾。他们经常互相拆台。

有一次，德宗来骆谷时，正值阴雨绵绵，道路不好走，卫兵逃跑回家的也多。李叔明的儿子李升等 6 名将领，为防止有人乘机破坏皇帝车驾，他们轮流着牵引皇帝的车马，一直到梁州，未敢怠慢。德宗回到长安后，把他们 6 人都封为禁卫将军，留在身边保卫御驾，恩宠有加。

在首都期间，李升经常出入郜国大长公主的府第，这件事被张延赏知道后，就暗地里上书报告了德宗。德宗为这事，专门找到丞相李泌问道："郜国大长公主已经年老，而李升还挺年轻，他们为什么会经常往来呢？"

李泌不愧是老练的政治家，他一听就知道这是有人要动摇东宫太子的地位，因为郜国大长公主是太子妻子萧妃的母亲。李泌说："陛下听谁说的？一定是张延赏报告的吧？"

德宗奇怪地问："你怎么知道？"李泌便把张延赏与李叔明的矛盾说了出来，并说："李升承皇恩照顾，当了禁卫将军，那张延赏故意中伤陷害是很可理解的。可这事关系到太子。当然要慎重了。"德宗对李泌十分佩服。

不久，又有人在德宗面前上告大长公主淫乱，还对祈祷仪式十分厌烦。德宗听到后大为震怒，他下令把大长公主幽禁在宫中，并狠狠地责备太子。太子一时压力很大，只得提出请求与萧妃离婚。

德宗由此而萌发了重新废立太子的念头。为此，他又想听听李泌的意见。他对李泌说："舒王近来已有很大长进，既孝敬、友爱，又仁义、温良。"李泌一听这话，便知皇上有了立舒王为太子的意思。他慢慢地说："陛下只有一个儿子，为何要把他废掉而改立侄儿呢？"

德宗勃然大怒："你为何要挑拨我们父子关系？谁告诉你说舒王是我的侄儿？"

李泌却很沉着："那是陛下自己说的，记得大历年初，陛下高兴地说，今天得了几个儿子。我问什么缘由，陛下对我说：'昭靖诸子，主人要我以儿子相待。这不是说要把侄儿当儿子看待吗？如今，陛下对自己的亲生儿子尚且信不过，又怎么能信任侄子呢？舒王孝顺是不错，只是从今往后陛下宜努力，不要再希望他来孝顺您。"

德宗一时语塞，竟恼羞成怒地说："你！你敢违背我的意志？你就不爱惜你的家族吗？"皇上真要动真格，李泌和他的家族都要遭罪了，这话充满着杀机。

李泌十分坦然地说："我正是爱自己的家族，才不敢不把话说完。如果因为陛下发怒而屈从，将来陛下反悔我不力谏，一定会杀我全家。我死无足惜，如果枉杀儿子，而立我侄儿为后代，我可不喜欢他来为我祭祀。"说完放声痛哭。

德宗为李泌的诚恳所感动，他也流泪了："那么，我该怎么做才对呢？"

李泌说："这是件大事，陛下要慎重对待。自古以来父子相疑是没有不亡国的。陛下还记得在彭宁时，建宁如何被杀的吗？"

德宗似有感悟："建宁叔实在是冤枉，肃宗皇帝性急，听信谗言，真是害死人。"

李泌说："是啊！我因为建宁被杀而辞官，发誓再不到天子身边当官。没想到今日又成了陛下的宰相，又要看到这类事。那时我在肃宗面前，竟不敢说这是冤案，直到辞官才说，肃宗也后悔流泪……"

德宗神情终于好多了，他从另一角度提了个问题："为何太宗皇帝、玄宗皇帝都换了太子却没亡国呢？"

李泌说："那不一样。太宗皇帝的太子承乾是与宰相、侯君纠合在一起谋反。太宗派他舅舅长孙无忌和朝中大臣调查几十次，并召集百官讨论才处理。

至于开元时，那就不一样了，那是武惠妃进谗陷害太子，才使太子被杀。陛下对此要三思，如果太子真有越轨行为，也应该调查核实。何况据我观察，太子绝不是那种绝仁少恩的人，怕只怕他执政过于软弱，自贞元以来，从未接待过外人，也没干预朝政，怎么会有异谋呢？今天，幸好陛下告诉了我，我好用我宗族的名义来保太子。"

德宗见李泌说得如此恳切，便答应考虑一天再说。李泌不放心，再三叮嘱他不能与别人说起此事，只能自己审思，不然太子命运就危险了。德宗答应了。

过了一天，德宗又召见李泌。这回他泪眼模糊地抚着李泌的背说："不是你这一番肺腑之言的劝说，我这辈子真要后悔不及了。太子仁孝，实在没别的企图。"

李泌终于放下心来。于是他趁机提出乞求告老还乡。这件事，终于使德宗能做到全面考察太子，避免了一场冤案的发生。

盛极知衰，物极知反

墨子说："现在有五把锥子，一把最锋利，那么这一把必先折断。有五把刀，一把磨得最快，那么这一把必先损坏。所以甜的水井最易干涸，高大的树木最容易被伐，灵验的宝龟最先被火灼用于占卦，神异的蛇最先被曝晒求雨。所以，比干之死，是因为他抗直；孟贲被杀，是因为他逞勇；西施被沉江，是因为长得美丽；吴起被车裂，是因为他有大功。这些人很少不是死于他们的所长。因此，太盛了，事物就难以持久。"

盛极而衰，物极必反，这是事物发展的辩证法。墨子是懂辩证法的。所以，他的言论中，反映辩证思维的地方很多。繁荣昌盛，那是谁都希望出现的局面。好了还要好，发达了还要再发达，这是一般人都会有的自然意识。然而，事物有它自身运动的轨迹，也有其规律。什么事情都有个限度，超过了就会走向反面。当然，从人的主观意志说，走向反面那是谁也不愿看到的，对善意的提醒也不一定会听得进去。可是，客观规律是无情的，事物该朝哪个方面发展，那是不可逆转的，它不可能按人的主观意志为转移。对此如果没有思想准备，那就可能在事物的突然逆转面前无所措手足，最终发出"早知今日，何必当初"的叹息，到那时就已悔之晚矣。

这里，墨子给人们从思想方法上提供了一个谋略：任何时候，都要有一些逆向思维的意识。当事物处于低潮时，不要悲观失望，不要失去信心，要坚信前途是光明的，道路是曲折的；当事物发展到高潮时，不要忘乎所以，不要头脑发热，要懂得世上没有不散的筵席，再好的结局也有退潮的那一天，因此要见好就收。盛极了要知衰，物极了要知反，这个"知"字就是谋略。没有它，就不可能做到处变不惊。而只能落得个乐极生悲的下场。

魏国是战国前期最强盛的诸侯国，这是因为经过李悝变法，国力空前强盛的结果。可是，先是一场桂陵之战，接着一场马陵之战，使魏国从强国顶峰上跌落下来。

公元前353年，魏惠王遣大将庞涓率兵攻占赵国都城邯郸。但是，在作战过程中也将自己的后方暴露给了齐国。它反映了魏国恃胜傲视对方，目空一切的态度。这时，赵国以割让中山为条件暗中求救于齐，齐威王立即召田忌、孙膑研究攻魏。孙膑认为，魏军攻赵，精锐尽在其中，国中皆老弱，后方空虚，故应纵魏攻赵，使其产生骄兵情绪，然后乘虚急插魏都大梁。

庞涓不能说没想到这一层，但骄傲情绪使之错误地认为齐人作战保守，魏赵之间作战齐不会插手，于是执意打邯郸，以为后方无虑。没想到哪壶不开提哪壶，田忌、孙膑利用了庞涓的弱点，就在邯郸即将攻克之际，率兵猛插大梁，迫使魏军撤军回师。当魏军撤至齐城、高唐一带时，齐军故意败给魏军。庞涓

围魏救赵

一得意，下令追杀齐军，不料，追进齐军主力埋伏的兵家必争之地——桂陵，

遭到齐军猛烈袭击，结果遭到大败。

这一仗虽然使魏军大伤元气，可是他们的骄兵情绪还随时流露。过了 11 年后，即公元前 342 年，魏国又派庞涓和太子申率军攻韩，韩国也向齐国求救。这次齐威王还是派魏国的老对头——大将田忌、军师孙膑攻魏救韩。孙膑还是针对其自恃兵强将骄的弱点，避免正面与之交锋，采取了"退兵减灶"的疑兵之计，把敌军诱入道路狭窄、地势险要的马陵。当魏军一进入埋击圈中，齐军伏兵万弩并发，致使魏军大败，结果庞涓自杀，太子申被俘。

这两场战争，特别是马陵之战，是魏国由盛而衰的转折点。

先秦时楚国风俗崇尚鬼神，那些巫师们暗中常和一些游侠勾结，如果弄鬼成功，则共同分享好处。于是，游侠们到处打探情报，并详细地通报给巫师，这样巫师说的话就非常灵验。如果有办法不信巫师的话，那么他本来十分顺当的事就变得不顺当，应该不顺当的事却变得很顺当。这样，本来就信鬼的楚国人更对巫师的话听信不疑，甚至超过了信奉楚王的命令。人们宁可违背楚王的禁令，也不敢违背巫师的话。

楚王听到这个消息后勃然大怒，他一气之下，要下令司马把国中的巫师都杀了，把那些庙祠也都烧了。消息一传开，楚人舆论一片哗然，各种谣言四起，铺天盖地向楚王袭来。刚巧，楚国这时发生了旱灾，楚国人把天灾的出现一股脑儿都归罪于楚王，认为是楚王的命令才带来了灾害，这灾害是对楚王的惩罚。大大小小的巫师们又活跃了，他们一道起来喧闹，使全国上下又沉浸在一片闹鬼的喧嚣中，人们对鬼神依旧崇信，而且愈加厉害。

楚王一看这势头，感到十分为难。正当他咬咬牙，发誓要加大力度杀尽巫师时，熊蛰父来了。熊蛰父是楚国德高望重的老臣，他的话楚王一向是慎重考虑的。

熊蛰父对楚王说："这样做将会激发民怨，万万不可。老百姓愚昧，他们沉溺于祸福之中，所以时兴信鬼的潮流对他们来说是不可避免的。我们一下子要去阻止它，他们所希望的目的没有达到，就会把这种后果归罪到我们头上，还会说是我们违背了鬼神的意愿，心里必定充满怨恨。要知道，这种怨恨的产生统统是从小到大一点一点积累起来的。10家分邑中，每天不可能一户都不出事。这种情况各国都是如此，何况一个泱泱楚国呢？"

"那么，用什么办法来对付呢？"熊蛰父停顿了一下，又继续说道，"照我的看法，不如顺着他们的心意不做理睬，听之任之。那些巫师们觉得没事了，便会把他们的欺骗术施展得更加充分。这样，物极必反，事物会向反面发展。等到骗术不攻自破，然后按刑典规定，该怎么处决就怎么处决。道理充分了，就不会有人再敢违抗了。"

楚王觉得熊蛰父的话很有道理，便接受了这个建议，命令巫师们推举出一个大巫师来主持祭祀，并恢复了他们的庙祠，国家有事也到他们那里去咨询。同时，又采取一系列其他措施，比如整顿县衙的秩序，对不称职的差役加以罢免，还平反了众多的冤案，减轻百姓的赋税徭役，把一批贪官污吏加以严惩，杜绝了官场中的请托之风。这样一来，各个地方的游侠都没了与官府勾结的基础，他们已打探不到对他们有用的东西，只好纷纷逃走，或者藏匿起来。没了游侠的依托，巫师们说话也慢慢不灵了。百姓们对官府的希望越来越强，信巫师的人也开始减少了。

就在这时，西面的战事来了。楚王趁此机会，召集那些巫师占卜，巫师因为事先没得到有关的消息，一个个心中都没底，说的话错误百出，条件已成熟了，楚王这时下令，把巫师杀了，用他的尸体示众，并把所有鬼神偶像全部烧掉。从此，再也没人敢宣扬鬼神了。

言不贵多而贵时

子禽问："言论是否越多越好？"墨子说："蛤蟆青蛙之类，日夜喧闹不停，口干舌燥，人们听了就像没听到一样。鹤、鸡平时不鸣，而重要的时辰而报鸣，天下听到为之震动。言论多并没什么好处，看它是否恰逢其时。"

这里墨子又为人们识别言论提供了一个具体谋略，它不是针对言论的正误，而是另一个问题——言论的多寡。有价值的言论是否一定多多益善？是否一定要洋洋万言？自《春秋》三传出现之后，一时间注家蜂起，人们纷纷为之注疏，到两汉时期，在经学基础上又出现纬书，注上加疏，经上加纬。本来，传说孔子删定的《春秋》中就那么一句话，到西汉时注疏加纬书就把它发挥成了洋洋万言。如果孔老夫子地下有知，看到那么多人为之注疏，并且弄成了那个样子，真不知会做何感想。看起来，人们从多角度去注疏是为了更加透彻地理解"微言大义"，实际上越是这样，离原作的思想距离越远，以注疏为名而塞进的私货越多。因此，还是墨子说得对"多言无益，唯其之时"。主要不在话多，而在于是否及时，是否符合当时的实际情况，是否切中时弊。

春秋时，楚成王以它的实力和成就，给那位梦想称霸而并无实力的宋襄公以沉重打击，从而向中原展示，楚国是有能力称霸华夏的。楚穆王也是有魄力的国君，他兼并了周围一些小国，并使介于南北之间的郑、陈、蔡等小国成了楚国的势力范围。

然而，年轻的楚庄王继位后，好像和他的两位前辈迥然不同。他白天去打猎，晚上在室内喝酒，左手拥着郑女，右手抱着蔡姬，和宫女们胡闹。楚国争霸的步子一停，别的诸侯国可没歇着。这不，晋国在相国赵盾谋划下，正在扩大势力范围，他们把原先属于楚国的一些小国又拉了过去，然后召集了宋、鲁、卫、郑、蔡、许等国诸侯，重新订立盟约。楚国的老臣们心里都急得什么似的。他们一而再、再而三地向楚庄王请愿，要他再振雄风，为楚国去争霸业。

其实，那些大官们才不知道楚庄王心里在想什么呢？庄王知道，要图霸业，不能就只靠国君一个人。再精明的国君，也要有个得力的班子辅佐，否则将孤掌难鸣。那么，朝中哪些大臣能站在他一边呢？他感到，现任令尹（相国）斗越椒权势太重，而且明显地不买新国君的账，独断专行越来越厉害。对其他大臣，也需要有个观察过程，谁可重用，谁不能重用，时间短了是不行的。在这种时候就急着去图霸业而干这干那，在他看来全是隔靴搔痒。于是，他索性下了一道命令："谁要是再敢多嘴，就是死罪。"

终于有一天，有个不怕死的来了，他就是大夫申无畏。

"大夫，你是来喝酒的，还是来听乐的？或者说，是有什么话要对寡人说？"楚庄王两眼盯着申无畏。

申无畏不知他葫芦里卖的什么药，心一横，豁出去了："大王，臣在郊外行走，听到有人在说一首歌谣，臣费尽心思也解不开。大王聪明过人，愿听听大王的高见。"

"说说看，什么歌谣，真这么难解？"楚庄王好像来了兴趣。申无畏唱了起来：

"楚之高阜，有只大鸟。

身披五色，真是光耀。

一停三年，不飞不叫。

谁也不知，这是啥鸟？"

楚庄王一听就笑了，他当然知道申无畏唱的"大鸟"是谁。他郑重地对申无畏说："寡人知道了，这当然不是平常的鸟。不过，申大夫你要知道，3年不飞，一旦飞起来必定冲天；3年不鸣，一旦鸣起来就一鸣惊人。先生，你等着吧！"

申无畏松了口气，他庆幸没白来，他总算摸到了新国君的心理。

不久，楚庄王像换了个人似的，宫内所有音乐都停了。为了表示决心，他把那些郑女、蔡姬打入冷宫，立樊姬为夫人。他说："当初，寡人好猎，樊姬相劝我不听，她就不吃鸟兽之肉，这是真正的贤内助啊！"

楚庄王提出的第一道内政措施，就是起用蒍贾等忠臣，以分令尹斗越椒之权。对外，展开了一系列攻战，先是打败了宋国，又打败了陆浑之戎。最值得骄傲的，要称伐陆浑之戎后的"问鼎中原"之举了。

那是周定王元年，楚庄王打败陆浑之戎后，春风得意，途经东周都城积邑时，突然想到：何不在此渡雒水，向天子显示一下他的实力呢？于是，他下令全军渡河，并在周朝边界上阅兵。此举果然惊动了周天子。他知道楚庄王此举不善，又无力阻止他，只好派大夫王孙满以慰劳的名义来见楚庄王。两人一见面，楚庄王就毫不客气地问道："听说雒邑的大鼎是三代传国之宝，请问这种宝鼎有多重？"王孙满驳斥说："周室虽说正走向衰微，不过还没到改变天命之时，鼎的轻重么，谁也没资格过问。"楚庄王虽说讨了个没趣，但他这种胆识对中原一带震撼极大。

不久，令尹斗越椒果然自己跳了出来，反叛朝廷。楚庄王用文、武两手相兼的手法，果断平定了这场叛乱，从而使大权完全掌握在自己手中。就在这时，陈国发生了一场内乱，楚庄王趁机把陈国占了过来。为此，朝中大臣都来向他表示祝贺，唯有大夫申叔时不贺，楚庄王感到很奇怪，便找他来询问。

申叔时却说："我正为一件案子忙着呢，哪来得及来祝贺？案子是这样的：有个人家里有头牛，牛从别人的庄稼地里过去，踩坏了人家的庄稼。田主十分恼火，干脆把那头牛扣了下来，说什么也不还了。大王您看，这该怎么办？"

"怎么办？牵牛踩人家的庄稼，当然不对。不过，为了这个反过来扣人家的牛，说什么也太过分了。"楚庄王开始没觉察，可越说越觉不对。他一下明白了过来："好你个申大夫，真有你的。你有话不明说，七弯八拐的绕弯子。行了，我听你的。我把那头'牛'还给人家就是了。"他恢复了陈国，派人把原先的国君送了回去。

同样的情况还发生在郑国。郑襄公出尔反尔，明投楚国却又暗投晋国，楚庄王被激怒了，就派兵把郑国都城给打了下来。进城一听，全城的百姓都在那儿哭泣。楚庄王不仅立即停止攻城，还下令主动退兵。郑国的老百姓被感动了，郑襄公主动肉袒牵羊前来请罪。

楚庄王的确用事实告诉世人，他已经做到了不鸣则已，一鸣惊人，不仅成了南方的霸主，也成了中原的霸主之一。它的霸业，不仅体现了楚国实力，也体现了楚庄王本人的仁德。

当初，楚庄王之所以不"鸣"，目的是要调查研究，搞清情况，找出对策。当他这一切都成功后，便"一鸣惊人"，拿出一条条对症下药的举措，每条举措都取得了预期的目的。因为，他已弄清楚国存在的问题症结之所在，更找到了解决的办法和途径。果然，话不多而见时效。

以名举实，以辞抒意，以说出故

《墨经》上说："所谓辩，是要弄清是非的区分，搞清治乱的规律，明确同异在何处，考察名实之所在，弄清利害，解决疑问。这样就先要探求世间万物的本来面目，比较研究各种不同言论。以名目反映事实，以言辞抒发思想，以学说揭示成因。按分类概括，按分类展开。"

这里所说的"辩"，不单指辩论，更主要的是指研究辩论本身的形式、方法、规律。从这个意义上说，"辩"更多地指的是逻辑学。墨子及其学派建立的逻辑学体系主要在《经上》《经下》《经说上》《经说下》《大取》《小取》等6篇中。"墨辩"学派所代表的中国古代逻辑学体系，是与古印度的因明学、古希腊的形式逻辑齐名的。三派逻辑学各有千秋。古希腊形式逻辑对推理过程的公式化及其形式有独到研究；古印度因明学对推理过程注重类比分析；"墨辩"学派则更注重于形式与内容相结合，注重为现实的辩论服务。墨子及其学派生活的年代，是社会变革加剧的年代，各家各派思想观点不断推陈出新，他们为了扩大自己的影响，一面靠争取统治者的支持，扩大社会影响，另一方面则是通过辩论压倒论敌，引起社会和上层统治者的关注。所以说，"墨辩"所代表的逻辑学的累累硕果出现在此时绝非偶然。它是社会现实需要的产物。

墨子《小取》篇这段话，可以说是墨家逻辑的一个纲。墨子把"明是非，审治乱，别同异，察名实，处利害，决嫌疑"6个方面作为辩论的主要目的和任务，把名实、辞意、说故3个方面作为辩论的主要形式，把类取（相当于归纳）、类予（相当于演绎）作为主要方法，并以此来衡量辩论水平的高低。这就如同给了辩论者一把尺子，一把钥匙。总结得如此之好，这在历史上还是第一次，即便在后世看来，也具有很高的学术和实用价值。

已故的周恩来总理是世界公认的第一流外交家，在他一生的外交活动中，经过了无数次谈判、辩论、对话、演说等，其中不少场合，反映出他作为一位雄辩家的机敏和睿智，既向世人展示了论辩的艺术魅力，又为我们提供了一个论辩的典范。下面是 1960 年 4 月周恩来在印度访问期间，在印度总统府举行的记者招待会上的部分问答。

印度记者拉加凡：在印度，你给尼赫鲁总理的信已经全文发表了，但是尼赫鲁总理给你的信，中国报纸却没有发表，讲到言论自由，你是不是准备让中国报纸全文发表这些信？

周恩来：这位先生可能没有读过中国报纸，中国报纸早就把尼赫鲁总理给我的信和我给尼赫鲁总理的信全文发表了。

印度记者钱德拉：我想问一下，是什么阻碍你回到边界一两年以前的情况，因为行动是在一两年以前采取的。

周恩来：在中国这方面，这一两年同过去一样，中国政府从来没有采取行动改变边界现状。

印度记者兰加斯华米：在谈判当中，两国总理认为哪一段分歧最大？

周恩来：东段和西段都有争议。中段争议比较小。在东段，我们的地图所画的边界线在印度地图所画的边界线南边，在印度地图上划入印度的这块地区，是久经中国行政管辖的地区。印度在独立以后逐渐向前推进到它目前在地图上画出来的这条线。印度政府要求我们承认这条线；有时候，印度政府甚至公开说这是麦克马洪线。我们绝对不能承认这条线，因为这是英帝国主义在它同中国西藏地方当局的秘密换文中非法画出来的，中国历届政府从来没有承认这条线……

美国记者谢巴德：你可否考虑邀请艾森豪威尔总统访问北京，但并不因此约束美国要承认红色中国？

周恩来：你的好意却被你提出的条件打消了。因为既然美国不承认新中国，中国如何能够邀请美国的元首艾森豪威尔总统访问北京呢？

印度记者萨克森纳：除了边界问题外，两国总理曾否提出了一些埋怨的问题，如西藏问题，达赖喇嘛政治避难问题，遵守和平共处五项原则问题……

周恩来：提到西藏问题，达赖、主要是他的追随者为了维持在西藏的农奴制度而进行叛变，但失败了，他们逃到印度来。在印度，他们得到政治避难。这是国际上通常惯例，我们没有什么反对意见。但是他们到印度以后的活动超过了这个范围。印度政府曾多次对中国政府说，将不让达赖喇嘛和他的追随者在印度进行任何反对新中国的政治活动。但是达赖及其追随者在印度国内和国外进行的反对中国的活动，已有不少次。这是我们感到遗憾的。

西藏是中国的一部分，这是印度政府所承认了的。我可以告诉这位先生，绝大多数西藏人民现在已经从农奴制度下得到解放。……任何外国干涉中国内政的行为，都是注定要失败的，这种行为本身就违背了中印两国所共同倡议的5项原则。

英国记者麦克法尔加：达赖喇嘛来到印度时，中国政府的声明说他是在他的随从者劫持下被迫来到印度的。由于这种想法，当你们成立新的西藏政府的时候，给达赖保留一席的位置，但在你刚才回答问题时，你说达赖喇嘛和他的追随者进行着某些反对中国的活动，好像达赖在印度是一个自由而独立的人，因此我要问：一、什么使中国政府改变了以前的看法？二、你们采取了什么行动来告诉中国人民，达赖喇嘛在印度进行反对中国的活动？三、西藏自治区领袖的职位是否还给达赖保留着？

周恩来：达赖在离开拉萨以前，当时写给中国当局的3封信，证明他是被他周围的人劫持的。这3封信，达赖到印度后也承认了。中国人民对达赖是留有余地的，不仅给他保留着西藏自治区筹备委员会主任委员的职位，并且还保留着他的全国人民代表大会常务委员会副委员长的职位。但达赖周围的人，却使达赖越走越远，拖他背叛祖国，尽量阻挠他回到祖国的怀抱。至于现在达赖的自由意志究竟有多少，因为我没有见到他，我不能回答这个问题。

即使从这一部分问答，也能使人们领教到周恩来雄辩的魅力，给人一种身临其境观摩唇枪舌剑的现场感。从这些问答中可以看到，周恩来对论辩的标准把握得非常恰到好处，既给了那些挑衅性的问题以有力的回击，又把中国的立场、事实的真相展示在世人面前。给人的感觉是，既看到了中国外交的正义立场和态度，又觉得中国外交是留有余地并灵活多样的。因为，周恩来用事实推倒了西方世界和印度舆论加在中国头上的不实之名，用简练的语言表明了中国的严正立场，以对达赖留有充分余地的政策表示了中国政府解决问题的诚意。

观二难，识诡辩

《墨经》说："所谓'辩论无胜者'的说法，必定不对，关键在于要辩。既是辩，不可能没胜者。"

又说："有人说'所谓不同则异。所谓同，比如或称之狗，或称之犬。所谓异，比如或称之牛，或称之马。都不是辩论的胜者。'这种说法，等于不辩论。所谓辩论，或者说是，或者说不是，正确的就是胜者。"

这是墨者针对一种错误的二难推理所做的驳斥。墨者在辩论中，思路非常清晰，从概念的推理过程即可看到什么是辩论，什么不是辩论；什么是正确的辩论，什么是诡辩。二难推理原本是推理中一种常用形式，它的主要特点是：由两个充分条件的假言命题的前件或否定它们的后件，得出的结论分别肯定这两个充分条件原先命题的后件或否定它们的前件。举个例子：

如果组织上批准我入党，那么我要严格要求自己；

如果组织上没批准我入党，那么我也要严格要求自己；

或批准我入党，或没批准我入党；

总之，我都要严格要求自己。

这就是一个二难推理命题。然而，二难推理也有用错的时候，有时是前提虚假，有时是作为假言前提的前后件不充分，或不具备条件关系。对错误的二难推理，首先必须加以辨别，然后再予以必要的驳斥。2000 多年前，墨者已注意到了二难推理这一逻辑学命题，这对于辩论中如何识别有人用错误的二难推理来搞诡辩术，的确具有指导意义。

墨者主张兼爱，有人则责难他们说："你们知道这世上到底有多少人吗？你们连有多少人都搞不清楚，怎么可能做到都能爱这些人呢？"

的确，对世界有多大，世界上到底有多少人，这些问题，在那个时代，要墨者来准确回答，难度够大的。不过，善于推理的墨者认为，这是两个命题，它们都不能影响他们的爱心。

当时的中原，不知世界有多大。在他们心目中，经常拿"南方"来扩展他们居住的北方。在他们心目中，猜想"南方"一定无穷无尽，地广无垠。他们在向墨者发难时，也拿"南方"打比方发问："南方如果地界有尽头，那人有多少也可统计；反之南方地界无尽头，则人有多少也无法统计。现在连南方有多大都无法肯定，南方有多少人又怎么可能知道。这些都还是未知因素，就确定人可以兼爱，这还不荒谬吗？"

可是，墨者回答这个问题时非常胸有成竹。他们说："人如果不都在南方，则人的数量是有穷尽的。去爱能穷尽的人们是做得到的。人如果都在南方，虽然南方地盘无穷尽，但有多少人等于是有穷尽的。去爱那名义上无穷尽、实际上有穷尽的人们，同样是做得到的。所以，不管人们是否都在无穷尽的南方，要兼爱都能做到。"

墨者在这里用了个正确的二难推理，使责难者无还手之力，从而有力地驳斥了论敌。

普罗塔哥拉斯是古希腊智者派开创者。这些人以其学识在雅典等地收学生讲学，向人们传授有关逻辑、辩论等方面的知识，以收取一定的学费为生。

有个叫欧提勒斯的人，向普罗塔哥拉斯拜师学习法律。古希腊人的商业契约意识极强，哪怕是学生拜师，双方也要订立合同。这两人订下的合同是这样的：欧提勒斯先付一半学费，另一半学费等他毕业后，用第一次出庭为人打赢官司的报酬来支付。

可是，欧提勒斯毕业后却迟迟不出庭打官司，他欠普罗塔哥拉斯的那一半学费就一直拖着未交。大概是出于囊中羞涩的原因吧！老先生急急忙忙地向法庭起诉，准备向学生要回那一半学费。

不愧是逻辑学家出身，普罗塔哥拉斯的诉状中，设计了一个巧妙的二难推理。他说："如果欧提勒斯打赢了这场官司，那他必须按合同支付我另一半学费；反之他要是打败了这场官司，那也必须按法庭判决，归还我那另一半学费。总之，不管他是赢是败，都得付出那另一半学费。"

真是"青出于蓝而胜于蓝"，没想到欧提勒斯会以其人之道还治其人之身。他第一次出庭，也设计了一个二难推理来做自我辩护。他说："如果我打赢了这场官司，那按法庭判决，我可以不支付那一半学费；如果我打败了这场官司，那么按合同，我也不该支付那一半学费。所以，这场官司中我无论输赢，都不会付那另一半学费。"

应该说，他们二人运用的都是错误的二难推理，因为他们都选择了对自己有利的条件作前提。假言判断有问题，这前提当然也就不成立，推理自然是错误的了。

唐代思想家、文学家韩愈自25岁中进士后，20年中仕途坎坷，屡遭贬逐。在他从监察御史贬为国子博士后，写下过《进学解》一文。在教授学生时，他一再告诫后学："业精于勤荒于嬉，行成于思毁于随。"

没料到，他的学生竟敢嘲弄他说："老师所说的'业'，真可说'勤'矣；老师从儒有年，真可说'劳'矣；老师的文章，真可说是'宏'矣；老师的为人，真可说是'成'矣。不过，没见过老师取信于人，也没见老师有什么朋友。走到哪儿，麻烦就跟随到哪儿。"

这里，学生也设计了一个二难推理，他们的意思是"韩愈公不见信于人，私不见助于友，还能有资格谈勤论业吗？"有的学生甚至更加刻薄地嘲笑他，说他"暂为御史，遂窜南夷。三年博士，冗不见治。命与仇谋，取败几时，冬暖而儿号寒，年半而妻啼饥。头童齿豁，竟死何裨。不知虑此，反教人为？"读来真令人既感到学生太过分，又觉得韩愈真是太可怜了。

然而，姜还是老的辣。韩愈在学生的挖苦嘲弄面前，并未后退。他举了孟子、荀子两位先秦儒学大师为例，指出他俩一个"卒老于行"，一个"废死黄陵"，在世时境遇并不佳，后代却对其非常推崇。他又说自己"学虽勤而不由其统，言虽多而不要其中，文虽奇而不济于用，行虽修而不显于众"，虽然如此，却还能聚徒讲学，百官也未见得不尊敬他。这些话蕴涵的意思是说，做学问不能计较俸禄、官位，不要忘记自己的才能与官位是否相称。这样，学生对他诘难的二难推理，成了韩愈向学生传道、授业、解惑的分析典型。

巧比喻，抓悖论

墨子说：譬，就是举他物来说明此物。

墨子的言论中，使用比喻手法进行推理的成功事例不少，这也是思辨、辩论中经常运用的谋略之一。在《墨经》中，这类比喻手法称为"譬"，它有两种功能，一是语言修辞学上的比喻功能，二是逻辑学上的类比功能。这些比喻的手法使人一听便可明了其含义，可以起到由已知到未知的认识效果，表达也非常方便。当然，不是说所有的比喻都运用得得当的，一旦发现有不恰当的比喻，墨子也会立即指出，使对方无法在滥用比喻手法这一点上钻空子。不过，总的说来，比喻——"譬式推理"是"墨辩"逻辑思想中主要的推理手段之一，运用概率相当高，学习运用也不难，不失为一种易于推广普及的推理手段，亦可作为常用的辩论、思维、表述的具体方法。

战国时，惠施以能言善辩著称于世。有一次他到魏国，魏王知道他这张嘴很难对付，便问手下人有没有办法辩赢他。手下人告诉魏王，惠施好辩主要靠的是善于用比喻的手法，只要不让他用这个手法，他就不一定能辩赢。

两人见面后，魏王果真有了这个办法，想阻止惠施运用比喻的手法。可是，惠施不买这个账，他偏偏用了个比喻的手法说话。

惠施问："您知道什么是弹吗？现在有人不知道这种发射器的样子，您要是说：弹的样子像弹，他能明白吗？"

魏王说："不能明白。"

惠施说："如果这样说：弹的形状像弓，以竹为弦，那能听明白吗？"

魏王说："能听明白。"

惠施说："这就对了。说话的人应该要用别人已经明白的东西来做比喻，目的是要使人听明白。现在，您要求说话时不能用比喻，这怎么能讲明白呢？"

魏王无奈，只好说："那，您就用比喻来说吧！"

到头来，魏王还是在"比喻"的手法面前认输了。

战国时，宋国有个庸俗粗鄙之徒，名叫曹育。有一次，宋君派他为使臣出使秦国。没想到，他出使秦国竟大获成功，秦王赏给他 100 辆马车。回来后，曹育非常得意，他见到庄子后，炫耀说："要说忍耐贫贱，比如住破巷，织草鞋，饿得面黄肌瘦，这一点我真是佩服您，当然更比不上您。可是，要说外交，比如去见大国国君，一下就能得到百辆车子，这个吗，您却比不上我。"

庄子却说："我听说秦王生痔疮了。他说谁能给他把痔疮弄破，那就赏他一辆车；谁要是舐他的痔疮，就能得到五辆车子。我不知您是如何给秦王治痔疮的，当然也想问一句，您是怎么搞到这么多车子的呢？"用舐治痔疮的说法来比喻那个粗俗的曹育，真是再恰当不过了。

庄子的比喻真是太尖锐了，他有力地揭露了对方的无耻嘴脸，真是痛快淋漓。

西安事变时，不少人主张把已被张学良、杨虎城抓起来的蒋介石交给人民公审。在中国共产党内，张国焘迎合了这种错误主张，提出要"杀掉蒋介石"，"打出潼关去"。毛泽东不同意这样做。他为了说服这部分同志，打了个生动的比喻。他说："陕北毛驴很多，让毛驴上山有三个办法：一拉，二推，三打。蒋介石是不愿意抗战的，我们就用对付毛驴的办法，拉他，推他，再不干就打他。"

实践证明，这一做法不仅是正确的，而且取得了成功。在中国共产党的推动下，西安事变终于和平解决，蒋介石也被迫走上了主张抗日的道路。

在辩论中，论敌会用比喻的手法偷换概念，钻空子，遇到这种情况，就要及时揭穿其伎俩。

有一次，墨子和平时一样，对他一向重视的"兼爱"学说做了一番宣传讲演，讲了不少实行"兼爱"的好处。有个代表"天下之士君子"的反对者站了出来，对墨子的学说进行反驳。这人当然不能说"兼爱"不好，真那样说那是要犯众怒的。于是，他换了种方式说道："您的兼爱学说看起来的确很好，只是实行起来行不通。这就如同背着泰山过黄河那样，您说能做到吗？"

墨子听了嘿嘿一笑："我是说兼爱学说能行得通，又没说背着泰山过黄河能行得通。"从逻辑上一针见血地把论敌偷换概念，把风马牛不相及的东西拉来乱做比喻的手法揭露了出来，从而有力地对论敌进行了反驳。

谨防偷换概念

《墨经》说："'彼此彼此'和'彼此'的意思相同，但'彼'、'此'、'彼此'三词的意思却不同。"

又说："正确理解这些概念应该是：下述情况可解释彼此彼此，'彼彼'就是'彼'，'此此'就是'此'。下述情况不可解释'彼'和'此'：'彼'就是'此'。下述情况可以解释'彼'和'此'：'彼此'就是'彼此'。如果是这样的'彼此'，则'彼'也就是'此'了。"

这些概念游戏，看起来很麻烦，却体现出墨家遵守逻辑中各种规律、定律的严谨性。这里的第一句话，彼就是彼，此就是此，显然是指的同一律。第二句话，彼就是此，显然违反了同一律，成了一组矛盾。如果真有这样的情况，那就要用矛盾律加以解释了。第三句话，彼此就是彼此，前面的"彼此"是主观思想，后一个"彼此"是客观对象。显然需要在"彼"和"此"中做一个合理的解释和选择，这样就带有排中律的含意。从这段话总体上分析，作者重在同一律的认识论述，后两句话是为了反衬同一律的作用。《墨经》作者的意图，是要人们在辩论、思维、表达时不仅自己要遵守同一律，防止在同一个前提、同一个概念群中出现自相矛盾和使别人捉摸不定而自行解释选择的不必要的麻烦，此外，作者还告诫人们，在同一律的作用下，要警惕和防止论敌的偷换概念。偷换概念又是以破坏同一律为前提的。一旦出现偷换概念，诡辩也就相应产生了。辩论应该建立在双方都遵守逻辑定律的基础上，这样的辩论才是正常的。一旦出现诡辩，也就破坏了正常辩论的常规，这同体育比赛中犯规是一样的。在这种时候，应当及时向对方亮出"黄牌"进行警告："你已经违规了，你的诡辩已破坏了辩论，因为你违反了同一律。"《墨经》强调遵守逻辑定律的意义亦在于此。

苏格拉底带了一个青年去向欧底姆斯拜师求教。欧底姆斯第一次见面就给这个青年一个下马威。

欧底姆斯：你学习的是已经知道的东西，还是不知道的东西？

青年：当然是不知道的东西。

欧底姆斯：你认识字母吗？

青年：认识。

欧底姆斯：所有字母都认识吗？

青年：是的，都认识。

欧底姆斯：老师教你时，不正是教你认识字母吗？

青年：是的。

欧底姆斯：你认识了字母，那老师教的不就是你已经知道的东西了吗？

青年：是的。

欧底姆斯：那么你并不在学习，只是那些不认识字母的人在学习吧？

青年：不，我也在学习。

欧底姆斯：如果你认识字母，那你就在学习你已经知道的东西了。

青年：是的。

欧底姆斯：那你最初的回答就不对了。

欧底姆斯一连串的偷换概念，混淆概念，使那个青年最终被搞得昏头昏脑，那个青年连一些基本概念都分不清楚，还谈得上怎么进一步学习呢。

战国思想家公孙龙是中国古代著名的逻辑思想家和哲学家。他写过一篇非常有名的论文叫《白马论》，其中提出的"白马非马"论又是当时非常有名的一个论题。

按一般人的思维常规，"白马"应该是"马"。"白马非马"的观点是荒谬的。可是，公孙龙为了论证这个论点，想出很多理由，其中一条就是："求'马'、'黄''黑'马皆可致，求'白马'，'黄''黑'马不可致"。这话译成现代语就是：马包括白马、黄马、黑马，但白马不包括黄马、黑马。这个论点不能算错，可是以此来说明"白马非马"，显然就缺乏说服力了。

因为"马"是个大概念，"白马"是个小概念，小概念是从属于大概念的，二者关系是统一的，如果说"白马"不是"马"，显然违反了逻辑的同一律，由此必然导出错误的结论。

《尹文子》一书中有个故事说：春秋时，郑国有个商人到周国去经商。他初来乍到，对当地的语言不懂不熟悉，因此而闹出一则笑话。

有一次，那位郑国商人来到市场上，周国的商人问他："您想买璞吗？"郑国商人脱口而出："想买。"那周国商人从筐里拿出那个"璞"递过去说："给。"

郑国商人一看，天哪！这哪是什么"璞"啊！这分明是新鲜的老鼠肉嘛。原来，他心目中的"璞"是一种美玉，而周国人说的"璞"则是老鼠肉，二者相去竟如此遥远。郑国商人只好尴尬地说："对不起，是我没问明白，我不要这个。"

此"璞"非彼"璞"。同样叫"璞"内涵却大相径庭，"璞"的同一规定性发生了变化，实质当然就大为不同了。有时，别人违反了同一律，你也可"以其人之道，还治其人之身。"

鲁迅先生在厦门大学任教时，校长林文庆经常克扣经费，并以此刁难师生。有一次，这位林校长召集研究院的教授们开会，内容是通知大家，经费将削减一半。对此，教授们一致反对，大家都说："研究院的经费本来就少，再减恐怕出了成果连印刷费都没有了。"哪知这位林校长却说："这事怎么能听你们的呢？学校的经费是有钱人拿出来的，只有有钱人才有发言权。"

"啪！"鲁迅从口袋里摸出两个银币，站起来往桌上一放："我有钱，我也有发言权"！

林文庆没想到鲁迅会来这一手，他愣在那儿一时找不到合适的词来反驳。鲁迅趁机讲了多条不能减经费的理由。一条条都站在理上，令林文庆无可辩驳，只好溜走了事。

这里，鲁迅巧妙地玩弄了一回偷换概念的游戏，他比较成功地在违反同一律以扰乱对方视线的同时，争取了发言权，赢得了正义。当然，鲁迅先生是不得已而为之，因为那位林校长设置了一个错误的前提，如果遵守他的同一律，那是要上当的。

或谓之是，或谓之非

《墨经》这几段话意思是：

"那个事物是矛盾的，其中必有正确的方面，不能说两方面都错。"

"辩论某件事，或者说它是，或者说它不是，总有一方面是。"

"说牛马不是牛不行，说牛马是牛也不行。或者行或者不行，而说'牛马是牛不行'这个说法是不可取的。"

逻辑学中的排中律是判定矛盾中必有一个正确的推导方法，这在逻辑学中是重要的定律。运用好排中律，可以帮助人们对事物、特别是复杂的事物做出正确的判断，《墨经》这几段话的意思，实际上讲的就是逻辑学上的排中律。运用它，能够旗帜鲜明地在矛盾两难中找出正确的一方，防止模棱两可的折中主义观点产生。在现实的辩论、思维、表达中，这种排中律的方法是很有用的。从近现代逻辑学的产生、发展看，排中律等定律最初是古希腊逻辑学中出现的，我们现在不过是引进，运用它而已。在中国古代，在没有引进西方文化之前，中国人主要依靠自己的方式学习、运用逻辑，而"墨辩"逻辑学乃是当时中国最高水平的逻辑学，这里，作者从现实生活中以生动的例子总结了排中律，为人们的思辨提供了一个具体方法。

鲁迅写过一篇名为《立论》的杂文。全文如下：

我梦见自己正在小学校的讲堂上预备作文，向老师请教立论的方法。

"难！"老师从眼镜圈外斜射出眼光来，看看我，说："我告诉你一件事——"

"一家人家生了一个男孩，全家高兴透顶了。满月的时候，抱出来给客人看，——大概自然是想得一点好兆头。"

"一个说：'这孩子将来要发财的。'他于是得到了一番感谢。"

"一个说：'这孩子将来要做官的。'他于是收回几句恭维。"

"一个说：'这孩子将来是要死的。'他于是得到一顿大家合力的痛打。"

"说要死的必然，说富贵的说谎，但说谎的得好报，说必然的遭打。你……"

"我愿意既不谎人，也不遭打。那么，老师，我得怎么说呢？"

"那么，你得说：'啊呀！这孩子呵！您瞧！多么……。阿唷！哈哈！Hehe！he，hehehehe！'"

这里，"我"既不愿说谎，也不想挨打，那只能采取含糊其词、模棱两可的态度，企图骑墙居中。那么，他的态度究竟是什么，始终没讲清楚。显然，"我"犯了逻辑上违反排中律的错误。

《吕氏春秋》中有一则故事说：

有个富翁家有人给淹死了，但尸体却被别人搬走了。这位富翁找到那位搬尸的人家，想出点钱把尸体赎回，谁知那人却趁机漫天要价，而且开的价令这位富翁不堪忍受。

那富翁忍无可忍，来找邓析求教，看看有何办法来对付那位搬尸体的人。邓析听了事情的原委后说："别着急，那人一定会把尸体卖给你。"

这件事传了出去，那搬尸体的人听说了。他为多占便宜，便也去找邓析求教，问邓析有没有对付那位富翁的办法。邓析听了他的陈词，说："别着急，那人一定会从你这儿把尸体买回去。"

《吕氏春秋》写这篇故事的作者认为，邓析这样是"以非为是，以是为非，是非无度，而可与不可日变，所欲胜因胜，所欲罪因罪。"意思是这样说是模棱两可，是非不分。事物是变化的。不能人为地去向有利或不利的方向不负责任地胡说。《庄子》一书也批评邓析是诡辩论者。西汉后期古文经学的代表人物刘歆给邓析下的结论是"操两可之说"。所谓"操两可之说"，从逻辑上说是违反排中律的，所以说邓析的话等于啥也没说，什么问题也没解决。如果是一般人这样做也无所谓，无非是等于没说。但邓析是个有影响的历史人物，他这样说对当时的影响是不好的。

英国著名剧作家莎士比亚的名著《威尼斯商人》中有这么一场戏：富家少女鲍细霞不仅容貌出众，而且十分乐于帮助人，由此引起远近不少王公贵族子弟纷纷前来向她求婚。然而，那时的社会制度不允许她有自主婚姻的权利，一切都得由父母做主。偏偏鲍细霞的父亲又死了，于是她的夫君是谁只能由他父亲生前留下的遗嘱来决定。可是她父亲在遗嘱中只规定了一条，那就是要猜匣订婚。

什么是猜匣订婚呢？鲍细霞有三只匣子，一个是金质的，一个是银质的，一个是铜质的。这三个匣子中，只有一只匣子放着鲍细霞的肖像。每只匣子上都有一句话，谁能通过这三句话来猜中肖像在哪个匣子里，鲍细霞就嫁给谁。

只见金匣子上写着"肖像不在此匣中"；银匣子上写着"肖像在金匣中"；铜匣子上写着"肖像不在此匣中"。金、铜两匣子的话一模一样，银匣子上的话又与那两匣子上的话相矛盾。有个小伙子按排中律一想，这两句矛盾的话中，有一句必定是真话，而这句真话只能在金匣子或银匣子中。因为律中律要求人们对具有矛盾关系的话不能同时加以否定。由此确定，铜匣子上的那句话是假话，既然铜匣子上写着"肖像不在此匣中"，恰恰说明肖像在此匣中。这个小伙子做出了正确的选择。

应对五色

《墨经》上说："所谓诺，就是应对"。又说："应对言辞的方式，有欲擒故纵、据理力争、相互认同、不屑置辩、急流勇退等5种。"

应对是一门大学问，这在辩论中是极其有用的。如何应对呢？光有内容显然是不够的，还要有所依托的相应形式。内容和形式的结合，才产生应对的实际措辞，才能在辩论中显示威力。那么，如何进行应对呢？《墨经》上提出了5种具体的策略，那就是：欲擒故纵，据理力争，相互认同，不屑置辩，急流勇退。如果把这5种策略运用到烂熟于心之时，那应对的本事也可说已经炉火纯青了。当然，实际上应对不会就这5种策略。但"墨辩"派学者能从理论的高度加以小结概括，这本身就是很了不起的本事。因为，它为人们进行正确的应对提供了具体谋略，起了重要的指导作用。先秦诸子中，从理论上总结指导应对和论辩的言论并不多见，由此可显示其价值之一斑。

秦朝时有个倡优叫优旃。他不但个子矮小，看上去小巧玲珑，令人觉得可爱，而且擅长说笑，他讲的话嬉笑怒骂都能站在理上，人们都喜欢他。

有一次，秦始皇摆下酒宴招待群臣。里面灯红酒绿，外面站岗的卫士都站在雨中，冻得直哆嗦，可是他们还要手执盾牌，身披盔甲，保持威武的军容军姿。这些情景被优旃看到了，他非常同情这些卫兵，便对他们说："你们想不想休息?"卫兵当然很想休息。优旃便说："如果我喊你们，你们就高声回答'有'。"

优旃回到殿上。过了一会儿，百官向秦始皇轮番敬酒，口称万岁。优旃一看火候到了，便靠着栏杆大声呼喊："卫兵!"外面的卫兵大声答道："有!"优旃说："你们虽然长得这么高大，又能有什么好处呢？还不是得在雨中站着吗？我呢，矮小的侏儒一个，却能幸运地在屋里休息呀!"

秦始皇听了这话，这才想起卫兵在雨中站岗，宫中已酒足饭饱，宫外却饥寒交迫，优旃的话说得正是时候，于是，秦始皇动了恻隐之心，下令让一半卫兵换岗。

秦二世时，不知他从哪儿想出个劳民伤财的主意：他竟要把咸阳城墙全部油漆一遍。这天，他兴致勃勃地问优旃这件事好不好。

优旃顺着他的思路说："这主意非常好。皇上即使没有想出来，我也要向皇上请求这么干。虽说这要花费不少百姓的钱财，要使百姓感到愁苦，可真要漆完了肯定会很好的。陛下您看，要是把城墙漆得又平又光的话，那敌人来进攻的话，恐怕爬都爬不上来了。不过，陛下您想过没有？这里有个技术问题没解决呢。要是油漆城墙，哪来那么一座大房子来把油漆晾干呢？"

秦二世再笨再傻也不会听不出优旃这话中有话，优旃说的可以说是真的，也可以说是笑话，无论如何抓不住他的话柄。秦二世终于自己也觉得这样很可笑，便打消了油漆城墙的念头。

这里，优旃运用的应对策略可说是"欲擒故纵"。一开始并不把话说明白，而是顺着皇帝的意思，并把它推向极限，使之暴露出荒谬的结果，从而让他自己否定自己，达到说服他的目的。

陈宫性情刚直壮烈，年轻时喜欢与各地名士结交。东汉末年天下大乱，陈宫开始时追随曹操，后来又投靠吕布。他诚心诚意为吕布献计献策，可是吕布是个匹夫，对陈宫的主意经常不愿采纳。

建业三年的下邳之战中，曹军擒获了吕布和陈宫。曹操对他俩一一召见。在召见陈宫时，陈宫既表现出士大夫的气节，又以巧妙的应对在刀下留存了自己的母亲和妻子。

曹操：足下平日自恃足智多谋，今日究竟如何呢？

陈宫：只因吕布不听我的话，才落得这步田地，如今我也受到牵连。

曹操：今日之事，足下说该怎么办呢？

陈宫：我为臣不忠，为子不孝，没什么可说，自己找死而已。

曹操：足下事已如此，可如何待老母呢？

陈宫：我听说，以孝治天下的人不会杀害阶下囚的父母，至于我的老母能否活下去，一切在您身上。

曹操：那又该如何待您的妻儿呢？

陈宫：我听说对天下行仁政的人不会断绝阶下囚的香火，至于我的妻儿能否活下去，也都在您身上。

曹操默然。陈宫说："没什么再要说的了，请把我斩了，以严明军法吧！"说完自己走了出去。

对陈宫，曹操深知其为人，他对死义无反顾。曹操只得哭着为他送行。陈宫死后，曹操仍像过去那样善待陈宫的家人。陈宫临死前与曹操的应对，有点像一个相互认同的过程。曹操对陈宫是了解的，陈宫对曹操也并不陌生。在特殊背景下的这场应对，是两位智者的应对。虽然曹操未说服陈宫改换门庭，但在善待其老母妻儿这一点上，二人却是认同的。

袁宏是东晋少有的文豪，他的文章影响很大。大将桓温器重他的文才，安排他任桓府中的记室。有一次，他写了一篇《东征赋》，没想到这篇赋给他带来不少麻烦。

袁宏在赋尾列了一些名门贵人的名字，其中却没有桓府的尊上桓彝，桓温知道此事后很不高兴。有次他去青山出游回来时，让袁宏与他同坐一辆车。他突然把脸沉了下来问道："听说您作了一篇东征赋，称道了许多贤士，为何就没有我父亲呢？"

袁宏感到不屑回答，但又不想吃眼前亏。他说："我还没来得及向府公您请示呢，不便随便宣扬。"桓温这下高兴了，便问袁宏准备怎么写。袁宏朗声说了一段，意思是：桓彝风范可鉴，性情开朗，善待隐士，引贤举能，有知人善任的德才，人身可死而其为官之道不可毁，一生节操可用"信义"二字概括。桓温听了，眼泪都下来了。为父如此信义，他又怎敢去为一篇文章而制裁袁宏呢？

这篇赋中也没提到陶侃。陶侃之子陶胡奴怀中藏刀，竟跃入袁宏室中伺机报复。他问："我父功绩这样大，你写的赋为何不提他？"

对这种小人，袁宏当然更不愿搭理了。不过他也不想在这个愣小子手里吃亏，便回答说："我对你父亲已大加赞美了，怎说不提他？"陶胡奴急问内容。袁宏随口答道："真金经百炼，可谓坚贞之至；用刀割裂它时则可截开，真可说是柔软至极。其功绩既可济世为政，又能安定天下，史书中已有称道。"陶胡奴是个粗人，他一听这话便满足了，然后悠然而去。

对陶胡奴这样的鄙俗小人，袁宏真要认真和他说话，那等于对牛弹琴。所以，袁宏对他取不屑置辩的态度，应该说是最好的办法。

以故生，以理长，以类行

墨子说："三样东西具备了，（言辞）就可以立足并发展……言辞持有根据而产生，又按事理而展开，以同类事理加以推理。世人不遵循事理，就无所作为，只有健壮的体格，却不懂事理，就会难以立足，寸步难行。言辞要按类别才能成立，创立言辞却不会把它归类，那必定难以成立。"

持之有故，言之成理，分类演绎推理，这三条是墨子提出的辩论中取胜的要诀。即是说要取得辩论的成功，必须能摆出过硬的论据，有论据为基础的道理才能站得住脚，否则就像一个没有脚而只有健壮躯干的人，将寸步难行。有了论据、论点，还须懂得分类演绎和推理，也就是分析必须有条理，按内在逻辑归纳，否则将杂乱无章。看来，这三条在辩论中还真是缺一不可。不仅是辩论，人们在日常生活中的思维、表达（包括书面表达和口头表达），都离不开这"三物"。没有它，就不会有思路清晰的思维，就不会有条理清楚的文章，也不会有顿挫百序的讲演。

美国第16任总统、著名的资产阶级革命家、政治家林肯，在他入主白宫之前几年，却是一位负有盛名的律师，他站在平民的立场上钻研法律，经常为那些贫贱者、特别是黑人辩护，有时甚至分文不收诉讼费用。

有一次，亡友的儿子小阿姆斯特朗被人诬告，成了所谓谋财害命的凶手。原告收买的证人一口咬定，说是亲眼看到小阿姆斯特朗行凶，形势对被告极为不利。虽说他是无辜的，但要推翻假证也不容易。而如果不能推翻假证，他将要被处死。

　　林肯对他十分同情，主动提出为他辩护。为了取得第一手资料，他来到了事发现场。林肯在当律师之前，曾经当过一阵测量员，那时林肯十分贫穷，为了糊口不得已而为之，没想到在这个案子中测量却派上了用场，帮了他的忙。

　　此案的关键是：原告证人福尔逊发誓并作证说：这天晚上 11 点钟，他在月光下清楚地看到，小阿姆斯特朗用枪击毙了死者。按美国法庭惯例，作为被告

林肯

辩护律师的林肯，必须与作为原告证人的福尔逊进行一场面对面的对质。下面是这段对质的片段：

　　林肯：你发誓说认清了小阿姆斯特朗？

　　福尔逊：是的。

　　林肯：你在草堆后，小阿姆斯特朗在大树下，两处相距二三十米，能认清吗？

　　福尔逊：看得很清楚，因为月光很亮。

　　林肯：你肯定不是从衣着方面认清的吗？

　　福尔逊：不是的，我肯定认清了他的脸蛋，因为月光正照在他脸上。

　　林肯：你能肯定时间在 11 点吗？

　　福尔逊：充分肯定。因为我回屋看了时钟，那时是 11 时 1 刻。

　　林肯问到此，转身面向法庭听众席，发表了他的见解："我不能不告诉大家，这个证人是个彻头彻尾的骗子。"

　　全场哗然。林肯接着展开阐述了他的理由："证人发誓说他于 10 月 18 日晚 11 点钟在月光下认清了被告小阿姆斯特朗的脸，但是那晚上的月亮是正弦，11

点钟时月亮已经下山了，哪来的月光呢？退一步说，就算证人记不清时间，假定稍有提前，月亮还在西天，月光从西边照过来，被告如果脸朝大树，即向西，月光可以照到脸上，可是由于证人的位置在树的东面的草堆后面，那他就根本看不到被告的脸；如果被告脸朝草堆，即向东，那么即使有月光，也只能照在他的后脑勺上，证人又哪能看到月光照在被告脸上呢？又怎么能从二三十米的草堆处看清被告的脸呢？"

林肯说完了。法庭上先是一阵沉默，接着便响起一阵掌声和欢呼声。福尔逊顿时傻眼了。最终，小阿姆斯特朗被宣告无罪。

这里，林肯的辩护词之所以精彩，完全可以认为他是做到了持之有故，言之成理。而且，他抓住了对方忽视的问题，穷追猛打，在同类问题上追究不放，终于取得了成功。

郭沫若在他写的《李白与杜甫》一书中，第一次向世人展示了他对诗仙李白出生地的考证，他写道：

唐代诗人李白，以武则天长安元午（701 年）出生于中亚细亚的碎叶城。

出处见范传正《唐左拾遗翰林学士李公新墓碑文》（唐代宗初年曾任命李白为左拾遗，其时李白已死）。新墓作于唐宪宗元和十二年（817 年），在李白死后55 年。其文有云：

公名白，字太白，其先陇西成纪人。绝嗣之家，难求谱谍。公之孙女搜于箱篋中，得公之亡子伯禽手疏10 数行，纸坏字缺，不能详备，约而计之，凉武昭王9 代孙也。隋末多难，一房被窜于碎叶。流离散落，隐易姓名。

考碎叶在唐代有两处：其一即中亚碎叶；又其一为焉耆碎叶。焉耆碎叶，其城为王方翼所筑，筑于高宗调露元年（679 年）。《碑文》既标明"隋末"，可见李白的生地是中亚碎叶，而非焉耆碎叶。

这一立论，出处可靠，用逻辑学的行话说，叫作逻辑推理构成不相容的选言推理的选言前提。所以，完全可以说立论有据，展开有据，推理得当。李白出生于中亚碎叶（即苏联吉尔吉斯斯坦境内的托尔马克）这一考证结论，为当时正在进行中的中苏边界谈判提供了重要的历史上的我国疆域佐证。

求同应"是而然"

墨子说："了解与意会是不同的。同样是同，却有重同、具同、连同、同类等区别。同样称为同，如丘同、鲋同都是同，却属于同根之同。也有不尽相同的异，有对立的异。之所以有异，是因为有同才显现异。是非关系有四种情况：一是'是而然'，二是'是而不然'，三叫迁，即变换概念，四叫'强'，即强人所难，牵强的意思。"

这段话，提出了一个求同存异的方法问题。求同存异是一门艺术，是一门学问，怎样做到求同存异呢？这里提出了4种情况，墨子要人们学会自然而然地求同存异，不要强行地，或者是偷换概念地、甚至是牵强附会地求同存异。要做到自然而然地求同存异，这就是一种具体谋略，它使你在求同存异中能达到最佳的效果。

在涉及具体方法之前，还必须把求同存异的意义充分认识清楚。思想上都没弄清就要求去做，那是做不好的。世界上各类矛盾很多，解决这些矛盾的方法无非是两大类。一类靠斗争去解决，一类靠统一去解决。从墨子的思维方式看，他更多的是倾向于用"尚同"（即统一）的办法去解决内部矛盾，即使用斗争的方法也多半是用于对外方面的。这种方式有可取之处。它有利于内部矛盾地化解，不至于因内部矛盾走向激化而引起内部起火。

懂得了"尚同"的好处，对求同存异的方法之重要性就好理解了。矛盾是客观存在的，用"尚同"方式去处理只能是个求同存异的过程。然而，想求同存异是一回事，能否取得相应效果又是一回事。从这个意义上说，墨子要人们自然而然地求同存异的思想，为我们提供了一把钥匙，按这个谋略我们就能达到取得求同存异最佳效果的坦途。

赵太后刚掌权，秦国便加紧向赵国发起进攻。赵国无奈，只得向齐国讨救兵。齐王说："一定要用长安君作人质，我国才能出兵。"赵太后就是不同意。

为什么？长安君是她最疼爱的小儿子，她怎会舍得让长安君去当人质呢？为此，大臣们极力劝说，赵太后一口把话说死："谁要是再提起让长安君去作人质这件事，老妇一定唾他满脸唾沫。"

大臣们的脑袋都缩回去了。就在这时，左师触龙提出请求太后一见。这触龙是赵国老臣，年事已高，体弱多病，平时一般很少上朝，他提出求见，赵太后一般不会不见。只见触龙在宽大的宫殿前小跑了好一阵，才气喘吁吁地来到太后面前。太后还在为那事生气呢，触龙也不管她怒容满面，连忙谢罪说："老臣的脚有病，走不快，失礼了。好久没上殿问候太后了，我还以身体不好而自己原谅自己呢。可是，又老惦记着太后您的玉体，所以特意来朝见问安。"

太后听着触龙拉家常般的话，气已消了一半，她回答道："我呀！不过靠着车子才能走动走动罢了。"触龙又问："每天的饭量大概还没减少吧？"太后说："只喝点稀粥而已。"触龙却说："老臣近来胃口不太好，却还支撑着散散步，每天走三、四里路，这样才增大些胃口，对健康也好些。"

太后答道："我可做不到呢。"触龙见她气已消得差不多了，家常也不拉了，便提出了他上殿的要求："老臣有个孩子名叫舒祺，排行最小，却没什么出息。臣已垂垂老矣，总是宠爱他，求您让他补当一名侍卫来保卫王宫吧！"

太后问："难道男子汉也宠爱小儿子吗？"触龙笑着说："比妇人还厉害呢。"太后见触龙和自己已有了共同语言，便高兴起来。可是，触龙话锋一转："老臣以为，您对燕后的疼爱比长安君要多得多啦。"太后却不以为然："你错了，我疼爱她，哪比得上对长安君啊？"燕后是她女儿，早已远嫁燕国。

触龙却说："不！父母爱子女，要替他们的将来打算。您老人家当年送燕后出嫁时，大家都见您拉着她、抚摸着她哭个不停，因为她嫁得太远，真够心疼的。可是，后来每回祭祀，您总是为她祈祷、祝福，要她千万不要回来。这是为什么？还不是希望她能在燕国子子孙孙不断继承王位吗？"太后只得承认："是的。"

触龙问道："从现在起，算到三代之前，甚至算到赵国开国时，赵王的子孙能不间断地封侯的，现在还有吗？"太后一算："没有了。"触龙又问："不光赵国，就是别国诸侯的子孙，后代继续不间断封侯的还有吗？"太后说："也不曾听说。"

触龙这才点出问题的核心："这些人呀！近一些的呢，是自身遭受不幸；远一点的呢，还要殃及子孙。难道是因为封了侯的子孙个个都不行吗？根本在于，他们地位高，却没有建立相应的功勋；他们俸禄多，却没有什么政绩，而且还拥有大量财富。如今，太后您希望抬高长安君的地位，封给了他肥沃的土地，赏给了他很多金银财宝，却没考虑怎么让他及时为国立功，一旦太后百年之后，长安君怎么能在赵国站住脚跟呢？所以，我觉得太后您替长安君打算得不够长，不够远，您对他的疼爱比不上疼爱燕后呢。"

赵太后默然，良久才说了一句话："哦！那就听凭你安排吧！"

终于，赵太后同意长安君去齐国。于是朝廷为长安君准备了100辆车子，送他去作人质了。长安君一到，齐国立即就出兵，秦国围赵的危机安然渡过了。

触龙言辞高明的地方，在于不以"异"（即对立面）的角度，而是以求"同"（人同此心）的角度去和赵太后对话，在双方达到求同的效果后，再提出相异的问题，找出新的论据，以充足的说服力，使双方的"异"最终达到新的"同"。

往者可知，来者亦可知

彭轻生子说："以前的事可以知道，未来的可就不可能知道。"墨子说："假如你的双亲还在百里之外，将要遇到灾祸，给你一天时间到达，他们就可能不死，而到不了就会死。这里有一套骏马牵引的坚固车辆，还有一套驾马牵引的方形轮车，你将选哪一辆呢？"彭轻生说："当然乘骏马牵引的坚固车了，它能迅速到达。"墨子说："这就是了，怎能说未来的事不可能知道呢？"

未来之事究竟可知不可知？这里有个对未来的预测问题。对未来的预测，有的采取占卜、算命这类带有经验色彩、甚至有某些迷信成分的方法，有的则

采取科学的抽样调查，有的则按一定的事物规律加以推论，等等，方法的确不少。看来，彭轻生子那种"来者不可知"的看法是站不住脚的。然而，究竟如何做到预测未来，也的确是一门大学问。

对这门大学问，可以说直到今天，人类都不能说已经解决了，实际上对它的手段还是知之甚少的。墨子这一思想对后人的启示在于：第一，明确表示未来之事可知，给了"未来不可知"论者以批驳；第二，在自己所能了解的知识、情况的范围内，用分析与判断相结合的办法，对未来加以预测。这种态度和方法是可取的。这是因为，人的认识能力不可能穷尽，既然对未来预测的手段不可能一下子全部产生，但不能因此而不作预测，甚至采取"不可知"的倒退立场。只有像墨子那样，有多少知识水平，掌握多少客观情况就做多少预测。这样说，绝不是说不要全面掌握信息和手段。所谓"全面"都是相对的，不可能绝对"全面"。从这个意义上说，墨子预测未来方面的态度和方法，是正确的。

东汉末，孙策转战千里，完全占有了江东。这时，他听说曹操与袁绍正交战于官渡，并相持不下，想趁此机会偷袭曹操后方许都。

这种迹象显露出来后，曹操一些部下感到极为惊恐。可是，郭嘉却不以为然。他说："孙策刚吞并江东，杀了当地的许多豪强，江东豪强对他心有怨恨，他能打下江东，原因在于他的部下能拼死为他效命。但孙策有个致命的弱点，那就是轻敌而造成防备疏漏。虽有百万大军，却与匹夫之勇没有什么两样。如果这时突然冒出个刺客来，一个人就能对付他。我看，他一定会死于匹夫之手。"

孙策的这一弱点，不仅郭嘉看到了，就连他手下的虞翻也看到了。他看到孙策十分喜爱骑马游猎，便劝说道："您之所以能成功，那是成功地运用了那些乌合之众，指挥一些散兵游勇，并使之拼死效命的结果。当年汉高祖刘邦也不过如此啊！不过，您轻易私下外出，大家很担忧。白龙在海中遨游，尚且有被渔夫捉住的可能，希望您多留神。"孙策口头上说："先生说得对。"实际上依旧不改。结果，还没等他偷袭许昌，就被许贡的门客刺杀了。

看来，郭嘉、虞翻都能预测孙策的命运啊！

1977年，香港房地产富商李嘉诚注意到：香港最大的英资企业怡和洋行虽说是九龙仓有限公司最大的股东，但实际所占股份却不到20%。九龙仓毗邻尖沙咀，此刻尖沙咀已成为繁华的商业区，而九龙仓的股价却低得可怜。李嘉诚预料这是个千载难逢的好机会，因为谁能趁此低价偷买20%股票，谁就能与怡和竞争。

说干就干。第二年，李嘉诚悄悄以散户的名义逐渐买进九龙仓近20%的股份。然而，他头脑十分清醒，深知仅靠他的实力还无法与怡和竞争。于是，他找到了财力雄厚的包玉刚，希望依靠包玉刚办成此事。包玉刚对此十分欣赏，他全部吃下了李嘉诚买进的这20%的九龙仓股票。作为回报，包玉刚从汇丰银行购进9000万英资和纪黄埔股票给李嘉诚。两人皆大欢喜，击掌定盘。

一开始，怡和洋行还不在意。当包玉刚已占有30%九龙仓股份，该股也涨升到了每股30港元时，怡和才着急了，遂准备立即高价回收九龙仓股票。可就在这时，包玉刚却把所有股份"卖给"了隆丰国际有限公司，自己却出国去了。怡和洋行以为包玉刚撤退了，立即在报上大登广告，欲回收九龙仓股票。

其实，这是包玉刚迷惑对方的一计。暗中，他卖掉不少其他公司的股票，大量套现，当怡和的实力暴露后，他立即以每股105港元的价格再收购九龙仓股票2000万股。散户见这是九龙仓最高股价，立刻都抛出，包玉刚却悉数收进。这样，原先30%的低价股票加上这2000万股，包玉刚已具备了绝对控制收购九龙仓公司的实力。原来，隆丰公司是包氏环球公司的下属公司，那30%股份全部都在。

几天后，包玉刚主持召开第一次新的九龙仓股份公司董事会，它标志着九龙仓这块黄金宝地已经被中国人用低价从英国人手中夺回。包玉刚的成功，首先就取决于他和李嘉诚对九龙仓前景的正确预测。没有这一点，一切成功的运作都无从谈起。

美国西尔松咨询公司股票分析专家依莱·嘉泽莉女士，才40多岁就被誉为"华尔街预言女杰"，成为全美最负盛名的股市预言家之一。

嘉泽莉女士最成功的一次预测，是 1987 年 10 月 19 日"黑色星期一"来临之前，她大胆预测股票指数会在这一天下跌 600 至 700 点。果然不出她所料，这天在 3 个小时以内，股指就下跌了 508.32 点，基本证实了她预言的正确。

她的成功预测，来源于她近 20 年的刻苦钻研。她在数量经济学领域中，经过长期锲而不舍的研究，终于找到了用数字模型预测股票指数波动情况的有效途径。她每天要及时了解全国及全球的市场动向，再综合这些情况给予量化，又使用她那具体化了的数字模型预测走势。

在成功预测面前，嘉泽莉十分冷静。她经常说："总有一天，我也会失误的。股市有它特殊的规律。在通常情况下，在我做出预测前一小时，其他一些分析家们的意见已经在影响股市了。我的作用不过是判断得更全面、更深入而已。"

特别提示：

　　本书在编写过程中，参阅和使用了一些报刊、著述和图片。由于联系上的困难，和部分作品的作者（或译者）未能取得联系，对此谨致深深的歉意。敬请原作者（或译者）见到本书后，及时与本书编者联系，以便我们按照国家有关规定支付稿酬并赠送样书。

联系电话：010-80776121　　联系人：马老师